孙健　赵涛◎主编

按制度办事

最新企业规范化管理推行实务

工作流程卷

立信会计出版社
LIXIN ACCOUNTING PUBLISHING HOUSE

图书在版编目（CIP）数据

按制度办事 / 孙健，赵涛主编. —上海：立信会
计出版社，2013.8

ISBN 978-7-5429-3995-1

Ⅰ.①按… Ⅱ.①孙… ②赵… Ⅲ.①企业管理
Ⅳ.①F270

中国版本图书馆CIP数据核字（2013）第167726号

策划编辑　蔡伟莉
责任编辑　何颖颖
封面设计　久品轩

按制度办事

出版发行	立信会计出版社
地　　址	上海市中山西路2230号　　邮政编码　200235
电　　话	（021）64411389　　传　　真　（021）64411325
网　　址	www.lixinaph.com　　电子邮箱　lxaph@sh163.net
网上书店	www.shlx.net　　电　　话　（021）64411071
经　　销	各地新华书店

印　　刷	固安县保利达印务有限公司
开　　本	787毫米×1092毫米　　1/16
印　　张	41.25　　插　　页　1
字　　数	600千字
版　　次	2013年8月第1版
印　　次	2019年7月第7次
书　　号	ISBN 978-7-5429-3995-1/F
定　　价	68.00元

如有印订差错，请与本社联系调换

前　言

随着 20 世纪 90 年代经济全球化的不断深入,特别是中国加入 WTO 以后,中国经济与国际化接轨的速度和压力也越来越大,越来越多的中国企业走向国际市场参与竞争,而中国也迫切需要培育一批具有国际化运作水平的企业来提高中国企业在国际市场上的竞争力。因此,中国企业面临着制度化、规范化的严峻挑战,需要中国的企业管理者以改革的勇气摒弃人治思想,把制度化、规范化作为企业发展的重要战略,只有依靠规范化的制度才能使企业与国际接轨,才能增强竞争力,从而在激烈的国际竞争中立于不败之地。

我们曾经对海尔等知名企业进行过深入研究,也发现用制度管人、按制度办事是所有成功企业共同的特点,规范与制度是企业必不可少的软件设施,也是企业得以正常运转的基石。因为企业是关于人的组织,而人的复杂多样的价值取向和行为特质,要求企业必须营造出有利于企业理念和价值观形成的制度和文化环境,并约束、规范、整合人的行为,"用制度管人"、"按制度办事",使其达成目的的一致性,有助于企业共同利益的实现。同时企业作为一种特殊的组织,不仅有着它相应的管理模式,而且相应的管理模式必须与相应的管理制度相配。按照一定的制度来管人和办事,遵循一定的流程,不仅能够提高工作效率,而且能减少和降低因人为的因素而造成的失误。如果企业没有合理的执行体系和标准化的工作制度,没有把日常管理中的每个细节通过制度的方式落到实处,就会形成表面化的管理,从而影响组织效率,进而削弱企业的竞争力。

我们编写《用制度管人》、《按制度办事》的初衷也在于此。本套丛书正是站在企业管理者的角度,充分考虑企业生产管理的方方面面,聚焦在企业管理最为关键的环节,借鉴国际通用的管理制度和文案,将企业管理中普遍涉及的工作标准化、流程化、工具化落到实处。并提供了具体工作的相关理论知识、执行方法或流程、实用工具表格,使之具有可操作性,可在实践的层面上提高企业效率。

当然,每家企业都有其自身的特点,因此对于我们提供的制度范本、流程、实用表格,读者可以根据所在企业的具体情况适当修改或者重新设计,使之更适用于自己的企业。而且同一家企业随着技术的创新,产品的更新,制度也需要创新,它并不是一成不变的。因此,读者要在实践过程中不断改进已经形成的制度,以期达到高效管理、高效工作的目的。

编　　者

2013 年 1 月于北京

目 录

第一章 组织管理制度基础 1
　一、组织设计程序 2
　二、组织结构设计的原则 2
　三、组织设计的重点 3
　四、职务分类表 4
　五、职务分配表 5
　六、部门工作分类表 5
　七、业务能力规定表 6
　八、业务说明书 7
　九、职务调整说明书 7
　十、综合工作情况表 8
　十一、管理人员升迁计划表 9
　十二、管理人才储备表 10
　十三、部门决策权一览表 10
　十四、财务决策权一览表 11
　十五、人事决策权一览表 12
　十六、各种委员会一览表 12
　十七、企划工作细则 13

第二章 企业战略与发展规划 15
　一、企业战略目标制定细则 16
　二、战略规划细则 17
　三、战略企划管理纲要 19
　四、战略企划操作流程 21
　五、企业经营总体战略分析表 23
　六、战略规划定位表 25
　七、长期战略目标体系规划表 26
　八、中期战略规划表 28
　九、投资战略分析表 28
　十、市场战略选择表 29

十一、年度经营目标规划表 ················· 29

十二、产品产销目标 ····················· 30

十三、原物料采购预算 ··················· 30

十四、半年度产销计划 ··················· 31

十五、半年度费用预算 ··················· 32

十六、年度报告 ······················· 32

第三章　企业文化企划 ················· 37

一、企业和行业形象要素 ················· 38

二、企业文化框架 ····················· 39

三、企业形象系统 ····················· 40

四、塑造企业文化的影响因素 ·············· 43

五、特色企业文化范例 ··················· 43

六、企业 CI 企划纲要 ··················· 45

七、CI 企划操作流程 ··················· 47

八、企业形象调查表 ···················· 49

九、企业 CI 评估表 ···················· 50

十、企业 CI 建设规划表 ················· 51

十一、企业 CI 系统整体评估表 ············· 51

第四章　行政管理 ····················· 53

一、机构设置 ························· 54

二、行政部职责范围 ···················· 55

三、总务后勤部职责范围 ················· 56

四、行政管理纲要 ····················· 57

五、保密工作条例 ····················· 59

六、行政秘书日常工作流程 ··············· 61

第五章　会议管理 ····················· 63

一、会议管理办法 ····················· 64

二、会议室管理制度 ···················· 65

三、会议操作流程 ····················· 66

四、年度会议计划表 ···················· 67

五、会议室使用申请表 ··················· 67

六、会议用品及设备申请表 ··············· 68

七、会议程序表 ······················· 69

八、会议记录表 ······················· 70

九、会议通知 ··· 70

第六章　外事接待管理 ··· 71
　一、对外接待办法 ··· 72
　二、接待来访工作流程 ··· 75
　三、接待来访工作管理适用文书 ····································· 75

第七章　文书印信管理 ··· 77
　一、文书管理制度 ··· 78
　二、收发文管理办法 ··· 82
　三、文书打字、复印管理办法 ······································· 84
　四、文件目录清单 ··· 85
　五、收发文日志 ··· 86
　六、文件签收簿 ··· 86
　七、信函寄发登记簿 ··· 87
　八、行文表 ··· 87
　九、往来信函登记表 ··· 88
　十、发文申请表 ··· 88
　十一、打(复)印文件登记簿 ··· 89
　十二、印信使用和保管办法 ··· 89
　十三、公章使用办法 ··· 91
　十四、印章处理制度 ··· 92
　十五、制发印信申请表 ··· 93
　十六、公章使用记录表 ··· 94
　十七、印章登记台账 ··· 94

第八章　档案图书管理 ··· 95
　一、档案管理办法 ··· 96
　二、声像档案管理制度 ··· 99
　三、档案立卷归档流程 ··· 100
　四、档案索引表 ··· 101
　五、档案目录卡 ··· 102
　六、档案明细表 ··· 103
　七、作废档案销毁登记簿 ··· 103
　八、档案调阅单 ··· 104
　九、图书资料管理制度 ··· 104
　十、资料室管理规定 ··· 106

十一、图书资料借阅登记簿 ·············· 107

十二、借出卡 ···························· 108

第九章　物品管理 ······················· 109

一、低值易耗品管理办法 ················ 110

二、文具用品管理办法 ·················· 111

三、通讯设备管理制度 ·················· 112

四、物品登记表 ························ 113

五、物品领用单 ························ 114

六、物品移交清单 ······················ 114

七、低值易耗品管理清单 ················ 115

八、低值易耗品领用单 ·················· 115

九、低值易耗品领用统计表 ·············· 116

第十章　车辆管理 ······················· 117

一、车辆使用管理办法 ·················· 118

二、交通安全管理规定 ·················· 119

三、车辆登记表 ························ 122

四、派车单 ···························· 122

五、车辆保养(修理)单 ················ 123

六、车辆出勤统计表 ···················· 123

七、车辆费用支出月报表 ················ 124

八、违规事故报告单 ···················· 124

第十一章　公共关系管理 ················· 127

一、公关实施准则 ······················ 128

二、媒介关系处理办法 ·················· 131

三、公关操作流程 ······················ 132

四、开业典礼操作流程 ·················· 133

五、新闻发布会操作流程 ················ 134

六、展览会操作流程 ···················· 135

七、参观活动操作流程 ·················· 136

八、公关工作计划表 ···················· 137

九、公关预算表 ························ 138

十、公关调查表 ························ 138

第十二章　安全保卫管理 ……………………………………………… 139
一、安全保卫管理纲要 ………………………………………… 140
二、消防管理守则 ……………………………………………… 142
三、消防队组织办法 …………………………………………… 144
四、工业安全管理操作流程 …………………………………… 145
五、公司警卫人员值勤准则 …………………………………… 147
六、年度安全管理工作计划表 ………………………………… 150
七、安全工作检查表 …………………………………………… 150
八、突发事故报告表 …………………………………………… 152

第十三章　值班管理 …………………………………………………… 153
一、值班管理制度 ……………………………………………… 154
二、值班登记表 ………………………………………………… 156
三、值班记录表 ………………………………………………… 157
四、值班替换申请书 …………………………………………… 157

第十四章　清洁卫生管理 ……………………………………………… 159
一、清洁卫生管理办法 ………………………………………… 160
二、绿化管理办法 ……………………………………………… 162
三、办公楼管理规定 …………………………………………… 163
四、清洁卫生评分表 …………………………………………… 164
五、清洁工作安排表 …………………………………………… 164
六、卫生区域划分表 …………………………………………… 165

第十五章　膳宿管理 …………………………………………………… 167
一、员工宿舍管理办法 ………………………………………… 168
二、膳食管理办法 ……………………………………………… 169

第十六章　人力资源管理组织机构 …………………………………… 171
一、人力资源管理组织机构概述 ……………………………… 172
二、人力资源管理部职责范围 ………………………………… 173
三、人事助理岗位职责 ………………………………………… 175

第十七章　人力资源管理工作 ………………………………………… 177
一、人力资源管理纲要 ………………………………………… 178
二、人员编制规划管理办法 …………………………………… 193
三、人力资源岗位设置管理流程 ……………………………… 194

四、人员编制管理流程 ……………………………………………… 194

五、人力资源规划表 ………………………………………………… 195

六、人员编制调整表 ………………………………………………… 196

七、招聘管理制度 …………………………………………………… 197

八、用人申请流程 …………………………………………………… 199

九、公司招聘流程 …………………………………………………… 199

十、新员工入职流程 ………………………………………………… 199

十一、新员工试用期满转正流程 …………………………………… 200

十二、人员补充申请表 ……………………………………………… 201

十三、人力资源部招聘计划书 ……………………………………… 202

十四、应聘登记表 …………………………………………………… 203

十五、初试记录表 …………………………………………………… 204

十六、复试记录表 …………………………………………………… 205

十七、应聘人员筛选比较表 ………………………………………… 206

十八、员工培训管理办法 …………………………………………… 207

十九、培训管理流程 ………………………………………………… 208

二十、员工培训计划表(范本1) …………………………………… 209

二十一、员工培训计划表(范本2) ………………………………… 210

二十二、新员工培训计划表 ………………………………………… 211

二十三、员工职业培训档案 ………………………………………… 212

二十四、学员培训成绩登记表 ……………………………………… 213

二十五、各部门年度培训统计报表 ………………………………… 214

二十六、年度培训计划实施情况统计表 …………………………… 215

二十七、干部任命制度 ……………………………………………… 216

二十八、员工异动管理制度 ………………………………………… 216

二十九、公司内部招聘流程 ………………………………………… 220

三十、岗位轮换流程 ………………………………………………… 220

三十一、员工工作调动流程 ………………………………………… 221

三十二、员工辞职审批流程 ………………………………………… 221

三十三、员工辞退管理流程 ………………………………………… 221

三十四、工作调动申请表 …………………………………………… 222

三十五、工作调动(升职、降职、兼职)通知书 …………………… 223

三十六、辞职申请表(非作业人员通用) …………………………… 224

三十七、辞职申请书(工人专用) …………………………………… 225

三十八、离职申请书(辞职、辞退通用) …………………………… 226

三十九、免职通知书 ………………………………………………… 227

四十、辞退通知单 …………………………………………………… 228

四十一、离职移交手续清单 ·················· 228

四十二、中高层管理者离职移交清单 ·················· 229

四十三、工资及福利管理制度 ·················· 230

四十四、薪酬方案审批流程 ·················· 232

四十五、工资发放流程 ·················· 232

四十六、员工奖励流程 ·················· 233

四十七、工资调整表(人力资源部用) ·················· 233

四十八、新员工定薪表 ·················· 234

四十九、工资登记表 ·················· 235

五十、工资计算表(按日计薪人员适用) ·················· 236

五十一、计件工资计算表(按件计薪人员适用) ·················· 237

五十二、工资定额调整表 ·················· 238

五十三、业绩奖金核定表(管理人员、营销人员适用) ·················· 239

五十四、业绩奖金核定表(生产人员适用) ·················· 240

五十五、工资汇总统计表 ·················· 241

五十六、工资发放表 ·················· 242

五十七、考勤制度 ·················· 243

五十八、考勤管理流程 ·················· 245

五十九、员工请假管理流程 ·················· 245

六十、员工出差管理流程 ·················· 245

六十一、员工每日出勤登记表 ·················· 246

六十二、员工考勤签到簿 ·················· 247

六十三、考勤日报表 ·················· 248

六十四、员工年度出勤统计表 ·················· 249

六十五、员工请假单 ·················· 250

六十六、出差申请单 ·················· 250

六十七、差旅开支清单 ·················· 251

六十八、员工考评管理办法 ·················· 252

六十九、绩效管理工作流程 ·················· 254

七十、奖惩呈报表 ·················· 254

七十一、奖惩登记表 ·················· 255

七十二、年度奖惩公告表 ·················· 256

七十三、各部门每月工作评价表 ·················· 257

七十四、月度工作项目考评表 ·················· 258

七十五、员工每月考评成绩登记表 ·················· 259

七十六、员工年度考评成绩登记表 ·················· 260

七十七、员工历年考评成绩登记表 ·················· 261

七十八、员工日常考评成绩排名表 ……………………………… 262

七十九、管理层文职人员考核表 ………………………………… 263

八十、基层文职人员考核表 ……………………………………… 264

八十一、营销人员考核表 ………………………………………… 265

八十二、制造人员考核表 ………………………………………… 266

八十三、无记名民主考评表 ……………………………………… 267

八十四、员工晋升考评表 ………………………………………… 268

八十五、人事档案管理办法 ……………………………………… 269

八十六、劳动合同管理 …………………………………………… 270

八十七、劳动合同管理流程 ……………………………………… 271

八十八、员工人事档案卡 ………………………………………… 272

八十九、人事通知单 ……………………………………………… 273

九十、人事通报表 ………………………………………………… 273

九十一、员工登记表 ……………………………………………… 274

九十二、管理人员登记表 ………………………………………… 275

九十三、员工人数及费用动态统计表 …………………………… 275

九十四、员工每日动态统计表 …………………………………… 277

九十五、员工每月动态统计表 …………………………………… 278

九十六、每月人事变更统计表 …………………………………… 279

第十八章　生产运作管理体制 …………………………………… 281

一、组织体系表 …………………………………………………… 282

二、生产运作管理人员职位说明表 ……………………………… 283

三、生产计划部职责范围 ………………………………………… 283

四、物资采购供应部职责范围 …………………………………… 284

五、物管部职责范围 ……………………………………………… 284

六、设备部职责范围 ……………………………………………… 286

七、技术开发部职责范围 ………………………………………… 286

八、质量管理部职责范围 ………………………………………… 287

第十九章　生产管理 ……………………………………………… 289

一、生产计划制定实施办法 ……………………………………… 290

二、生产作业综合管理制度 ……………………………………… 291

三、生产作业管理流程 …………………………………………… 293

四、安全生产操作规范 …………………………………………… 294

五、生产作业现场规定 …………………………………………… 295

六、生产现场 5S 检查细则 ……………………………………… 296

七、年(季)度产销分析预测表 ·· 297

八、年度生产计划 ·· 297

九、季度生产计划 ·· 298

十、月度生产计划表 ·· 298

十一、车间(工段、小组)月度生产计划表 ···························· 299

十二、生产通知单 ·· 299

十三、制造通知单 ·· 300

十四、提前或延后生产通知单 ·· 300

十五、生产进度统计表 ·· 301

十六、生产效率统计表 ·· 301

十七、各车间生产绩效对比分析表 ······································ 302

十八、生产日报表 ·· 303

十九、生产月报表 ·· 303

第二十章　物资采购管理 ·· 305

一、物资采购标准管理流程 ·· 306

二、进料检验规定 ·· 312

三、采购程序及准购权限表 ·· 313

四、采购作业授权表 ·· 313

五、提货单 ·· 314

六、收货单 ·· 314

七、收料单 ·· 315

八、验收单 ·· 315

九、订购记录单 ·· 316

十、物资采购申请单 ·· 316

第二十一章　物料管理 ·· 317

一、物料管理综合制度 ·· 318

二、进料验收管理流程 ·· 322

三、发料作业管理流程 ·· 324

四、成品运输管理细则 ·· 325

五、销售仓储管理细则 ·· 326

六、物料月度统计表 ·· 328

七、物料入库验收单 ·· 329

八、物料盘点表 ·· 329

九、物料库存卡 ·· 330

十、物料进出存日报表 ·· 330

十一、物料出库单 ………………………………… 331

十二、调拨任务单 ………………………………… 331

十三、报损单 ……………………………………… 332

十四、货物报废单 ………………………………… 332

十五、长途运输台账 ……………………………… 333

十六、货物动态统计表 …………………………… 333

十七、货物动态月报 ……………………………… 334

第二十二章　设备管理 ………………………… 335

一、生产设备管理制度 …………………………… 336

二、机器设备故障记录表 ………………………… 339

三、变压站状况定期检查记录卡 ………………… 340

四、机器状况检查记录表 ………………………… 341

五、机器性能及消耗动力情况明细表 …………… 342

六、设备修理保养情况记录卡 …………………… 343

七、修理机器情况日报表 ………………………… 345

八、设备维护工作安排表 ………………………… 346

九、设备请修单 …………………………………… 347

第二十三章　技术管理 ………………………… 349

一、生产技术综合管理制度 ……………………… 350

二、工艺管理制度 ………………………………… 351

三、技术标准管理办法 …………………………… 352

四、新产品开发职务设置细则 …………………… 353

五、产品开发操作流程细则 ……………………… 354

六、新产品开发计划表 …………………………… 358

七、新产品开发工作记录表 ……………………… 358

八、新产品开发可行性分析报告编写细则 ……… 359

九、可行性分析报告编写流程 …………………… 359

十、投资计划方案编写细则 ……………………… 361

十一、收益成本分析表 …………………………… 363

十二、获利分析编写细则 ………………………… 363

第二十四章　质量管理 ………………………… 365

一、质量管理控制流程 …………………………… 366

二、产品检验标准制定办法 ……………………… 371

三、进厂零件质量检验表 ………………………… 373

四、进厂物料质量检验表 ……………………………………… 374

五、生产过程检验标准表 ……………………………………… 375

六、产品质量管理表 …………………………………………… 376

七、产品质量标准表 …………………………………………… 377

八、产品质量检验标准表 ……………………………………… 378

九、原料进厂检验报告表 ……………………………………… 379

十、产品质量抽查记录表 ……………………………………… 379

十一、产品质量异常通知单 …………………………………… 380

十二、制造过程检验标准表 …………………………………… 380

十三、制程质量异常处理单 …………………………………… 381

十四、各部门合格率控制表 …………………………………… 382

十五、成品抽查检验记录表 …………………………………… 382

十六、成品抽查总汇表 ………………………………………… 383

十七、产品出厂检验表 ………………………………………… 383

十八、产品质量问题分析表 …………………………………… 384

第二十五章　营销管理 ………………………………………… 385

一、市场部职责范围 …………………………………………… 386

二、销售部职责范围 …………………………………………… 386

三、客户部职责范围 …………………………………………… 387

四、营销策划流程 ……………………………………………… 387

五、营销管理制度范例 ………………………………………… 390

第二十六章　市场调研与开发 ………………………………… 393

一、市场调查管理制度 ………………………………………… 394

二、市场调查报告编写细则 …………………………………… 396

三、消费者调查报告编写细则 ………………………………… 398

四、竞争对手调查报告编写细则 ……………………………… 400

五、市场调查报告表 …………………………………………… 401

六、市场调查计划表 …………………………………………… 402

七、市场总需求量调查估计表 ………………………………… 403

八、竞争厂商调查表 …………………………………………… 404

九、同业产品市场价格调查表 ………………………………… 405

十、经销商调查表 ……………………………………………… 406

十一、零售店调查一览表 ……………………………………… 407

十二、市场分析报告编写细则 ………………………………… 408

十三、市场预测报告编写细则 ………………………………… 409

十四、产品市场性分析表 ‥‥‥‥‥‥‥‥‥‥‥‥‥‥ 411

十五、企业信息来源分析表 ‥‥‥‥‥‥‥‥‥‥‥‥ 412

十六、企业消费者情报分析表 ‥‥‥‥‥‥‥‥‥‥‥ 413

十七、消费者意识变化分析表 ‥‥‥‥‥‥‥‥‥‥‥ 413

十八、企业畅销产品分析表 ‥‥‥‥‥‥‥‥‥‥‥‥ 415

十九、产品营销分析表 ‥‥‥‥‥‥‥‥‥‥‥‥‥‥ 416

第二十七章　产品销售管理 ‥‥‥‥‥‥‥‥‥‥‥ 417

一、营销计划制定流程 ‥‥‥‥‥‥‥‥‥‥‥‥‥‥ 418

二、某公司年度营销计划书范例 ‥‥‥‥‥‥‥‥‥‥ 419

三、营销计划表(一) ‥‥‥‥‥‥‥‥‥‥‥‥‥‥‥ 423

四、营销计划表(二) ‥‥‥‥‥‥‥‥‥‥‥‥‥‥‥ 424

五、产品营销分析表 ‥‥‥‥‥‥‥‥‥‥‥‥‥‥‥ 425

六、年度销售计划编制细则 ‥‥‥‥‥‥‥‥‥‥‥‥ 425

七、生产企业销售流程 ‥‥‥‥‥‥‥‥‥‥‥‥‥‥ 428

八、商业企业销售业务流程 ‥‥‥‥‥‥‥‥‥‥‥‥ 429

九、销售员推销工作流程 ‥‥‥‥‥‥‥‥‥‥‥‥‥ 430

十、销售工作注意事项 ‥‥‥‥‥‥‥‥‥‥‥‥‥‥ 431

十一、销售人员奖惩办法范例 ‥‥‥‥‥‥‥‥‥‥‥ 432

十二、销售预测表 ‥‥‥‥‥‥‥‥‥‥‥‥‥‥‥‥ 434

十三、年度销售计划表 ‥‥‥‥‥‥‥‥‥‥‥‥‥‥ 435

十四、按部门及客户别销售计划表 ‥‥‥‥‥‥‥‥‥ 435

十五、业务员销售统计表 ‥‥‥‥‥‥‥‥‥‥‥‥‥ 436

十六、订货统计表 ‥‥‥‥‥‥‥‥‥‥‥‥‥‥‥‥ 437

十七、销售额统计表 ‥‥‥‥‥‥‥‥‥‥‥‥‥‥‥ 438

十八、产品促销方法及实施细则 ‥‥‥‥‥‥‥‥‥‥ 439

十九、促销工作计划表 ‥‥‥‥‥‥‥‥‥‥‥‥‥‥ 445

二十、促销活动计划表 ‥‥‥‥‥‥‥‥‥‥‥‥‥‥ 445

二十一、促销成本分析表 ‥‥‥‥‥‥‥‥‥‥‥‥‥ 446

二十二、定价管理办法 ‥‥‥‥‥‥‥‥‥‥‥‥‥‥ 446

二十三、成本估价单(一) ‥‥‥‥‥‥‥‥‥‥‥‥‥ 448

二十四、成本估价单(二) ‥‥‥‥‥‥‥‥‥‥‥‥‥ 449

二十五、产品售价分析表 ‥‥‥‥‥‥‥‥‥‥‥‥‥ 450

二十六、产品价格分析表 ‥‥‥‥‥‥‥‥‥‥‥‥‥ 451

二十七、产品售价表 ‥‥‥‥‥‥‥‥‥‥‥‥‥‥‥ 452

第二十八章　客户管理 ······························· 453

一、客户资料管理工作流程 ······························· 454

二、客户开发管理制度 ······························· 456

三、客户服务管理流程 ······························· 457

四、客户售后服务管理流程 ······························· 458

五、客户投诉处理办法 ······························· 460

六、标准客户开发步骤表 ······························· 462

七、开发对象判定表 ······························· 462

八、强化客户关系计划表 ······························· 463

九、重要客户对策一览表 ······························· 463

十、固定客户交易对策表 ······························· 464

十一、问题客户检核表 ······························· 464

十二、客户信用调查表 ······························· 465

十三、连锁店组织制度 ······························· 466

十四、特约店组织制度 ······························· 467

十五、特约店业务管理规定 ······························· 468

十六、代理店管理制度 ······························· 470

十七、经销商管理制度 ······························· 472

十八、经销商巡访计划表 ······························· 475

十九、经销商信息资料表 ······························· 476

二十、经销商订货单 ······························· 476

第二十九章　财务管理概述 ······························· 479

一、财务管理体制 ······························· 480

二、一般企业财务机构设置细则 ······························· 482

三、财务管理职责划分细则 ······························· 484

四、财务管理纲要 ······························· 486

第三十章　资金管理与财务计划 ······························· 491

一、资金管理制度 ······························· 492

二、资金预算编制制度 ······························· 493

三、资金预算编制流程 ······························· 495

四、现金管理制度 ······························· 496

五、现金及有价证券业务处理流程 ······························· 498

六、流动资金管理制度 ······························· 501

七、现金收支预算表 ······························· 501

八、现金存款日计表 ······························· 502

九、资金调度日报表 …………………………………… 503

十、银行借款登记卡 …………………………………… 504

十一、资金调度表 ……………………………………… 505

十二、资金差异报告表 ………………………………… 506

十三、财务计划及其编制流程 ………………………… 506

第三十一章　财务控制 ……………………………… 509

一、费用开支管理办法 ………………………………… 510

二、费用开支标准 ……………………………………… 510

三、零用金管理细则 …………………………………… 513

四、借款和各项费用开支标准及审批程序 …………… 514

五、资产控制制度原则 ………………………………… 515

六、财务分析撰写规定 ………………………………… 516

七、费用报销操作流程 ………………………………… 518

八、销售费用表 ………………………………………… 520

九、管理费用表 ………………………………………… 521

十、财务费用表 ………………………………………… 522

第三十二章　账款管理 ……………………………… 523

一、业务员收款规定 …………………………………… 524

二、应收账款及应收票据管理办法 …………………… 525

三、问题账款处理办法 ………………………………… 527

四、呆账管理办法 ……………………………………… 528

五、应收账款分户明细表 ……………………………… 530

六、问题账款报告书 …………………………………… 531

七、应收应付票据记录表 ……………………………… 532

第三十三章　财产管理 ……………………………… 533

一、财产管理办法 ……………………………………… 534

二、固定资产管理制度 ………………………………… 535

三、固定资产核算管理制度 …………………………… 536

四、财物盘点制度 ……………………………………… 537

五、固定资产增减表 …………………………………… 541

六、固定资产盘存单 …………………………………… 542

七、固定资产增加表 …………………………………… 543

八、固定资产转移单 …………………………………… 543

九、固定资产减损单 …………………………………… 544

第三十四章　融筹资管理 ·· 545

　　一、公司融筹资管理制度 ·············· 546

　　二、股票事务处理办法 ················· 550

　　三、借款余额月报表 ··················· 552

　　四、费用支付月报表 ··················· 553

第三十五章　会计核算管理 ·· 555

　　一、会计核算操作规定 ················· 556

　　二、出纳工作规定细则 ················· 557

　　三、会计工作规定细则 ················· 558

　　四、一般会计业务处理流程 ············ 560

　　五、出纳岗工作流程 ··················· 565

　　六、销售费用岗工作流程 ·············· 566

　　七、管理费用岗工作流程 ·············· 568

　　八、固定资产核算岗工作流程 ········· 569

　　九、材料审核岗工作流程 ·············· 571

　　十、销售核算岗工作流程 ·············· 572

　　十一、工资福利岗位工作流程 ········· 573

　　十二、税务岗工作流程 ················· 575

　　十三、主管岗工作流程 ················· 576

　　十四、会计科目名称表 ················· 577

　　十五、会计账册登记表 ················· 579

　　十六、财务日报表 ····················· 580

　　十七、进账日报表 ····················· 581

　　十八、票据及存款日报表 ·············· 582

　　十九、出纳管理日报表 ················· 583

　　二十、资金运用月报表 ················· 584

第三十六章　成本控制与管理 ·· 585

　　一、生产成本管理制度 ················· 586

　　二、成本核算细则 ····················· 588

　　三、成本核算工作流程 ················· 594

　　四、产品生产成本表 ··················· 596

　　五、生产成本核算表 ··················· 597

　　六、成品汇总表 ······················· 598

　　七、成本差异汇总表 ··················· 598

八、月份各批号成本分析比较表 ·· 599

第三十七章 统计管理 ··· 601
　　一、统计管理制度 ·· 602
　　二、统计工作流程 ·· 604

第三十八章 审计管理 ··· 605
　　一、内部审计管理制度 ·· 606
　　二、内部账务审计细则 ·· 610
　　三、资产审计流程 ·· 611
　　四、收入、成本与费用审计流程 ·· 613
　　五、利润审计流程 ·· 615
　　六、审计通知单 ·· 616
　　七、审计工作计划 ·· 617
　　八、审计表 ·· 617
　　九、审计报告表 ·· 618
　　十、财物抽点通知单 ·· 618
　　十一、稽核工作计划 ·· 619
　　十二、稽核表 ·· 619
　　十三、稽核报告表 ·· 620

第三十九章 投资管理 ··· 621
　　一、投资管理纲要 ·· 622
　　二、投资项目档案管理规定 ·· 624
　　三、投资管理流程 ·· 627
　　四、投资专业分析表 ·· 628
　　五、投资专案管理卡 ·· 629
　　六、重要投资绩效分析 ·· 629
　　七、重要投资方案绩效核计表 ·· 630
　　八、投资经济分析表 ·· 631

第四十章 会计档案管理 ··· 633
　　一、会计档案管理制度 ·· 634
　　二、会计档案整理工作操作流程 ·· 635

参考文献 ··· 637

第一章

组织管理制度基础

《按制度办事》

一、组织设计程序

（一）组织设计的原则

根据企业的目标和特点,确定企业组织设计的原则、方针和主要参数。

（二）职能分析和设计

确定管理职能及其结构,层层分解到各项管理业务和工作中,进行管理业务的总体设计。

（三）结构框架的设计

设计各个管理层次和部门、岗位及其责任、权利。具体表现为企业的组织系统图。

（四）联系方式的设计

进行控制、信息交流、综合、协调等方式和制度的设计。

（五）管理规范的设计

主要是设计管理工作流程、管理工作标准和管理工作方法,作为管理人员的行为规范。

（六）人员配备和培训

根据结构设计,定质定量地配备各级各类管理人员。

（七）运作制度的设计

设计管理部门和人员绩效考核制度,设计精神鼓励和工资奖励制度。

（八）反馈和修正

将运行过程中的信息反馈回去,定期或不定期地对上述设计进行必要的修正。

二、组织结构设计的原则

（一）管理跨距（控制界限）

管理跨距受单位主管直接有效地指挥、监督部属能力的限制。

1. 设定法则

最适当的管理跨距设计并无一定的法则,一般为 3~15 人。

（1）高阶层管理跨距约 3~6 人。

（2）中阶层管理跨距约 5~9 人。

（3）低阶层管理跨距约 7~15 人。

2. 设定要素

（1）人员素质：主管或部属能力强、学历高、经验丰富者，可以加大控制。

（2）沟通渠道：公司目标、决策制度、命令可迅速而有效地传达，主管可加大控制。

（3）职务内容：工作性质单纯、标准化者，可加大控制层面。

（4）幕僚运用：利用幕僚机构作为沟通协调者，可扩大控制层面。

（5）追踪控制：设有良好、彻底、客观追踪执行工具、机构或人员者，则可扩大控制层。

（6）组织文化：具有追根究底风气与良好的制度文化背景的公司，可加大控制。

（7）所辖地域：地域近可多管，地域远则少管。

（二）专业化

在可能的范围内由各单位人员担任单一或专业分工的业务活动，将可加强企业面对多变竞争环境的适应能力。

三、组织设计的重点

（一）组织的目标性

使组织内各部分在公司整体经营目标下能充分发挥能力而达成各自目标。

（二）组织的成长性

考虑公司的业绩经营与持续成长。

（三）组织的稳定性

随着公司成长而逐步调整组织是必要的，但经常的组织、权责、程序变更将使员工信心动摇。

（四）组织的简单性

组织简单将有助于内部协调与人力分配。

（五）组织的弹性

保持基本形态，又能配合各种环境条件的变化。

（六）组织的均衡性

各部门业务量的均衡，将有助于内部的平衡与分工。

（七）指挥的统一性

一人同时接受两位以上主管管理，将使其产生无所适从的感觉。

（八）权责明确化

权责或职责不清将使工作发生重复或遗漏、推诿现象，易使员工产生挫折感。

（九）作业制度化

明确的制度与标准作业可减少摸索时间，增加作业效率。

四、职务分类表

表1-1 职务分类表

职务职别	一	二	三	四
1	总经理			
2	副总经理			
3	总工程师 厂 长	副总经理		
4	副厂长 各部经理	总工程师 厂 长		
5	副经理 总经理助理 高级工程师 高级研究员	副厂长 各部经理		
6	科 长 工程师 研究员	副经理 高级工程师 高级研究员 总经理助理		
7	副科长 各部助理 各级秘书	科 长 工程师 研究员		
8	组 长 助理工程师	副科长 各部助理 各级秘书	科 长 工程师 研究员	
9	职 员 班 长	组 长 助理工程师	副科长 各部经理 各级秘书	
10	助理员 绘图员	职 员 班 长	组 长 助理工程师	
11		助理员 绘图员	职 员 班 长	
12			助理员 绘图员	职 员 班 长
13				助理员 绘图员

五、职务分配表

表1-2 职务分配表

部门名称

工作类别 \ 负责说明 \ 工作说明	1	2	3	4	5	6	7	8	9	10

六、部门工作分类表

表1-3 部门工作分类表

部门名称

职务名称	负 责 工 作				具备条件
	日常工作	定期工作	临时或代理工作	其他工作	

七、业务能力规定表

表1-4　业务能力规定表

职　别	主要负责工作	应 具 备 条 件		
		工作技术	分析能力	管理能力
副总经理	业务拓展	销售或市场调查	企划分析	销售管理
	产销配合	生产或销售经验	产销配合	产销管理
厂　长	生产管理		生产管制	现场管理

八、业务说明书

表1-5 业务说明书

1. 职称　　　 2. 部门　　　 3. 撰写日期　　 年　　 月

4. 姓名＿＿＿＿ 5. 隶属部门＿＿＿＿ 6. 同职称数＿＿＿＿人(含本人)

7. 管辖部门＿＿＿＿ 8. 审核人＿＿＿＿ 9. 撰写人＿＿＿＿

次　序	工 作 概 述(请分门别类扼要叙述工作内容)

说明:

1. 此工作说明书一式三份,一份由工作者保存,一份由主管收执,一份送人事室,作为考核、升迁、调职、训练及工作检讨的重要参考资料。

2. 本表审核人为撰写人的直属主管。

九、职务调整说明书

表1-6 职务调整说明书

一、姓名:　　　　　　　　　　　　文号:

二、职位:　　　　　　　　　　　　日期:

三、所属部门:

四、新任命工作:　　　　　　　　五、原负责工作:

　　(一)　　　　　　　　　　　　(一)

　　(二)　　　　　　　　　　　　(二)

　　(三)　　　　　　　　　　　　(三)

　　(四)　　　　　　　　　　　　(四)

　　(五)　　　　　　　　　　　　(五)

　　(六)　　　　　　　　　　　　(六)

　　(七)　　　　　　　　　　　　(七)

　　(八)　　　　　　　　　　　　(八)

六、生效日期:

　　　　　　　　　　　　　　　　人 事 经 理:

　　　　　　　　　　　　　　　　部 门 经 理:

　　　　　　　　　　　　　　　　总 经 理:

十、综合工作情况表

表 1-7 综合工作情况表

日期：　　　年　　月　　日

工作名称＿＿＿＿＿＿＿＿　工作所属部门＿＿＿＿＿＿＿＿

从事本工作人数＿＿＿＿＿＿＿

工作项目（各项工作时间之比率）	比率

具 备 条 件	
1. 工具仪器：	8. 体力：
2. 机械设备：	9. 智力：
3. 原料器材：	10. 视力、听力：
4. 报告与记录：	11. 保养责任：
	12. 质量责任：
5. 教育程度：	13. 守秘责任：
6. 经验：	14. 工作环境：
7. 创造力：	15. 工作危险性：

审核人：　　　　　　　　　　　　　填表人：

十一、管理人员升迁计划表

表 1-8　管理人员升迁计划表

职别	由何职晋升或选择								
	第一优先	第二优先	第三优先	第四优先	晋升计点	服务期限	考绩	具备经历	其他必要能力
总经理	董、监事	副总经理			15点以上	5年以上	甲等以上	10年以上	财务管理
副总经理	厂长	业务经理	总工程师	其他部门经理	10点以上	4年以上	甲等以上	5年以上	生产或业务经验
总工程师	高级工程师	技术科长	高级研究员		10点以上	4年以上	甲等以上	5年以上	技术及产品开发经验
厂长	副厂长	生产科长	生管科长		8点以上	4年以上	甲等以上	5年以上	现场管理
副厂长	生产科长	生管科长	技术科长	其他科长	7点以上	3年以上	甲等以上	5年以上	技术或现场管理
业务经理									
副经理									

注:1. 晋升计点:服务一年计一点,考绩每一甲等计一点;2. 经历:以过去从事类似管理工作的年资计算,每年计一点。

十二、管理人才储备表

表 1-9　管理人才储备表

制卡日期：　　年　　月

姓　名		年龄		最高学历	
现职		担任本职年数			
历年考绩					
专长优点					
弱点					
发展性					
可升调职位 1		升调时间			
所需训练					
可升调职位 2		升调时间			
所需训练					

十三、部门决策权一览表

表 1-10　部门决策权一览表

决策类别	状况 1	决定者	状况 2	决定者	状况 3	决定者
贷款	20 万元以上	董事长	20 万元以下	总经理		
新产品开发	大量生产	董事长	试产	总经理	试制研究	研究部门
新客户开发	任何客户开发	业务经理				
订单接洽	大额低价订单	总经理	大额或低价订单	业务经理	合同规定售件	业务员

决策类别	状况1	决定者	状况2	决定者	状况3	决定者
生产进度	总进度	产销会议	小幅度订单调整	厂　长	部门进度调整	生管室

十四、财务决策权一览表

表1-11　财务决策权一览表

财务事项	董事长	总经理	副总经理	厂长、经理	副经理	科长
设备购置	10万元以上	10万元以下	5万元以下	1万元以下		
工具、仪器		2万元以上	2万元以下	1万元以下		1 000元以下
原物料购置				请购单核准		授权采购物料购置
文具用品						定额采购
报表印刷				核准		

十五、人事决策权一览表

表 1-12　人事决策权一览表

类别	人事事项说明	填报	审核	裁决	报备	备注

十六、各种委员会一览表

表 1-13　各种委员会一览表

	委员会名称	召集人	干事	参加人员	会议日期	负责工作	备注
1	组织核定委员会	总经理	人事经理	各部经理及经理级以上职员	不定	负责各种组织更改案	
2	投资委员会	总经理副总经理	企划主任	相关部门副经理以上职员	不定	核定研拟各种投资案	
3	经营决策委员会	总经理	副总经理	经理级以上职员	每月一次视需要召开	1. 检查各部门绩效 2. 研订经营计划 3. 重大决策之议定	
4	制度核定委员会	副总经理	企划主任	相关部门副经理以上职员	视需要召开	1. 检讨研拟部门间配合制度问题 2. 审核重大制度更改案	
5	奖励委员会	总经理	人事经理	经理级以上职员	视需要召开或随同其他会议召开	决定重大奖励事项	
6	福利委员会	主任委员	干事	福利委员会	每月一次	1. 福利预算核定 2. 福利金动用事宜	
7	新产品开发委员会	研究发展部经理	副经理	相关产销技术人员	不定	研拟新产品发展事宜	

十七、企划工作细则

企业企划管理工作由企划总监全面领导,下设企划部具体负责企业企划工作。企划部根据工作需要可以设立战略与发展规划主管、企业文化主管等相应职能岗位。

（一）企划管理组织机构

表 1－14　企划管理组织机构表

名　称		企　划　总　监	
部　　门		企划部	
编制	经理	企划部经理	
	主管	战略与发展规划主管	企业文化策划主管
	一般工作人员		
合计总编制			

（二）企划部职责范围

企划部受企划总监领导,直接向企划总监报告工作。部门职责如下:

1. 参与公司发展规划工作,并对规划方案提出意见和建议。

2. 下达实施经审议批准的发展规划方案。

3. 制定企业经营战略,并报总经理办公会批准后实施。

4. 企业形象策划与实施。

5. 企业文化建设。

6. 配合营销中心实施营销企划、促销企划、广告企划、服务企划。

7. 配合技术开发部实施产品企划。

8. CI 策划、CI 手册制作和实施。

9. 配合行政部做好公共关系策划。

10. 其他相关职责。

第二章 企业战略与发展规划

《按制度办事》

一、企业战略目标制定细则

企业战略体系包括以下四大内容：

战略指导思想、战略方针目标、战略措施、战略规划。其中战略目标的制定是企业战略管理的基础，制定战略目标可根据以下制度实施。

（一）总目标

一般用几十字的篇幅高度概括企业拟达到的目标。例如：

——到 2000 年，建成具有雄厚实力、市场竞争力，以建筑为特色，产业结构纵向一体化经营，有较大社会知名度和良好公共关系的全国性公司（××建筑公司）。

——在 21 世纪初形成以房地产、商贸服务、投资金融等第三产业为支柱的产业新格局，建成世界第一流的、现代化、国际化的大型跨国公司（浦东××开发区开发公司）。

——到 2010 年，建成以钢铁业为主、多元产业共同发展的大型跨国经营的集团，实现销售额 150 亿美元，跻身世界 500 强之列（宝钢集团）。

企业要根据现实与可能的结合，在预测宏观、中观环境变化和本企业现有基础以及优势、劣势基础上，参照其他企业目标，提出自己的发展目标。

（二）目标体系

将总目标细化为一系列定性或定量的指标，并组成公司目标体系。

1. 定性目标

例如：——企业贡献目标：产量、产值、销售额、销售利润或收益、劳动生产率、产品质量、成本与损耗。

——技术开发与进步目标：技术改造、新技术、工艺设备、性能改善、发展新产品与信息技术。

——建设目标：扩大企业规模、提高生产能力、扩大市场份额与固定资产投资。

——经营管理目标：扩大资金来源、进行组织变革、扩大销售网络、创立名牌与公共关系、改进服务、管理方法与手段。

——员工福利与社会责任目标：员工培训、工资与福利、消除污染、增加就业机会。

由此可见，企业目标具有多样性。追求最大利润并不是企业的唯一目标，企业内外不同利益集团向企业提出各自的要求，最终企业高层要在这些目标之间平衡。

2. 定量目标

供选择的指标如：

——企业运行的总资产规模达_____万元，资产负债比率×%。

——产值（营业额）达到×万元，利润×万元。

——企业年经济增长速度达到×%（按产值、收入、产量等指标）。

——科技进步贡献率达到×%。

——净资产收益率达到×%，投资收益率达到×%。

——劳动生产率达到人均×万元。

——生产经营指标_____。

——进出口额达到_____万美元。

——主营业务收入_____万元,占全公司业务的_____%,市场占有率 %。

——产品共_____大类,规格_____。

——企业技术装备达到_____年代国际水平。

——企业有著名品牌或商标____件、专利____项。

——涉及行业有_____、_____、_____、_____、_____,支柱产业为_____。

——增长值为_____。

——集团成员企业总数达____家,其中控股子公司____家,关联公司____家,协作层企业____家。

——企业员工总数达____人。其中大专以上学历占____人,硕士、博士____人,员工平均收入达到年____元。

——在全国____个省市设有分支机构;国际上____个国家和地区设立机构。

——企业经济实力在省市(全国或全球)排名____位。

——到____年,企业拥有____家股票上市公司;到____年,成为国家或世界知名公司或跨国公司。

目标体系尽可能细化,争取涵盖企业各项工作,制定这些目标可采用自上而下、自下而上或上下结合的过程,须经过科学论证、测算。一经确定,一般不要频繁修改,应作为企业未来相当时期的奋斗目标。

(三)战略措施

战略措施是实现战略方针、目标而采取的长期性经营政策和策略,例如:

(1)新产品开发。

(2)市场选择。

(3)经营资源分配。

(4)设备投资。

(5)生产制造体系调整。

(6)组织重整。

(7)人力资源安排。

二、战略规划细则

(一)战略规划主体内容

(1)产品发展方向、生产发展规模、技术工艺发展水平。

(2)主要技术经济指标、科研计划、外协配套计划。

（3）原辅材料采购计划、营销体系、员工培训计划、生活福利计划。

（二）战略阶段划分

一般企业可根据企业生命周期理论划分为 4 个或 5 个大发展阶段，在每个阶段再划分为几个子阶段。

企业要制定每个阶段的阶段目标或措施体系，阶段目标应该细化。

要考虑阶段之间的平稳转换，以及阶段目标、措施的可衔接性，并突出每个阶段的重点目标、措施。

（三）生命周期规划

1. 投入前

战略重点：设计、生产、销售之间协调。

竞争策略：开发适销对路的产品。

开发：可靠性试验。

生产：生产工艺设计，生产技术准备。

营销：试销，编制营销计划。

2. 投入期

战略重点：讲求质量与信誉，积极投资。

竞争策略：取得顾客对产品初步信任，按新产品原则定价。

开发：改进产品性能。

生产：生产技术、方法改进，产品、生产标准化。

营销：由性能确定商标品牌，开始与经销商联系，加强广告营销力度，扩大市场面。

3. 成长期

战略重点：扩大生产能力。

竞争策略：实行质量保证制度，大力宣传产品，适当调整价格。

开发：产品差别化（改进性能、式样），开发新产品。

生产：革新生产工艺流程，扩大生产批量，内部严格质量管理。

营销：优选有利的营销渠道，注重售后服务，注意交货期和回款速度。

4. 成熟期

战略重点：确保销售能力和市场占有率。

竞争策略：参考竞争对手价格调价以廉价竞争，延长产品寿命。

开发：开发市场细分化产品，增加品种规格；扩大产品用途，更新款式，降低成本。

生产：多品种小批量生产，改进产品质量。

营销：宣传产品的美誉度，充分利用各种销售渠道。

5. 衰退期

战略重点：确保财务状况良好。

竞争策略：滞销产品停产整顿，削价。

生产：减产、整顿下马，扩大外协，新产品迅速替代。

营销：停止推销活动，集中销售渠道，准备撤退。

三、战略企划管理纲要

第一条　根据公司章程和公司经营管理发展战略规划,特制定本纲要。

第二条　指导思想和原则。

(一)制定本纲要的指导思想

通过建立规范的现代企业制度体系,塑造良好的企业运行体制和运作机制,在按照市场经济规律、供求关系和价值规律经营时,真正成为市场竞争的主体。

(二)制定本纲要的原则

1. 塑造企业成为依法自主经营、自负盈亏、自我发展、自我约束的法人实体。

2. 达到增强企业活力、强化内容管理、提高经济效益、确保法人资产保值增值目标。

(三)公司对部门或下属企业的管理思想

经营灵活放开、管理紧密完善、监督严格规范、协调指挥高效。

第三条　自我管理要点。

(一)公司对部门、下属企业实行以下自主管理

1. 经营业务活动自主

(1)在授权范围对外洽谈业务,开拓市场,签订产品、货物、商品销售采购合同。

(2)使用公司下拨资金、核定的费用。

(3)使用、调配核定的财产、物资。

2. 劳动用工自主

(1)根据需要申请增补员工。

(2)会同人事部门聘用新员工,调配、解聘员工。

3. 奖励自主

(1)有权决定或推荐对员工的奖励、惩罚。

(2)决定、推荐员工工资升降,奖金内部分配。

4. 岗位机构设置自主

根据精简、高效原则调整企业内部机构或部门岗位。

(二)依照公司规章制度和流程,以上自主管理尚需上级部门审核批准

第四条　统一管理要点

公司对部门、下属企业实行以下统一管理

1. 统管目标计划

下属部门与公司订立目标责任书,制定切实可行的经营目标和实施计划。公司对其实施状况进行检查、反馈、纠正。

2. 统管发展战略和规划

公司制定统一的发展战略、规划、产业产品政策、区域发展政策。下属单位在其框架上制定分规划,不得超越范围。

3. 统管资金

公司统一管理资金融通、调拨、筹措，严禁擅自对外筹措资金；对下属单位的银行账户统一管理，必要时设立内部结算中心或内部银行。

4. 统一财务会计制度

公司设立统一的财务会计制度，供下属单位共同遵守。

5. 统管资产

公司固定资产存量盘整、新增固定资产、企业的部分或整体产权、股权转让、企业兼并收购，均统一由公司管理。

6. 统管投资

下属单位没有投资决策权，统一由公司管理。下属企业可提出开发、改建、扩建项目的建议和论证，但须根据申报程序由公司专门会议讨论通过。

7. 统管经营收益

公司通过统收统支、承包制、租赁制、年薪制等取得企业、部门收益，并有权统一考虑收益分配及投资方向。

8. 统管中高级干部

公司统管中高级人员任免、调配，下属企业之经理、副经理、财务主管亦考虑在内。

第五条　监督管理要点。

公司对部门、下属企业实行以下监督：

（1）行政监督。对下属部门违反公司规章制度，玩忽职守，营私舞弊，贪污受贿，收受回扣、佣金等行为进行严肃监督、查处，并予以经济处罚、行政处分乃至追究法律责任。

（2）审计监督。对下属部门违反公司财经纪律、造成公司损失情况进行查处。

（3）管理监督。通过例会、考核、值班制度监督下属单位工作。

（4）民主监督。通过工会等形式，积极收集和采纳员工建议。

第六条　协调服务要点。

公司对部门、下属企业实行如下协调服务：

（1）组织指挥。公司为指挥、控制中心，协调下属单位的步伐和利益。

（2）信息服务。公司作为信息中心，为下属单位提供及时、准确的国内外市场商情和经济技术信息服务。

（3）培训教育服务。公司统一制定员工培训教育规划、添置培训器材和提供培训机会，为下属单位输送合格人才。

（4）法律服务。公司聘请法律顾问，统一负责全公司和下属单位的法律事务和咨询。

（5）后勤保障服务。减少下属单位小而全的后勤服务机构和职能，提供公司级后勤保障服务。

（6）技术开发服务。公司统管技术、专利、产品开发项目和技术贸易服务，为下属单位提供新技术、新产品、新工艺。

第七条　附则。

本纲要由企划部负责解释、补充，经公司常务会议讨论通过颁行。

四、战略企划操作流程

第一条　战略企划的基本要求

（一）设计与应变相统一。具体包括以下几个方面：

1. 从公司长远利益出发，合理规划战略企划的每项工作。

2. 适时调整战略企划方案。

3. 操作流程符合公司要求与需要。

（二）职责明确。

（三）操作规范。

（四）控制与自主相统一。

第二条　战略企划的基本原则

（一）前瞻性原则。

善于创造和把握战略机会，分析机会存在的依据、特征，确定把握机会的方针和行为规范，寻找新的经营机会和经营领域。

（二）创新性原则。

有效配置公司现有资源，不断完善战略企划方案。

（三）应变性原则。

战略企划要突出人的主观能动性和自觉适应性，根据市场环境和公司现有状况，灵活地调整战略企划活动。

（四）指导性原则。

跟踪公司有限且有价值的目标，组合相关的战略企划资源，确定相应的解决方案，充分发挥员工的创造性和能动性。

第三条　战略企划操作流程

（一）界定战略企划案主题。战略企划部在界定战略企划案主题时应遵循以下条例：

1. 准备精当

（1）确定战略企划对象。

（2）调查并研究战略企划对象。

2. 找出并确立战略企划重点

（1）明确战略企划主题。

（2）选择战略企划主题。

3. 确定战略企划目标

（1）勾勒战略企划的轮廓。

（2）确定战略企划的目标。

（3）量化战略企划目标。

（二）战略分析。包括环境分析以及资源和战略能力分析：

（1）立足对现有资料的充分获取。

（2）注重利用团体智慧。

（3）注重个人创意的开发。

（三）寻求战略企划案切入点。

（1）从消费者的抱怨切入。

（2）从消费者的希望切入。

（3）从市场畅销产品切入。

（4）从市场发展趋势切入。

（5）从与购买者的谈话切入。

（四）战略企划案创意的产生。

（1）全面把握战略问题。

（2）战略外围情报资料的收集。

（3）战略问题的调查。

（4）排出战略问题的顺序。

（5）设定战略企划的截止日期。

（6）设定战略的解决目标。

（7）战略企划创意印象的描摹。

（8）企划观念和思路的调整。

（9）进一步类比战略企划的创意印象。

（10）完善性的思考产生创意。

（五）撰写战略企划案。

（1）简明具体地表现战略企划的内容。

（2）准确预测战略企划的效果与结果。

（3）战略企划创意主题明确。

（4）按预定的截止时间终止战略企划创意活动。

（5）长期战略企划需设定中期与近期目标。

（六）战略企划案的选择。

战略企划案的选择要充分考虑本公司的企划意图和采用的客观标准与方法。

（七）战略企划案的确立。

（1）做好准备工作。

（2）选择适当的提案时机。

（3）努力沟通各方，确立战略企划案。

（八）战略企划案的修正。

进行战略企划实施结果分析，并做好以下工作：

（1）正确把握预测值与结果的差异。

（2）分析差异原因。

（3）找出战略企划案实施过程中的相关问题,发现反省点和改进点。

（4）针对战略企划案的不足进行改进。

（5）总结战略企划案及实施的经验与教训。

（九）战略企划案的适用性评估。

五、企业经营总体战略分析表

表 2－1　企业经营总体战略分析表

主要内容	具体描述
(1)行业经济指标 　·销售总额 　·平均利润率 　·增长率	
(2)行业价值链 　·行业价值链结构 　·总增加值 　·主要增值环节增加值	
(3)行业集中度 　·企业总数 　·第一位企业所占份额 　·前十位企业所占份额 　·企业群分布特征 　·行业纵向整合度	
(4)行业主管部门 　·主管部门角色 　·主要行业政策/规范/标准	
(5)行业投资机会 　·所处生命周期阶段 　·进入、撤出障碍 　·主要机会、威胁	
(6)竞争层面、竞争因素和竞争强度	
(7)行业的关键成功因素	
(8)推荐的切入层面	
(9)切入层价值结构 　·总营业额 　·关键增值环节增加值 　·原材料价格走势 　·产品价格走势	
(10)切入层经营结构 　·供应商 　·生产组织方式 　·关键技术 　·关键质量指标 　·人力/劳动力资源状况 　·营销渠道结构 　·客户群 　·客户主要购买/消费特征	

主要内容	具体描述
（11）目标企业 ·目标企业名单 ·目标企业概况	
（12）行业领袖 ·行业领袖名单 ·主要行业领袖简介	
（13）行业五种力量分析 ·新进入者威胁 ·供应商讲价能力 ·客户讲价能力 ·替代品威胁 ·业内竞争强度	
（14）竞争者分析 ·未来目标 ·当前战略 ·预期的可能变动 ·能力	
（15）行业的长期盈利性及其比较研究 ·环境趋势对行业未来盈利性的影响预测 ·行业的未来成长曲线模拟 ·行业的未来利润曲线模拟 ·行业未来利润曲线的跨行业比较/投资的机会成本分析	
（16）行业现有的发展模式研究 ·行业现有发展模式总结 ·各种模式的历史、现状及演变分析	
（17）行业的可整合型判断 ·行业的整合效益预测 ·可行的行业整合思路 ·行业整合的商业模型	
（18）业务进入战略建议 ·进入模式 ·切入点及长期战略规划 ·阶段性战略目标和战略重点	

六、战略规划定位表

表2－2　战略规划定位表

项目	具体内容
(1)目标业务空间分析 · 宏观分析 · 中观分析 · 国际趋势参照 · 目标业务空间分析	
(2)目标市场结构分析 · 目标市场结构现状 · 目标市场结构影响因素分析 · 消费者调查测试结果 · 目标市场结构发展趋势	
(3)竞争群体分析 · 产业竞争格局分析 · 产业成功关键因素分析 · 产业成功关键因素可能变化分析	
(4)竞争者分析 · 未来目标 · 当前战略 · 预期的可能变动 · 能力	
(5)业务技术发展趋势分析 · 业务技术发展历史演变 · 业务技术发展的国际比照 · 业务技术发展影响因素 · 业务技术发展趋势判断	
(6)行业的长期盈利性及其比较研究 · 环境趋势对行业未来盈利性的影响预测 · 行业的未来成长曲线模拟 · 行业的未来利润曲线模拟 · 行业未来利润曲线的跨行业比较/投资的机会成本分析	
(7)业务规划 · 产业定位 · 战略目标 · 战略重点 · 竞争位次 · 市场份额 · 业务总量 · 业务结构	

项目	具体内容
（8）业务品牌规划 ·业务品牌架构 ·业务品牌定位 ·业务品牌理念 ·业务品牌核心信息	
（9）业务收益规划 ·业务收入规划 ·业务利润规划 ·业务投资规划	

七、长期战略目标体系规划表

表 2-3 长期战略目标体系规划表

战略目标		第一五年度	第二五年度	第三五年度
企业贡献目标	产量/产值			
	利润			
	劳动生产率			
	产品质量			
	成本与损耗			
技术开发与进步目标	技术改造			
	新技术			
	工艺设备			
	性能改善			
	发展新产品			
	信息技术的发展			
建设目标	扩大企业规模			
	生产能力			
	扩大市场份额			
	固定资本投资			

战略目标		第一五年度	第二五年度	第三五年度
经营管理目标	扩大资金来源			
	组织变革			
	销售网络			
	创立名牌			
	公共关系			
	服务改进			
	管理方法、手段			
员工福利与社会责任目标	员工培训			
	工资与福利			
	清除污染			
	增加就业机会			

定量战略目标	本年度	第一五年度	第二五年度	第三五年度
企业运行的总资产规模				
资产负债比率				
产值/利润				
年经济增长速度				
科技进步贡献率				
净资产收益率				
投资收益率				
人均劳动生产率				
生产经营指标				
进出口额				
主营业务收入比率				
产品种类、品种、规格				
技术装备水平				
无形资产				
设计行业支柱产业				
增长值				
集团成员企业总数、控股子公司、关联公司、协作层企业				
员工总数、平均收入				
分支机构				
经济实力				
集团中的上市公司				

八、中期战略规划表

表2-4　中期战略规划表

主要内容	本年度	下一年度	下两年度	下三年度
产品发展方向				
生产发展规模				
技术工艺发展水平				
主要技术经济指标				
科研计划				
外协配套计划				
原、辅材料采购计划				
营销计划				
员工招聘计划				
生活福利计划				
环保计划				
其他事项				

九、投资战略分析表

表2-5　投资战略分析表

项目		说明	备注
投资	土地及建筑物		
	生产设备		
	其他设备		
	工具模具		
市场开发费			
周转金	物料		
	工具		
	费用		

十、市场战略选择表

表2-6　市场战略选择表

市场战略	战略措施	选择原因
领导战略	保持市场占有率	
	扩大市场占有率	
挑战战略	明确战略目标和竞争对手	
	选定挑战战略	
追随战略	紧紧跟随	
	有距离跟随	
	有选择跟随	
补缺战略	最终用户	
	垂直层次	
	顾客规模	
	市场缝隙	
	特殊顾客	
	特种服务	

十一、年度经营目标规划表

表2-7　年度经营目标规划表

月份	生产目标	存货金额	销售目标	利润目标	备注
一月					
二月					
三月					
四月					
五月					
六月					
七月					
八月					
九月					
十月					
十一月					
十二月					
合计					

十二、产品产销目标

表 2-8 产品产销目标

产品名称：

月份	目标产量	目标销量	存量	估计单价	估计毛利	估计利润	利润率	备注
一月								
二月								
三月								
四月								
五月								
六月								
七月								
八月								
九月								
十月								
十一月								
十二月								
合 计								
平 均								

十三、原物料采购预算

表 2-9 原物料采购预算

采购项目	一月	二月	三月	四月	五月	六月	累计
合 计							

采购项目	七月	八月	九月	十月	十一月	十二月	累计
合 计							

十四、半年度产销计划

表 2-10 半年度产销计划

一月				二月				三月			
产品名称	数量	金额	利润	产品名称	数量	金额	利润	产品名称	数量	金额	利润
合计				合计				合计			
四月				五月				六月			
产品名称	数量	金额	利润	产品名称	数量	金额	利润	产品名称	数量	金额	利润
合计				合计				合计			

十五、半年度费用预算

表2-11 半年度费用预算

月份	产销金额	预计利润	利润率	原料成本	人工成本	制造费用	比率	销售费用	比率
一月									
二月									
三月									
四月									
五月									
六月									
合计									

十六、年度报告

表2-12 年度报告(分别见表1-7)

1. 生产销售

月份	生产日期	实际生产	销售金额	存货金额	利润目标	实际利润	利润率
一 月							
二 月							
三 月							
四 月							
五 月							
六 月							
七 月							
八 月							
九 月							
十 月							
十一月							
十二月							
合 计							

2.产品生产销售比较

产　量		生产额		销售额		单　价		利　润	
目标	实际	目标	实际	估计	实际	估计	实际	估计	实际
一 月									
二 月									
三 月									
四 月									
五 月									
六 月									
七 月									
八 月									
九 月									
十 月									
十一月									
十二月									
合　计									

3.投资及改善方案

项　目	估计投资	实际支出	进行状况	成　果

4. 新产品开发及改良状况

名称	规格	新设计	改良	已支付费用	完成状况				成果
					未开始	进行中	已试制	已生产	
名称	规格	新设计	改良	已支付费用	未开始	进行中	已试制	已生产	

5. 设备购置整修

设备名称及类别	数量	购置金额	整修金额	合计	预算	差异

6. 人事状况

单位	人员数				工 资				备 注
	直接	间接	合计	预算	直接	间接	合计	预算	

7. 成本费用分析

成本项目	预算	实际	差异	费用项目	预计	实际	差异

第三章

企业文化企划

《按制度办事》

一、企业和行业形象要素

（一）企业形象要素

企业可选用以下词语来描绘自己的形象：

- 第一流、大企业、傲视同辈
- 有成长性、未来性
- 值得信赖，有安全感、好感
- 向多元化、集团化、国际化发展
- 以质量求生存
- 以研发创新为导向，有革新精神
- 传统的、老字号
- 以资本经营，超常规增长，开拓型
- 敢于冒险，负债经营，风险收益
- 独特的、反潮流
- 经营有方、高瞻远瞩的
- 员工素质高，注重员工培训
- 注重劳资融洽，营造凝聚力工程
- 个人权威领导、力排众议、独裁式
- 品质优良、无投诉的
- 消费者需求、企业的追求
- 光明正大竞争，无不正当竞争
- 市场覆盖面广，市场占有率高
- 工作环境好、整洁，花园式
- 公司社会知名度高、开放性
- 热心资助社会慈善、公益事业
- 对防治公害、环保热心
- 善于运用法律工具，有理有节
- 悲观的、过于重视的

- 公司背景强大，大股东支持
- 年轻的、充满活力、积极向上
- 卓越地位、龙头企业
- 以人为本、人性管理
- 对顾客服务至上，不满意即退货
- 企业迎合时代潮流，具有现代性
- 高科技，有领先尖端技术
- 坚守独立，自我滚动发展，稳健型
- 中西合璧、兼收并蓄
- 名人、名企、名牌
- 企业领袖，精英人才，善揽人才
- 工人当家做主，有主人翁感
- 关心员工，有人情味
- 企业依法治企
- 没有伪劣假冒商品
- 终身免费服务、星级服务
- 促销有绝招
- 员工能人尽其才，有工作兴趣，高薪
- 公司风气好，节奏紧张，不拖拉
- 公司不愿抛头露面，具有保守性
- 捐助教育、文化事业
- 社区关系良好
- 乐观的、轻视的

- 公司标志令人喜欢，有现代感、印象深刻、引人注目、独特感
- 公司名称令人喜欢，容易发音诵读，含义易解

（二）不同行业的理念形象要素

- 食品：安全性、信赖感、规模、技术
- 电气机器：安定性、可信度、技术
- 输送机器：技术、可信度、安定性、规模
- 纤维：安定性、技术、可信度、销售网的实力与规模

- 化学药品：安定性、规模、可信度、技术、发展性
- 经销商：服务品质、可信度、安定性、社会风气、规模
- 零售业：规模、安定性、发展性、可信度
- 银行：规模、可信度、传统、安定性
- 保险：规模、可信度、安定性、发展性、强势宣传广告力
- 证券：规模、传统、销售网实力、可信度、安定性
- 玻璃、水泥：安定性、规模、可信度、传统、发展性
- 机械：安定性、规模、可信度、传统
- 铁、非金属：规模、安定性、可信度、国际竞争力
- 建筑、房地产：安定性、传统、规模、强势的宣传广告力、新产品的开发符合时代潮流
- 运输业：传统、规模、可信度、国际竞争力、现代科技、经营者的积极性和亲和力
- 精密仪器：传统、安定性、清洁度、可信度、新产品潮流、积极性、研究与发展、强势的宣传广告力、发展性、经营人才、对社会的贡献
- 服务业：良好的风气、安定性、清洁度、时代潮流、现代化

二、企业文化框架

塑造企业文化，首先应提出一个明确的价值观，在此基础上形成涵盖企业各个方面的管理准则和思想体系。

（一）企业文化层次

1. 精神文化

- 企业精神　　　　● 企业宗旨　　　　● 经营理念　　　　● 价值观念
- 管理哲学　　　　● 道德准则　　　　● 企业口号

2. 制度文化

经营规模。如通过规模经营迅速扩张，扩大市场占有率，降低成本。

运作方式。如通过上与母公司，或下与子公司组成的群体优势互补，增加市场竞争力和规模效益。

治理形式。如通过企业家精英团队管理企业群体，并依法治企。

人际关系。如上下级、员工、客户间均建立信任和谐人际关系，达到沟通谅解。

管理制度。如常规与例外结合，常规管理规范化、标准化，例外管理弹性化。

激励机制。如激励与约束结合，以激励为主，约束为辅；以奖励为主，惩罚为辅。

利益分配。如企业、员工的利益求大同存小异，并趋于共存共荣。

3. 物质文化

生产或服务。如生产制造出质量可靠、性能价格比高的产品。

工作环境或厂貌。如办公环境、经营环境均为整洁、明亮、舒适。

技术装备。如配置先进、适用的设备、机器。

后援服务。如为服务对象提供无微不至、主动、便利的服务。

人力资源。如通过全程、终身培训使员工均达到行业社会优秀水平;人尽其才。

福利待遇。如公司员工通过辛勤劳动获得行业和当地领先的工资、福利待遇。

（二）子公司塑造企业文化策略

1. 因袭母公司的企业文化

母公司、控股公司具有系统企业文化时,子公司遵循统一的企业文化。

（1）优点。

• 利用母公司企业文化优势

• 形成统一企业文化运作,成本较低

（2）缺点。

• 母公司文化无论好坏都得继承、统一

• 难以发挥子公司的个性、创造性

（3）这适合母公司实力强、知名度大的情况。

2. 独创自己的企业文化

独创自己的企业文化模式,且可能与母公司企业文化相异。

（1）优点。

• 根据子公司特质塑造企业文化

• 可发挥子公司的个性、创造性

（2）缺点。

• 独创文化形成时间长、成本大

• 可能没有新意或失败(存在风险)

（3）这适合于与母公司行业差异大,或子公司自身实力强的情况。

3. 建立企业文化中的亚态文化

在整体企业文化模式下,建立求大同存小异的亚态文化。与母公司企业文化既有统一性又有差异性。

（1）优点。

• 兼顾母子公司的文化利益关系

• 创建亚态文化风险较小,运作成本低

（2）缺点。

下级企业的合理积极性未被发挥得淋漓尽致。

（3）这适合在集团型的企业群体中、一般折中原则下采用。

三、企业形象系统

企业文化是作为一个观念系统而存在的,要传达到企业员工、社会和公众存在一些困难。因此,将企业文化特质形成一个统一概念,通过个性化、鲜明的视觉形象(图形、图案)

表达出来,再传导给社会更有效率、效果。

企业形象系统 CIS(Corporate Identity Systems)由三个层面组成。

(一)企业理念系统 MI(Mind Identity)

1. 基本要素

- 经营理念
- 企业精神
- 道德风尚
- 组织结构
- 发展目标
- 经营策略

2. 应用要素

- 信念、信条
- 口号
- 标语
- 守则
- 警语
- 座右铭
- 训示
- 企业歌

(二)企业行为系统 BI(Behavior Identity)

1. 对内

- 教育培训
- 服饰
- 福利待遇
- 环保观念
- 仪礼
- 体态语言
- 工作场所
- 研究发展

2. 对外

- 营销观念
- 公共关系
- 公益活动
- 服务和产品开发
- 银企关系
- 文化传统表现

(三)企业视觉系统 VI(Visual Identity)

1. 基本应用

- 企业名称(全称、简称)
  品牌标志
  标准颜色
  宣传标语
- 企业标志
  标准字体
  象征图案
  吉祥物

2. 关系应用

- 办公用品、事务用品类
  公司简介
  信封(国内标准型、国际用)
  印刷品专用信封
  信纸、专用便笺
  文件、档案袋
  函、便条、介绍信
  名片、名片簿、名片盒
  公司专用笔记本
  公司专用传真纸
  公司专用请柬
- 交通运输工具类
- 企业证照、文件类
  工作证
  工作识别卡
  徽章
  臂章
  奖状
  聘用证书
  各类规章文件
  各类工作表格、单据
  对外表单、文本
- 指示、标识类

各类货运车辆
大、中、小型客车
接送班车
小轿车
专用宣传广告车
特种车辆

- 广告展示陈列类
办公、营业场所、车间内部装饰
商品目录、产品样本
广告礼品
公司产品展示室风格、陈列
公司荣誉室风格、陈列
公司模型室风格、陈列
广告橱窗设计、陈列
专卖柜、货柜风格、陈列
展览会展位设计、陈列
业务洽谈室风格、陈列
报纸、杂志、电视等传媒广告编排
广告片头片尾设计、图案
广告用视、听软硬件
单页广告宣传资料
广告海报
邮寄广告（DM）
各类 POI 广告
广告手提袋
广告横幅、遮阳篷
- 服饰类
现场工作服
办公工作服
特殊工种专用服
工作鞋、帽
领带、胸针、皮带
广告衫、T 恤

3. 新发展到其他感觉系统
- 电脑网页
- 气味、香型
- 音乐

公司招牌、旗帜
各部门、科室铭牌
楼层指示牌
大门、各种入口指示
路牌、禁令标志
建筑物外观
室外照明、铭牌霓虹灯
- 商品及包装类
商品造型
商品色彩
商品功能及人性设计
内外包装设计及包装物
各种包装纸、袋
各种塑料包装袋
包装用玻带
粘贴商标、提示标志
商品合格证、说明书
保修手册

- 其他
CIS 手册
公司出版物
接待客户用家具、桌椅
茶具、餐具
烟灰缸、餐巾纸、桌布
礼品：贺卡、打火机、挂历

四、塑造企业文化的影响因素

先有企业，还是先有企业文化，许多人肯定认为不言而喻：有了企业才会形成企业文化，正是企业在成功之后才总结自己的企业文化模式。其实，企业文化的萌芽已不自觉地植根于创办企业时的动机和观念中，一些人谙熟企业文化是企业灵魂之功用，开创了在新办企业事先规划自己的企业文化模式而后成功推动企业初始启动的范例。因此，企业文化的规划，有其重要性和迫切性。

塑造企业文化至少考虑如下影响因素：

（1）行业特征。企业主要属于哪个行业，那么该行业特征应反映在企业文化中。对制造业，强调"个人向上的资质"，即以个人为本，自我实现；对一般服务业，强调"对顾客的服务"；对传媒业、金融业，强调"对社会的服务"。

（2）企业家特质。企业家对企业决定性作用无可否定，因此企业家特质、个人魅力、工作风格和经营哲学均对企业文化的形成具有重大影响。

（3）国内国际企业文化新潮。国内、国外知名企业均具有自己的文化模式，并形成一些流行概念。调查表明，使用较多的概念有和谐、诚实、努力、敬业、信用、服务、责任、奉献、创造力、安全、满意等。

（4）追求独特模式。企业文化最忌流于形式、趋于雷同。我国企业离不开"求实、创新、奉献、质量第一、用户至上"这些套话。在国有企业，其企业文化大同小异背景下，应刻意追求自己特有的企业文化。

（5）长期形成。企业文化形成非短时之功，需要长时间潜移默化和渗透到心灵深处，才能成为企业员工的共同行为规范和共同意志。

企业文化一般由企业领袖倡导，以企业全体员工集体意识为基础，达到全企业的共识和认同，最终融合为全体企业人的默契、习惯和氛围。还须进行：洗脑（BrainWashing），强化企业文化的教育，塑造企业文化过程中，还应注意企业内亚态文化的整合；注重非正式组织的存在，调动其积极性；并与企业党政思想工作结合在一起，营造"凝聚力工程"。

五、特色企业文化范例

（一）美国 IBM 公司

经营理念：*科学、进取、卓越。*

企业精神:IBM 就是最佳服务。

基本信念:尊重个人,顾客至上,追求卓越。

归纳为大家长式企业文化:

身为员工,必须全力以赴,为公司贡献。

公司对员工的努力与忠心,提供优厚薪水和福利回报员工、照顾员工。

（二）日本松下公司

经营理念:自来水哲学,即产业人的使命就是通过生产、再生产。使那些很有价值的消费品变像自来水那样丰富、廉价,而无穷无尽地提供给社会,消除贫困,人间变成乐园。

企业精神:产业报国、光明正大、和睦团结、奋斗向上、礼貌谦让、顺应同化、感谢报恩。

员工信条:唯有本公司每一位成员和亲协力、至诚团结,才能促成进步与发展。

（三）三菱家训

小不忍则乱大谋,实乃经营大事业的方针。

一旦着手事业,必须求其成功。

绝对不得经营投机事业。

以国家观念为基础来经营事业。

任何时候,均应保有至诚服务之意念。

勤俭自持、慈善待人。

仔细鉴别人才技能,以求达到适才适用。

善待部属,事业上的利益应尽量多分给部属。

大胆创业,谨慎守成。

（四）日本丰田公司

经营理念:优良的产品、优良的思想、世界的丰田。

企业精神:从干毛巾中拧出水。

（五）日本日立公司

企业魂:和、诚、开拓精神。

（六）麦当劳公司

经营理念:QSCV

品质(Quality)、服务(Service)、清洁(Cleanness)、价值(Value)。

企业精神:美在汉堡之中。

（七）美国惠普

尊重个人价值。

（八）香港金利来公司

勤、俭、诚、信。

（九）台湾宏基集团(Acer)

经营哲学:全球品牌、结合地域。

经营方式:速食店模式(台湾生产主要组件、当地组装出售)。

组织结构:主从架构(以营销为导向的地区性事业单位、制造为导向的战略性事业单位,当地合伙、股权过半)。

六、企业 CI 企划纲要

第一条　CI 企划目的

为了不断提升公司的经营理念，创造和形成统一的公司形象，增强公司的凝聚力和竞争力，更好地展现企业形象，扩大企业的品牌影响力，有效地促进公司企划目标的达成。

第二条　组织实施

企业 CI 要由企业领导亲自推广，成立 CI 企划委员会，由企划部具体负责，在全员沟通教育基础上试行并追踪评估修正。

第三条　CI 企划委员会职能

（一）CI 规范管理文件的制定。

（二）CI 规范管理标准的制定。

（三）CI 规范管理活动的组织与运作。

（四）CI 规范管理工作的督促与检查。

（五）根据公司的发展要求，对公司 CI 建设的理念识别、行为识别、视觉识别三个系统作科学地分析、研究与定位。

（六）开展广泛的 CI 调查，不断提出建议，不断提交公司 CI 建设的报告。

（七）对公司 CI 建设各种方案的实施进行分析、测评，提出意见和建议。

（八）在 CI 规范管理委员会的指导下，对公司 CI 企划规范管理工作进行督导。

第四条　CI 企划管理内容

第五条　公司哲学

第六条　公司价值观

第七条　公司精神

第八条　公司目标

第九条　员工行为规范

第十条　员工工作与社会活动礼貌用语规范

第十一条　公司各种标示规范

第十二条　公司各类印刷品规范

第十三条　公司各种用具、工具标记规范

第十四条　公司各种文件制定规范

第十五条　公司广告规范

第十六条　公司参展设计规范

第十七条　公司产品包装规范

第十八条　CI 企划基本要求

（一）合理规划公司 CI 企划的每项工作。

（二）适时调整 CI 企划方案。

（三）操作流程符合公司要求。

（四）公司将《CI 企划规范管理制度》印刷成册并分发给公司员工。

（五）公司每年分两次（年初、年末）组织员工学习《CI 企划规范管理制度》。

（六）公司员工必须能熟练且准确无误地背诵公司哲学、公司价值观、公司精神、公司目标。

（七）公司一切活动都必须渗透 CI 意识，按 CI 建设的要求做好有关工作。

（八）对违反《CI 企划规范管理制度》有关规定的当事人和负责人要追究责任并给予批评和处分。

（九）公司有关工作必须严格按规定执行，如有失误，视其行为造成的经济损失和社会影响的大小，予以开除、记大过、记过、罚款等处分。

（十）CI 企划规范管理委员会每季度检查总结一次公司 CI 企划规范管理工作，并写出书面报告，通报全公司。

第十九条　CI 操作具体要求

（一）善于把握 CI 机会，分析机会存在的依据、特征，确定把握机会的线索和行为规范。

（二）有效配置公司现有资源，不断完善 CI 企划方案。

（三）根据市场环境和公司现有状况，灵活地调整 CI 企划活动。

（四）发掘公司有限且有价值的目标，整合相关的 CI 企划资源，确定相应的解决办法。

（五）要有统一性。整个企业的形象要用 CIS 统一起来。尤其在对外形象关系上，要防止因企业内部发展过程的混乱，导致社会认识上的模糊和混淆。

（六）要有差异性。一家企业与另一家企业在外在形象上要有差别，即要有鲜明的特征个性，使得社会、消费者在成千上万个名称、品牌、标识中一下子认出来。主要在：

1. 企业标识具有强烈视觉冲击力，给人深刻印象。

2. 企业名称响亮，朗朗上口，便于记忆，但要避免怪异。

3. 企业经营理念和经营哲学精辟独到，令人回味。

4. 企业形象相对稳定，不能朝令夕改，反复无常，给社会不稳定、多变的感觉。

5. CI 要素设计要经受历史考验。不能在 CI 中抄袭他人、仿冒他人或有违反法律、法规的东西。

6. 企业形象适度动态优化。在长期相对稳定前提下，根据主、客观情况变化，适当围绕形象主题作出局部调整。

（七）CI 内容在公司内外部使用时规范化、标准化。

（八）CI 方案设计最好委托专业 CI 机构或广告公司完成，委托合同中应有设计方承诺不侵犯其他方知识产权的条款。

（九）特别强调理念形象的核心和灵魂作用。

第二十条　本纲要由企划部制定，经总经理审批后自颁布之日起执行

七、CI 企划操作流程

（一）界定 CI 企划案主题

1. 确定 CI 企划对象。

2. 调查并研究 CI 企划对象。

3. CI 企划问题列举。

4. 找出并确立 CI 企划重点。

（1）界定 CI 企划主题。

（2）明确 CI 企划主题。

（3）选择 CI 企划主题。

5. 明确 CI 企划目标。

（1）勾勒 CI 企划轮廓。

（2）确定 CI 企划目标。

（3）量化 CI 企划目标。

（二）CI 企划资料的收集与分析

1. 现有资料收集。立足于对现有资料的充分提取。

2. 市场状况调查。注意依靠团体智慧和激发个人创意。

3. 资料审核与分析。

（三）寻求 CI 企划切入点

1. 从消费者的抱怨切入。

2. 从消费者的希望切入。

3. 从公司现有资源切入。

4. 从市场发展趋势切入。

5. 从购买者的谈话切入。

（四）企划创意的产生

1. 明确掌握 CI 问题。

2. CI 外围情报资料的收集。

3. CI 问题的调查。

4. 排出 CI 问题的顺序。

5. 预定 CI 企划的截止日期。

6. 确定 CI 的解决目标。

7. CI 企划创意印象的描摹。

8. 企划观念和思路的调整。

9. 创意方法选择。

10. CI 企划创意方案的制定。

11.进一步比较 CI 企划的创意。

12.完善思考并产生创意。

（五）CI 企划案的制作

1.简明具体地表现 CI 企划的内容。

2.准确预测 CI 企划的效果与结果。

3.明确 CI 企划创意主题。

4.在预定的截止时间终止 CI 企划创意活动。

5.CI 长期企划需设定中期与近期目标。

（六）CI 企划方案的可行性选择

CI 企划案的选择要充分考虑公司的企划意图和采用的客观标准与方法。

1.选择标准衡量,做好准备工作。

2.CI 企划方案的对比评估。

3.最终企划方案的确定,选择适当的提案时机。

4.努力沟通各方,确立 CI 企划方案。

（七）CI 企划案的修正

1.正确把握预测值与结果的差异。

2.分析差异原因。

3.找出 CI 企划案实施过程中的相关问题,发现反省点和改进点。

4.针对 CI 企划案的不足进行改进。

5.总结上次 CI 企划立案及实施的经验教训。

（八）CI 企划的模拟与评估

1.CI 企划的预算评估。

2.CI 企划的进度控制。

3.CI 企划的效果评估。

八、企业形象调查表

表 3-1 企业形象调查表

对象询问项目	一般消费者	特殊消费者	合作对象	交易对象	其他人员	结果分析
企业认知度						
途径						
基本形象						
商品领域						
传播媒体						
辅助形象						
不利形象						
辅助形象比重						
企业名称形象						
企业标准形象						
标志形象						
标准色彩						
商品认识程度						
好感的理由						
不好感的理由						
总体评价						

九、企业 CI 评估表

表3-2 企业 CI 评估表

CI 项目	CI 内容		具体评估	说明
理念系统	企业核心价值观			
	企业远景			
	企业宗旨			
	企业精神			
行为系统	行为准则	员工行为总目标		
		员工行为纲领		
		员工行为准则		
		如何贯彻 MI、BI		
	礼仪规范	仪表规范		
		仪容规范		
		仪态规范		
	传播策略	行销策略		
		公关策略		
		媒体策略		
视觉系统	基本要素	企业名称		
		标志		
		专用字体		
		专用色彩		
		企业商标		
		辅助图形		
		象征图形		
		要素组合		
	应用系统	办公用品系统		
		公关礼仪系统		
		服装系统		
		广告与宣传系统		
		环境指示系统		
		建筑装饰系统		

十、企业 CI 建设规划表

表 3 - 3　企业 CI 建设规划表

项　目		近期规划	中期规划	远期规划
对内理念培养	CI 观念沟通			
	意识培养			
	体制改进			
	教育培训			
对外理念传播	广告宣传			
	公益活动			
	公关活动			
	赛事活动			
	促销活动			
区别设计系统化	VI 系统建立			
	系统导入与管理			
	环境规划设计			

十一、企业 CI 系统整体评估表

表 3 - 4　企业 CI 系统整体评估表

项　目	内　容	具体评估	说　明
理念识别	企业远景		
	企业核心价值观		
	企业宗旨		
	企业精神		

项　目	内　容	具体评估	说　明
行为识别	行为准则	企业员工行为总目标	
		企业员工行为纲领	
		企业员工行为准则	
		如何贯彻 MI、BI	
	礼仪规范	仪表规范	
		仪容规范	
		仪态规范	
	传播策略	行销策略	
		公关策略	
		媒体策略	
视觉识别	基本要素	企业名称	
		标志	
		专用字体	
		专用色彩	
		企业吉祥物	
		辅助图形	
		象征图形	
		要素组合	
	应用系统	办公用品系统	
		公关礼仪系统	
		服装系统	
		广告与宣传系统	
		环境指示系统	
		建筑物装饰系统	

第四章 行政管理

《按制度办事》

一、机构设置

一般企业的行政管理组织机构是由企业行政总监领导下的职能型组织机构,下设行政部、总务后勤部等相关职能部门,直接对行政总监负责。各职能部门根据工作需要再设立相应的职能岗位。

（一）行政部

根据工作需要可以设立以下人员编制:

1. 行政部经理,全面负责行政部工作。

2. 行政主管,在行政部经理的领导下负责行政部日常各类工作。

3. 公关主管,在行政部经理的领导下负责企业公共关系工作。

4. 行政助理、秘书等行政工作人员。

（二）总务后勤部

根据工作需要可以采取以下人员编制:

1. 总务后勤部经理,全面负责总务后勤工作。

2. 总务后勤主管,在总务后勤部经理的领导下负责企业后勤管理工作。

3. 物业、保安等后勤人员。

（三）组织体系

表 4-1　组织体系表

名　称		行　政　总　监			
部　门		行政部	人数	总务后勤部	人数
编制	经理	行政部经理	1	总务后勤部经理	1
	主管	行政助理		总务后勤主管	
		行政主管			
		公关主管			
	一般工作人员				

（四）行政办公人员职位说明

表 4-2　行政办公人员职位说明表

姓名		职务		隶属部门	
工作概要					
职责范围					
使用设备					
主要权利					
直接责任					
监督管理					
任职条件					
其他说明					

二、行政部职责范围

行政部受行政总监领导，直接向行政总监报告工作。部门职责如下：

（一）各职能部门的关系协调。

（二）建立各项规章制度并检查实施情况，促进各项工作规范化管理。

（三）负责公司资料、信息等管理，以及宣传报道工作，沟通内外联系和上下联系。

（四）公司会议组织、记录及记录归档工作。

（五）公司印章管理。

（六）公司证照管理。

（七）员工入职、离职过程中与行政相关的手续办理。

（八）公司各类档案的整理、归档、保管、借阅等。

（九）员工考勤、出勤统计、报表、分析等。

（十）员工暂住证、就业证等事项办理。

（十一）保健管理

1. 员工保健规章的制定。

2. 定期保健体检的实施。

3. 特约或定点医院的选择。

4. 特约或定点医院的联络。

5. 办理工伤事故。

（十二）福利管理

1. 员工福利制度的制定，并经批准后实施。

2. 福利制度的研究、修订、改进等事项。

3. 福利事项的办理。

4. 福利工作总结、分析和改进。

5. 退休、抚恤制度的制定及办理。

（十三）文件控制

1. 发文制度及行文程序的拟定和实施。

2. 公司文件发放。

3. 文件与资料登记、编号、发行、保管、维护等。

4. 过期文件的处理。

5. 文件汇编。

6. 文件与资料的有效性控制。

（十四）公司公共关系维护和改善工作

1. 内部公共关系的建立和维护。

2. 外部公共关系的建立和维护,包括政府、同行、社区、新闻等公共关系。

（十五）行政稽查

（十六）行政开支预算的编制

（十七）行政开支成本控制

（十八）其他相关职责

三、总务后勤部职责范围

总务后勤部受行政总监领导,直接向行政总监报告工作。部门职责如下:

（一）基本建设管理。

1. 基本建设规划的拟定,并经批准后实施。

2. 基本建设预算编制。

3. 基本建设招标、监理、进度控制、结算、造价审计等事项办理。

4. 基本建设支出控制。

（二）房产、房屋管理,产权事项办理。

（三）企业绿化与企业环境管理。

（四）环境保护与职业健康安全体系运行和认证。

（五）清洁用品、办公用品、电器配件等物资管理。

（六）固定资产管理(机电设备部管理部分除外)与实物核算。

（七）厂区、宿舍财产及员工安全的保障。

（八）房屋、道路等维修。

（九）清洁卫生维护。

（十）宿舍管理。

（十一）宿舍分配、水电管理等。

（十二）伙食供应及管理。

（十三）休闲、文化娱乐设施管理。

（十四）车辆、人员进出管理。

（十五）安全保卫管理，消防管理，安全检查。

（十六）公务车管理。

（十七）灾害及其他突发事件处理。

（十八）配电系统的建立、检查、维护等。

（十九）其他相关职责。

四、行政管理纲要

□ 总则

第一条 为加强公司行政事务管理，明确公司内部关系，使各项管理标准化，制度化，提高办事效率，特制定本制度。

第二条 本制度行政事务管理包括档案管理、印章管理、公文打印管理、办公及劳保用品管理、报刊及邮发管理等。

□ 档案管理

第三条 归档范围。

公司的规划、年度计划、统计资料、科学技术报告、财务审计、经营情况、人事档案、会议记录、决议、决定、委任书、协议、合同、项目方案、通告、通知等具有参考价值的文件材料。

第四条 档案管理。

要指定专人负责，明确责任，保证原始资料及单据齐全完整，密级档案必须保证安全。

第五条 档案的借阅。

（一）总经理、副总经理、总经理办公室主任借阅非密级档案可通过档案管理人员办理借阅手续，直接提档。

（二）公司其他人员需借阅档案时，要经主管副总经理批准，并办理借阅手续。

第六条 档案的销毁。

（一）任何部门或个人未经允许无权销毁公司档案。

（二）若按规定需销毁时，凡属密级档案须经总经理批准后方可销毁；一般内部档案，须经总经理办公室主任批准后方可销毁。

（三）须经批准销毁的公司档案，档案人员要认真填写、编制销毁清单，由专人监督销毁。

□ 印章管理

第七条 公司印章由总经理办公室主任负责保管。

第八条 公司印章的使用一律由主管副总经理签字后,管理印章人方可盖章,如违反此项制度,造成的后果由直接责任人员负责。

第九条 公司所有需要盖印章的介绍信、说明及对外开出的任何公文,应统一编号登记,以备查询、存档。

第十条 不得开具空白介绍信、证明,如因工作需要或其他特殊情况确需开具时,必须经主管副总经理签字批条后方可开出。

第十一条 盖章后出现的意外情况由批准人负责。

□ 公文打印管理

第十二条 公司公文的打印工作由行政部负责。

第十三条 各部门打印的公文或其他资料须经本部门负责人签字,交电脑室打印,按价计费。

第十四条 公司各部门所有打印的公文、文件,必须一式三份,交行政部留底存档。

□ 办公及劳保用品管理

第十五条 办公用品的购发。

(一)每月月底前,各部门负责人将该部门所需要的办公用品制订计划提交行政部。

(二)行政部指定专人制订每月办公用品计划及预算,经主管副总经理审批后将办公用品购回,根据实际工作需要有计划地分发给各个部门,由部门主任签字领回。

(三)除正常配给的办公用品外,若还需要其他用品的须经行政部经理批准后方可领用。

(四)公司新聘工作人员办公用品,行政部根据部门负责人提供的名单和用品清单,负责为其配齐,以保证新聘人员的正常工作。

(五)负责购发办公用品的人员要做到办公用品齐全、品种对路、量足质优、库存合理、开支适当、用品保管良好。

(六)负责购发办公用品的人员要建立账本,办好入库、出库手续,出库一定要由领取人签字。

(七)办公室用品管理一定要做到文明、清洁、注意安全、防火、防盗,严格按照规章制度办事,不允许非工作人员进入库房。

第十六条 劳保用品的购发。

劳保用品的配发,由行政部根据各部门的实际工作需要统一购买、统一发放。

□ 报刊及邮发管理

第十七条 报刊管理人员每半年按照公司的要求制订订阅报刊计划及预算,负责办理订阅有关手续。

第十八条 报刊管理人每日负责将报刊取回并进行处理、分类、登记,然后分别送到有关部门。有关部门处理后,一周内交回行政部,由报刊管理人员统一保存,存档备查。

第十九条 任何人不得随意将报刊挪作他用。

第二十条　邮发管理。

（一）私人信件一律实行自费交行政部办公室或自行送往邮局。

（二）所有公发信件、邮件一律不封口，由收发员登记，统一封口，负责寄发。

（三）控制各类挂号信，凡因公需挂号者，须经各部门主任批准，行政部经理审核后方可邮发。

□　附　则

第二十一条　本制度如有未尽事宜或随着公司的发展有些条款不适应工作需要的，各部门可提出修改意见交行政部研究并提请总经理批复。

第二十二条　本制度解释权归行政部。

第二十三条　本制度自发布之日起生效。

五、保密工作条例

□　总　则

第一条　为保障公司合法权益不受侵犯，维护公司正常经营管理秩序，特制定本条例。

□　公司密级划分

第二条　绝密：一旦泄密会使公司利益遭受特别严重的损害。

第三条　机密：一旦泄密会使公司利益遭受严重的损害。

第四条　秘密：一旦泄密会使公司利益遭受较大的损害。

第五条　内部资料：一旦泄密会使公司利益遭受一般损害。

第六条　公开资料：公开有助于公司利益。

□　密级的确立

第七条　依据保密分级表确立各类文件资料的密级。

第八条　公司各部门对其产生的文件资料，提出定级意见，由公司领导签发，确立后均在文件右上角注明。

第九条　属公司秘密事项但不能标明密级的，通过口头通知、传达接触范围内的人员。

□　密级变更及解密

第十条　因工作需要或环境变化，需要变更密级的，由原产生秘密件部门或行政主管提出申请，交公司领导批准变更，或由公司领导直接变更。

第十一条　对尚在保密期的文件事项,因工作需要或环境变化,需公开但不损害公司利益的,由原产生秘密件部门或行政主管提出申请,交公司领导批准解密,或由公司领导直接解密。

第十二条　保密期届满,除要求继续保密事项外,自行解密。

□　保密管理

第十三条　实行全员保密教育和保密知识系统培训,确保国家和公司秘密不被泄露。

第十四条　公司设专人分管保密工作,有条件的专门设立保密室。公司各部门、下属企业具备专人或兼管负责存管保密材料。

第十五条　公司全体人员必须贯彻执行国家有关安全和保密法律、行政法规和纪律。

第十六条　保密室为公司重要工作场所,任何无关人员未经许可不得入内;室内一切设备、设施,未经许可不得使用或随意翻动。

第十七条　定期检查保密场所的电器设备、防盗、消防器材的完好状态,确保秘密档案材料的安全。

第十八条　对保密材料须专门登记入册,并定期清查,防止丢失和错漏。

第十九条　传阅保密材料由机要人员统一掌握,划定传阅范围,不得自行扩大,不得让无关人员阅看,控制传阅件的交接,以防丢失。

第二十条　保密材料不得私自复制。复印件视同原件管理,复印过程的废页及时销毁。

第二十一条　保密材料严格按领导批准的份数打印,不得擅自多印多留。草稿视同原件一样管理。打印过程形成的废页、废件及时销毁。

第二十二条　绝密件由机要人员另行打印、复印。

第二十三条　传递保密材料要有保密措施,传递应专送,不得办理无关事项,密件不得携入不利于保密的场所。

第二十四条　外出工作须携带保密材料,要经公司领导批准。出国工作携带保密材料的,除经公司领导批准外,还须经政府有关部门审批。

第二十五条　做好公司重要会议的保密工作。会址应选择有利于保密的地方,严格控制无关人员进入,严禁滥发会议文件,检查有无遗留材料、笔记本。

第二十六条　注意在通讯和办公自动化中的保密工作。不在无保密措施的电话、传真机上传递保密材料。建立专门的信息网络保密制度。

第二十七条　严格限定密件的接触范围。凡查阅公司密件,一律须办理申请批准手续和登记手续,可使用文件调阅单。

第二十八条　对保密内容未经许可,不得擅自摘抄、翻印、复印、摄影、转借或损坏,否则由此造成的后果由当事人承担责任。

第二十九条　公司保证员工的隐私权不受侵犯,个人资料不被有意泄露。

□　保密纪律

第三十条　不该说的话,不要说。

第三十一条　不该问的事,不要问。

第三十二条　不该看的文件,不要看。

第三十三条　不该记(摄、录)的事,不要记(摄、录)。

第三十四条　不得擅自携带密件外出。

第三十五条　不得在公共场合谈论公司秘密。

第三十六条　不得在私人通信中涉及公司秘密。

第三十七条　不在不利于保密的地方放置密件。

第三十八条　不得利用公用电话、明码电报，以及邮局办理秘密事项。

第三十九条　发现泄密及时报告，采取补救措施，避免或减轻损害。

第四十条　客人问及公司秘密，应予以婉拒、避谈。

□　附　则

第四十一条　本保密工作条例与档案管理办法、公文处理办法、打字复印办法、收发管理办法、传真长话管理办法等配套使用。本条例对其他管理办法的保密方面具有指导性。

第四十二条　本条例由公司总经理常务会议通过后颁发执行。

六、行政秘书日常工作流程

行政秘书日常工作流程如图 4 - 1 所示。

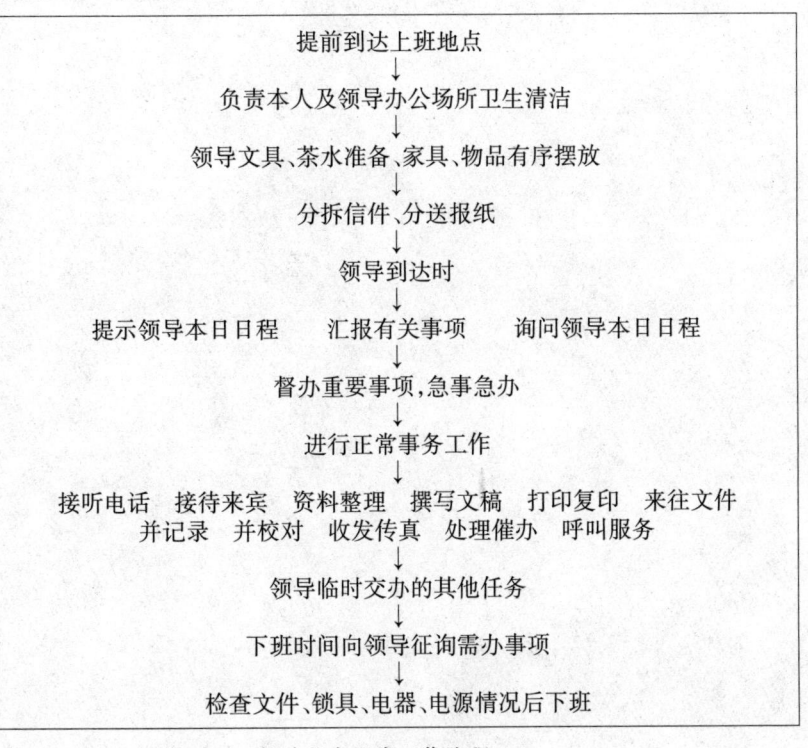

图 4 - 1　行政秘书日常工作流程

第五章

会议管理

《按制度办事》

一、会议管理办法

□ 总则

第一条　为使公司的会议管理规范化和有序,提高会议形式的行政决策效率,特制定本办法。

第二条　公司会议制度本着精减、有效、节俭原则运行。

□ 会议种类

第三条　公司设立四级例会制度:
(一)公司常务会议。
(二)总经理办公会议(碰头会)。
(三)部门工作会议。
(四)全体员工会议。

第四条　公司设立其他的会议制度。
(一)计划调度会。
(二)投资决策(审议)会议。
(三)工作汇报会。
(四)鉴定、评审、论证会。
(五)新闻发布会。
(六)研讨会。
(七)工作午餐会。

第五条　公司会议分为常设会议、定期会议和临时不定期会议,可针对不同会议制定细则管理。

□ 会议管理体制

第六条　公司行政部统一管理会议制度,所有会议均须在行政部审批或登记备案。

第七条　行政部须在年度计划中提出全年会议工作计划和费用预算以及压缩会议开支的指标,在上级批准后遵照执行。

第八条　公司严格控制未预见的临时性会议,对此类会议须按一会一报原则审批。

第九条　会务工作主要由行政部承办;其他部门主办的会议,行政部应予协助。

第十条　公司财务部应加强对会议开支预算方案的审核,减少不合理费用,并确保合理经费及时到位。

第十一条　除其他部门主办的会议资料各自存档外,会议资料由行政部整理、立卷、存档。

□ 会议程序

第十二条 对定期的常规会议,在会前应明确该次会议主题和临时出席或列席人员。

第十三条 对不定期的重要会议,承办人应提出会议企划报告,该报告包括:

(一)会议名称。

(二)会议主旨和目标。

(三)会议议项。

(四)会议时间。

(五)会议地点。

(六)会议议程。

(七)会议主持人。

(八)出席人员(名单)。

(九)会议财务(支出收入)预算。

(十)接待工作说明。

(十一)当前筹备情况及进展。

(十二)(可能)存在的问题、解决方案及要求。

(十三)筹备时间进度表。

(十四)该报告批准后方执行。

第十四条 通过口头或书面形式提出会议申请。口头仅适用于例会召开的确认。

第十五条 会议通知。根据会议要项拟订会议通知,并提前张贴或发送。对重要会议须发几轮通知的,应做好每轮工作。

出席会议的重要或主要人员,应通过电话等方式确认是否能如期出席,并作出相应安排。

第十六条 会议承办人及时准备会议场所、会议文件或资料。必要时要进行会场布置、设备调试。对重点发言对象须确保其发言。

第十七条 在会议进行中要做好记录。记录方式主要是速记笔录,必要时可录音、录像,妥善保存记录材料。

第十八条 本规定由行政部制定,经审批后自颁布之日起执行。

二、会议室管理制度

第一条 会议室是公司举行会议,接待来客的场所,为加强管理,特制定本规定。

第二条 会议室使用细则

(一)会议室由行政部负责管理。

(二)会议室只限本公司相关职能部门使用,外单位借用会议室须经行政部经理批准并到办公室办理借用手续。各部门无权将会议室借给外单位使用。

（三）公司各部门使用会议室须经办公室同意后，办理相关手续，领取会议室钥匙。

（四）使用会议室的部门，必须爱护会议室的设施，保持会议室清洁。用后应及时清洗水杯和烟缸，打扫卫生，检查安全，锁好门、关好窗，将钥匙交还办公室。

（五）任何部门和个人未经办公室同意不得将会议室的各种设施拿出会议室或转作他用。

（六）会议室内的卫生每周至少要清洁一次，遇有会议时，要一次一清洁。

（七）每次会议之前，管理人员应进行电源检查、配备饮用水、水果（必要时）等工作。

（八）会议室管理人员要严格室内物品的管理和维护（含花木等），做到会散、人走、电源关、门上锁。

（九）与会人员要爱护会议室内的公用设施，损坏赔偿，不许将室内物品移作他用。

第三条　本规定由行政部制定，经审批后自颁布之日起执行。

三、会议操作流程

会议操作流程如图 5-1 所示。

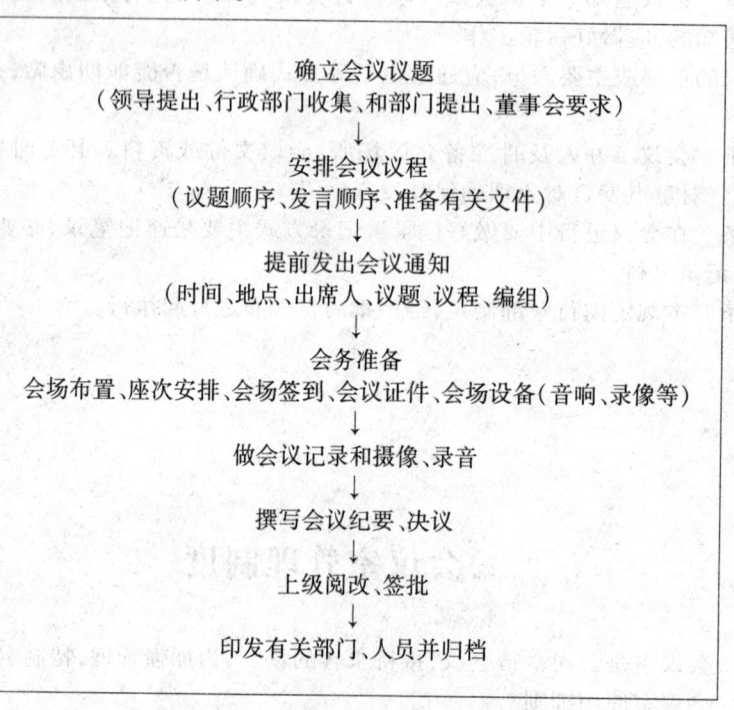

图 5-1　会议操作流程

四、年度会议计划表

表 5-1　年度会议计划表

会议名称				
举办次数				
举办日期				
举办时间				
目的				
参加者				
司仪				
主席				
事务负责人				
议事记录				
黑板记录员				
出席者参考资料				
会场分发的资料				
会前分发的资料				

五、会议室使用申请表

表 5-2　会议室使用申请表

会议名称	日期	时间	地点	人数	备注
申请使用单位：			管理单位：		
单位名称	填表人	主管	管理人	主任	副经理

六、会议用品及设备申请表

表 5-3 会议用品及设备申请表

会议名称					
召集单位					
负责人					
设备名称		单位	数量	规格	备注
一般设备	桌子				
	椅子				
	黑板				
	黑板架				
	讲台				
	茶杯				
	烟灰缸				
文具	笔				
	纸张				
电器设备	摄影机				
	投影仪				
	幻灯机				
	录音机				
	麦克风				
	放映机				
	电源插座				
其他设备					

七、会议程序表

表5-4 会议程序表

[　　　　　]会议程序			
时间：			
地点：			
出席人数：		缺席人数：	
会议第一项			
会议第二项			
会议第三项			
会议第四项			
会议第五项			
会议第六项			
召集会议单位	主持人	主任	副经理

八、会议记录表

表 5-5　会议记录表

年　　月　　日　　　　　　　　　　　　　　　　　　会议编号：

时间		地点		主持人		记录人	
会议名称							
参加者							
缺席者							
主要议题							
对策措施							
期限							
负责人							
落实情况							
其他事项							

审核：

九、会议通知

表 5-6　会议通知

　　　　先生：

　　谨定于＿＿＿＿＿年＿＿月＿＿日＿＿时＿＿分召开＿＿＿＿＿＿会议,请准时参加为荷。

　　随本通知送提案书 1 份,若有提案请填写后于开会前提交。

此致

召集人：

提案书：	提案人：
提案内容：	

第六章 外事接待管理

《按制度办事》

一、对外接待办法

第一条　总则

（一）对外接待是公司行政事务和公关活动的重要部分，为使对外接待工作规范有序，具有统一的公司形象，特制定本办法。

（二）本办法适用于全公司各部门。

第二条　对外接待范围

（一）本办法规定的接待范围主要是公司及所属各部门，以及各子、分公司经营管理活动所必需的接送、食宿、购票、会谈和陪同参观等方面的安排和工作。

（二）接待的对象分为内宾和外宾。

第三条　对外接待部门

（一）公司行政部为公司负责接待的职能部门。

（二）遇到重大接待工作和活动，可由总经理室协调若干部门共同做好此项工作，有关部门要积极主动配合。

第四条　对外接待原则

接待应遵循"平等、对口、节约、周到、保密"的原则，使客人高兴而来、满意而去。

（一）平等原则。对来宾无论职务高低，都要平等相待、落落大方、不卑不亢。一般情况下，级别与权限相等，同级别出面，特殊情况高规格接待。

（二）对口原则。各职能部门对口接待。综合性接待时各部门应予以协调，谁出面接待谁结账。

（三）节约原则。内部成本效益核算。招待来宾从简，不铺张浪费，不重复宴请，主方人数不多于宾客人数。

（四）周到原则。接待程度应衔接周密，接待方式应完善，以礼相待，使客人感到热情、周到。

（五）保密原则。向不定期来宾介绍情况，注意保守公司情况、国家机密。重要会议要有记录。巧妙回避不宜回答的问题。

第五条　接待规格的确定

（一）高规格接待，陪客比来宾职务高一些。适用于上级机关派员来人、其他企事业单位来员洽商重要事宜、下属企业领导来访汇报情况。

（二）对等接待。适用于一般性接待活动。

（三）低规格接待，陪客比来宾职务低一些。适用于经常性业务往来。

第六条　接待礼仪

（一）见面。原则为主动、热情、礼貌。

（二）接待。主动起迎，问明来意。

（三）安排交谈地点：

1. 根据来客来意和身份,安排适当地点(办公室、接待室、会议室)进行交谈。

2. 手头正忙,一时难以抽身时,应向客人说明暂请他人代接待或另商时间。

3. 切忌让客人久候而无人问津。

4. 客户提出与国家领导或他人交谈,应立即联络,并将客人引至约定地点等候会面,介绍后再行离开。

第七条　引见

(一)首先向领导介绍客人(单位、职务、姓名)。

(二)引见顺序:

1. 把身份低、年龄轻的人介绍给身份高、年纪大的。

2. 按职务高低,依次介绍一行来客。

3. 职务相同,先介绍年纪大的。

4. 领导与来宾见面交谈后,对客人原定日程有变化的,与客人共同协商安排。

第八条　行路

(一)陪同客人行路,请客人行于自己右侧。

(二)乘坐车,上下楼梯、电梯,礼让在先,主动开关门。

(三)自己处于主陪地位,应并排在客人旁边,不要落在后边。

第九条　其他

(一)穿着不得过于随便,按规定着装,衣着整洁,有风度。

(二)主动照顾来宾中的老人、妇女、儿童和残障人士。

(三)尊重属不同国家和民族来宾的风俗习惯和礼节。

(四)因故未能准时赴约,尽早通知对方,并以适当的方式致歉。

第十条　接待内容和程序

(一)接待内宾:

1. 接受任务。弄清来宾的基本情况:单位、人数、姓名、性别、职务和使命、抵离时间、乘坐交通工具及车次或航班。

2. 布置接待。提出接待意见:接待部门、人员、规格、方式、安排、费用预算,并报请上级批准。

3. 迎接安排。根据来宾身份、人数、性别,预订招待所或宾馆,安排好伙食标准、进餐方式、时间、地点,按抵达时间,派人派车迎接。

4. 看望、商议日程。来宾住下后,公司有关人员前往看望,表示欢迎和问候,了解来访日程和目的,商定活动日程并通知有关部门。

5. 安排有关领导会见。按接待规格和礼仪,安排有关领导去住所看望,接待人员安排会见地点、时间、陪同人员。

6. 组织活动实施。按参观、考察目的,组织业务部门向客人介绍情况,参观现场;对上级检查,安排汇报、座谈会。

7. 送别。根据客人意见,预定车、船、机票,协助客人结算食宿账目,话别送行,派人派车送至车站、码头或机场。

8. 小结。每次较大规模接待完成后进行一次小结,以便总结经验、改进后续工作。

(二)接待来宾。接待内容与程序基本相同,主要内容和注意点为:

1. 迎送:

(1)安排迎送陪同人员和译员,要有与外宾身份相当的对口、对等人员迎送。

（2）对身份较高的外宾,事先应在机场(车站、码头)安排贵宾休息室,并备有饮料。

2. 会见会谈:

（1）会见会谈的时间、地点、双方人员名单应至少提前 1 天通知对方,并尽量不改变计划;会见时,我方主要人员要高于或等于外宾身份;会谈时,身份一般对等。

（2）我方人员应提前到达,并在门口迎送。

（3）对会见会谈场所、座位事先精心安排,留定座位。双方人员较多、场所较大时,宜装扩音系统,桌上放置中外文座位卡。

（4）会见的座位排列:外宾在右边,我方人员坐左边。团长安排在我方主谈人右手第一位,副团长坐第二位,其他外宾可依次随便落座。

（5）会谈时用长桌的,中外各一方,请外宾坐上方,我方主谈人坐自己一方的中间位置。

（6）如有合影,事先安排合影图。合影一般主人居正中,按礼宾次序,以主人右手为上,主客双方间隔排列。

3. 宴请:

（1）有宴会(早宴、午宴、晚宴)、招待会(冷餐会和酒会)、茶话会、工作进餐。

（2）举办何种宴请活动,根据活动目的、对象、经费开支等因素确定。

（三）文艺晚会。

根据活动目的、外宾兴趣、接受能力,安排和选定节目,根据客人身份安排好座位,一般以第七、第八排座位为佳。

（四）参观游览:

1. 根据来访目的、性质、外宾意愿和兴趣,选择有针对性的游览项目,安排身份相当的陪同人员和解说员、导游。

接待标准。

（1）用餐标准:

招待官员、关系户 80～120 元/人·餐。

较重要官员、关系户 50～80 元/人·餐。

地方一般干部、外单位来人 10～30 元/人·餐。

公司分支机构来人 15 元左右/人·餐。

常客员工标准。

（2）住宿安排:

招待对象	标准	审批权限
重要官员	200～350 元/天	总经理
较重要官员	150～200 元/天	总经理
公司分支机构	按公司标准	
常客	自愿	

第十一条　附则

涉及重大接待活动,需部门协调执行。

74

二、接待来访工作流程

（一）起立招呼，使用礼貌用语。

（二）让座倒茶。

（三）询问来访人姓名、单位、身份、来访目的、是否预约。

（四）决定接待对象和方式：秘书接待、有关部门接待、领导接待。

（五）是否安排工作餐或宴请订餐。

（六）接待完毕，礼貌送客。

（七）按宾客身份分送至办公室门口、楼（电）梯口、公司大门口。

（八）填写访客记录，必要时向领导汇报。

三、接待来访工作管理适用文书

（一）介绍信

```
        ：
    兹介绍我公司        同志等      人（系我公司            ），
前往贵处联系              事宜，请接洽。
                                      此致
                敬礼
                    ×××××公司（盖章）
                        年   月   日
```

（二）请柬

```
      同志：
    我公司定于     月     日     时举办          ，届时敬请
光临。
                                      此致
                敬礼
                    ×××××公司（盖章）
                        年   月   日

    地址：          电话：          联系人：
```

（三）出席典礼邀请函

谨定于　　　年　　月　　日（星期　　）　　　时整在
会议展览中心一号展览厅举行　　　　　　　典礼。
　　　　　恭请
　　　　×××市
　　　　××××局长莅临主礼
　　　　××××会总裁
演讲及颁奖
敬候
光临指导

　　　　　　　　　　　　　　××××会馆
　　　　　　　　　　　主席××××敬约

第七章

文书印信管理

《按制度办事》

一、文书管理制度

第一条　目的

为使公司的公文处理建立科学、合理、规范的程序，使公文处理准确、及时，提高公文处理的工作效率和公文的质量，特制定本办法。

第二条　组织管理

（一）公司各部门与外界来往文书的收发由行政管理部门统一办理。各分公司（工厂）所在地的总收发由其所属部门办理，行政部门负责文书的收受及发送。

（二）管理部门应指定人员负责来往文书的核稿及收发、拆封，登记、分发、稽催、校对、监印、档案管理等事宜。

第三条　公文的种类

（一）公司的通用公文种类：

1．请示。向上级部门请求请示、批准的事项。

2．报告。向上级部门汇报工作、反映情况、提出建议、答复下级的请示事项。

3．决定。对公司重要事项或重大活动作出安排。

4．决议。经过会议讨论或议定，要求贯彻执行的事项。

5．批复。上级答复下级的请示事项。

6．通告。在公司范围内公布应当遵守或周知的事项。

7．通知。传达、批转上级、同级、不相属部门的公文；传达要求下级部门协助或需要周知或共同执行的事项；发布规章、任免聘用事项。

8．通报。表彰先进，批评错误，传达重要情况。

9．函。对同级或不相属单位间相互介绍、商洽、询问、催办、答复某些问题，请有关部门批准。

10．会议纪要。记载和表达会议重要精神及议定事项，要求与会单位共同遵守执行。

（二）公司的专用公文。

备忘录、意向书、协议书、合同书、契约、各种报告、广告书、说明书、请柬、贺词、新闻稿、启事等。

（三）文书的类别：

1．绝密。指极为重要并且不得向无关人员泄漏内容的文书。

2．秘密。指次重要并且所涉及内容不能向无关人员透露的文书。

3．机密。指不宜向公司以外人员透露内容的文书。

4．普通。指非机密文书。如果附有其他调查问卷之类的重要东西，则另当别论。

5．传阅。指在本公司内部传阅或传达的文书。

第四条　文书制作要领

（一）公文格式：

1. 公文内容:

（1）发文号:由公司的代字、发文年度、发文顺序号组成,位于文头与界栏线上。

收文机关:向上级的请示、报告,一般只写一个主送单位;需同时报送另一个上级部门的,用"抄报";对同级或下级则用"抄送"。

（2）标题:对公文主要内容的概括和反映,是公文的眉目。

（3）正文:公文的主体部分。

（4）发文机关:制发文的单位,位于正文的右下侧,应写全称或通用简称。

（5）公文日期:包括年、月、日,写在公文末尾,一般以印制日期为准,重要公文以签发日期为准。

（6）公文印章:加印在发文日期中间。

（7）密级:保密文件注明密级。

（8）附件:附件位于正文之后、印章之前,注明附件的序号、标题。

2. 用纸格式:

（1）国内公文用纸用 16K 型（26cm×18.4cm）,涉外公文用 A4 型（29.7cm×21.0cm）。

（2）图文区:国内用 16K 型（23.3cm×14.9cm）,国际标准用 A4 型（27cm×17.5cm）。

3. 印装格式:

（1）公文均采用横书横排。

（2）单面印刷可在上端装订,双面印刷在左面装订。

（3）装订可用线装、钉装、胶粘办法。

4. 版面格式:首页采用文头。

（二）公文行文原则:

1. 上行文原则:

（1）逐级行文,即下一级行文给直接上级。

（2）多级同时行文,即下级向上级和更高上级同时行文。

（3）越级行文,遇特殊、紧急情况,或对直接上级的检举、控告。

2. 下行文原则:

（1）逐级行文。

（2）多级同时行文。

（3）直贯到底行文。

3. 平行文原则:相互没有隶属关系的部门之间可以行文。

（三）文书的署名:

1. 公司内文书,如果是一般往来文书,只需主管署名;如果是单纯的上报文书或者不涉及各部门且内容不重要的文书,只需部门署名;如果是重要文书,按责任范围由总裁、副总裁、常务董事署名,或者署有关部门的主管姓名与职务。

2. 对外文书,如合同书、责任状、政府许可申请书、回执、公告等重要文书,一律署总裁职务与姓名。如果是总裁委托事项可由指名责任者署名。上列规定以外的文书,也可署分公司或分支机构主管的职务与姓名。

（四）文书的盖章:

1. 在正本上必须加盖文书署名者的印章,副本可以加盖署名者或所在部门印章。

2. 如果文书署名者不在,可加盖代理者印章,并加盖具体执行者印章。但在这种情况下,文书存档前必须加盖署名者印章。

3. 以部门或公司名义起草的文书,须在旁侧加盖有关责任者印章。

(五)文书制作注意事项:

1. 文书必须简明扼要,一事一议,语言措辞力求准确规范。

2. 起草文书的理由包括起因以及中间交涉过程,并加以证明,附上相关资料与文件。

3. 必须明确起草文书的责任者,并署上请示审批提案者姓名。

4. 对请示提案文书进行修改时,修改者必须认真审阅原件。修改者须署名。

5. 可行可不行的坚决不行文,减少行文数量,提高行文权威性和质量。

6 减少联合行文,避免联合签审过程中时间延误和扯皮。

7. 行文分清主次,提高行文针对性,减轻行文对象单位负担。

8. 不轻易越级行文。

第五条　文书制作流程

(一)对外行文操作流程:

1. 拟稿:

(1)由具体承办人员起草,并由部门负责人审核。

(2)对外发文一般以公司名义发文。在各分、子公司有必要发文时,在公司后加下属企业全称。

(3)发文稿必须符合公文种类、格式使用规范。

(4)文稿用蓝黑墨水书写。

2. 核稿:

(1)拟稿完毕后填写发文拟稿单,一并送各级领导审核。

(2)审核有问题时与有关当事人沟通,统一意见后进行修改。

3. 签发。

有关领导审核签发,明确签署意见、姓名、日期。

4. 编号。

由行政部统一编排发文字号。

5. 缮印、校对。

(1)急件应先行处理。

(2)保密件应由专人打印。

(3)打印后的校样、废纸、蜡纸等应妥善处理。

(4)校对专人处理,以原稿为准,重要文件多人校对。

(5)打印、校对责任人签名。

6. 盖章,发文登记,在校对完毕无误、规范的文件上统一盖印。

7. 填写登记簿。

8. 封发:

(1)发文工作由行政部门负责。

(2)查验无误后信件封口,填写准确,注明急件、密级。

(二)对内行文处理程序:

1. 对内行文一般按对外行文处理程序参照执行。

2. 特殊情况下各级部门、下属企业对公司行文可不必经缮印程序。

3. 对内行文由各部门、下属企业负责人、公司领导签发。

第六条　文书的发送

一些需要邮寄或专人递交的文书,按下列要点进行发送,必要时还需给文秘室回复或回执,调查报告不受本条规定限制。

(一)文书封面必须明确写清发送或接收单位、单位地址以及收件人姓名并且注明快递、邮寄、面呈或转交等字样。

(二)公司内部文书原则上不封缄。

(三)各部门的邮寄文书,必须于发送前在"发信登记本"与"邮资明细账"上做好登记并填写。

第七条　文书的处理

(一)普通文书的处理原则:

1.由部门经理以上级别的主管,负责对文书进行审阅、回答、批办以及其他必要处理,或者由其指定下属对文书进行具体处理。

2.如果遇到重要或异常事项,必须及时与上级主管取得联系,按上级指示办理。

3.各种有关联的事项,必须与各部门商议后方能予以处置。

(二)机密文书的处理原则:

1.机密文书原则上由责任者或当事者自行处理。

2.指名或亲启文书,原则上应在封面上注明文书所涉及事项的要点和发文者姓名,并由发文者封缄。

3.到达的指名或亲启文书,原则由信封上所指名的人开启,其他人不得擅自启封。如果某主管在职务上有权替代来件所指名者,不受本条规定的约束。

第八条　文书的阅览原则

(一)某文书被阅览后,阅览者必须签字,表示已经阅览完毕。如有必要,可在文书的空白处填写阅览后的意见,并转给或交还文书的主管。

(二)有必要在各部门传阅的文书,必须附"传阅登记簿",按"传阅登记簿"规定栏目填写,并最终交还文书主管。

第九条　收文操作流程

(一)签收。一切外来信件、电报、传真,统一由行政部门签收,填写登记在收件登记簿上。写明公司或行政部门收启,统一由行政部拆封处理。

(二)写明各部门或个人收启的分送各位,如系公文,应主动送行政部登记处理。

(三)分发。

1.行政部根据公文性质、要求,确定具体化在办和阅批对象,填写公文阅办单。

2.分发去向:

(1)重要来文,由行政部长提出初步意见(拟办),再由公司领导批示(批办)。

(2)一般文件,直转有关职能部门处理(承办)。具体承办务求实效,分清主办、协办、复文与不复文。

(3)参阅性文件,直接组织传阅。

(4)范围不明的文件,送领导审阅。

(四)催办。

分对内催办与对外催办,包括发函,派专人打电话等方式,要使用工作催办单,对来文做到事事有交待、件件有着落,防止漏办、延误。

(五)结办。

文件传阅完毕,已答复发文单位,有处理意见的文件,均视为结办。

第十条　文书的整理与保存

（一）全部完结的文书，在结办后 3 天内，交行政主管归存，按"完整、有序"原则对文件整理、检查，按类别、年代立卷，分别按所属部门、文件机密程度、整理编号和保存年限进行整理与编辑，并在"文书保存簿"上做好登记、归档保存。

（二）公司个人不得保存公司公文，凡参加会议带回的文件，应及时交行政部登记保管，调离公司的员工应将文件和记录本清理移交。

（三）分公司或分支机构的文书分为两类：一类是特别重要的文书，直接归主管保存，另一类是一般的文书，留存各部门保管。

第十一条　文书的保存年限

（一）永久保存文书包括：章程、股东大会及董事会议事记录、重要的制度性规定；重要的契约书、协议书、登记注册文书；股票关系文书、重要的诉讼关系文书；重要的政府许可证件；有关公司历史的文书；决算书和其他重要的文书。

（二）保存 10 年文书包括：请求审批提案文书；人事任命文书；奖金工资与津贴有关文书；财务会计账簿、传票与会计分析报表以及永久保存以外的重要文书。

（三）保存 5 年文书指不需要保存 10 年的次重要文书。

（四）保存 1 年文书，指无关紧要或者临时性文书。如果是调查报告则由所在部门主管负责确定保存年限。

第十二条　注意事项

（一）重要的机密文书，一律存放在保险柜或带锁的文件柜中。

（二）保存期满及没必要继续保存的文书，经主管决定，填写销毁的理由和日期之后，予以销毁。机要文书一律以焚烧的方式销毁。任何个人不准擅自销毁文件，或以废纸出售。不需立卷的文件材料逐件登记报公司领导批准销毁。

（三）销毁秘密级以上文件要进行登记，有专人监督，保证不丢失、不遗漏。

（四）如果职务或部门划分发生变更或者做出调整，则必须在有关登记簿上注明变更与调整的理由，以及变更与调整后的结果。

（五）必须做好重要文书的借阅登记工作，并注明归还日期。一切借阅都必须出具借阅证。

第十三条　附则

（一）本办法适用于公司本部及下属企业的公文管理。

（二）本办法由行政部解释、补充，由公司总经理批准颁行。

二、收发文管理办法

第一条　总则

为提高公司行政事务管理效率，规范收发工作行为，特制定本办法。

第二条　收发管理体制

本公司所有外来文书,均由行政部文秘室统一接收负责。公司指定专职或兼职人员负责收发工作。

第三条　文秘室按下列规定处理所收到的文书

(一)把公司文书与私人文书区分开来。

(二)由文秘室直接开启公司文书,并在文书的空白处加盖收发印章,注明收发日期。

(三)对于送达各部门且不开启也能估计事项并不重要的文书,以及绝密文书、亲启文书,在封面上加盖文秘室收发印章,注明收发日期。

(四)内容简单、非机密文件不一定密封发出,可直接传阅或发送。

第四条　对于定期制发文件或使用频率较高的文件,为简化手续,可事先规定好行文格式和文例,并以此为准事先做好印刷准备。

第五条　除有特别规定外,发文通常应按如下规定注明发文部门

(一)办公室文件注明办公室主任姓名。

(二)机关内部文件注明承办部门负责人姓名。

(三)对外发文注明收文部门名称。

(四)会议文件按规定署名,原则上理事会或常务理事会注明理事长,各种委员会注明委员长姓名。

第六条　发文时对收件人的书写要求

(一)对担任领导职务的理事等应注明其姓名及职务。

(二)对全体成员可书写"各位委员"。

(三)对某一特定委员可注明该委员姓名及所在部门名称。

第七条　对某些有特殊处理要求的文件应按如下规定予以注明

(一)对有密级的文件应注明秘密、机密、绝密字样。

(二)需紧急处理的文件应注明急件。

(三)参考资料应注明参考。

(四)传阅文件应注明传阅。

(五)挂号信函、快递、特快专递等应在发送时分别处理

第八条　文件一般应保存副本两套备查,必要时可根据需要处理

第九条　凡符合下列规定的文书,都必须做好登记

(一)在一般文书或送交部门的普通文书中,能确定或者未开启也能判断是重要文书的文书,或者能判定是夹有重要物品的文书的文书。

(二)专人传递送达的文书。

(三)标有绝密类或亲启字样的文书。

第十条　文秘室必须优先处理电报、特快专递类文书,不得拖延

第十一条　凡下班后或规定工作时间以外到达的文书,一律由值班人员接收,于此后第一个工作日早晨移交文秘室

第十二条　文书的分发按下列规定进行

(一)写给各部门的文书,经登记后直接分发给各部门。

(二)重要文书、专递文书或者夹有重要物品的文书,直接送交文书接收人,在接受人不在的情况下,嘱托部门主管转交,领取文书者必须在登记簿上签名盖章。

(三)文书中一切夹带或附有的物品,必须原样送到当事人手中。

(四)私人信件直接分送本人(在特殊情况下也可由代理者领取),在必要情况下,让领

取者在登记簿上签名盖章。

第十三条　各部门接到文书时,在必要情况下,应给文秘室一个回复,表示那些需要回复的文书已经收到

第十四条　分送给各部门的文书,如果出现差错,直接退回文秘室处理

第十五条　文书的寄发

（一）文书的邮寄、送发统一由行政部文秘室负责。

（二）寄发公司外的一般文书各部门及有关人员封缄之后直接送交文秘室统一寄发。

（三）文秘室汇集所有待发文书,做好"文书发送登记"。待发文书必须在一定时间内发送出去;特快专递以及电报等文书必须即时发出。

（四）凡机密或亲启文书,文秘室必须加盖绝密、密、亲启等印章后发送,并给发文部门或发文者必要的回复。

（五）其他重要文书或快递文书,必须加盖专递、面呈、快递等字样印章,并给发文部门或发文者必要的回复。

（六）邮费由文秘室统一开支。

（七）文秘室按月决算全部邮费开支。

第十六条　附则

本办法由行政部解释、补充,由公司颁发生效。

三、文书打字、复印管理办法

第一条　总则

为加强公司行政事务统一、有序化管理,特制定本办法。

第二条　适用范围

（一）本办法适用于需公司统一打字、复印的工作。

（二）凡各部门专用电脑打字工作,是否列入本办法管理,可参照执行。

第三条　任务的承办

（一）公司打字工作由行政部负责管理。申请人填写打字复印登记簿经各级有关领导审批后,由行政部根据轻重缓急统一安排。打字员不准私自接受打印任务。

（二）公司复印工作由行政部负责管理,申请人填写打字复印登记簿经各级有关领导审批后,由行政主管或自行领用复印纸复印。

（三）公司公文打印任务按公文处理办法程序办理。

（四）打印件打印完后应将原稿、发文拟稿单、打印件一并交行政部。

第四条　打字复印费用核算

（一）打印员应将打印材料信息按部门、人员分别造册登记、统计打字、复印工作量、数量。

（二）公司依据制定的费用开支标准表,定期核算各部门费用,并纳入成本效益考核

范围。

（三）私人材料原则上不在公司打印、复印，经特批允许后，其费用从其本人工资中扣除。

第五条　技术规范

（一）打字员打字错误一般不超过 5‰，打字速度为 100 字/分钟。

（二）复印用纸损耗率不超过 2%。

（三）电脑、复印机完好率超过 95%。

（四）工作室保持整洁，不准吸烟，不乱堆杂物。

（五）其他无关人员一律不准私自上机操作。因工作需要，经行政部经理安排后方可上机。

第六条　保密要求

（一）打字员要对保密材料保密，对其废品当场销毁。

（二）公司保密材料复印须经有关领导签字批准；绝密文件须经总经理审批，机密级须经副总经理签字。

第七条　附则

本办法由行政部解释、补充，由公司颁布生效。

四、文件目录清单

表 7-1　文件目录清单

第　　页

文件类别			规范类	规格类	标准类
文件号	名称	编号	页数	日期	备注
1					
2					
3					
4					
5					
6					
7					
8					
9					

五、收发文日志

表7-2 收发文日志

收文							发文						
序号	来文单位	文号	事由	份数	附件数	签收	序号	受文单位	文号	事由	份数	附件数	签发
1													
2													
3													
4													
5													
6													
7													
8													
9													
10													

六、文件签收簿

表7-3 文件签收簿

月	日	发件机关	密级	件数	编号	收件单位	收件人签章

七、信函寄发登记簿

表 7-4　信函寄发登记簿

发函日期	发函单位	文别	发函摘要	寄发单位	回函日期	回函摘要

八、行文表

表 7-5　行文表

发文号：

保密区分	绝对机密		别文	呈函令	受文者	副本份数	附件	发文号数
	极机密							
	机密							
	密							
	普通							
传递法	限时法		事由				校对员	发文日期
	特快送							
	快件							
	普通		核办人		核稿人	…… ……	…… ……	承办人
保存	年							

87

九、往来信函登记表

表7-6　往来信函登记表

客户或单位：_____

类别		日期	来(去)函内容	处理人	回函日期	回函内容
去	来					

十、发文申请表

表7-7　发文申请表

部门：　　　　　　　　　　　　　　　　　　　　　　　年　　月　　日

文件名称		
文件类别	公文　表单　　信件 领导讲话　　其他	文件份数
文件级别	普通　　急　　特级　秘密　机密　　绝密	
交件时间		取件时间
申请部门	主管	
	经办	
	签收	

十一、打(复)印文件登记簿

表 7 - 8 打(复)印文件登记簿

复印　　　　打印

序号	日期	文件名称	原稿页数	合计					使用部门	使用人	备注
				A3	A4	B4	B5	合计			

十二、印信使用和保管办法

第一条　总则

为保证印章、介绍信使用的合法性、严肃性和可靠性,有效地维护公司利益,杜绝违法行为的发生,特制定本办法。

第二条　印章的种类

(一)印章:公司向主管机关登记的公司印章或指定业务专用的公司印章。

(二)职章:刻有公司董事长或总经理职衔的印章。

(三)部门章:刻有公司部门名称的印章。其不对外的部门章可加注"对内专用"。

(四)职衔签字章:刻有经理及总经理职衔及签名的印章。

第三条　印章的刻制

（一）公司印章刻制均须报总经理批准，由行政部凭公司介绍信统一到公安机关办理刻制手续。

（二）印章的形体和规格，按国家有关规定执行。

（三）下属企业和部门根据需要可以申请刻制内部或对外用章，但须经总经理批准。

第四条　印章的启用

（一）新印章要做好戳记，并留样保存，以便备查。

（二）印章启用须事先发启用通知，注明启用日期、发放单位和使用范围。启用印模应用蓝色印油，以示首次使用。

第五条　印章的保管、交接和停用

（一）公司各类印章必须有专人保管。

1.董事会、公司的正式印章、专用印章、钢印、手章应指定行政部长保管。

2.各部门印章由各部门指定专人负责保管。

3.印章保管须有记录，注明印章名称、颁发机关、枚数、收到日期、启用日期、领取人、保管人、批准人、图样等信息。

（二）印章保管必须安全可靠，须加锁保存。特制印章要放在保险柜。印章要在办公室和随身携带，不准委托他人代管。

（三）印章保管有异常现象或遗失，应保护现场，及时汇报，配合安保部门查处。

（四）印章移交须办理手续，签署移交证明，注明移交人、接交人、监交人、移交时间、图样等信息。

（五）有下列情况，印章须停用。

1.机构变动或机构名称改变。

2.上级部门通知改变印章图样。

3.印章使用损坏。

4.印章遗失或被窃，声明作废。

（六）印章停用要提出处理办法，并报经领导批准，及时将停用印章送制发机关封存或销毁，建立印章上交、清退、存档、销毁的登记档案。

第六条　印章的使用

（一）使用范围。

1.凡属以公司名义对外发文、开具介绍信、报送报表等一律加盖公司法人章。

2.凡属公司内部行文、通知，使用公司内部印章。

3.凡属部门业务范围内加盖部门印章。

4.凡属合同类的用合同专用章。

5.凡属财务会计业务的用财务专用章。

（二）使用印章，一律实行审批制度。

用印前先填写"用印申请单"，经主管核准后，连同经审核的文件等交监印人用印。用印权限分级掌握，使用哪级印章，由哪级领导批准，并由其负责。凡不符合用印规定的，均应拒绝盖印。

（三）使用印章，一律实行登记制度，注明用印事由、数量、申请人、批准人、用印日期

1.代章。因工作急需而又无合适印章，可以采用借章办法，借章要在落款处加注"借印"、"代"字样。

2.使用印章时，保管人应对盖印的文书内容、手续、格式把关检查，发现问题及时请示

领导,妥善解决。

3.严禁在空白的信笺、介绍信、合同上用印,印章保管人长期外出时须将印章妥善移交,以免贻误工作。

(四)印章的监印。

1.总经理职章及特定业务专用章由总经理核定监印人员。

2.总经理职衔签字章的监印人员为管理部主管。

3.经理职衔签字章及部门章由经理指定监印人员。

4.各种印章由监印人负责保管,如有遗失或误用,由监印人全权负责。

5.监印人对未经判定文件、不得擅自用印,违者受处罚。

6.印章遗失时除立即向上级报备外,并应依法公告作废。

7.监印人除文件、文稿上用印外,并应于"用印申请单"上加盖使用印章并存档。

第七条　附则

(一)未按本办法要求使用印信、保管印信,造成丢失、盗用、仿制等,依情节轻重,对责任者分别进行批评教育、行政处分、经济处罚直至追究法律责任。

(二)本办法由行政部解释、补充,由公司总经理颁布生效。

十三、公章使用办法

第一条　公司可以对外使用的公章包括:公司章、公司业务专用章(办公室章、人力资源部章、计划财务部章、国际合作部章、合同专用章)

第二条　公司章使用范围

(一)以公司名义上报总公司的报告和其他文件。

(二)以公司名义向上级国家机关、各省市、自治区党政机关发出的重要公函和文件。

(三)以公司名义与有关同级单位的业务往来、公函文件和联合发文等。

第三条　公司业务专用章使用范围

(一)以办公室名义向公司外发出的公函和其他文件、联系工作介绍信,刻制印章证明。

(二)人力资源部章:就有关人事、劳资等方面业务代表公司用章。

(三)计划财务部章:就有关计划、财务等方面业务代表公司用章。

(四)国际合作部章:就有关国际间交往、业务联系、接待计划、组织国际性会议等方面业务代表公司用章。

(五)合同专用章:以公司名义签订的协议、合同和有关会议纪要等。

第四条　公司印章使用手续

(一)公司章、计划财务章、合同专用章必须经总经理、副总经理或总经理助理批准方可使用。

(二)办公室章、国际合作部章由办公室主任批准。

十四、印章处理制度

第一条　本制度规定本公司重要印章及一般交易印章的处理事项。重要印章由总经理或行政部经理负责保管,交易用章由行政部秘书室保管。

第二条　需加盖重要印章或交易用章时依照的手续。

(一)重要印章

1. 需盖章时,持需盖章文件及填写规定内容的"重要印章申请书",经所属部门的负责人批准报行政部秘书室。

2. 接到申请的秘书室主任,确认手续完备和申请单上填写无误后,与文件一起交行政部经理批复。

3. 行政部经理对文件的效用进行审查;对有关疑点进行质询后注明意见,呈报总经理。

4. 总经理在对上述过程及文件审查后,直接在文件上盖章。

5. 盖过印章的文件及"重要用印申请书",由行政部经理返回秘书室,文件发还申请人。"重要用印申请书"的"处理结果"一栏由总经理填写,由秘书室统一保存。

6. 总经理若认为文件有不完善之处,要由行政部经理、秘书室主任依次向申请者反馈。

(二)一般交易印章

1. 将文件及登记规定事项的"交易印章施印登记表"交行政部秘书室。

2. 接收上述文件及表格的秘书室主任要亲自处理用印事务。

3. 行政部经理作为秘书室主任的上级,负有管理用印的责任。

第三条　总经理因不得已的原因而不能自行用印时,要预先征得同意后委托常务董事代行用印。

第四条　办理用印事宜应在营业时间之内。

第五条　严禁将印章带出公司。如不得不带出公司时,需要请总经理批准。

第六条　印章如发生丢失、损毁或被盗情况,应迅速向总经理或行政部经理汇报。

第七条　印章的新刻或改制由行政部经理或总经理批准后办理。

第八条　不论是重要印章、还是一般交易用章,用于文件和凭证时就代表着公司的权利和义务,因此,应将公司印章的印模制成印鉴簿交由行政部经理保管。

第九条　本制度的制定、下发和修改、废止,由董事会研究决定。

十五、制发印信申请表

表 7-9 制发印信申请表

理　由		
印信种类		
用印范围		
印　信	全称	
	字体	
	制发日期	
	保管部门	
申请部门	主管	
	申请人	
印章管理部门		
报备审批机关	主管	盖章
印信模式		

十六、公章使用记录表

表 7 – 10　公章使用记录表

日期	文件名称	公章类别	申请单位	批准单位	批准人	用印人签章	备注

十七、印章登记台账

表 7 – 11　印章登记台账

印章登记台账		呈报者	
登记日期		印章名称	
印模管理人		经手人	
印模种类		形状	
制成日期		印模材质	
废止日期		废止理由	
备注			

第八章

档案图书管理

《按制度办事》

一、档案管理办法

第一条　总则

为规范档案管理工作,充分发挥档案作用,提高档案保存质量,特制定本办法。

第二条　组织实施

(一)公司档案工作,要实行集中与分散管理相结合的体制。由行政部负责主体档案的管理,并对其他部门的档案管理工作进行督促和指导。行政部可设立专门档案室,配备专、兼职行政主管分管公司主体档案工作。

(二)根据有关档案法规规定精神,各部门形成的文件材料原则上由本部门负责立卷和归档,并定期向公司档案部门移交保管。各分公司档案分类目录及编号原则,由各公司经理室或事业部经理室统一制定。

(三)公司应有库房或场地和必要的设施及保护设备保管档案,确保档案的安全。暂不具备档案安全保管条件时,要委托有关档案部门代为保管。

第三条　公司档案范围

公司建档范围确立为:

(一)公司设立、变更的申请、审批、登记以及终止、解散后清算等方面的文件材料。

(二)公司股东会、董事会、监理会形成的文件材料。

(三)财务、会计及其管理方面的文件材料。

(四)劳动工资、人事、法律事务管理方面的文件材料。

(五)经营管理方面的文件材料。

(六)生产技术管理方面的文件材料。

(七)产品生产、能够消耗、安全生产方面的文件材料。

(八)仪器、设备方面的文件材料。

(九)基本建设、工程设计、施工、竣工、维修方面的文件材料。

(十)科研、技术引进、转让方面的材料。

(十一)教育培训方面的文件材料。

(十二)信息、情报方面的文件材料。

(十三)党群(工、青、妇)组织方面的文件材料。

(十四)其他具有利用和保存价值的文件材料。

(十五)以上文件材料包括决议、决定、条例、规章制度等法规性文件,各类会议文件、重要记录、工作计划、工作规划和工作总结。

(十六)公司档案还包括声像资料:

1. 照片档案:新闻、科技、艺术照片,由原版、翻版底片、照片、文字说明构成。

2. 影片档案:原版底片、拷贝及文字说明。

3. 录音档案:唱片、录音带。

4.录像档案:政治、经济、科技、文娱、广告活动。

第四条　档案立卷、归档程序

（一）文件点收:

1.检查文件的文本及附件是否完整,如有缺失应立即追查归档。

2.文件如已抽查,应有主管部门主管的签字确认。

3.文件的处理手续必须完备,如有遗漏,应立即退回经办部门补全。

4.与本案无关的文件或不应随案归档的文件,应立即退回经办部门。

5.有价证券或其他贵重物品,应退回经办部门,经办部门送指定保管部门签收后,将文件归档处理。

6.建立、健全立卷归档制度,确立归档范围、归档时间、保管期限。

7.对遗缺不全的档案,采取不同措施,积极收集齐全。

8.及时催办已办理完毕的文件上交回收,在次年检查齐全后整理立卷归档。

（二）档案分类:

1.档案分类应视案件内容、部门组织、业务项目等因素,按部门、大类、小类三级分类。先以部门区分,部门区分之后依案件性质分为若干大类,再在同类中依序分为若干小类。

2.同一小类（或细类）的案件以装订于同一档夹为原则。

3.每一档夹封面内首页应设"目次表",案件归档时依序编号、登录,并以每一案一个"目次"编号为原则。

4.档号的表示方式为: A_1A_2——$B_1B_2C_1C_2D_1$——E_1E_2,其中 A_1A_2 为经办部门代号,B_1B_2 为大类号,C_1C_2 为小类号,D_1 为档案卷次,E_1E_2 为档案目次。

（三）档案名称及编号:

1.档案各级分类应赋予统一名称,其名称应简明扼要,以充分表示档案内容性质为原则,并且要有一定范畴,不能笼统含糊。

2.各级分类、卷次及目次的编号,均以十进制阿拉伯数字表示。

3.档案分类各级名称经确定后,应编制"档案分类编号表",将所有分类各级名称及其代表数字编号,用一定顺序依次排列,以便再阅。

（四）文件整理归档:

1.中文竖写文件以右方装订为原则,中文横写或外文文件则以左方装订为原则。

2.右方装订文件及其附件均应对准右上角,左方装订则对准左上角,理齐钉牢。

3.文件如有皱折、破损、参差不齐等情形,应先补整、裁切、折叠,使其整齐划一。

4.案卷排列。立卷按永久、长期、短期分别组卷,卷内文件把正文、底稿、附件请示和批复放在一起,编制案卷目录和案内目录,并复印 4~5 份。

5.整理案卷,使之厚度适宜,控制在 1~2 厘米之间,材料过窄应加衬边;材料过宽应折叠整齐;字迹难辨认的,应附抄件;以每一案卷端正书写标题。

6.对所有公司档案系统排列,确定保管期限,编制档案目录（卡片）,按一定次序排列和存放。

第五条　档案的保管

（一）永久保存。包括:公司章程、股东名册、组织规程及办事细则、董事会及股东会记录、财务报表、政府机关核准文件、不动产所有权及其他债权凭证、工程设计图、其他需要永久保存的文书。

（二）10年保存。包括:预算、决算书类、会计凭证、事业计划资料、其他经核定须保存

10 年的文书。

（三）5 年保存。包括：期满或解除的合约、其他经核定需要保存 5 年的文书。

（四）1 年保存。结案后无长期保存必要者。

（五）各种规章由规章管理部门永久保存，使用部门视其有效期间予以保存。

（六）防止档案的损坏，延长档案的寿命，维护档案的安全。

（七）公司设立专门地点或专用库房或专用文件库保存档案。

（八）做好档案室的防盗、防水渍、防潮、防虫蛀、防尘、防鼠害、防高温、防强光等工作，门窗应结实牢固。

（九）每年对档案进行一次清理，清除不必要保存的材料，对破损和褪色的材料进行修补和复制。

第六条　档案借阅程序

（一）各部门经办人员因业务需要需调阅档案时，应填写"调卷单"，经其部门主管核准后向档案管理人员调阅。

（二）档案管理人员接到"调卷单"，经核查后，取出该档案，并在"调卷单"上填注借出日期后，将档案交给调卷人员。

（三）在档案室当场借阅者，免填"调卷单"。

（四）档案归还时，经档案管理人员核查无误后，档案即归档。"调卷单"由档案管理人员留存备查。

（五）"调卷单"以一单一案为原则，借阅时间最长以一周为限，特殊情形应延长调阅期限时，应按调阅程序重新办理。

（六）调卷人员对于所调档案，不得抽换增损，如有拆开必要时，亦须报明原因，请档案管理人员负责处理。

（七）调卷人员调阅档案，应于规定期限内归还，如有其他人员调阅同一档案时，应变更调卷登记，不得私自授受。

（八）调阅档案限与经办业务有关，如调阅与经办业务无关的案件。

（九）借阅档案者应爱护档案，确保档案的完整性，不得擅自涂改、勾画、剪裁、抽取、拆散或损毁。借阅档案交还时，须当面查看清楚，如发现遗失或损坏，应及时报告主管领导。

（十）外单位借阅档案，应持有单位介绍信，经总经理批准后方可借阅，且不得带离档案室。其抄摘内容也须总经理同意且审核后方能带出。

（十一）档案管理部门应主动向各部门、员工提供公司档案编研信息服务，主要方面为政策信息、管理信息、产品信息、专题技术信息等。

（十二）政府有关部门依法执行公务，需要查阅公司档案，公司予以配合、协助。

第七条　档案的销毁

（一）对已失效的档案，认真鉴定，编制销毁清册，该清册永久保存。

（二）办理销毁手续，经董事会或总经理批准，方能销毁。

（三）销毁时要有二人以上监销，并在清册上签字。

第八条　附则

（一）档案部门积极采用电脑信息系统对档案进行管理，提高管理效率。

（二）公司终止、解散时，档案应移交控股股东或主管部门或当地国家档案馆。

（三）公司应采取严密管理措施，防止档案失密和泄密。

（四）本办法由行政部解释、补充，由公司总经理批准颁行。

二、声像档案管理制度

□ 总则

第一条 为加强公司的声像档案管理,特制定本制度。

第二条 公司的声像档案是指公司各部门或个人在社会实践活动中直接对公司有保存价值的录音、录像、照片、影片等。声像档案一般由录音带、录像带、摄像带、影片、照片(含底片)和文字说明两部分组成。

第三条 声像档案是公司全部档案的重要组成部分,必须由档案室实行统一管理。

□ 声像档案资料的收集

第四条 反映公司主要职能活动、工作成果和存在问题的声像资料。

第五条 各级领导人和著名人物参加的与公司有关的重大活动的声像资料。

第六条 公司有关人员组织或参加的重要会议、会见以及外事活动的声像资料。

第七条 其他公司形成的与本公司有关的重要声像资料。

第八条 其他具有保存价值的声像资料。

第九条 声像档案资料应在形成后一个月内,随档案室其他载体形态的档案同时归档。如有特殊情况可以适当延长归档时间。

第十条 档案室应随时收集零散的具备保存价值的声像资料。

第十一条 录音带、录像带、摄像带、影片、照片(含底片)和文字说明要收集齐全,按时归档并建立归档控制措施。凡未按规定归档的,其形成费用不予报销。

第十二条 接收原件,特殊情况下也可以接收复制件。

□ 声像档案的整理

第十三条 声像档案的整理由摄录人员负责,档案部门协助。

第十四条 照片档案按年代、主题分类、同属一类的照片按时间顺序同时填写其底片号、底片在卷宗内编流水号,其格式为卷宗号——流水号。

第十五条 录音带、录像带、摄像带按年代、主题分类、按内容编号。同一内容分录几盘的应视为一个案卷,编同一案卷号,然后每盘再依次编排序号。

第十六条 编注与其他载体档案有联系的用参照号。

第十七条 保管期限。应视其内容的重要程度、时间、名称、可靠度、有效性等因索,划定保管期限。

第十八条 文字说明的基本内容包括事由、时间、地点、人物、背景、作者(摄制者)等。

第十九条 照片编制采用横写格式。其格式为照片/底片号—文字说明—参见号—摄制时间—摄制者。

第二十条　录音带、录像带、摄像带的编制要在盒套上标注页码，然后按要求逐项填写。

□　声像档案的保管

第二十一条　声像档案入库前要进行检查，对已被污损的要进行必要的技术处理。

第二十二条　底片、胶片库温度应保持在 13℃～15℃ 之间，相对湿度应在 35%～45% 之间。照片库温度应保持在 14℃～24℃ 之间，相对湿度应保持在 7.5%～67.5% 之间；录音、录像带库温度应保持在 18℃～24℃ 之间，相对湿度应保持在 40%～60% 之间。

第二十三条　底片册、录音、录像带、摄像带应立放，磁带库必须避开 30 奥斯特以上的磁场，磁带盒与盒的间距不小于 3 毫米，存放磁带最好不用铁皮柜。

第二十四条　对库存的照片档案，每半年检查一次。

第二十五条　归档保存的声像档案，任何人不得私自撤销、抽出、清洗、消磁和涂改，销毁声像档案必须经过鉴定，征得同意后，报主管审批并登记造册。

第二十六条　建立健全声像档案统计制度，做好声像档案收进、移出、库存数量、保管情况、提供利用及效果等项的统计工作。

第二十七条　本办法由行政部解释、补充，由公司总经理批准颁行。

三、档案立卷归档流程

（一）划定各部门档案（归档）范围。

（二）指定相应档案责任人。

（三）有关材料的日常收集、积累。

（四）项目或年度结束时整理材料。

（五）材料清理、鉴别、补全、去除。

（六）确定保存期限、密级。

（七）材料分类、编目、摘要、登记。

（八）装订成册。

（九）立卷上架、归档、保管。

四、档案索引表

表8-1 档案索引表

部门：

序号	档案号	名称	建档日期	存储位置	摘要	保管期限	备注

五、档案目录卡

表8-2　档案目录卡

档号：　　　　　　　　　　　　　　　　　　　　　　卷名：

本案文件目录					
件数	收文号	来文号	发文号	页数	备注
1					
2					
3					
4					
5					
6					
7					
8					
9					
10					
11					
12					
13					
14					
15					
16					
17					
18					
19					
20					

六、档案明细表

表 8-3 档案明细表

保险库号		柜位号			保存年限						收件人签章
单位	部门	文件名称	类别		入库日期			出库日期			
					年	月	日	年	月	日	

审核：   主管：   经办：

七、作废档案销毁登记簿

表 8-4 作废档案销毁登记簿

档号	收文号	发文号	保存起止时间	销毁理由	销毁日期

审核：   监督：   执行：

八、档案调阅单

表 8-5　档案调阅单

日　期		调卷部门		调卷人	
调卷用途					
调卷期间					
收文号		档号		柜号	
归还日期		归还人		保管人签章	
文件内容摘要					
备　注					

审核：　　　　　　　保管人：　　　　　　调阅人：

九、图书资料管理制度

□　目　的

第一条　公司购进图书资料的目的，在于为公司经营业务、科学研究提供资料以及提高员工的素质。

□　组织实施

第二条　公司图书资料管理由行政部设立专门的图书资料室，由专兼职人员负责管理。

第三条　公司图书资料的购进、保管、整理、外借与归还等管理按本规定办理。

第四条　公司内部资料原则上按文书管理条例进行管理，文书管理规定外的事项，按本规定执行。

□　资料的分类

第五条　图书资料（单行本、辞书等）。

第六条　定期刊物（报刊、杂志等）。

第七条　文书资料（手册、目录、专利资料、报告等）。

第八条　视听声像资料（照片、录像、地图、画册、录音带、胶片等）。

□　图书资料购买流程

第九条　需要购买资料时,首先填写"资料购买申请书",经主管审批交资料室主任,再由资料室主任决定、发出订购单。

第十条　资料室主任在受理"资料购买申请书"之后,把受理要点填写在"资料购买簿"中。

第十一条　资料室在购进资料后对新进的资料贴上标签,进行编号。

第十二条　资料购进并编号后,由资料员发出通知,告知申请购买者。

第十三条　编号后的新进资料,原则上必须在资料室中保管一定时间。

第十四条　在资料购买的申请期间希望终止购买时,应立即通知资料室主任。

第十五条　资料室的资料员应经常就资料购买的情况,尤其是开支状况,作出统计,并且对计划内购买的资料、金额与数量作出调查,在月末及年末,向资料室主任作出报告,便于资料室主任掌握资料购买的开支状况。

第十六条　资料室主任在前条规定基础上,于年度购买金额或开支内,按照经营业务的要求,分配购买各类资料的金额比例。如果超支须经财务部经理向总裁提出报告,按总裁指示办理。

□　图书资料整理

第十七条　新进的图书资料要进行分类整理,并贴上标签。

第十八条　设专兼职图书资料保管员,对图书资料进行分类、整理与借阅工作。

第十九条　所有图书资料都必须按要求进行登记,注明购入时间、著作名称、作者姓名、出版社名称、出版年以及必要的项目。

第二十条　图书资料都必须附上借阅卡及装卡纸袋,并把装卡纸袋贴在封底内侧。

第二十一条　所有图书都必须在封面、目录和第一页上以及在图书中间的两三处加盖公司印章。

第二十二条　每年按图书资料管理卡,对书架中的全部图书资料进行一次清点与核对。

第二十三条　如果图书资料丢失,或者需要捐赠与处理,必须填写报废单,向主管作出报告,按指示办理。

第二十四条　必须经常整理图书管理卡,把那些已经不存在或被清理掉的图书资料管理卡剔除出来保存。

第二十五条　资料室必须每年整理出一份图书资料总目录,提供给各部门主管,并且按月把新进图书资料情况通知各部门。

□　图书资料借阅流程

第二十六条　图书资料原则上只借给公司员工,除资料室主管允许的情况外,不得转借其他人员。

第二十七条　员工如果因业务工作上的需要,可以申请借出资料,但必须填写"资料借出卡",按借出卡的有关栏目要求填写完毕后,交给资料保管员。资料保管员必须在"借出资料登记簿"做好登记。

第二十八条　员工借阅完毕后,及时把所借出资料归还给资料室,资料室同时把"资料借出卡片"退还借阅者本人。

第二十九条　资料在原则上不得外借,只允许在阅览室中阅览。凡借阅资料、在阅览室进行阅读者,都必须登记。

第三十条　资料借出应设置一定期限,期限一满,立即归还给资料室。如有特殊情况可以续借。

□　附　则

第三十一条　本管理制度由行政部制定并报董事会研究决议后实施,解释与修改亦由行政部负责。

十、资料室管理规定

第一条　为提供技术人员进修、研习、修护等应备之技术资料,特实施资料管理。

第二条　凡有关技术方面之资料,如"技术手册"、"零件手册"、"零件价目表"、"技术通报"、"技术图表"、"技术性刊物"、"参考书籍"及"技术性说明书"等悉依本章之规定处理,但不包括本公司之藏书。

第三条　前条所指各项资料,统由行政部列册管理,行政部应备妥一套完整之资料,不得外借,并宜另加标印识别之。

第四条　行政部除自存货料列册管理外,并应依各服务单位之工作性质及其需要,适量供给之。资料发给后,各单位应指定人员负责保管。

第五条　凡已失时效或内容业经大幅修改之资料,不宜再使用时,行政部应予收回销毁,各单位不得自行处理或遗赠他人。

第六条　凡应予继续保存之资料,行政部应依资料之性质,予以分类后归档。

第七条　国外部向国外订购新商品前,有关商品之说明资料应转行政部研究归档,并于订购时同时向厂商索取有关之技术资料,如"技术手册"、"零件手册""零件价目表"等最迟应于商品进口后一个月内,提供给行政部作为售后服务及订购零件之依据。

第八条　资料因遗失,或残缺不全不便使用时,行政部应即以内部联络函通知国外部申请补充。

第九条　对于本公司商品之修护及使用技术有直接助益之参考书籍,各单位人员建议行政部选购,一经购入,即依本章之规定管理。

第十条　凡对本公司商品之修护及使用技术有直接助益之技术性刊物"期刊",经呈核准后,得由行政部订阅,惟行政部应逐期将其内容、要点做成"技术通报",寄发各单位。

第十一条　国外部于接获厂商提供之原文"技术通报"之当天,应即转送行政部研究,行政部于该资料送达之一周内,应译印妥,并即分发各单位,供修护参考。

第十二条　国外部于接获厂商寄达之技术资料(技术通报除外)后,应即转送行政部列管,如属必要应列入行政部月份工作计划内,限期编译完成。

第十三条　各单位保存之资料,如破损不堪使用,应缴旧换新,旧资料由行政部负责销毁,如果遗失,遗失人应提书面报告送交行政部研究后补发之。

第十四条　遗失如为参考书籍,应依时价赔偿,如依厂商提供资料,应予行政处分。

第十五条　所有技术资料,除因工作需要,应分发各单位使用者外,并视资料之重要性而得借阅或借出研读。

第十六条　技术资料如欲借出,应于"借出卡"上签名,并应依限期归还,惟其对象,限为公司之技术人员,一旦遗失应依第十四条论处。

第十七条　如各单位资料遗失而无法确定遗失人时,负责保管人员应依第十四条规定论处。

第十八条　行政部每年至少应实施两次不定期检查,每次检查得选出最优及最劣单位各一名,分别予保管人员以奖惩之。

十一、图书资料借阅登记簿

表 8-6　图书资料借阅登记簿

编号	名称	金额	借阅人	借出日期	归还日期	批准人	有无押金	备注

十二、借出卡

表 8－7　借出卡

资料名称		
购入价格		
归档日期		
借出时限		
借出日期	借出人	归还签字

第九章

物品管理

《按制度办事》

一、低值易耗品管理办法

□ 目 的

第一条 为加强低值易耗物品管理,严格控制行政费用开支,杜绝浪费,统一供应,特制定本办法。

□ 低值易耗品分类

第二条 本办法管理所指低值易耗品范围为公司办公用品、印刷品及劳动保护品等。

第三条 其他物品根据公司管理需要可列入管理范围。

□ 组织实施

第四条 公司行政部为低值易耗品之采购、管理部门,设置标准库房,并设专门保管人员管理,财务部为核算监督部门。

第五条 公司设立低值易耗品明细账和库存统计表进行管理。

□ 物品的采购、入库程序

第六条 低值易耗品原则上由行政部根据公司核定标准统一购买后按标准分发给各部门。

第七条 遇到特殊情况,各部门需采购之物品,均须填写购物申请,经行政部汇总编制计划,经财务部审核,主管领导批准后方可购进。

第八条 采购本着节省成本、价廉物美、急需办原则,统一向正规、标准厂商购买,严禁拿取回扣等以谋私利。

第九条 采购物品后,办理入库手续,填制有关物品账目;凭发票和入库单向财务部报销。

□ 物品管理

第十条 所有入库用品,都必须一一填写台账。

第十一条 必须清楚地掌握低值易耗用品库存情况,经常整理与清扫,实行防虫等保全措施。

第十二条 在库物品,按月或按季节定期盘点,填写库存统计表,注明盈亏值,说明原因,报财务检核。盘点工作由管理部门主管负责。盘点要求做到账物一致,如果不一致必须查明原因,调整台账,使两者一致。

第十三条 印刷制品与各种用纸的管理按照盘存的台账为基准,对领用的数量随时进行记录并进行加减,计算出余量。一旦一批消耗品用完应立即写报告递交管理部门主管。

第十四条　必须对公司各部门所拥有的低值易耗品定期调查。调查方式是,每月对前一月领用量、使用量以及余量作出统计。管理部门对报告进行核对,检查各部门所批统计数据是否与仓库的各部门领用台账中的记录相一致。

第十五条　在库物品由行政部负责保管,指定专人管理。

□　低值易耗品领用流程

第十六条　公司制定各级人员低值易耗品的须用标准和使用期限,并定期改进,依据各部门的工作特点适当倾斜、变通。

第十七条　公司发放物品可分定期(月初)一次性领用和随时领用。领用人填写办公用品领用簿。公司对员工领用费用进行内部财务核算,并与成本效益综合评价。

第十八条　贵重办公用品(如计算器、设计测量工程用具)等,须经公司主管领导批准后才能领用。

第十九条　物品报废时应由使用部门填写情况说明,交行政、财务部门审核注销;员工调离,须归还物品的应交回原物,否则按规定折价赔偿。

第二十条　公司制定劳保用品发放标准和使用期限,定期向有关员工发放。

第二十一条　行政主管应定期统计物品采购、库存、发放、使用情况。在满足保证办公效率情况下,使库存资金最小化,压缩行政费用。

□　附　则

第二十二条　公司耐用物品管理可参照本办法执行。

第二十三条　本办法由行政部解释、补充、执行,经公司总经理批准颁行。

二、文具用品管理办法

第一条　为求文具印刷品节约集中管理,统一规格,特定本办法。

第二条　文具印刷用品之申请、收发、保管、记账由公司行政部指定专人负责管理。

第三条　除如下所列总务性物品准免开请购单外,其余应填写请购单依下列条文规定办理。

(一)贺仪用之物品:如花圈、花篮、喜帖、礼券等。

(二)待客物品:如咖啡、饮料。

(三)报纸、印花、邮票。

(四)打字、复印、刻印。

(五)定期性常供之消耗性物品:如插花、毛巾等,但应事先签准。

第四条　印刷纸张,其格式应力求统一,购买文具物品,其规格厂牌应求实际需要为原则。

第五条 文具用品管理员应按其品种、规格划定单位，并依收发凭证登入"文具用品进出登记卡"。

第六条 各单位文具印刷品领用时，应填写"文具用品领用单"，经主管核准后始得领用。

第七条 各单位除特殊性印刷表格、物品、书籍外，其余未耗用之共通性印刷纸张（如信封、信纸、内部联络函，描图纸）均由行政部保管。

第八条 本办法呈准后公布实施，修改时亦同。

三、通讯设备管理制度

□ 目的

第一条 为提高通讯、办事效率，降低行政费用，特制定本办法。

□ 管理部门

第二条 通讯设备使用由行政部负责统一管理，各部门主管负责监督与控制使用。

第三条 公司根据实际情况配置通讯系设备。

第四条 公司各部门根据业务需要须配备通讯设备时，报行政部审核，总经理批准办理。

□ 电话使用管理

第五条 公司指定专人负责长途电话管理。

第六条 凡因公或因私需使用长途电话的部门、人员，须事先填写长途使用登记簿申请，经各级领导审批后方可使用。使用后，如实填写使用记录。

第七条 打电话坚持长话短说、不聊天占线。

第八条 按照长途使用记录，逐次登记电话使用人、受话人、起止时间、用途等，统计各部门、人员的电话费用，报管理部门主管审阅，列入成本效益考核范围。

第九条 长途电话限一定级别人员使用。其他人员使用须经主管批准。

第十条 禁止因私拨打长途电话。

第十一条 员工使用电话要注重礼貌，体现公司的良好形象。

第十二条 电讯费用是公司的重要成本科目，是节约费用的主要对象，应对使用者在考核的基础上进行奖励或惩罚。

第十三条 凡长途电话申请表的预定时间与实际通话时间超出允许误差3分钟，每超1分钟加收_____元。

第十四条 对占用电话吹牛、谈天、泡机，经批评教育屡不改正者，除按规定收取电话费外，并处以罚款（如20～30元）。

第十五条 对偷打电话、未按规定登记、舞弊、假公济私者,除按规定收取电话费外,每次罚款_____元。

□ 电传机及传真机使用管理

第十六条 电文、传真件的接收纳入公司收发管理办法范围内,由收发员统一接收。

第十七条 电文、传真件接收后,填写收件登记簿,并及时分发收件部门和人员。涉及公司事务的原件在行政部留存,业务部门留复印件。

第十八条 公司电传、传真机应随时处于开机接收状态。

第十九条 各部门和人员发送电文、传真件,由收发员统一发送。重要文件可由当事人亲自发送。

第二十条 发送文件,须经领导批准,填写发文登记簿表,并及时发送出去。因故不能发送,应及时通知有关当事人迅速另行处理。

第二十一条 电文、传真原件留存行政部。

第二十二条 电传机、传真电话不能被占为普通电话使用,以免延误文件收发。

□ 附 则

第二十三条 本办法由行政部解释、补充,由公司颁布生效。

四、物品登记表

表9-1 物品登记表

使用单位						登记日期				
名称	编号	类别				使用人	购入日期	购入价格	备注
		设备	仪器	家具	其他				

五、物品领用单

表9-2 物品领用单

财管字第　　号

编号	品名及规格	用途	领用单位	数量价值	领用日期	备注
	领用部门		管理部门		审批人	
经理		经理		总经理		
盖章		盖章		盖章		

六、物品移交清单

表9-3 物品移交清单

年　月　日　　　　　　　共　页　第　页

品名	规格	单位及数量	价值	备注

移交部门（人）　　　　　接受部门（人）　　　　　监督部门（人）

七、低值易耗品管理清单

表9-4 低值易耗品管理清单

年 月 日 共 页 第 页

名称	规格	单位	单价	代号	上月余额	本月购入量	本月领用量	结余

八、低值易耗品领用单

表9-5 低值易耗品领用单

领用部门： 年 月 日

代号	品名	规格	单位	数量	单价	总额
合计						

管理部门 领用部门

主管： 经办： 主管： 经办：

九、低值易耗品领用统计表

表9-6 低值易耗品领用统计表

年　　月

部门	品名1		品名2		品名3		品名4		品名5		品名6		品名7	
	数量	金额	数量	金额	数量	金额	数量	金额	数量	金额	数量	金额	数量	金额
合计														

经理：　　　　　　主管：　　　　　　经办：

· 116 ·

第十章

车辆管理

《按制度办事》

一、车辆使用管理办法

□ 目的

第一条 为了加强公司各种机动车辆管理,确保行车安全,提高办事效率,充分利用现有车辆资源,减少经费开支,特制定本办法。

第二条 本办法适用于公司公共用车。

□ 组织管理

第三条 公司所有车辆均由公司行政部统一管理。

第四条 公司所有车辆均建立车辆档案,须填写车辆登记表。驾驶员如实填写用车里程和耗油量,经行政和财务部门联审后方可报销。

第五条 公司所有车辆实行专人保养责任制。驾驶员发现无力排除之故障,应及时报告其主管,不得带病出车。

第六条 公司车辆既有按部门使用,又有公司行政部门统一计划使用时,各部门和驾驶员应顾全大局,听从指挥、调度。

第七条 公司实行用车收费制度。各部门用车按月进行内部财务核算,列入部门成本效益考核范围;因私用车的费用则在其工资中列支扣除。

第八条 公司车辆必须按规定停放在规定地点,一般不允许在外过夜。因保管不善造成车辆被盗、损坏,驾驶员和行政部领导共同承担部分赔偿责任。

第九条 公司实行班车接送制度,因临时性或长久性改变行车时间、路线,均应由当事人事先报告行政部门,行政部门通告驾驶员和全体乘车人员。

□ 使用范围

第十条 公司员工在本地或短途外出开会、联系业务、出差迎送,公司员工上下班接送。

第十一条 接送公司宾客和来公司办事人员。

第十二条 离退休中高层人员健康用车或员工因私用车。

第十三条 其他紧急和特殊用车。

□ 驾驶员岗位职责

第十四条 驾驶员遵守公司之驾驶员岗位职责。

第十五条 除公司允许的特殊员工以外,禁止非专职驾驶员驾驶公司车辆。

第十六条 发生交通事故,驾驶员、乘车人员必须保护事故现场,及时向交警、主管和公司有关领导报告,做好善后工作。

第十七条　交通事故、违章责任在我方之罚款和修理费用，原则上由驾驶员自行承担；如遇特殊情况，经各级领导特批，可报销费用的×％。

第十八条　驾驶员行车补助费按派车记录单之里程和工作时间计算。

☐　车辆使用流程

第十九条　车辆使用实行派车制度。用车须填写用车记录单，经部门经理、分管副总或行政部长批准后，由派车调度统一安排方可使用。使用车辆按照以下程序进行：

（一）用车申请并填写用车申请单。

（二）用车单位主管审核。

（三）车辆管理调度单位核准。

（四）行车司机验单出车，驾驶员按派车记录上报批准的行车路线和目的地行车。

（五）用车完毕并填写行车日志（里程、费用等）。

（六）行车司机确认交回车辆管理单位。

（七）在不影响公务情况下，酌情满足员工因私用车要求，但因私用车应严格审批。

（八）对相近方向、时间的派车要求尽量合用，减少派车次数和成本。

☐　车辆保养与修理

第二十条　每行驶5000公里由行政部送公司指定保养厂定期保养一次。

第二十一条　每星期由车辆保管人员负责清洗一次。

第二十二条　应保持车内清洁，非装饰物品应放于行李箱。

☐　附则

第二十三条　本办法由行政部解释、补充，由公司总经理颁布生效。

二、交通安全管理规定

第一条　为加强我公司交通安全工作管理，落实交通安全责任制，认真贯彻交通安全工作的"安全第一，预防为主"的方针，特制定本规定。

第二条　统一领导，部门负责，建立健全交通安全领导组织机构。

第三条　公司行政总监全面负责公司交通安全工作。

第四条　各部门主要领导，全面负责本部门交通安全工作。

第五条　各部门确定一名交通安全员，负责本部门交通安全工作的检查和实施。

第六条　公司办公室确定一名车管干部，负责本公司机动车辆管理，交通安全工作的实施情况检查以及同交通管理部门和地区安全委员会的日常工作联系。

第七条　由公司交通安全负责人、各部门的交通安全负责人和车管干部组成公司交通安全工作领导小组，领导、部署和检查公司的交通安全工作。

第八条　公司交通安全工作领导小组的日常工作设在公司办公室,办公室主任为交通安全工作领导小组常务副组长。

第九条　公司和各部门主要领导,须将交通安全工作列入工作议事日程,定期召开交通安全工作小组会议和安全员会议,检查交通安全工作落实情况,宣传交通安全法规和交通行为规范,认真贯彻执行市政府、地区和总公司安全委员会的规章制度和会议精神,经常沟通与交通管理部门和地区安全委员会的联系,征得他们对交通安全工作的指导和帮助。

第十条　认真贯彻《市交通安全责任制暂行规定》和交通安全法规,实行岗位责任制。目标管理、领导监督,做到逐级落实,做到交通安全工作有布置、有检查、有落实,把交通安全工作同公司各部门的业务工作和经营效益结合起来进行评比检查和落实。

第十一条　建立奖惩机制,实行半年小结和年度评比,对模范遵守交通安全规则、成绩突出的公司员工和司机给予精神鼓励和物质奖励。对违反交通安全规定,发生违章和交通事故的,给予通报批评、处分和经济处罚。

第十二条　公司和各部门的司机必须服从公司交通安全工作领导小组的管理,严格遵守交通法规和行为规范,杜绝酒后驾车等12种严重违章行为,服从交通民警的指挥,保证安全行车。

第十三条　爱护车辆,保持车辆整洁,对零部件进行定期检查、维修和保养,使车辆随时保持良好状态,确保行驶安全。杜绝病车、故障车勉强上路行驶。

第十四条　车辆实行专人驾驶保管、车管干部监督检查的制度。严禁不经领导批准将车辆交给非专职司机驾驶,严禁交给无驾驶证人员驾驶。

第十五条　公司非专职司机驾驶机动车辆,须经公司交通安全领导小组领导批准。

第十六条　认真执行车辆回库制度,因特殊原因不能回库,须经公司领导批准,并确保车辆在外停放安全。

第十七条　骑自行车的员工必须严格遵守交通法规,遵守总公司和地区安委会对非机动车管理和行驶的有关规定,遵守骑车人交通行为规范,服从交通管理人员的检查与纠正。

第十八条　保持自行车牌号齐全,使车辆部件处于良好状态。

第十九条　上班时自行车必须停放在指定地点,并摆放整齐。

第二十条　公司员工要认真学习交通法规,自觉执行行人交通行为规范。服从公司交通安全小组和总公司、地区安委会的管理,服从交通民警和交通执法人员指挥、检查和纠正,做遵守交通安全的模范。

第二十一条　公司的临时工作人员在交通安全方面须服从公司交通安全领导小组领导,认真执行各项交通法规和交通行为规范。公司交通安全领导小组有权对模范执行交通法规并做出成绩的人员给予表扬和奖励,对违反交通法规、不服从管理和纠正的人员给予通报批评,提出扣除临时工工资或辞退的建议。

第二十二条　公司机动车、非机动车及行人发生违章和交通事故,按《交通安全责任制暂行规定》和地区和总公司安委会有关规定和本公司《关于对公司职工违反交通规则者批评处罚的暂行规定》予以惩处。

第二十三条　本规定解释权归公司交通安全领导小组。

第二十四条　本公司发生的交通事故由总务科交通事故组统一处理。

第二十五条　发生交通事故后,驾驶者或相关者应直接通知交通事故组。

第二十六条　发生交通事故后,不允许驾驶者或相关者随意处理,否则事故赔偿及善后处理由其本人负责。

第二十七条　在事故现场,事故责任者或相关者与对方交涉,如赔偿额在×元以内时,可由当事人自行处理,但事后需提交有关报告。

第二十八条　交通事故组接到报告后,应迅速赴现场听取说明,调查原因、协助交通机构处理。事后应向科长提出现场事故报告。

第二十九条　所有交通事故的处理结果,都要由当事人签名。

第三十条　交通事故组在处理交通事故时,可向交通事故委员会委员咨询处理对策。委员会委员由总务部长任命或礼聘。其任期为1年。

第三十一条　交通事故赔偿额需由公司领导决定。

第三十二条　违反就业规则中"遵守交通规则的义务"之规定,因本人故意或重大过失,造成伤害时,其赔偿金额由当事人负担。

第三十三条　在执行公司业务过程中,除认定是本人过失或故意的情况下,违反交通规则,或发生交通事故时,其处理办法是:

(一)因违章停车、高速驾车或违反交通规则时,由当事人负担半额罚金。

(二)因交通事故造成人身或车辆伤害时,如属公司的车辆损害保险范围,当事人可免除其责。但在保险范围之外,当事人应负担实额与保险金差额的1/3。

第三十四条　当发生交通事故时:

(一)迅速与公司联系,接受公司指示。

(二)如发生人身伤害时,应迅速送到最近的医院进行治疗。

(三)应记录下对方车辆的驾驶证号和车牌号。

(四)从对方驾驶证上,记录下对方的住址、姓名、工作单位、电话和出生年月。

(五)牢记对方车辆损坏的部位和程度。

(六)尽量取得对方的名片,以用于事后联系。

(七)记录事故现场目击者的姓名、住址和联系电话。

(八)对模糊不清或把握不大的问题,不能回答交通警察的询问。

(九)除完全认定是自己的过失外,不能把原因揽于一身。

三、车辆登记表

表 10 – 1　车辆登记表

年　　月　　日

编号	车辆类型	规格	车号	驾驶员	购置日期	购买价格	发动机号	使用单位	主要使用人

主管：　　　　　　　　　　　　经办：

四、派车单

表 10 – 2　派车单

使用部门		使用人	
用车事由			
用车时间	自　日　时　分至　日　时　分共计　时　分		
行车里程	自　　公里至　　公里　共计　公里		
用车类型		车号	
管理部门		使用部门	
主管		主管	
经办		经办	

五、车辆保养(修理)单

表 10-3　车辆保养(修理)单

编号		车号		里程数		驾驶员	
修车事由							
损坏原因							
修理厂							
审核意见							
管理部门			审核部门			总经理	
主管			主管				
经办			经办				

六、车辆出勤统计表

表 10-4　车辆出勤统计表

车号			驾驶员				
使用记录							
时间	加油数量	金额	加油时里程表	行驶里程	行驶累计数	使用人	驾驶人

七、车辆费用支出月报表

表 10-5　车辆费用支出月报表

月份

保险费		修理保养费		过桥费		汽油费		上月里程		
								本月里程		
								行驶里数		
								本月总费用		
								每公里费用		
								每公里费用		
								每公里汽油费		
合　计		合计		合计		合计		备注		
汽油费明细	日期	金额	经手人	日期	金额	经手人	日期	金额	经手人	日期	金额	经手人

八、违规事故报告单

表 10-6　违 规 事 故 报 告 单

单位：　　　　　姓名：　　　　　　　　　年　月　日

所属部门		驾驶员姓名		车名	
				登记号码	
违规、事故发生时间		年 月 日 时 分,天气		同车者姓名	
违规、事故发生地点					
对方	车名		姓名	年龄	上班地点	
	登记号码		联络处	电话		

124

所属部门			驾驶员姓名		车名	
					登记号码	
违规状况	草图					
	说明					
损害程度（罚款金额）			我方		对方	
检讨书						
车辆管理者意见						
备注						

第十一章

公共关系管理

《按制度办事》

一、公关实施准则

□ 制定公关目标的准则

第一条 公关目标的确定应与公众的利益和社会准则相一致。

第二条 所确定的公关目标应与公司的总体目标一致。

第三条 所确定的公关目标应表现为某项工作所要取得结果的具体描述,实现目标的时间必须有明确的规定。

第四条 所确定的目标,在时间限制、效果指标等问题上要切实可行。

第五条 所确定的目标要简明扼要,一个目标只能包含一个结果。

□ 确定和分析公众

第六条 确定目标公众是对公众认识的第一步,通过谁被卷入这一问题、谁会影响这一问题、谁受这一问题的影响等来确定对象公众。

第七条 全面分析公众对公司的期望和要求,与公司利益加以权衡,以此来确定公关目标的层次。这是公关工作能否切中要害、能否成功的关键。

第八条 在对目标公众调研和对象公众期望要求的分析的基础上,进一步将各构成成分细分,并将其与期望要求作出相关分析,以便更深入了解目标公众,确保具体公关方案的科学性。

□ 确定公关信息

第九条 确定信息的目的是为了制定出符合公关目标、符合公共关系传播的规律和要求的传播内容。确定信息的主要依据是公关活动目标的内容、公关活动对象的分析资料、公关传播的基本原则和规律等。

公关信息的确定应注意以下几个问题:

(一)信息要适合于实现公关目标的要求。

(二)信息的确定要有明确的主题。在同一个公关活动中所传播的信息都要围绕着一个统一的主题、统一的基调来进行宣传。提供给各种不同媒介的信息,也要围绕着主题来宣传。

(三)对主题的表达必须清楚明了,有明显的个性特征并易于记忆。

(四)应注意平等的态度,应把公关对象视为平等的朋友。从事公益活动或赞助活动的宣传,应体现对社会高度的责任心。

(五)信息要确保真实,不能做有意的夸大或片面的宣传。

(六)信息要尽可能适合所要利用的媒介的传播特点。

(七)信息要依据受众的特点来确定。对受众的需求、兴趣、好恶、接受能力等都应充分考虑,以保证传播效果。

□　确定传播渠道

第十条　渠道选择和媒介战略的制定要从公关的目标和对象的传播行为、接触媒介的特点出发,综合考虑信息特点的限制和需要,考虑不同类型的媒介本身所具有的不同功能以及财力等问题。

(一)传播渠道选择的程序:

1. 考虑对不同传播方式的选择。

2. 考虑对不同类型媒介的选择。

3. 考虑具体媒介的特点。

4. 考虑具体媒介的特定时间、特定空间在内容上、质量上的不同特点,对受众的不同影响力。

(二)传播渠道选择的注意事项:

1. 传播渠道的选择要适合对象公众的传播行为,要考虑媒介与公关对象的接近性。具体确定传播渠道时,要尽可能选择公关对象最常接触的、最容易接触的和最愿意接触的媒介。

2. 传播渠道的选择要与所要传播信息的特点、要求相适应。

3. 选择媒介要和公司的承受力相一致。

4. 确定媒介战略时,要注意利用媒介组合的优势和媒介运用的策略问题。

□　公关计划的制定

第十一条　在确定了公关目标和对公众、信息、媒介等基本问题进行深入分析的基础上,围绕目标,依据研究结果,进一步着手研究编制可供实施的公关计划。

(一)制定公关计划的原则:

1. 公关计划应与公司的经营管理计划、市场环境相吻合。

2. 公关计划应有重点。应着重抓一至两个重要问题解决,切忌面面俱到、平均用力,要尽可能避免把摊子铺得太大而顾此失彼。

3. 公关计划应注意平衡性问题。公关工作应突出重点,解决当前所要急需解决的问题。公关工作同时也应特别注意公司长远利益的问题,兼顾重点对象与一般对象。

4. 公关计划要考虑承上启下的连续性问题。公关工作切忌靠心血来潮大干一场,虎头蛇尾,一个计划一个调。公关计划应通盘考虑以前的基础和今后的发展。

5. 公关计划要具有一定的弹性。公关计划工作带有一定的预测性质、难以精确计量,因此,在具体的活动项目完成的时间、任务指标和经费预算上都要留有一定的余地。

6. 公关计划的制定要注意创新。要根据环境的不断变化而变化,不断推出新计划,不可因循守旧。

(二)公关计划的基本内容:

1. 某一时期的战略规划。概括制定出总目标和完成总目标的最主要的措施、条件以及分阶段实现目标的设想等,对具体的活动不作出规定。这种计划是一种战略指导性的文件。

2. 跨年度公关计划。围绕着某一公关问题而特别制定规模较大的公关活动计划,计划中的各阶段、各项目的目标、内容、时间等都要求具体、明确。

3. 年度公关工作计划。这是围绕一年的公关工作目标而形成的具体工作计划。要求具体、明确和可操作性。

4. 专项公关活动的实施计划方案。专项公关活动实施的计划方案是为公关计划中的各具体项目的开展而制定的。为使这些项目的实施能统筹安排，有章可循，专项计划方案应包括如下内容：项目名称及项目的目标、项目的负责人、实施者及各自的责任、项目筹备、实施的程序设计和时间表、项目所涉及的对象及各种条件分析、项目所需的传播媒介、器材设备、外部环境等、项目的经费预算、项目的成果考核标准和考核方法。

（三）编制实施公关计划的工作程序表。

编制出计划实施所采取的具体步骤，使公关计划成为可供操作的具体化。

公共关系的预算编制

第十二条　公共关系预算的基本构成包括以下几种：

（一）人工报酬。公关活动是智力投资，费用的主要部分是用来支付公关人员的工资。

（二）活动费用。包括日常活动和特定计划的公关活动所需的经费，如办公费、房租、水电、电传电话、通信、招待记者来宾、接待应酬、参观、展览、公关报道、广告及各种宣传项目、为公关提供的各种教育培训和服务项目、公关调研项目、公关赞助项目以及一切外出活动的交通差旅等费用。

（三）器材设备费。包括美工器材、摄影设备和材料，编辑印刷各种组织刊物和各种报告的设备材料、各种视听器材、展览设施和用品等各种费用。

（四）临时费用。用于突发事件，从财力上保证公关的应变能力。

第十三条　公共关系预算应注意以下问题：

（一）公共关系预算要以公关实际需要和公司经济承受能力为准则。采用比率抽成预算，应随实际变化，不断调整比率。根据实际需要做预算时，要考虑到公司的实际承受能力，使预算真正切实可行。

（二）公关预算要留有余地，公关的重点和方向随形势变化而改变，故预算时应设临时费用，以备不期之需。此外，预算时还应考虑到一年内或一段时间内人工费、物价等因素的变化，适当留有余地。

（三）专款专用。公关有关拨款的预算是以完成预定目标为依据的，故其预算拨款仅能用于公关活动，其他部门或事项不可随意占用。

（四）公关预算要主动争取外界资助。公关预算除了依靠公司拨款外，还要努力争取社会组织的协助、支持。

对公关计划方案的事前检查

第十四条　事前检查要对计划中所规定的方案实施过程的每一步骤都进行检查，既包括对计划本身的检查，也包括对用来实施计划、方案的各种具体手段的检查。

二、媒介关系处理办法

☐ 总则

第一条　为加强同新闻媒介的联系，做好公司的宣传工作，特制定本办法。

第二条　新闻媒介对公司具有重要作用，公司应该主动加强与新闻媒介的联系。

第三条　公司应主动向新闻媒介提供信息。

第四条　公司公关人员要有新闻头脑，善于捕捉新闻、发现新闻，撰写具有新闻价值的稿件，运用传播手段，及时提供信息给新闻媒介，把公司重大事件告诉广大公众。新闻稿力求文字精练，情节生动，以吸引公众。

第五条　公司的一些重大活动，应邀请新闻媒介有关人士参加，为他们提供采访、报道的机会。

第六条　公关人员要有丰富的想象力，协助公司决策层制造新闻事件，并进行宣传报道。

☐ 与媒介联系的原则

第七条　开诚布公原则。与新闻界打交道，最佳的策略是诚实。如果公关人员在坏消息上是诚实的，那么在好消息上就更有可能得到信任。

第八条　公平对待原则。公关人员不能偏爱某个新闻渠道，而以忽略其他新闻渠道为代价，同时，现场新闻应该尽可能迅速地发布出去，让媒介来决定要公开哪些部分。

第九条　提供服务原则。获得新闻记者合作的最迅速、最有把握的方式就是在他们需要的时候，以他们可以方便使用的形式，为他们提供有新闻价值的、具有趣味性和及时性的资料。

第十条　理解支持原则。新闻界的工作有自己的原则和方式，不能把公司愿望强加于新闻工作者。

第十一条　适度原则：

（一）尊重新闻记者的新闻标准。

（二）保证媒介新闻及时发送。

☐ 与媒介合作的要求

第十二条　从公众利益的角度处理问题。

第十三条　公关人员提供给媒介的新闻、应做到标题简短、醒目，避免使用过多的专业术语及省略语，以增强稿件的可读性。

第十四条　新闻稿先讲重要内容。对于记者提问，要首先宣布一下最有新闻价值的内容，然后列举支持公司的最初声明的具体例子或者证据。

第十五条　与记者谈话应谨慎并注意保持气氛,要理解新闻记者所处的地位及职业心理。

第十六条　如果记者问的是直截了当的问题,回答也应该是直截了当的。

□　与媒介联系的方法

第十七条　举行记者招待会。记者招待会便于更好地进行双向沟通,是公司处理好与媒介关系的重要方法。要使记者招待会取得成功,必须做好以下几项准备工作:

(一)确定记者招待会的主题,一般是公司的重大事件。

(二)选择合适的时间、地点。

(三)确定邀请范围,对象和名单,提前发出请柬。

(四)选择主持人或发言人,提前准备好发言稿及有关图片、文字、音像资料、实物模型等,为记者准备报道资料。

(五)准备录音、录像、摄影等工具,便于记者采访。

(六)安排足够的接待、服务人员,为记者提供后勤服务。

(七)会后注意总结经验教训,分析招待会的得失,建立起档案资料。同时,注意收集记者们登载的消息和报道,评估招待会的成果。

第十八条　邀请新闻界人士参观访问。邀请新闻界人士参观访问,是与新闻媒介建立良好关系的有效方法。通过参观访问,实地观察,新闻界人士可增加对公司的感性认识,获得宣传报道的第一手材料。

三、公关操作流程

第一条　目的。

为设计和制定合理的公关操作程序,选定可行的公关方案,有效地促进公司公关目标的达成,特制定本流程。

第二条　公关操作的基本要求:

(一)从公司长远利益出发,合理规划每项工作。

(二)适时调整公关企划方案。

(三)操作流程要符合公司要求与需要。

(四)职责明确。

第三条　善于创造和把握公关机会,确实把握机会的线索、方针和行为规范,寻找新的经营机会和经营领域。

第四条　有效配置公司现有资源,不断完善公关方案。

第五条　公关要突出人的主观能动性和自觉适应性,灵活地根据市场环境和公司现有状况,组合相关的公关企划资源,不断调整公关活动。

第六条　公关操作流程:

（一）公关主题的确定：

1. 列举公关企划问题。

2. 明确公关企划目标。

3. 确定公关企划主题。

（二）公关所需资料的收集与分析：

1. 现有资料收集。

2. 市场状况调查。

3. 资料审核。

4. 资料分析。

（三）公关创意的产生：

1. 创意方法的选择。

2. 公关创意方案的制定。

（四）可行性公关方案的选择：

1. 选择衡量标准。

2. 公关方案的对比评估。

3. 确定最终方案。

（五）公关方案的模拟与评估：

1. 公关的预算评估。

2. 公关的进度控制。

3. 公关的效果评估。

四、开业典礼操作流程

第一条　目的

给社会、公众留下深刻、美好的"第一印象"，最大限度地扩大知名度和影响力。

第二条　操作流程

（一）精心拟订邀请宾客名单。该名单由企业领导增删核准，提前送达。对重要贵宾须个别关照，确保与会。

（二）拟订典礼程序，一般为宣布开始、宣读贵宾名单、贵宾致贺词、致答谢辞、剪彩、揭牌几项。

（三）事先确定致贺词人、致答辞人，草撰贺、答辞文稿。

（四）事先确定剪彩人员名单。

（五）安排一些余兴节目，如题词，以及锣鼓、舞狮耍龙、秧歌等民俗活动。

（六）典礼仪式后，组织参观生产、经营、服务现场，或进行优惠、义卖活动。

（七）座谈、留言、个别拜访，广泛征求意见和建议，整理留言簿和摄像、录音资料。

第三条　注意事项

（一）体现热烈、隆重（或简朴）、喜庆、欢快的气氛。

（二）精心组织，确保万无一失，多制定几套后备应急方案。

（三）所有宾客无论地位高低，均不得懈怠。对围观群众也以礼相待。

（四）公关人员应准备充分、善于鼓动、周到热情、指挥有序。

五、新闻发布会操作流程

（一）新闻发布会的筹备

1. 确定会议主题。首先要从新闻媒介和社会公众的角度出发，确定会议的主题和信息发布的最佳时机。然后再进一步考虑这个主题是否非常重要，是否具有新闻价值，能否对公众产生重大影响，此时召开信息发布会是否适宜等。

2. 选择会议主持人和发言人。主持人和发言人必须具有较高的文化修养和口头表达能力，对提问能做到头脑清醒、反应机敏。会议的主持人一般应由具有较高专业技巧的人担任。会议的发言人一般应是公司董事长或总经理，招待会前应进行必要的模拟训练。

3. 准备发言稿和报道提纲：

（1）必须先在公司内部统一口径，然后组织专门小组负责起草发言稿，全面、认真地收集有关资料，写出准确、生动的发言稿。

（2）应围绕主题，准备好宣传辅助材料，包括文字、照片、实物、模型等材料，以便在会上分发、展示或播放，以增强发言效果。

4. 选择会议地点和举办时间：

（1）举行新闻发布会要选择一个方便的地点，但不宜在办公室举行。会场要具备必要的照明设备、视听设备和通讯设备等。会场要安静，不受电话干扰，要有舒适的座椅。

（2）选择会议的时机，应尽量避免节假日、重大社会活动和其他重大新闻发布的日子：时间安排要考虑到媒介的截稿时间，会议程序安排要紧凑，避免冷场或混乱局面。

（3）会议时间一般应控制在 1 小时以内，对无关或过长的提问应予以制止，会议应有正式结尾。

5. 选择邀请记者的范围。邀请的记者覆盖面要广，都要照顾到，对所有记者要一视同仁。

6. 组织参观和宴请的准备：

（1）发布会前后，可配合主题组织记者进行参观活动，请记者作进一步的深入采访，有关参观活动事宜应在会前就安排好，并派专人接待介绍情况。

（2）会后可邀请当地记者共进工作餐，利用非正式交谈，相互沟通，融洽与新闻界的关系，解决有关发布会没有解决的问题。

7. 制定会议费用预算。应根据所举行新闻发布会的规格和规模制定费用预算，并留有余地，以备急用。

（二）新闻发布会的召开

1. 会议主持人要充分发挥主持和组织作用。主持人言谈要庄重,有涵养、有幽默感,要尊重别人的发言和提问,同时,要控制好会场气氛,把握主题范围,维持会议秩序,掌握会议时间。

2. 所发布的消息必须准确无误,如有错误应及时予以更正。

3. 应安排足够的接待员,设立签到处,并派专人引导记者前往会场。会议组织人员应佩戴胸卡,与会记者应发给写有姓名和新闻机构名称的胸牌,会议桌与餐桌要分清主次,排好顺序,避免混乱或不愉快的情况出现。

(三)新闻发布会后的工作。

1. 整理出新闻发布会的记录材料,总结经验和不足,并作为资料保存。

2. 收集到会记者在新闻媒介上所作的报道,进行归类分析,总结经验得失。

3. 收集与会者的反应,了解记者及所属媒介对公司的所发稿中的内容及倾向性等。

4. 对于因故未能参加发布会的新闻机构,可提供有关背景资料、会议记录材料与图片、报道提纲等。

六、展览会操作流程

第一条 确定展览会的主题和目的。展览会的主题和目的决定着在展览会中使用的沟通方法和接待形式等,故展览会筹备应确定总编,构思总设计,使各部分有机衔接。

第二条 确定参展单位、参展项目和展览会的类型。采用广告或发出邀请的形式来吸引参加展出的单位。广告和邀请信应写清楚展览会的宗旨、展览会项目类型、估计参观者的人数和类型、展览会的要求及费用预算等,给潜在参展单位提供决策所需的资料。

第三条 明确参观者类型。根据参观者对展出项目的了解程度,分别提供较为专业化的和普及性的资料。

第四条 选择展览的地点。选择展览地点要考虑到参观者方便、环境适宜、辅助设施易配置等因素。

第五条 培训展览会的工作人员。必须对展览会的工作人员即讲解员、接待员和服务员等进行良好的公共关系培训,并就展览内容进行必要的专业知识培训。

第六条 准备展览会的辅助设施和相关服务。

第七条 成立专门对外发布新闻的机构,负责和新闻界进行联系。要制定新闻发布的计划,充分发掘展览会中有新闻价值的东西,写成稿件予以发表,扩大展览会的影响。

第八条 准备展览会所需的各种辅助宣传资料。

第九条 确定展览会的费用预算。具体列出展览会的各项费用,进行核算,有计划地分配各项资金。

第十条 应设计展览会的标志,准备展览会的纪念品,为宣传提供方便的工具。

第十一条 搞好展览会效果的评估。

(一)在展厅内放置公众留言簿,主动征求意见。

（二）当场召开观众座谈会，收集观众的意见和想法。

（三）当场举办有关展览内容的知识竞赛，当场发题，当场解答，当场发奖。

（四）会后发放调查问答或登门访问，了解展览会的实际效果。

七、参观活动操作流程

第一条 公关策划人员应通过开放参观活动向公众开展宣传，以扩大公司的知名度和美誉度，提高公司经营管理的透明度，提高员工士气和凝聚力。

第二条 开放参观接待对象。

（一）员工家属和社区居民。

（二）营业团体。生产协作者、原料供应商、经销商、运输公司等。

（三）股东公众。股东、股票经纪人、金融评论专家。

（四）其他职业集团。金融机构、律师协会、新闻界团体、保险公司、卫生检查机构、环境保护机构。

（五）行政机关。各级政府部门、上级主管部门等，舆论领袖，科技教育文化单位，研究所的研究人员、高等院校的师生、各类学术团体及文化机构。

（六）各种慈善机构与社会福利团体。

（七）海外人士。

第三条 对外开放参观的内容，要服从于参观的目的与要求，实事求是，结合参观者的特点和需求，视参观者的需求与兴趣而定。

第四条 开放参观的实施流程。

（一）制定计划。制定计划在一年前就应该准备，或至少应该提前3个月着手筹备，不能仓促开放。策划时要考虑制定出活动计划的纲要，推行该计划的详细时间表和具体工作人员的指派任命。

（二）成立专门机构。建立各种专门机构，尽可能让更多的员工承担部分工作，以增强员工的参与意识，激发员工的工作积极性。

（三）准备参观项目。公司事先准备好计划中预定参观的项目，以给参观者一个良好的企业形象，公关策划人员也可以适当安排一些节目，以激发参观者的兴趣。

（四）安排交通路线。在发请柬时应另附详细说明，指明停车场和具体的交通路线。此外，还应设立交通标志，对主要的设施用标志牌予以说明，整个参观路线要有统一的布置设计，以显示出良好的管理素质。

（五）安排引导人员。对引导人员或者解说人员事先要进行认真选择、培训，引导人员应该佩戴印有公司名称和个人姓名的标牌，应有礼貌地介绍参观的内容，认真回答来宾提问。

（六）实施宣传、策划人员应该充分重视宣传工作，一方面用新闻媒介来扩大影响和知名度，一方面对公司内部员工做宣传工作，便每个人都自觉参与宣传。

（七）准备纪念品。纪念品不要太贵重，关键是要精美。

（八）结束后的答谢工作。活动结束以后，要及时对所有参加的员工致谢，采用书面答谢形式，感谢大家辛勤劳动，积极配合。

八、公关工作计划表

表 11-1　公关工作计划表

公关计划名称		实施部门	
公关主题			
公关人员		公关组别	
公关主管		其他人员	
公关计划安排			
进度安排	起止时间	工作内容	工作要求
公关主题			
近期工作			
中期工作			
目标修正			
长期工作			
长期目标修正			
成果			
完成情况			
预算		结算	

九、公关预算表

表 11 - 2　公关预算表

活动名称	
开展日期	
接待费用预算	
会议费用预算	
宣传费用预算	
人工费用预算	
媒体费用预算	
设备费用预算	
活动经费预算	
其他费用预算	
合计	

十、公关调查表

表 11 - 3　公关调查表

调查方式	预计目标	实施时间	调查数量	结果分析
抽样调查				
典型调查				
个案调查				
民意调查				
电话调查				
访问调查				
文献调查				
邮件调查				
专家咨询				

第十二章

安全保卫管理

《按制度办事》

一、安全保卫管理纲要

□ 总则

第一条 为了加强公司的安全防范工作,规范公司治安、消防和其他安全工作,保护公司财产和员工人身安全,保障各项工作的顺利进行,特制定本纲要。

第二条 公司的安全工作以"百年大计,安全第一;安全就是效率,安全就是效益"为原则,全方位实施安全管理。

□ 组织管理

第三条 公司的安全保卫工作由行政管理部统一负责,下设安全保卫管理科具体实施日常管理工作。主要工作有安全教育,安全检查,事故处理等。

□ 安全制度规定

第四条 员工自觉接受安全教育,增强安全防范意识。防火、防盗、防灾、防破坏、防恶性事故为每个员工应尽的义务,要敢于与坏人坏事作斗争。

第五条 员工上下班、外出公干、出差,严格遵守道路交通管理法规、条例,确保人身、财物安全。

第六条 员工不得将贵重、大件私人用品存贮于公司办公场所或仓库。

第七条 员工下班前认真检查本岗位、办公场所,消除水、电、气等设备存在的隐患。如本人不能解决,下班前应立即报告主管领导。

第八条 上班时间外出应及时锁好抽屉、橱柜,钥匙随身携带,最后离开者关窗锁门。下班和午休时间文件、现金妥善存放,锁好各类门锁,有保险的加锁保险,开启报警系统。

第九条 发现事故苗头、可疑或不法行为的人或事应先立即报告主管或安保部。

第十条 做好交接工作,班次之间无缝衔接。

第十一条 不得将亲友或无关人员带入工作场所,不准在值班场所留客人。

第十二条 不准私接电源或使用电炉,不准在禁烟区抽烟。

第十三条 不得偷窃个人或公司财物,拾到遗留钱物一律上交。

第十四条 财务部门之重要票据、支票等一律入保险箱随时上锁。

第十五条 现金一般不要存入过夜,应及时押解银行。

第十六条 未经许可,不得擅自安排公司或外来人员在公司内住宿。

第十七条 安保人员按时到岗,门卫值班、值日、领导值班制度正常运作。

第十八条 使用明火和高空作业,必须经安保或政府有关部门批准才能进行。

第十九条 员工积极参加防火演习,了解有关消防知识,熟记火警电话,熟悉电源开关、出口通道、灭火器具位置及使用方法等。

□ 安全生产教育

第二十条　思想教育。主要是正面宣传安全生产的重要性,选取典型事故进行分析,从事故的政治影响、经济损失、个人受害后果等几个方面进行教育。

第二十一条　法规教育。学习有关的法律、法规、条例及公司的具体规定、制度和纪律条文。

第二十二条　安全技术教育。包括生产技术、一般安全技术和专业安全技术教育训练。

□ 安全检察

第二十三条　检查有无进行安全教育。

第二十四条　检查安全操作规程是否公开张挂。

第二十五条　检查在布置生产任务时有无布置安全工作。

第二十六条　检查安全防护、保险、报警、急救装置或器材是否完备。

第二十七条　检查个人劳动防护用品是否齐全及正确使用。

第二十八条　检查工作衔接是否配合合理。

第二十九条　检查事故隐患是否存在。

第三十条　检查安全计划措施是否落实。

□ 安全事故处理流程

第三十一条　如遇意外伤害事件,应照顾伤者或协助转送医院。

第三十二条　及时通报公司主管或值班人员。

第三十三条　对危险区加设标志,警告别人勿靠近或指派专人看护。

第三十四条　对突发事件保持镇静。

第三十五条　迅速通知有关部门和领导。

第三十六条　在自身安全情况下,适时处置。

第三十七条　无关人员不准进入事故现场。

第三十八条　对外界暂行封锁消息,统一对外发布口径。

□ 火警事故处理流程

第三十九条　保持镇静,力戒惊慌。

第四十条　拨打火警电话,准确报告起火部位、燃烧品等情况。

第四十一条　按动附近火灾报警器。

第四十二条　关掉一切电源开关,关闭火警现场的门窗。

第四十三条　迅速呼唤同事援助。

第四十四条　利用附近灭火设备,尽力将火扑灭。

第四十五条　防止用水或泡沫灭火器灭火引起漏电而导致火灾。

第四十六条　服从现场主管指挥,见义勇为,身先士卒,奋力扑救。

第四十七条　接到疏散通知,切勿搭乘电梯,由安全楼梯转移。

□ 附则

第四十八条　本守则由行政管理部安保科解释、补充,经总经理办公室会议批准执行,修改亦同。

二、消防管理守则

□　总　则

第一条　为加强公司安全消防意识,做好公司安全消防工作,保障公司正常、稳定的工作环境,特制定本办法。

□　责任划分

第二条　公司法定代表人为公司安全消防第一责任人。履行下列职责:

(一)制定并落实安全消防责任制和防火、灭火方案,以及火灾发生时保护人员疏散等安全措施。

(二)配备安全消防器材,落实定期维护、保养措施,改善防火条件,开展消防安全检查,及时消除安全隐患。

(三)管理本公司的专职或群众义务消防队。

(四)组织对员工进行消防安全教育和防灭火训练。

(五)组织火灾自救,保护火灾现场,协助火灾原因调查。

第三条　公司层层分解、落实,建立公司安全消防体系和分层责任制,横向到边,纵向到人。

(一)各部门应确立各自的责任人,并制定相应的安全消防制度的措施。

(二)各部门确立各自的防范重点部位和防范对策。

(三)各部门定期或不定期进行安全检查,并备有记录。

(四)公司普及安全消防知识,进行培训和示范教育,有条件的应举办模拟演示。

(五)公司所有员工遵守安全守则。

□　消防管理规定

第四条　每天下班、节假日应关好门窗、电灯、开关、水龙头或其他用电、用水设施。

第五条　上班时间外出应及时锁好抽屉、橱柜,钥匙随身携带,最后离开者关窗锁门。下班和午休时间文件、现金妥善存放。

第六条　财务部门之重要票据、支票等一律入保险箱,随时上锁。

第七条　现金一般不要存入过夜,应及时解送银行。

第八条　未经许可,不得擅自安排公司或外来人员在公司内住宿。

第九条　安保人员按时到岗,门卫值班、值日、领导值班制度正常运作。

第十条　公司制定详细的防火、灭火管理制度以及实施细则。

第十一条　公司建筑工程和内装修防火设计,须符合国家和当地消防技术规范要求。

建筑工程和内装修防火设计,送公安消防监督机构审核批准后组织实施,且不得私自改动。施工完成后,和公安消防监督机构申请消防验收。

第十二条　公司施工应落实防火安全制度,配备必要的灭火器具,指定专人负责施工现场的消防工作。

第十三条　公司内下列场所应当设置疏散指示标志、紧急照明装置和必要的消防设施:

（一）易燃易爆危险品的生产房、储存场地。

（二）高层建筑、地下人防工程、原材料及成品仓库。

（三）车队、油库(加油站)、液化气站、变电站。

（四）医务所、子弟学校、招待所、饭店。

（五）临时搭建的房屋、商店、农贸市场、展销会场。

第十四条　公司使用的消防器具和设备,必须是有国家生产许可证和产品质量认证证书的产品。使用的电器设备的质量,必须符合消防安全要求。电器设备的安装和电气线路的设计、敷设,必须符合安全技术规定并定期检修。

第十五条　禁止在火灾危险的场所擅自动用明火。需要使用明火器具应事先提出申请,说明安全措施,经安保部批准后才予以使用。

第十六条　作业人员应当持证上岗,对电焊、气割、砂轮切割、煤气燃烧以及其他具有火灾危险作业的,必须依照有关安全要求操作。

第十七条　禁止在办公地区和宿舍使用自制或外购电炉取暖或炊事。员工不得在禁烟区吸烟。

第十八条　公司根据现有消防状况和财力状况,合理配置消防器材,不得擅自移动、损坏、挪用,并定期检查和更换。

第十九条　公司下列人员须接受消防安全培训:

（一）各级防火安全第一责任人或分管负责人。

（二）消防安全管理人员。

（三）消防设备的安装、操作、维修人员。

（四）易燃易爆品仓库管理人员。

第二十条　各部门、下属企业的工作,按安全操作规程进行:

（一）使用电梯,须专人管理,定期检修,电梯工凭证上岗。

（二）使用机电设备后,每次清洁机器,切断电源,确保安全可靠。

（三）登高作业时,现场须有安全保护,使用合适的架梯工具。

（四）只有电工或专业人员才能安装电线、维修电器设备。

（五）各部门、下属企业进行新建、改建、扩建工程项目时,要由安全、消防部门审查,评估安全消防可靠性。

□　责任及考核

第二十一条　公司制定安全消防考核指标体系。

第二十二条　公司应按有关规定为公司财产投保火灾险和公众责任险。

第二十三条　公司任何人发现火灾或其他安全问题都应迅速报警,各部门或员工应为报警无偿提供方便,有为扑救火灾提供帮助的义务。

第二十四条　公司在消防队到达前应迅速组织力量扑救、减少损失;火灾后及时向投保的保险公司报案,并保护好现场及协助查清火灾原因。

第二十五条 公司对因扑救火灾、消防训练、制止安全事故、见义勇为而受伤、致残、死亡的,其医疗、抚恤费用按照国家有关规定办理。

第二十六条 公司定期或不定期地对公司各部门安全、消防管理工作进行考核,决定相应的奖励或处罚。

第二十七条 对各种安全消防事故的责任人和违反本办法的,将从严处罚,分别给予罚款降级乃至辞退,严重者送交司法部门追究法律责任。

□ 附 则

第二十八条 本办法由行政部安保科负责解释、补充,经总经理办公会议批准后颁布执行。

三、消防队组织办法

第一条 本办法系依据本公司工业安全管理准则第四条之规定制定的。

第二条 消防队(以下简称本队)设两个分队,每个分队各设联络、灭火、救护等班。

第三条 分队设分队长1人,由一级主管兼任之,每班各设班长1人,由组长以上人员兼任之。

第四条 各分队所属班员,均从本公司从业人员中选定之,其名额按实际需要选派之。

第五条 本队为推行消防工作之需要设干事1人,由人事部人员中指派兼任之。

第六条 本队分队队长班长之职责如下:

(一)分队长:秉承总经理之命办理队员之组训及消防勤务之推行事宜。

(二)班长:秉承分队长之命,领导所属队员执行本班之勤务。

1. 联络班:于消防紧急措施实施时,联络各班配合动作及引导外界消防队迅速展开工作并办理临时指派之事项。

2. 灭火班:于消防紧急措施实施时,从事水电管制,搬取灭火器材,迅速扑灭火种,并最后检查现场等事项。

3. 救护班:于消防紧急措施实施时,担任安全绳梯之挂放,铁板之放置及协助从业人员之逃难及火场物品之抢运、指挥等事项。

上项各班勤务,如人手不足时,在场从业人员应协办之。

第七条 本队定每半年举行消防训练一次,每年举行消防演习一次。班长以上干部及队员均应参加之。

第八条 所有消防器材之设备,保养及其日常之检查工作,由本队指派之队员及干事负责办理之。

第九条 本办法经呈准后施行,修改时亦同。

四、工业安全管理操作流程

□ 总 则

第一条 本公司为维护公共安全及避免人员物品之损害特制定本准则。

第二条 本准则所称安全管理，包括火灾、窃盗、身体伤害的预防及抢救之一切措施。

第三条 本公司安全管理，除依政府法令规定外，悉依本准则办理。

第四条 安全管理之指挥监督除身体伤害由平时业务上的主管人员指挥监督外，应组织统一安全卫生委员会及消防队。本公司人员均有防止灾变及抢救损害的职责。

第五条 领班以上的干部均应熟悉有关安全管理的准则，并监督训练属下人员确实遵守。

第六条 本公司现场工作人员应视其智力体力调配适当的工作，危险发生时，能从容应付。

第七条 代理人员必须熟悉被代理人有关安全管理方面的职责。

第八条 危险发生时，除采取必要行动外并应立即向上级人员报告。

□ 火灾防护

第九条 仓库及工厂内应严禁吸烟及携带引火物品，但在规定时间及地点吸烟不在此限。

第十条 工场门户应向外开，工作时间不得上锁。

第十一条 易燃及爆炸等危险物品应放于安全地点，除必要之数量外，不得携入工作场所。

第十二条 仓库应指派专人看守，并标明"严禁烟火"字样，如系储藏挥发性易燃物，并应注意温度及通风。

第十三条 灭火设备应照规定设置，放在明显容易取用之地点，并定期检查，应保持随时可用之状态，同时要熟悉使用方法。

第十四条 电线不得接用过大保险丝，电力使用后，应确实关闭电源。

第十五条 使用氧气乙炔焊接时，应注意附近有无易燃物品，使用易燃物品的人员需经严格训练，并应有监工人员在场。

第十六条 电器设备应经常检查，台风、地震后更应立刻检查有无损坏。

第十七条 炉灶、烟囱、煤气等易引起燃烧的设备应经常检查。下班时并应检查处理后才能离开工作场所。

第十八条 使用电器设备或易燃物发生故障时，或增接电器设备均应请示上级人员，后通知专门人员办理。

第十九条 首先发现起火的人，应立即呼救，并停止工作，迅速关闭电源或其他火源。

在场员工,均应立刻协同灭火。

第二十条　发现火灾应迅速将着火物附近的可燃物移开。

第二十一条　火灾时工作单位主管应一面参加抢救,一面沉着指挥救火,并速通知本公司的消防队,必要时应通知本地消防队协同抢救,并应通知其他单位戒备,如有大钟应即敲打。

第二十二条　火警发生时,电话总机应优先接通火警电话。

第二十三条　如火势一时不能扑灭,主管人员应一面指挥救火,一面指挥抢救人员及物品。

第二十四条　救火时,应特别注意下列事项:

(一)油类或电线失火,应用砂或地毯等物扑灭,切勿用水灌救。

(二)衣服着火,立即在地上打滚,较易扑灭。

(三)先救人,后抢物。抢救物品时,应先抢救账册、凭证及重要文件或贵重物品。

(四)在火烟中抢救,应用湿手巾掩着口鼻。

(五)如火焰封住出路口,应利用绳索或电线等物从窗口逃生。

□　窃盗防范

第二十五条　现金、贵重物品及机要文件,下班后应放置于安全橱柜中,指定专员负责保管。

第二十六条　守卫人员应随时注意进出人员。

第二十七条　夜间值勤的守卫人员,应于规定时间在公司内巡逻。

第二十八条　主管对经管财物人员应随时注意其私生活是否严谨,以防监守自盗。

第二十九条　携出物品时,应先取具公司规定之物品携出证,保卫人员凭证查验放行。

第三十条　办公室应于夜间加班人员离去后关闭门窗,并确实上锁。

第三十一条　窃案发生后,应保护现场,报有关单位侦查。

□　身体伤害的预防

第三十二条　有危险性之工作应由熟练人员担任,派人在场监督。

第三十三条　发生伤害时,应速将受伤者送劳工保险指定医院治疗。

第三十四条　工作地点的顶上可能落下伤人物体时,工作人员应戴安全盔帽。

第三十五条　使用强烈腐蚀性的浓酸时,应使用安全的工具,避免与身体接触。

第三十六条　在灰尘飞扬中工作者,应戴上口罩及眼镜。

第三十七条　使用电气器材时,应注意绝缘是否完全及是否有导电物体接近电源。

第三十八条　操作起重机时,应注意吊起物体底下及附近是否有人。

第三十九条　使用塔架或扶梯,应严密检查是否坚固。

第四十条　玻璃、洋钉或铁丝等不得任意抛弃。

第四十一条　不得穿着松弛衣裤操作机器或走近操作中之机器。

第四十二条　工具应放置于工具箱中,工具箱应尽量放在地面。

第四十三条　尖锐工具应有防护圈盖,且不得放置于衣袋中。

第四十四条　锻铸或焊接时应注意远离他人,并应戴必要的眼罩。

第四十五条　汽车、机车、堆高机、起重机其驾驶员必须领有驾驶执照或为公司指定人员,无照人员不得驾车,亦不得练习驾车。

第四十六条　驾驶汽车或机车必须严格遵守交通规则。

第四十七条　特种作业的监督人员应明了该项作业的特殊危险,随时告知其属下工作人员。

第四十八条　遇停电时要立刻关闭总开关,送电时在开各开关之前,要先开总开关。开主开关时须预先与关系者联络。

第四十九条　凡电器机器的修理,更换保险丝检查或其他有触电之危险时必先关闭开关而后行之。

第五十条　高压电线作业未先确认死线前不可进行作业。

□　机械工具的处理

第五十一条　使用机械工具前必须先检查有无异状,无异状时始可使用。

第五十二条　初次用的机械或新装置使用的机械类,必须得到所属主管的准许,并听取说明后始可操作之。

第五十三条　原动机或动力传动装置,开始发动时应先用口号(呼声)或适当的方法联络同事周知,再确认周围的安全状态后行之。

第五十四条　机械的清扫注油时应转动停止后行之,但得到特别许可时不在此限。

第五十五条　如无必要避免机械的空运转。

第五十六条　计器类要经常做正确的保养,尤其是密闭加压机械更要严加留意。

第五十七条　对于压力计、温度计及其他计器类要特别小心操作,并在其规定的示度范围内使用。

第五十八条　玻璃器具材料等的装卸、切断或其他使用均需留心,慎防破损,除非经特别允许作业外,一定要戴手套工作。

□　附　则

第五十九条　本准则经呈准后施行,修改时亦同。

五、公司警卫人员值勤准则

第一条　本公司为使警卫人员值勤执行任务有所依据,特制定本准则。

第二条　警卫人员的服勤,系代表本公司执行职务。

第三条　警卫勤务应每日 24 小时执行不辍,其各班服勤时间,由警卫课制定呈准公布实施。

第四条　警卫人员的职责规定如下:

(一)工厂及办公处所各种事故之预防,警戒及厂区(房)巡逻事项。

(二)工厂及办公处所突发事故之应急措施。

（三）进出工厂及办公处所的外宾及员工之管制，联络登记事项。

（四）进出工厂车辆的管制事项。

（五）进出工厂物品的查验及放行。

（六）防止窃盗，协助维持工厂及办公处所秩序。

（七）其他交办事项的处理。

第五条　警卫人员除前条各项职责外应恪守本公司一切规定，尤应严遵下列守则：

（一）应绝对服从上级命令，切实执行任务，不得偏袒徇私。

（二）平时应谨言慎行，执行职务时态度和蔼严正，不亢不卑。

（三）服勤中应整肃服装仪容，对于应急及防身器具等应经常佩带，或储备齐全，以应不时之需。

（四）服勤中应时刻提高警觉，遇有重大灾变时，更应临危不乱，果断敏捷，作适当之处置，并立即报告上级。

（五）服勤中应严守岗位，不得擅离职守或酗酒、闲聊、阅读书报、睡觉等。

（六）应熟记厂内各处之水、电、燃料、开关、门锁及消防器材放置地点，以免临急慌乱，对重要路口电灯、门窗、篱墙等有缺损时，应立即建议厂务单位处理。

（七）应管制入厂人、物、车辆，对未挂识别证或未办妥入厂手续者，一概不准入厂，并绝对禁止携（夹）带违禁品入厂，除工厂需料外对危险或易燃品应严拒携入。

（八）应遵照巡逻路线按时或不定时巡逻工厂各处。

（九）交换班时，应将注意事项交代清楚，并将服勤中所见重要事项或事故，以及巡逻时间等登列入"警卫日志簿"，检附有关资料逐日分呈厂务单位及警卫课核阅。

第六条　辅导员工遵守各项规定，并制止不法行为的发生，维持工厂及办公处所秩序。

第七条　确实管制员工上下班、迟到、早退、加班人员的考勤卡记录。

第八条　员工在勤务中因公或事（病）假离厂时，应切实查验公出申请书或请假记录卡，始允其外出，并在公出单或到工卡上记录离厂，回厂时间以备查考。

各级人员公出或事（病）假之核准权责由各厂订定列表送警卫室执行。

副经理以上人员由警卫登记进出。

第九条　上班时间内除公事接洽外，一律谢绝会客。

第十条　外界来宾到厂接洽业务或参观访问，以及厂商的营业、采购、检查、安装人员等应至警卫室办理入厂手续，发给来宾证，并联络有关单位接待。非经厂单位人员接待，不得任其进入厂区。

第十一条　协力厂商长期派驻工厂人员，得凭厂务单位发给识别证进出工厂。

第十二条　假日加班人员或因事需进厂者，应凭厂务单位所送之名单核对相符后，准予进厂。但本厂课长（含副课长）以上人员得于登记后进厂。

第十三条　公司或其他各厂同仁得凭识别证办理登记后进厂。

第十四条　厂内住宿人员，在勤务时间外，凭住宿证进出工厂，但夜间不按规定时间出入厂者，应即通知舍监室处理。

第十五条　物品放行应凭核准的放行单核对无误始得放行。经警卫签认后之放行单由警卫室按顺序装订保管。

放行物品的分类（如材物料、半成品、成品、用品、资产、废料、机械设备等）及授权核准人员由各厂订定列表送警卫室执行。

第十六条　各协力厂商交货时所随带他家厂商物品的运出,在进厂时先由警卫人员查验登记,于离厂时再经警卫人员依原登记查对符合后,始予放行。

第十七条　离厂人员经警卫查获有私带公物或他人物品之嫌者,暂扣留物品,并以下列程序处理:

（一）记录携带人所属单位、姓名、时间、地点。

（二）由携带者亲书理由,注明品名、数量,由何处取得等。

（三）情况严重时,不得让当事人离厂,应速呈报处理。

第十八条　厂内住宿人员携带个人物品出厂时,按下列规定处理:

（一）携带行李、包裹、提箱等大件物品者,应凭舍监室开立之放行单放行。

（二）携带一般日常用品者,由警卫人员查验后放行。

第十九条　本公司员工及一般外宾不准携带照相机进厂,遇有特殊情况,如参观、访问或外籍人员携带照相机者,应按厂单位主管所示处理。

第二十条　同仁进入工厂上班不准携带与本公司产品相似的物品,厂内住宿人员如因需要,经厂务单位开立证明单者(注明品种、型号)准予携带进厂。但携带出厂者,应凭厂务单位开立的物品放行单,经查验无误后放行。

第二十一条　本厂各型车辆(汽车、机车)出厂凭厂单位的核派单放行。

第二十二条　外宾车辆进入工厂,除随车人员按本准则第十条及第十一条办理外,依下列规定处理:

（一）持有证明来厂交货或提货之车辆,准予驶入厂区内有关处所。

（二）一般接洽业务或参观访问,以及厂商之营业、采购、检查、安装等人员所乘车辆,一律按指定位置依序停放,不照规定者,警卫应即时纠正。

第二十三条　公司或其他各厂车辆进厂,除随车人员按本准则第十三条处理外,应依第二十二条规定处理。

第二十四条　进出工厂车辆应一律检查,进厂车辆当注意有无载有违禁、危险或易燃物品,出厂车辆载有货物时,应凭放行单查验无误后放行。

第二十五条　发现窃盗时,以收回失窃物为首要,并应立即呈请处理。

第二十六条　警卫人员应熟练安全设备的使用。了解配置地点,紧急事件发生时应镇静,以最有效方法使灾害减少至最低限度,不可慌张误事,视情况按下列程序处置:

（一）判断情况若尚可及时处理消除时,速采取行动,并报告上级及通知厂务单位。

（二）判断事故无法及时处理,应急速通报有关单位。

（三）昼间灾害急报有关主管,夜间灾害急报派出所、消防单位或救难单位。

第二十七条　夜间或休假日近邻发生灾难时,应将所知及判断是否波及本厂等情形,迅速通报有关主管。

第二十八条　本准则如有未尽事宜,得随时以命令补充或修正。

第二十九条　本准则经呈奉总经理核准后实施,修改时亦同。

六、年度安全管理工作计划表

表 12-1　年度安全管理工作计划表

年度

安全主题	具体内容	实施人	监督人	实施日期

七、安全工作检查表

表 12-2　安全工作检查表(1)

部门：　　　　　　　　　　　　　　　　　　　　　　　　年　月　日

检查场所	检查内容	检查情况	建议改善事项	处理结果	检查人	现场负责人
	1					
	2					
	3					
	4					
	5					
	1					
	2					
	3					
	4					
	5					
	1					
	2					
	3					
	4					
	5					

部门主管：　　　　　　　　现场负责人：　　　　　　　　检查人：

部门：　　　　　　　　　　　　　　　　　　　　　　　年　　月　　日

检 验 项 目	待 改 善 事 项	说　明	备　注	复 检
1.消防	□无法使用　　□道路阻塞			
2.灭火器	□失效　　□走道阻塞　　□缺少			
3.走道	□阻塞　　□脏乱			
4.门	□阻塞　　□损坏			
5.窗	□损坏　　□不清洁			
6.地板	□不洁　　□损坏			
7.厂房	□破损　　□漏水			
8.楼梯	□损坏　　□阻塞　　□脏乱			
9.厕所	□脏臭　　□漏水　　□损坏			
10.办公桌椅	□损坏			
11.餐厅	□损坏　　□污损			
12.工作桌椅	□损坏			
13.厂房四周	□脏乱　　□废弃未用			
14.一般机器	□保养不良　　□基础松动			
15.空压线	□基础不稳　　□保养不良			
16.插座、开关	□损坏　　□不安全			
17.电线	□损坏			
18.给水	□漏水　　□排水不良			
19.仓库	□零乱　　□防火防盗不良			
20.废料	□未处理　　□放置零乱			
21.其他				

部门主管：　　　　　现场负责人：　　　　　检查人：

八、突发事故报告表

表 12 - 3　突发事故报告表

报告部门：　　　　　　　　　　　　　　　　　　　报告日期：　　年　　月　　日

事故种类				
发生时间、地点				
事故经过				
事故损失	人员伤亡			
	财产损失			
现场处理				
善后处理				
事故原因				
改善计划				
报批	总经理	分管副总经理	安全部门经理	安全主管

总经理：　　　　　　厂长：　　　　　　办公室主任：　　　　　　检验员：

第十三章

值班管理

《按制度办事》

一、值班管理制度

□ 目的

第一条　为保障公司正常工作秩序不间断和财物安全,特制定本制度。

□ 值班体制

第二条　门卫值班。公司依据自身情况,设立门卫值班制度,24 小时值班。

第三条　值日。公司依据自身情况,设立公司或部门值日制度。

第四条　领导值班。公司依据自身情况,设立公司领导值班制度。

□ 门卫值班

第五条　目的。维护公司工作秩序,防止公司财产遭受损失。

第六条　实行分班制,保证 24 小时有人当班。

第七条　值班要点:

(一)保证通讯系统畅通。

(二)防止公司财物失窃。

(三)及时排除公司火灾、漏水事故。

(四)监查下班后公司人员进出情况。

(五)接待来宾,保存邮件。

□ 值日

第八条　目的:维护公司日常工作秩序,及时联络、处理事务。

第九条　一般以工作时间为责任时间。

第十条　值班要点:

(一)巡查办公场所保洁情况。

(二)打开水等后勤事务。

(三)电话记录、处理、转送。

(四)领导交办任务。

□ 领导值班

第十一条　目的:以公司业务工作为主。

第十二条　一般以下班时间或节假日为值班时间。

第十三条　值班要点:

(一)接待下班后来客。

（二）处理未完成工作。

（三）处置下班后的突发、紧急事件。

（四）值班人员接打值班电话，应记录来电时间、单位、授话人、主要内容。

（五）值班人员接待来宾要记录来访时间、单位、来访人、主要内容，提出处理意见。

（六）值班人员要按规定准确填写值班日志。

□ 值班规定

第十四条　遵守值班纪律，按时交接班，有事须先请假，以便安排临时替班人员。无关人员不得在值班室留宿。

第十五条　值班时坚守岗位，不得聚众打牌、看电视、瞌睡，不给坏人可乘之机。

第十六条　在规定的时间内加强巡视，做好防盗、防火、防灾工作，尤其加强对重点部位的监管。

第十七条　接待来宾外松内紧、热情招呼，具有高度警惕性，善于鉴别来人意图，要守口如瓶，不能随便乱说。

第十八条　值班人员密切关注领导活动行踪，遇到紧急情况即能取得联系。须将公安、消防、医院、供水、供气、供电、通讯等部门及火车、船、飞机、出租车的地址、电话、路线等信息置于明显处，以备应急需要。

第十九条　遇到紧急事件，首先要冷静，敢于负责，一方面大胆采取应急措施，以免贻误；另一方面及时上报主管领导或向公安部门报警。

第二十条　加大节假日值班力量，由公司领导带班，征求下属同意后排定值班表，印发有关部门和人员。

第二十一条　根据需要，可安排公司司机值班或待班，一有用车需求，能在最短时间内抵达用车地点，如有必要可为其配备移动通讯工具。

第二十二条　根据需要，可安排公司单身员工多兼值班工作，并给予适当的加班补贴。

□ 值班室管理规定

第二十三条　坚守工作岗位，不得擅离职守，不做与值班无关的事项。

第二十四条　熟悉业务，认真钻研，提高业务水平。文明值班。积极妥善地处理好职责范围内的一切业务。

第二十五条　重大、紧急和超出职责范围内的业务，应及时地向上级业务指挥部门、公司领导汇报和请示，以便把工作做好。

第二十六条　加强安全责任，保守机密，不得向无关人员泄露有关公司内部的情况。

第二十七条　维护好室内秩序。做到整洁卫生，禁止在工作时间大声喧哗，无关人员不得随便进入该室。爱护公物，杜绝浪费。

第二十八条　坚持批评与自我批评。团结互助，互相尊重。

第二十九条　遇有特殊情况需换班或代班者必须经室主任或值班主管同意，否则责任自负。

第三十条　按规定时间交接班，不得迟到早退，并在交班前写好值班记录，以便分清责任。

□ 值班接听电话注意事项

第三十一条 礼貌相待。不论打进、接入，应主动通报公司名称、职务、姓名，如对方未通报，应客气询问清楚。

第三十二条 使用语言文明，切忌粗声粗气。

第三十三条 对重要或较长的电话内容，可请对方复述一遍。

第三十四条 对要求打公司领导的电话，首先问清对方的单位名称、职务、姓名，然后婉转回答"请您稍等，我给您找一下"之类的话再处置。

第三十五条 对打听事情、咨询类的电话要保持态度和蔼、礼貌对待、恰到好处地回答。

第三十六条 除紧急情况随时报告外，一般将若干电话内容集中到一起，有条理地予以报告。

□ 附则

第三十七条 领导值班为工作内容之一，门卫值班为正常工作制，必要时可予轮休。

第三十八条 本制度由总务后勤部解释、补充、执行，经总经理批准颁行。

二、值班登记表

表13-1 值班登记表

日期	值班员	起讫时间	班别	合计次数

主管　　　　　　　　制表

注：班别是指早、中、晚、夜、公休日、节假日。

三、值班记录表

表 13-2　值班记录表

年　　月　　日星期　　　　　　时　　分起至　　时　　分止				
值班人			带班领导	
应办事项				
函电收件总数				
重要记事	时间	地点	内容	联系人

四、值班替换申请书

表 13-3　值班替换申请书

我因　　　　　而不能担　　年　　月　　日值班任务,拟请　　　　　　先生同意代行职务,请审核批准是荷。 　　　　　呈 　　　　　经理 　　代理人员　　　　　　　　签章 　　原值班人员　　　　　　　签章 　　　　　　　　　　　　　　　　　　　　　　　　年　　月　　日

第十四章

清洁卫生管理

《按制度办事》

一、清洁卫生管理办法

□ 总则

第一条 为保障公司优美、舒心的工作环境和员工身心健康，塑造公司形象，特制定本办法。

第二条 凡公司卫生事宜，除另有规定外，皆依本办法实行。

□ 组织管理

第三条 公司总务后勤部负责公司全面卫生组织、领导管理工作。并指派专人负责打扫、维护、卫生检查等工作。

第四条 公司卫生管理实行经常性与突击性、专业性与群众性、公司与个人卫生相结合的原则。

第五条 公司或部门设立值日班时，负有卫生检查的义务。

第六条 公司划分部门乃至个人包干的卫生清洁区，建立卫生责任制。

□ 卫生管理细则

第七条 各工作场所内，均须保持整洁，不得堆放垃圾、污垢或纸屑。

第八条 各工作场所内走道及阶梯，至少每日消扫一次，并采用适当方法减少灰尘的飞扬。

第九条 各工作场所内，严禁随地吐痰。

第十条 洗手间、更衣室及其他卫生设施，必须保持清洁。

第十一条 排水沟应经常清除污秽，保持清洁畅通。

第十二条 凡可能寄生传染菌的原料，应于使用前施以适当的消毒。

第十三条 凡可能产生有碍卫生的气体、灰尘、粉末，应做如下处理：

（一）采用适当方法减少有害物质的产生。

（二）使用密闭器具以防止有害物质的散发。

（三）在产生此项有害物的最近处，按其性质分别安装凝结、沉淀、吸引或排除等装置。

第十四条 凡处理有毒物或高温物体的工作或从事有尘埃、粉末或有毒气体散布的工作，或暴露于有害光线中的工作等，需用防护服装或器具者，应按其性质配备。

第十五条 凡阶梯、升降机上下处及机械危险部分，均须有适度的光线。

第十六条 食堂及厨房的一切用具及环境，均须保持清洁卫生。

第十七条 垃圾、废弃物、污物的清除，应符合卫生要求，放置于指定位置。

第十八条 对有毒、有害气体、液体、固体物质的散发，采取环保措施治理，或设置防护装置，减少危害。

第十九条　公司对若干存在的职业病危害的员工，定期进行身体检查，并改善岗位卫生条件。

第二十条　改善工作和生产场所、楼道、电梯、危险处的采光条件，确保光线充足、照射适宜，防止光线炫耀和晃动。

第二十一条　保证办公场所适当的温度、湿度条件，有条件的应添置空调设备。

第二十二条　保证工作场所的空气充分流通，谨防"办公室综合症"的发生。

第二十三条　公司分片在若干工作场所的，应设置意外伤害急救药品盒、箱，并置于合适明显处，以便利用和防止污染，定期检查补充、更新。

第二十四条　公司配合当地卫生、防疫部门，做好公司区域内的消灭鼠、蚊、蝇、白蚁、蟑螂等除害的工作，及流行病、传染病的防疫、治理。

第二十五条　公司卫生工作应达到以下标准：

（一）窗明几净，墙面清洁。

（二）死角无积尘、蛛网。

（三）灯具、电器、用具清洁。

（四）办公桌整洁。

（五）物品堆放整齐，通道畅通。

（六）室内无杂物、无晾晒衣物。

（七）地面无痰迹、纸屑、烟头。

（八）厕所无异味。

（九）个人仪表整洁、干净。

第二十六条　以下为不卫生情况：

（一）随手乱扔垃圾。

（二）乱搭建、占用公共地方。

（三）垃圾堆放死角、排水沟堆积污秽。

（四）乱涂乱画。

（五）饮水被污染，流行病传染。

（六）充斥噪声、灰尘、刺激性气味。

（七）个人仪容不整、不干净。

□　附　则

第二十七条　本办法由总务后勤部门解释、补充，经公司总经理批准颁行。

二、绿化管理办法

□ 总则

第一条　为美化公司工作、生产环境,塑造公司良好的外在形象,特制定本办法。

□ 管理范围

第二条　公司区域范围内的绿化区域。

第三条　被当地社区划定为公司负责的绿化区域。

□ 管理规定

第四条　公司划拨一定的绿化专款用于公司的绿化养护与管理。

第五条　绿化列入公司精神文明建设项目和内容。

第六条　公司员工都有权利和义务管理、爱护花草、树木。

第七条　不准攀折花木或在树上晾晒衣物等。

第八条　不得损坏花木的保护设施。

第九条　不准私自采摘花果。

第十条　不准行人和各种车辆跨越、践踏绿化地。

第十一条　不准往绿化地倒污水或扔杂物。

第十二条　不准在绿化范围内堆放任何物品。

第十三条　未经许可,不准在树木上及绿化带内设置广告招牌。

第十四条　凡人为造成绿化、花木及设施损坏的,进行罚款处理。

第十五条　凡由公司负责绿化,应及时检查记录报告绿化情况,给花草树木定期培土、施肥、治虫害、修剪枝叶、浇水等。

第十六条　公司绿化列入社区绿化总体规划范围。

第十七条　公司有必要时可专门聘用园艺工人,承担绿化管理工作。

□ 附则

第十八条　本办法由后勤部门解释、补充,经公司总经理批准颁行。

三、办公楼管理规定

☐ 总则

第一条　为规范公司办公场所的工作秩序,特制定本规定。

☐ 仪容风纪

第二条　凡在公司办公楼工作的员工,均须衣着整洁,保持良好的仪容仪表。

第三条　按照公司规定着装:

(一)男士推荐着西装,佩领带;夏季着白衬衣,佩领带。

(二)女士推荐着套装。

(三)公司员工上班时间不得穿超短裙、运动衫、拖鞋。

☐ 治安管理

第四条　有关治安管理体制详见公司安全消防管理办法。

第五条　任何人不得携带危险品进入公司,不得随意向窗外抛掷垃圾杂物。

☐ 卫生管理

第六条　有关卫生管理详见公司卫生管理办法。

第七条　员工有义务保持办公场所的整洁、舒适。

第八条　办公场所内外未经许可不准张贴广告、宣传画、标语,不准堆放或悬挂物品。

第九条　办公室装饰美观、整洁,办公用品摆放整齐。

☐ 办公室布局

第十条　办公场所的分割、划分、分配、布局、装潢风格由公司统一规划。

第十一条　未经许可,不得擅自改变办公室布局,不得随意挪动办公桌或办公设备。

☐ 办公场所搬迁

第十二条　办公场所的搬出、迁入工作,须由行政部负责。

第十三条　注意搬迁过程中财产及文件资料不受损失。

☐ 社区关系

第十四条　公司与办公楼所处的社区建立良好的邻里关系,争取街道、居委会和当地政府的积极支持和配合。

第十五条　公司协调各方面关系,保障办公场所的水、电、气、停车场、工作餐供应等良好条件。

□ 附 则

第十六条 本办法由总务后勤部解释、补充,经总经理批准颁行。

四、清洁卫生评分表

表 14-1 清洁卫生评分表

评分部门:	评分员:	日期	时间
项目　＼　评分	最高分数	评分	备　　注
一般安全	15		
消防器具	10		
走道通路	15		
工作区域整洁	15		
设备维护状况	15		
办公桌椅及办公室整洁	15		
环境整洁	15		
建议及评语			

五、清洁工作安排表

表 14-2 清洁工作安排表

姓　　名				
日　　期				
清洁项目				
考　　核				
日　　期				
清洁项目				
考　　核				

六、卫生区域划分表

表 14-3　卫生区域划分表

单位区域	工作单位	走道	仓库	空地	厂外环境	水沟

第十五章

膳宿管理

《按制度办事》

一、员工宿舍管理办法

□　总　则

第一条　为加强公司宿舍区的文明建设,使员工有一个整洁、安静、安全、文明的生活居住环境,规范公司宿舍管理,特制定本守则。

□　入　住

第二条　员工入住公司住宅、集体宿舍时,均应办理入住手续,签订住房合同。员工须在期满前一个月提出续住申请。

第三条　员工使用宿舍内的公司财物,须罗列清单,经员工个人与物业部清点确认后签字。

第四条　入住人员只限员工及与其户口同册家属或供养亲属。

□　退　房

第五条　员工在劳动合同期满后离开公司、辞职、解聘时,须交回其住房,否则不予办理任何调动手续。

第六条　员工、退休员工及配偶死亡后,公司收回住房,产权属公司所有或租借房,其遗属无权继续居住。

第七条　公司员工再行申请住房已分新房时,应及时退回原有住房。

第八条　凡受公司资助购房的员工换房或离开公司时,应办理退款手续,退还部分购房资助款。

应退款额 = 资助 - 资助款 ÷ 房屋折旧所限 × 居住年限

第九条　员工退房时须办理移接手续,清点财物。凡居住期间,财物有损坏的,须作价赔偿。

□　宿舍管理细则

第十条　保持生活环境的整洁卫生,不随地吐痰、不乱丢果皮、纸屑、烟头等。一切车辆(含自行车)要按指定的位置摆放整齐。

第十一条　不得在公共走廊、楼梯及其他公共场所堆放物品,不得随地吐痰、乱倒垃圾,不得在室内饲养牲畜,严禁将杂物、剩饭等倒入厕所及排水管道,严禁往窗外泼水、乱倒杂物。不允许养狗养鸟和其他宠物。

第十二条　讲文明礼貌,不随地大小便,不从楼上抛丢垃圾、杂物和倒水,不准弄脏墙壁。

第十三条　养成良好的卫生习惯,垃圾、杂物要倒在垃圾池或槽内。

第十四条　注意安全,不要私自安装电器和拉接电源线,不准使用明火炉具(用电炉具)及超负荷用电。

第十五条　预防火灾,严禁在宿舍区燃放烟火和鞭炮。

第十六条　自觉维护宿舍区的安静,在中午、晚上休息时不使用高音器材,不大声吵闹,不进行有噪声活动,以免影响他人休息。

第十七条　美化环境,爱护花草树木和一切公共设施。

第十八条　各住户生活区的卫生应经常打扫,保持整洁。

第十九条　遵纪守法,严格遵守治安管理的有关规定,自觉维护宿舍区的秩序。

第二十条　任何员工未经公司许可,不得擅自留宿外人。

第二十一条　公司员工不得擅自调换房间或公司财产物品。

第二十二条　员工离开住所必须关好门窗,锁好房门或大门。

第二十三条　住宿人员不得损坏宿舍财产及公共设施,如造成损坏,应照价赔偿,并根据情节轻重予以罚款。

第二十四条　集体宿舍建立值日制度,值班者负责责任区公共卫生、水、电设备状况。

第二十五条　注意宿舍安全,严禁携入易燃易爆物品,及时排除事故隐患。

第二十六条　宿舍区不能成为犯罪窝点,严禁打架、赌博、吸毒、色情等不良活动。

第二十七条　对违反管理规定的人员,及时批评教育、提出警告;对多次不改者,公司可予以处罚,乃至逐出宿舍。

第二十八条　居住所耗费的用水、电、气等费用,员工自理,并按规定缴纳一定房租。

□　附　则

第二十九条　本办法由总务后勤部制定、实施、监督检查,报总经理批准后执行,修改亦同。

二、膳食管理办法

□　总　则

第一条　为确保员工身体健康、营养丰富、提供优质后勤服务,特制定本办法。

第二条　公司设立职工食堂,专门为职工提供膳食服务;或公司不设立职工食堂,从公司外订购盒饭,通常免费供应午餐。

□　食堂管理

第三条　食堂财产归公司所有,食堂为非盈利性福利机构,每月基本做到收支平衡。

第四条　食堂收支账目要求清晰、准确,做到日清月结,每月编制收支明细账表对外公布。

第五条　财务核定一定数额备用金为食堂周转金。食堂采购根据就餐人数、标准采购，经验收后签字入账。

第六条　公司可设立各员工组成的自主性食堂管理委员会，监督、管理食堂工作。

第七条　公司每天提前通知或订购就餐数量。因出差或其他原因不能就餐，须及时通告行政主管。

第八条　凡申请客餐及业务招待餐，须提前填写招待申请单，经批准后通知行政主管其人数、标准、时间、用餐毕，签字验证，按月由财务部核算费用。

第九条　制定就餐时间：

午餐：

晚餐：

第十条　保持就餐环境整洁卫生，做到无脏物、无异味、无污迹，餐具清洁干净，勤擦洗、勤消毒，做到无毒无菌。

第十一条　对饮食加工器皿，注意使用安全，消除事故隐患。

第十二条　注意饮食卫生，防止中毒。

第十三条　主动、积极地听取员工对用餐要求、意见，积极改进食堂或外订工作。

第十四条　公司对每月用餐情况进行统计，填写月度用餐统计表。

□　厨房卫生管理标准

第十五条　厨具、设备摆放整齐、干净。

第十六条　不锈钢台、架柜、冰柜、烤炉无油迹。

第十七条　地面无污迹、无积水、无杂物。

第十八条　冰柜无血水、食品用纸封好，其他食品无变质、无异味。

第十九条　炉头、炉台、锅、烟囱无油迹、无杂物。

第二十条　汤锅、蒸锅内外光洁，无污迹、无杂物。

第二十一条　地面无污迹、无积水、无垃圾。墙壁无污迹、无尘。天花板无蜘蛛网、无吊尘。

第二十二条　案台、砧板、水池洁净，无异物、无异味。

第二十三条　切肉机、绞肉机内外干净，无异物、无异味。

第二十四条　菜架清洁，菜筐无杂物，内外洗刷干净。

第二十五条　洗碗机内外光洁、无尘，机内无积水、无杂物、无油迹。

第二十六条　放餐台、冲碗池洁净，无油迹杂物。

第二十七条　不锈钢柜架干净，柜架上所摆放的东西整齐有序。

□　附　则

第二十八条　本办法由总务后勤部制定、实施、监督检查，报总经理批准后执行，修改亦同。

第十六章

人力资源管理组织机构

《按制度办事》

一、人力资源管理组织机构概述

人力资源管理由企业人力资源总监领导,具体工作由人力资源管理部负责实施并直接向人力资源总监负责。人力资源部根据工作需要可以设立如下编制:

（一）人力资源部经理,全面负责人力资源部各项领导工作。

（二）人力资源助理,在人力资源部经理的领导下,负责员工动态记录和员工招聘工作。

（三）培训主管,在人力资源部经理的领导下,负责员工培训工作。

（四）绩效主管,在人力资源部经理的领导下,负责绩效考评工作。

（五）薪酬主管,在人力资源部经理的领导下,负责薪酬体系分析和制定工作。

组织体系见表 16－1。

表 16－1　人力资源管理组织机构

总监	部门	编制	名称	人数
人力资源总监	人力资源部	经理	人力资源部经理	1
		主管	人力资源助理	1
			培训主管	1
			绩效主管	1
			薪酬主管	1
		一般工作人员	根据需要配置	
			根据需要配置	
			根据需要配置	
			根据需要配置	
			根据需要配置	
			根据需要配置	

二、人力资源管理部职责范围

人力资源部受人力资源总监领导,直接向人力资源总监报告工作。部门职责主要有如下。

（一）人力资源规划管理

1. 制订人力资源规划,并经批准后实施。

2. 组织拟定公司机构人员编制,并经批准后实施该编制。

3. 增编、缩编等申请的受理、调查、执行。

4. 人力资源支出预算编制,成本控制。

5. 其他相关职责。

（二）人力资源规章制度管理

1. 人力资源管理制度的制定、修订、更正和废止。

2. 执行经批准的人力资源管理制度。

3. 人力资源管理制度的发放、管理。

4. 人力资源管理制度的解释和运用。

5. 各单位职责、权限划分原则和方法的拟定。

6. 各单位职责、权限划分的草拟,并经批准后执行。

7. 各单位职责权限划分的更改、修正草案拟订,并经批准后实施。

8. 其他相关职责。

（三）人事管理

1. 新进、在职、临时、兼职人员人事管理办法的拟定。

2. 人事管理办法的分析研究。

3. 人事管理办法的修正、实施、废止。

4. 人事管理办法的解释。

5. 人事问题的解决处理。

6. 人事关系的协调。

7. 其他相关职责。

（四）人事档案管理

1. 人事档案的汇集、整理、存档。

2. 人事档案的调查、分析和研究。

3. 人事资料及报表的检查、督办。

4. 人事报表的汇编、转呈和保管。

5. 职务说明书的编写、报批、签办。

6. 职务说明书的编号、核发、存档。

7. 人事统计资料的汇编与管理。

8. 人事异动的调查、分析、研究、记录。

9. 劳动合同管理。

10. 对外提供人事资料。

11. 其他相关职责。

（五）任免迁调管理

1. 新进人员的录用。

2. 新进人员聘用手续的办理，合同签订。

3. 在职人员迁调计划的编制，并经批准后实施。

4. 在职人员迁调的办理，迁调事项通知的下发、登记。

5. 迁调人员赴任工作情况的查核、跟踪。

6. 人员停职、复职及停薪留职的办理。

7. 人员解聘解雇等事项办理。

8. 其他相关职责。

（六）薪酬管理

1. 拟定薪酬制度，并经批准后执行。

2. 薪酬管理制度和方法的研究、改进。

3. 薪酬调整事项的办理。

4. 其他相关职责。

（七）勤务管理

1. 人员请假、勤务事件登记办理。

2. 人员请假、勤务资料汇编事项。

3. 员工动态管理。

4. 人员辞职手续的转办。

5. 各种例假、办公时间的通知、变更等事项办理。

6. 其他相关职责。

（八）劳务管理

1. 劳动合同的签订。

2. 劳动公共关系的建立和维护。

3. 劳动安全方针、制度的拟定、修订、研究和改进。

4. 其他相关职责。

（九）考评奖惩管理

1. 考评制度的拟定，并经批准后实施。

2. 考评工作的开展。

3. 考评结果的审核、签办。

4. 奖惩制度的研究、修订、改进。

5. 奖惩分析、报告。

6. 其他相关工作。

（十）教育培训管理

1. 培训制度的拟定，并经批准后实施。

2. 培训计划的编制与实施。

3. 职前培训、进修等开展。

4. 培训考试的开展。

5. 培训效果评估。

6. 其他相关职责。

三、人事助理岗位职责

（一）制定公司人事管理制度。设计人事管理工作程序，研究、分析并提出改进工作意见和建议。

（二）按照公司制定的组织结构及发展，拟定公司人力资源发展规划。

（三）督查招聘的进度和质量，负责招聘面试。

（四）负责劳动关系管理，协调/解决劳资关系纠纷。

（五）制定合理、有效的绩效评估制度。

（六）制定公司的培训体系，并组织实施。

（七）依据《劳动法》及相关法律法规，并参考同行业之水平，制定合理的、有竞争性的薪酬制度。

（八）负责人事考核、考查工作。建立人事档案资料库。

（九）领导交办的其他工作。

第十七章

人力资源管理工作

《按制度办事》

一、人力资源管理纲要

□ 总则

第一条 为使本公司人力资源管理走上正规化、制度化、现代化的道路，在有章可循的情况下提高人力资源管理水平，造就一支高素质的员工队伍，特制定本制度。

第二条 公司的用人原则是：德才兼备，以德为先。

第三条 公司的用人之道是：因事择人，因才使用，保证动态平衡。

第四条 公司人力资源管理基本准则是：公开、公平、公正，有效激励和约束每一个员工。

（一）公开是指强调各项制度的公开性，提高执行的透明度。

（二）公平是指坚持在制度面前人人平等的原则，为每个员工提供平等竞争的机会。

（三）公正是指对每个员工的工作业绩作出客观公正的评价并给予合理的回报，同时赋予员工申诉的权利和机会。

□ 管理机构

第五条 人力资源部是公司从事人力资源管理与开发工作的职能部门，主要职责包括：

（一）依据公司业务实际需要，研究组织职责及权限划分方案及其改进方案。

（二）负责制定公司人力资源战略规划，配合公司经营目标，根据人力分析及人力预测的结果，制定人力资源发展计划。

（三）设计、推行、改进、监督人事管理制度及其作业流程，并确保其有效实施。

（四）建立广泛、畅通的人才输入渠道，储备人才。

（五）建立和维系良好、稳定的劳动用工关系，促进企业与个人的共同发展。

（六）致力于人力资源的可持续开发和利用，强化人力资本的增值。

（七）创造良好的人才成长环境，建立不同时期下高效的人才激励机制及畅通的人才选拔渠道。

（八）致力于组织队伍建设，建立一支具有奉献精神的，精干团结的核心骨干力量。

（九）建立健全人力资源工作程序及制度，确保人力资源工作符合公司发展方针并日趋科学化、规范化。

（十）负责公司定岗定编、调整工作岗位及内容等工作。

（十一）制定公司招聘制度、录用政策并组织实施。

（十二）管理公司劳动用工合同、员工人事档案。

（十三）负责员工异动的管理工作。

（十四）负责员工考勤、人事任免及奖惩工作。

（十五）制定员工的薪资福利政策。

（十六）制定教育培训制度，组织开展员工的教育培训。

（十七）制定人事考核制度，定期组织开展员工的考评，重点是员工的绩效考评。

（十八）负责公司与外部组织或机构的人事协调工作。

（十九）指导、协助各部门，做好人事服务工作。

（二十）其他相关工作。

第六条　公司实行全面人力资源管理，各部门须由第一负责人主管本部门人力资源工作，有义务提高员工工作能力，创造良好条件，发掘员工潜力，同时配合人力资源部传达、宣传人力资源政策，贯彻执行人力资源管理制度，收集反馈信息。

□　员工及编制

第七条　凡公司聘用的正式、试用、临时、兼职人员，均为公司员工。公司将员工划分为管理人员、技术开发人员、市场营销人员、一般行政人员、工人及其他人员五大类别。公司员工的基本行为规范包括：

（一）热爱祖国，热爱公司。

（二）遵守国家法律、法规，遵守公司各项规章制度。

（三）认同公司文化，与公司同舟共济，维护公司的利益和声誉。

（四）勤奋、敬业、忠诚。

（五）严守公司秘密。

（六）保证公司财产安全。

第八条　人力资源部须就各项工作职责的任务以及工作人员的条件等进行分析研究，制作"职务说明书"，作为员工聘用、管理、考评的依据。

第九条　公司实行定员定岗定编管理，在保证经营运行的前提下控制人力成本。

第十条　根据编制，本公司应定期召开人力检查会，就现有人员工作能力、流动率、缺勤情况及应储备人力与需求人力进行正确、客观的检查及建议，作为人力资源部制定人力计划和开发人力资源的依据。

第十一条　各部门如需增补人员，应先到人力资源部领取并填写《人员增补申请单》，交人力资源部办理。

第十二条　人力资源部受理人员增补申请时，应审查所申请人员是否为编制内需求，其职位、薪资预算是否在控制之内，增补时机是否恰当。审核通过后提出正确的拟办建议，呈总经理审批。

□　招聘管理

第十三条　公司将招聘划分为计划内招聘、计划外招聘、公司战略性招聘及特殊渠道引进人才。

（一）计划内招聘须经用人部门的上一级领导批准，人力资源部依据人员编制计划实施控制。

（二）计划外招聘由董事长审批。

（三）公司战略性招聘实行专项报批，由总经理提出申请，报经董事长审批。

第十四条　计划内招聘程序为：

（一）用人部门填写《员工招聘计划书》及《职务说明书》，并提供笔试考卷（针对需要笔试的招聘),报上一级领导审批通过后,在招聘开始前3日,送人力资源部。

(二)人力资源部决定招聘方式,并发布招聘信息。

(三)用人部门依据求职者提供的资料进行筛选,确定面试人员名单。

(四)用人部门主持进行面试,人力资源部或公司领导视需要情况参加。

(五)用人部门和人力资源部共同组织笔试。

(六)面试后3日内(需笔试的为笔试后3日内),用人部门应向人力资源部提交面试评价表或笔试结论。人力资源部收到后,实施终审,终审有权否决。

(七)人力资源部向终审合格的人才发出录用通知书。

(八)员工报到入职。

(九)员工背景调查。

第十五条　计划外招聘程序。

计划外招聘首先经董事长批准,然后履行计划内招聘程序。

第十六条　战略性人才招聘程序:

(一)人力资源部根据总经理提供的经董事长批准的招聘计划,组成招聘小组。

(二)招聘小组对人才进行初步选择。

(三)用人部门及人力资源部对人才进行面试、笔试。

(四)人力资源部对人才进行终审,终审合格者发出录用通知书。

(五)员工报到入职。

(六)员工背景调查。

第十七条　特殊渠道引进人才的程序。特殊渠道引进人才,限于高级管理人才或具有特殊才能的人才,程序为:

(一)各类渠道直接向董事长推荐人才,或者由人力资源部委托猎头公司搜索人才。

(二)人力资源部组成招聘小组,由董事长亲自主持初试。

(三)素质测试。

(四)招聘小组综合评定,必要时聘请人力资源专家协助。

(五)录用。

(六)人力资源部为人才办理入职手续。

第十八条　经核定录取人员,报到时须携带下列资料:

(一)近期免冠照片。

(二)身份证复印件。

(三)体检表。

(四)毕业证书复印件。

(五)学历证书复印件。

第十九条　人力资源部应引导新入职人员依程序办理下列工作:

(一)领取员工手册及工作卡。

(二)领取考勤卡并向其说明使用方法。

(三)领制服及制服卡。

(四)领储物柜钥匙。

(五)如有需要,填写"住宿申请单"。

(六)登记参加劳保及参加工会。

(七)视情况引导其参观及安排职前训练有关准备工作。

第二十条　公司实行员工担保制度，新进人员报到工作后，应进行第一次对保，以后每年度视有无必要复核一次，并予记录。对保分亲自对保及通信对保两种。被保人如无故离职，导致移交不清，本公司应发"保证责任催告函"，并做好采取司法处理的准备。

第二十一条　人事部依据报到程序办理以下事项：

（一）填写"人员报到记录簿"，登记"人员状况表"。

（二）登记对保名册，安排对保。

（三）填制"薪资通知单"，办理薪酬核定。

（四）收齐报到应缴资料连同甄选名单建立个人资料档案，编号列管。

第二十二条　人才试用规定：

（一）除特殊渠道引进的人才外，其余人员试用上岗前，均须接受岗前培训，培训合格后方可上岗。

（二）用人部门负责人有义务对新进人员进行上岗指导。

（三）新员工试用期为 3～6 个月。特殊人才经董事长批准可免予试用或缩短试用期。

第二十三条　正式聘用规定：

（一）试用期满，直接主管部门严格对照《职务说明书》的任职资格，如实填写《试用员工评定表》并提出意见，意见包括：同意转正、予以辞退、延长试用期。

（二）人力资源部审查，决定是否采纳直接主管部门的意见。

（三）凡需延长试用期限，其直接主管与中层管理人员应详细述说原因。不能胜任者予以辞退，试用期事假达 5 天者予以辞退，病假达 6 天者予以辞退或延长试用期，存在迟到、早退达三次或旷工记录者予以辞退。

（四）试用合格者，在出具原单位离职证明后，由人力资源部代表公司与其签订为期 1 年的聘用合同。

（五）聘用合同期满，按双向选择续签合同。

☐　劳动合同管理

第二十四条　劳动合同是劳动者与用人单位确定劳动关系、明确双方权利和义务的协议，凡在公司工作的员工都必须按规定与公司签订劳动合同。

第二十五条　劳动合同签订规定：

（一）试用员工与公司签订《劳动试用协议》，用以明确试用期间双方的权利和义务关系。

（二）临时或兼职员工与公司签订《临时（兼职）劳动协议》，明确双方权利和义务关系。

（三）试用合格，正式聘用的员工在接到由人力资源部通知后 5 日内到人力资源部签订《劳动合同》。如因特殊原因不能 5 日内签订劳动合同，应及时说明理由，否则视为自动延长试用期。

第二十六条　劳动合同期限规定：

（一）公司高层领导职务 15 年。

（二）中级管理岗位职务 10 年。

（三）中级以下管理岗位职务 5 年，一般技术人员 3 年，一般行政人员和工人为 1 年。

（四）正式员工如不愿按要求的年限签订劳动合同，可与公司协商劳动合同年限，协商年限须人力资源总监批准。

第二十七条　签订 3 年以上劳动合同的员工须承诺保守公司商业机密。

第二十八条　员工首次签订劳动合同时,应书面声明无原单位或已与原单位依法解除劳动合同关系。

第二十九条　在员工劳动合同期满前 10 日,由人力资源部通知员工本人及用人部门,用人部门根据员工合同期内工作表现确定是否继续聘用该员工,并将结果及时通知人力资源部。人力资源部根据双方续签劳动合同的意愿,通知员工签订劳动合同。员工在接到通知 3 日内到人力资源部签订劳动合同,逾期不签且未作说明,即视为自动待岗。

第三十条　员工劳动合同期满而原工作部门不同意续签,员工又不能联系到新工作部门的,劳动合同终止;合同期满员工不愿意再在公司工作的,可以终止劳动合同;合同约定的终止条件出现,合同亦应终止。

第三十一条　人力资源部于合同终止当日通知合同终止,员工办理终止劳动合同及离职手续。

第三十二条　在试用期被证明不符合录用条件,或者严重违反公司规章制度、严重失职、营私舞弊,给公司利益造成重大损失,或者被依法追究刑事责任的员工,公司有权随时解除劳动合同。

第三十三条　员工在试用期可以随时要求解除劳动合同,非试用期内要求解除劳动合同应提前 30 天提出申请,经批准同意后办理离职手续。

第三十四条　员工提出解除劳动合同,在未得到批准和办完解除劳动合同手续前应坚持本岗位工作,不得在外应聘、兼职和就业。

□　员工档案管理

第三十五条　员工档案包括:

(一)员工求职资料。

(二)职位申请登记表、应聘人员面试评价表、试用员工登记表、新员工声明、试用合同。

(三)身份证、学历证、学位证、外语等级证书、各种资料证以及其他相关证件的复印件。

(四)员工档案照片。

(五)员工转正申请表、员工履历表、声明、劳动合同。

(六)员工异动申请表、异动交接手续。

(七)其他反映员工信息的材料。

第三十六条　公司员工内部档案应及时、全面地收集到人力资源部统一保管;各部门应主动将平时形成的应归档材料及时送交人力资源部保管;驻外机构在当地招聘的人员须建立详细的人事资料存档备查,并将所聘人员的主要个人资料整理汇总后交公司人力资源部存档。

第三十七条　人力资源部对收集的归档材料按规定进行整理、装订并按员工顺序号进行存放保管。为确保档案的准确,每半年对内部档案进行检查、核对,同时不定期查看,做到防蛀、防潮。每年年底清理当年离职员工档案,并将离职员工档案移交公司档案馆保存。

第三十八条　查阅、借阅员工档案的人员须是中级及以上管理人员,且只能查、借其下属的档案。查阅、借阅员工档案的人员须填写《档案查阅(借阅)登记簿》。档案借出时间不超过 5 个工作日。查阅、借阅档案者负有保密义务和保管责任。

☐ 干部任命制度

第三十九条 公司设有行政管理职务、市场管理职务、技术管理职务,每一位员工可以根据自己的情况规划发展方向。

第四十条 担任管理职务的人员必须达到以下要求:

(一)诚实正直,坚持原则,廉洁奉公,一切从公司利益出发,不徇私情。

(二)经测试证明思维能力、领导能力、监控能力、组织能力、自律能力、合作能力、交往能力等均良好,且意识超前。

(三)具备丰富的理论知识和实践经验。高层管理人员需 6 年以上相关工作经验,中层管理人员需 5 年以上工作经验,中层以下管理人员需 3 年以上相关工作经验。

(四)上一年度目标任务完成,绩效明显,证明具备较强的管理能力。

第四十一条 干部任命规定:

(一)董事、监事由股东会选举产生。

(二)董事长由董事会选举产生。

(三)总经理由董事会任命。

(四)副总经理、财务负责人由总经理提名,经董事会审议通过后任命。

(五)其余管理职务由分管总监(副总经理)提名、人力资源部审查、总经理办公会审议通过后,由人力资源颁发任命书。

☐ 员工异动管理

第四十二条 员工异动包括:调动、待岗、休长假、辞职、辞退、资遣、除名等情形。

第四十三条 出现员工异动,原工作部门应监督其及时办理异动手续,若因部门管理不善,离职人员带走公司财物和技术秘密,一概由原工作部门负责人承担责任。

第四十四条 员工异动的主管部门是人力资源部,其他部门无权对员工异动作出批准决定。凡未经人力资源部认可的私自异动均为无效异动,当事人将受到相应处罚。

第四十五条 内部调动是指员工在公司内部的部门变动,调动方式包括两种:

(一)新工作部门因工作需要,经与拟调动员工原部门领导协商同意的员工调动。

(二)员工认为现工作岗位不适合,经与新工作部门联系,并得到原工作部门同意的员工调动。

第四十六条 员工内部调动须经原工作部门领导及上一级领导和新工作部门领导及上一级领导签字同意,公司人力资源总监批准,在办理完异动交接手续后方可到新工作部门上岗。

第四十七条 员工内部调动程序为:

(一)员工调出、调入部门协商调动事宜。

(二)调动员工到人力资源部领取《员工异动申请表》和《员工交接手续登记表》。

(三)调动员工原工作部门领导和上一级领导同意。

(四)办理员工异动交接手续。

(五)报人力资源部批准。

(六)调动员工到新工作部门工作。

第四十八条 员工外调是指因工作需要,本公司员工被公司安排到其他公司协助工作,公司保留其员工资格,但由新公司发放其薪资并解决福利。

(一)员工的外调由公司安排,员工无权主动提出外调。

(二)员工外调须经原工作部门领导和上一级领导同意,经人力资源总监批准和总经理批准,并办理异动交接手续。

(三)员工外调,公司将与员工新公司签订《员工租借协议》。

(四)外调员工外调期满回公司,应由外调单位出具外调期间工作评价,作为员工考评档案存档。

(五)外调员工必须严格保守公司秘密,不得损害公司形象及利益。

第四十九条 员工待岗的情形包括:

(一)正式员工不适合现任工作岗位,被用人部门退回人力资源部,人力资源尚不能另行安排适合工作者。

(二)部门人员精简,被用人部门退回人力资源部,人力资源部尚不能另行安排适合工作者。

(三)接到续签合同,逾期未签,且未说明原因亦未按程序提出离职者。

(四)主动申请待岗获批准者。

第五十条 待岗程序为:

(一)办理员工异动交接手续。

(二)到人力资源部办理待岗手续。

(三)待岗。

第五十一条 待岗期间只发放最低生活费,按当地政府规定标准发放,待岗者待岗期间不享受福利。

第五十二条 待岗者如果在待岗期间另谋职业,须先按辞职程序办理离职手续,否则视为违反双方签订的《劳动合同》。

第五十三条 待岗期限为3个月,若待岗期满未能联系到接收单位,按员工辞退办理,特殊情况经人力资源总监批准者可延长待岗时间,但当法律规定可解除劳动合同的条件具备时,应当立即解除劳动合同。

第五十四条 公司正式员工因各种原因较长一段时间不能正常工作,经公司同意,可以保留其在合同期限内的员工资格,当原因消除时允许该员工再次上班,此为休长假。

第五十五条 休长假办理程序为:

(一)休长假员工提前5个工作日填报《员工异动申报表》。

(二)原工作部门领导和上一级领导同意。

(三)人力资源部和总经理批准。

(四)办理员工异动交接手续。

(五)签订合同期内休假协议。

(六)休假。

第五十六条 休长假者不连续计算工龄,再次上班时视为试用新员工。

第五十七条 休长假期间不发放工资、津贴,不享受公司福利。

第五十八条 辞职是指员工因本人原因离开公司而与公司终止劳动合同关系。辞职办理程序为:

(一)辞职员工提前30天(试用期员工可以不提前)填报《员工异动申报表》。

(二)原工作部门领导和上一级领导同意。

（三）办理员工异动交接手续。

（四）人力资源部批准。

（五）员工离职。

第五十九条 员工辞职手续办理完毕，由人力资源部代表公司与其签订《解除劳动合同协议》。

第六十条 员工辞职必须办理辞职手续，对未提出辞职申请或办理正常辞职手续即离开公司的员工视为自动离职。

（一）对自动离职者，公司将作除名处理。

（二）员工自动离职后，其原工作部门负责人应在2日内向人力资源部递交员工异动说明，异动说明应经部门领导签字，并写明员工离岗时间。

（三）员工自动离职，其原工作部门负责人应在2日内到财务、物资、金融等职能部门查清该员工是否有财、物问题，如有问题应及时报行政部，由行政部转法律顾问。

第六十一条 员工存在下列情形之一，将被公司辞退：

（一）在试用期内被证明不符合录用条件。

（二）不能胜任应聘工作。

（三）被依法追究刑事责任。

（四）严重违反公司有关规章制度。

（五）待岗达3个月仍无用人部门接收。

（六）1年内两次待岗。

（七）《劳动合同》期满，用人部门不同意续签合同。

此外，公司生产、经营状况发生严重困难或濒临破产，需裁减人员时，公司可辞退员工。

第六十二条 辞退员工程序如下：

（一）部门填报《员工异动申报表》并出具辞退员工事实依据。

（二）部门上一级领导审批同意。

（三）办理员工异动交接手续。

（四）人力资源部批准。

（五）辞退。

第六十三条 中级管理人员辞退，最终审批权属总经理；高级管理人员辞退，最终审批权属董事长。

第六十四条 出现下列情形之一，公司对员工实行资遣：

（一）公司歇业或转让。

（二）公司严重亏损或业务紧缩。

（三）因不可抗力暂停营业一个月以上。

（四）业务性质发生重大变化而原有员工不再适用。

（五）其他特殊原因。

第六十五条 资遣费标准如下：

（一）有效工作时间在一年以内者，发相当于一个月基本工资的资遣费。

（二）有效工作时间一年以上3年以内者，发放相当于三个月基本工资的资遣费。

（三）有效工作时间3年以上的，在发放相当于三个月基本工资的资遣费的同时，每增加1年，增发相当于一个月基本工资的资遣费。

第六十六条 资遣顺序为：首先是在职期间有违纪行为并受到处罚者，其次是工作绩效差者,再次是工龄相对较短者,最后是职务低于他人者。

第六十七条　员工在收到资遣通知后,应于一周内办理离职手续,逾期作辞退处理且不发放资遣费。

第六十八条　当公司再次招聘时,被资遣人员可以优先录用,并且可以连续计算以前工龄。但再遇资遣,只按新工作年限发放资遣费。

第六十九条　员工存在下列情形之一时,公司将予以除名:

(一)自动离职,未按公司规定办理相关辞职手续。

(二)1年内累计旷工达6天或连续旷工3天。

(三)营私舞弊、挪用公款、收受贿赂。

(四)违抗命令或玩忽职守,情节严重。

(五)聚众罢工、怠工、造谣生事、破坏正常工作和生产秩序。

(六)盗用公司印信,或涂改文件者,或者伪造证件。

(七)年终考核不合格,经留用考察仍不合格。

(八)在外兼职。

(九)利用公司名义,进行个人技术与经济商贸活动。

(十)泄露公司重大机密。

(十一)在工作中利用职务之便犯有严重经济问题,给公司带来重大损失。

(十二)严重违反公司有关规章制度的其他行为。

第七十条　对拟除名的员工,由相关部门提出书面报告,人力资源部核实,报公司总经理批准后,人力资源部发出除名通报。

　考勤制度

第七十一条　工作时间规定:

(一)公司实行每周5天工作制,每周工作时间为星期一至星期五。

(二)公司实行的作息时间为:

10月1日至4月30日实行上午8:30～12:00,下午13:00～17:00。

5月1日至9月30日实行上午8:30～12:00,下午13:00～18:00。

第七十二条　病假规定:

(一)请病假须持市级以上医院休假证明。

(二)中级管理人员及以下职位人员,休病假审批权限为:2天以内由分管副总(总监)批准,3～5天由总经理总裁批准,5天以上由董事长批准。

(三)高层领导休病假审批权限为:5天以内须经董事长办公室审批,5天以上须经董事长审批。

(四)对于公司正式员工,休病假1个月以内,按70%发放工资,1～3个月以内,按50%发放工资。

超过3个月以上不发工资。

第七十三条　事假规定:

(一)请事假须提前1天向部门负责人提出书面申请,1天之内由部门负责人批准,3天之内由公司分管副总(总监)批准,4～7天由总经理批准,7天以上由董事长,获准后报人力资源部备案。

(二)事假无薪。

（三）试用期员工请事假，应延长试用期。

第七十四条　婚假规定：

（一）达到法定婚龄的员工（男年满 22 周岁，女年满 20 周岁）结婚，凭结婚证可按请假程序请婚假 3 天。

（二）达到法定晚婚年龄的员工（男年满 25 周岁，女年满 23 周岁）结婚，凭结婚证可按请假程序请婚假 7 天。

（三）婚假须至少提前 1 周申请，经批准后方可休假且一次休完，不得分期休假。

第七十五条　产假规定：

（一）符合国家计划生育政策的被正式聘用的女员工享受产假。

（二）符合国家计划生育政策的被正式聘用的女员工怀孕期间，每月可享受 1 天孕期检查假，该假为有薪假。

（三）符合国家计划生育政策的被正式聘用的女员工产假为 90 天，持医院证明的难产为 105 天，多胞胎生育的，每多一孩，增加产假 15 天。

（四）产假结束后需续假的，按事假处理。

（五）符合国家计划生育政策的被正式聘用的女员工怀孕 3 个月以上流产或死产的凭医院证明休假 15 天，假期按 70％ 发放工资。

（六）妻子分娩，男员工可享受 5 天护理假，护理假无薪。

（七）产假、护理假均须提前一周凭生育指标和结婚证申请。

（八）产假、护理假一次休完，不得分期休假。

第七十六条　丧假规定：

员工亲属（父、母、岳父、母、公婆、配偶、子女）去世，凭亲属死亡证明复印件或病危通知书休假 5 天，该假为有薪假。

第七十七条　年休假规定：

（一）工龄 1 年以上的中级以上管理人员，每年享受 10 天年休假；工龄 1 年以上的中级以下管理人员，每年享受 5 天年休假。

（二）年休假提前一周申请，上级负责人批准后到人力资源部备案。

（三）休假一次休完，不得分期休假。

（四）年休假为有薪假。

第七十八条　迟到、早退规定：

（一）上班推迟到岗 30 分钟以内为迟到。

（二）提前离岗 30 分钟以内为早退。

第七十九条　旷工规定：

（一）旷工最小计量单位为半天。

（二）迟到或早退 30 分钟以上，视为旷工半天。

（三）无故不到岗，或者不请假不到岗，或者未获准假不到岗为旷工。

第八十条　考勤执行：

（一）考勤统一由人力资源部执行，各部门配合执行。

（二）员工上班、下班打卡，不得请人代打卡，不得代他人打卡。

（三）考勤须按时统计，迟报、错报、不报将对考勤员实施处罚。

（四）考勤由稽查部实施监督检查，发现弄虚作假者重处。

第八十一条　考勤处罚：

考勤处罚见表 17－1 执行：

表 17－1　考勤处罚明细表

项目 员工类别	迟到或早退			旷工
	一次	两次	三次	
试用员工	扣薪 30 元	扣薪 60 元	辞退	辞退
正式员工	扣薪 30 元	扣薪 60 元	视旷工半天	按旷工时间扣 3 倍工资
中层管理人员	扣薪 50 元	扣薪 100 元	降薪两级	按旷工时间扣 3 倍工资,并降薪三级
高层管理人员	扣薪 10 %	扣薪 20 %	降职	降职

☐ 员工培训

第八十二条　公司员工培训的种类包括:新员工培训、试用转正培训、转岗晋级培训、在职培训和特殊专项岗位培训。

第八十三条　人力资源部负责培训计划的制定:

(一)于每年 12 月底之前,根据公司次年总体经济目标,结合培训需求调查,制定培训目标和计划,报人力资源总监和总经理审批。

(二)各部门应于每年 12 月 15 日前提出次年培训需求,报人力资源部。

(三)培训计划的内容包括:培训种类,培训对象和培训目标,培训的时间和地点,培训内容形式,培训教师及培训教材,培训负责人及工作人员,协助部门和负责人,费用预算,培训考核及效果评估。

第八十四条　新员工培训规定:

(一)新员工在上岗前,一律参加由人力资源部统一组织的新员工培训。

(二)新员工培训内容包括:企业文化,经营理念,公司发展历史及现状,行业状况,公司组织机构,各部门的功能和业务范围,规章制度,员工行为规范。

(三)新员工培训原则上每月组织一期。人力资源部在培训前 3 日向应参加培训的新员工所属部门发出培训通知。接到通知后,原则上应组织全部新员工参加,如果特殊情况不能参加培训,应在收到通知后 24 小时内向人力资源部递交由部门领导批准的报告,经人力资源部审核以后,参加下一期培训。

(四)新员工培训由内部管理人员担任讲师。

(五)新员工培训每期时间为一周,采用讲座、参观、军训三种方式。

(六)新员工培训材料由人力资源部根据授课教师提供的教案及培训录音整理稿编制。

(七)新员工培训结束后,实行统一考试,考试不合格,予以辞退。

(八)人力资源部设计《培训评估表》,于培训结束时交由培训学员填写。人力资源部汇总后对本期培训效果作出评估,包括对培训教师、培训内容、培训形式及技巧和培训实施等各方面评估。

(九)新员工培训合格是转正的重要条件之一,未参加培训的新员工不予转正。

第八十五条　在职培训的规定:

（一）在职培训不定期，原则上将时间安排在周六及周日。

（二）公司全体员工每年均须参加培训，并且不低于 30 课时，培训考试成绩将作为考评依据。

（三）在职培训方式包括：聘请业内资深人士到公司授课。参加学术交流、专家讲座，现场参观考察、交流、研讨。网络远程教学。到同类领先企业研修。

（四）在职培训内容：

1. 管理类职员培训内容包括：市场及技术发展趋势，企业发展案例，企业文件和法规的深入领会及理解，企业管理现状与市场战略，社交，公关，礼仪等。

2. 技术研发类职员培训内容包括：技术发展动态及趋势，新技术发展及运用情况，语言能力的强化，企业文化等。

3. 金融、财务类职员培训内容包括：金融法规，财政法规，税务法规，工商管理法规，金融新运作方式及管理法规，市场发展动态与财务的融合，企业文化在财务运作中的实际应用等。

4. 市场类职员培训内容包括：市场发展动态趋势，市场运作经验及教训，市场行为学，营销学，政府行为学，公共关系，宣传，广告，传媒，企业文化战略，CIS 应用等。

（五）后勤服务类职员培训内容：后勤服务与市场的关系，后勤服务与管理的关系，仓储及采供管理，后勤服务与财务的关系，企业文化在后勤服务中的实际运用等。

（六）行政助理类职员培训内容：现代秘书学，公关，礼仪，社交，协调训练，电脑及网络技能培训，文字处理技能，艺术教育和形体训练，企业文化与个人的工作关系。

第八十六条　试用转正培训、转岗晋级培训和特殊专项岗位培训由人力资源部根据需要组织实施。

□　员工考评

第八十七条　员工考评的目的：

（一）公开、公平、公正、客观地分析和评价公司员工的素质、能力及工作实绩，适时向领导提供真实可靠的人力资源管理与开发的相关数据。

（二）通过考评正确实施奖惩，合理配置人力资源，全面提升员工绩效，保障公司的可持续高速发展。

第八十八条　员工考评结构。公司员工考评由业绩考评、能力考评和态度考评三方面构成。

第八十九条　员工考评原则包括：

（一）公开、公平、公正、客观原则。统一考评标准及程序，科学制定考评表及指标，多渠道收集考评信息，及时处理考评投诉。

（二）绝对性评价原则。以事实为依据，按照职务职能标准对员工的工作行为进行评价，而非人与人之间的相对评价。

（三）分析性评价原则。按事先确定的考评要素及重点逐条进行观察、判断、分析和评价，而非对人进行总体评价。

第九十条　考评层次规定：

（一）高层管理者由董事会考评。

（二）中层及以下人员实行三方考评，三方成绩汇总为考评最终成绩。此处"三方"指的是直接上级、直接下级、服务部门，三方所占权重为 30％、30％、40％。

第九十一条 考评期限规定见表 17 - 2。

表 17 - 2 考评期限规定表

考评目的		考核期限	考核开始	考核结束	备注
发放月薪	1 个月	每月 1 日~30/31 日	次月 1 日	次月 5 日	
晋升	1 年	1 月 1 日~12 月 31 日	1 月 16 日	2 月 16 日	
提薪	1 年	1 月 1 日~12 月 31 日	1 月 16 日	2 月 16 日	
奖励(上半年)	6 个月	11 月 16 日~5 月 15 日	5 月 16 日	6 月 10 日	
奖励(下半年)	6 个月	5 月 16 日~11 月 15 日	11 月 16 日	12 月 10 日	

第九十二条 员工考核要素及评分规定。

考核要素及评分详见表 17 - 3。

表 17 - 3 考核要素及评分表

类别	要素	分值	评分标准
业绩考核 (60 分)	工作效率	12	优 12 分、良 10 分、中 6 分、合格 1 分、差 0 分
	工作质量	12	优 12 分、良 10 分、中 6 分、合格 1 分、差 0 分
	工作的严密性	12	优 12 分、良 10 分、中 6 分、合格 1 分、差 0 分
	工作改进与改善情况	12	优 12 分、良 10 分、中 6 分、合格 1 分、差 0 分
	指导和教育	12	优 12 分、良 10 分、中 6 分、合格 1 分、差 0 分
能力考核 (30 分)	基本知识	3	优 3 分、良 2.5 分、中 1.5 分、合格 0.5 分、差 0 分
	基本技能	3	优 3 分、良 2.5 分、中 1.5 分、合格 0.5 分、差 0 分
	理解能力	3	优 3 分、良 2.5 分、中 1.5 分、合格 0.5 分、差 0 分
	判断能力	3	优 3 分、良 2.5 分、中 1.5 分、合格 0.5 分、差 0 分
	创新能力	3	优 3 分、良 2.5 分、中 1.5 分、合格 0.5 分、差 0 分
	计划能力	3	优 3 分、良 2.5 分、中 1.5 分、合格 0.5 分、差 0 分
	表达能力	3	优 3 分、良 2.5 分、中 1.5 分、合格 0.5 分、差 0 分
	协调能力	3	优 3 分、良 2.5 分、中 1.5 分、合格 0.5 分、差 0 分
	管理能力	3	优 3 分、良 2.5 分、中 1.5 分、合格 0.5 分、差 0 分
	指导能力	3	优 3 分、良 2.5 分、中 1.5 分、合格 0.5 分、差 0 分
态度考核 (10 分)	积极性	2	优 2 分、良 1.5 分、中 1 分、合格 0.5 分、差 0 分
	责任感	2	优 2 分、良 1.5 分、中 1 分、合格 0.5 分、差 0 分
	合作意识	2	优 2 分、良 1.5 分、中 1 分、合格 0.5 分、差 0 分
	服从意识	2	优 2 分、良 1.5 分、中 1 分、合格 0.5 分、差 0 分
	成本意识	2	优 2 分、良 1.5 分、中 1 分、合格 0.5 分、差 0 分
合计			

第九十三条　绩效考评的程序：

（一）考评开始日 10 天前，人力资源部做好考评准备工作，并成立考评小组，专门组织考评工作的开展。

（二）考评开始日 5 天前，下达考评通知，要求各部门做好考评准备。

（三）考评实施。

（四）人力资源部审核、整理、复核考评表，计算考评成绩，填写绩效考评成绩统计表，编制并上报绩效考评综合报告。

第九十四条　考评结果的保管与查阅：

（一）绩效考评成绩统计表、素质考评成绩统计表以及专项考评资料存入员工档案。

（二）员工履行查阅手续后，可以查阅本人的考评成绩。

（三）考评成绩的查阅按人事档案查阅有关规定执行。

第九十五条　考评申诉规定：

（一）被考评者若对考评结果有异议、疑问或有不同意见，可以直接向人力资源部申诉。

（二）人力资源部必须在接到申诉后一周内听取有关考评者的意见，拟定申诉处理意见，经各方协商后通知申诉员工。员工若有异议，可以越级申诉。

□　工资及福利

第九十六条　公司薪酬管理坚持如下基本原则：

（一）保证生活、安定员工的原则。

（二）有利于能力开发原则。

（三）谋求稳定、合作的劳资关系原则。

（四）工资增长率低于劳动生产增长率，工资增长率低于利润增长率的原则。

（五）综合核定原则，即员工薪酬参考社会物价水平、公司支付能力以及员工担任工作的责任轻重、难易程度及工龄、资历等因素综合核定。

第九十七条　公司实行年薪制与月薪制并存的工资体制。

（一）公司中层以上管理者实行年薪制，其余人员实行月薪制。

（二）年薪分为 5 个档次 15 个等级（如表 17-4），根据员工实际情况，由董事会确定具体人员的年薪标准。

表 17-4　年薪 5 档 15 级表

档次	一档			二档			三档			四档			五档		
级次	1	2	3	4	5	6	7	8	9	10	11	12	13	14	15
标准	0万	5万	0万	5万	0万	5万	0万	0万	5万	0万	5万	0万	0万	5万	0万

（三）享受年薪制的员工，年薪的 60% 按月发放，其余 40% 在年终时根据目标完成情况核算发放。

（四）享受年薪的员工均须每年与公司签订《目标责任书》,明确目标责任,作为年终考核和发放年薪的重要依据之一。

第九十八条　在实行月薪制的员工中,又分计件工资、提成工资和结构工资。

（一）生产一线人员实行计件工资。

（二）营销一线人员实行提成工资。

（三）其余人员实行结构工资。

第九十九条　实行计件工资的生产一线人员,工资由基本工资和件薪构成。

（一）基本工资根据生产人员技术、资历、工龄等由人力资源部确定,分为 6 个级次（见表 17－5）。

表 17－5　六级次基本工作表

级　　次	一级	二级	三级	四级	五级	六级
基本工资	200 元	300 元	400 元	500 元	600 元	700 元

（二）级次每年调整一次,根据年终考核情况,可升可降,或者维持不变。

（三）件薪按公司《定额手册》规定的具体标准执行,定额手册由技术开发部会同财务、人力资源等部门制定和修订。

第一百条　实行提成工资的营销一线人员,工资由基本工资和提成构成。

（一）基本工资根据营销人员能力、资历、业绩等由人力资源部和营销部确定,分为 6 个级次（见表 17－6）。

表 17－6　一线营销人员基本工资表

级　　次	一级	二级	三级	四级	五级	六级
基本工资	400 元	450 元	500 元	550 元	600 元	650 元

（二）级次每年调整一次,根据年终考核情况,可升可降,或者维持不变。

（三）销售提成比例按照公司《营销管理手册》执行,该标准由营销部会同财务、人力资源等部门制定和修订。

第一百零一条　实行结构工资的员工,工资由岗位工资和绩效工资构成。

（一）人力资源部会同相关部门,依据岗位要求、工作量和难易程度、员工能力和素质、员工前期业绩,对每一位员工实行定级,共分为 9 级,如表 17－7 所示。

表 17－7　结构工资构成表

级次	1	2	3	4	5	6	7	8	9
岗位工资	600 元	800 元	1200 元	1300 元	1500 元	1800 元	2100 元	2500 元	2900 元
绩效工资	0～400 元	0～600 元	0～800 元	0～1000 元	0～1400 元	0～1700 元	0～2100 元	0～2500 元	0～2900 元

（二）员工根据不同级次,享受不同的岗位工资和绩效工资。

（三）对级次每年调整一次,根据年终考核情况,可升可降,或者维持不变。

（四）绩效工资根据考核情况发放，最低可以为0元，但不能突破上限。

第一百零二条　实行月薪的员工享受半年奖（每半年发放一次），半年奖金额最低为0，最高为该员工前6个月平均月收入的2倍，具体金额根据半年考核确定。

第一百零三条　月薪以及年薪按月发放部分，均在每月6日以银行转账方式发放。

第一百零四条　工资实行保密发放。

第一百零五条　薪资岗位职员须负责工资明细表和总额表的制作、报批、统计、汇总，并于次月初将工资发放总表分别报财务部，同时负有保密的责任，若薪资岗位工作失误造成泄密事件，将对其严惩直至除名。

第一百零六条　工资薪酬实行统一管理，驻外机构人员工资统一由总部核定、发放（每月6日通过银行转账到员工工资卡上）。

第一百零七条　人力资源部在发放工资时，附上工资组成及扣款项目的详细说明，若员工当月工资有误，可到人力资源部查询。

第一百零八条　凡公司正式员工，享有的福利包括：休假、劳动保护、培训、住房补贴、健康检查、社会统筹保险、伤残伤亡抚恤。

第一百零九条　公司福利除休假、培训、健康检查按公司制度执行外，其余均按照国家和地方法规定标准执行。

□　附则

第一百一十条　本制度从颁布之日起执行。

第一百一十一条　本制度由人力资源部负责解释、修订和补充。

二、人员编制规划管理办法

第一条　凡公司聘用的正式、试用、临时、兼职人员，均为公司员工。公司将员工划分为管理人员、技术开发人员、市场营销人员、一般行政人员、工人及其他人员五大类别。公司员工的基本行为规范包括：

（一）热爱祖国，热爱公司。

（二）遵守国家法律、法规，遵守公司各项规章制度。

（三）认同公司文化，与公司同舟共济，维护公司的利益和声誉。

（四）勤奋、敬业、忠诚。

（五）严守公司秘密。

（六）保证公司财产安全。

第二条　人力资源部须就各项工作职责的任务以及工作人员的条件等进行分析研究，制作"职务说明书"，作为员工聘用、管理、考评的依据。

第三条　公司实行定员定岗定编管理，在保证经营运行的前提下控制人力成本。

第四条　根据编制，本公司应定期召开人力检查会，就现有人员工作能力、流动率、缺勤情况及应储备人力与需求人力进行正确、客观的检查,作为人力资源部制定人力计划和开发人力来源的依据。

第五条　各部门如需增补人员,应先到人力资源部领取并填写《人员增补申请单》,交人力资源部办理。

第六条　人力资源部受理人员增补申请时,应审查所申请人员是否为编制内需求,其职位、薪资预算是否在控制之内,增补时机是否恰当。审核通过后提出正确的拟办建议,呈总经理审批。

三、人力资源岗位设置管理流程

（一）人力资源部根据公司发展战略进行职能分解和机构设置。

（二）根据人力资源规划确定编制,由各职能部门根据编制进行工作分析。

（三）人力资源部经审核后进行职责划分与岗位设置,同时就职责划分与岗位设置听取各职能部门意见。

（四）制作职务说明书,同时就职务说明书听取各职能部门意见。

（五）对各职能岗位进行薪酬设计。

（六）进行总的薪酬预算,送交人力资源总监审核后报总经理审批,审批后实施。

四、人员编制管理流程

（一）人力资源部根据公司各项工作特点进行各部门工作量分析,提出编制草案。

（二）各职能部门就编制草案对本部门编制提出意见,反馈到人力资源部。

（三）人力资源部将修改后的编制草案送交总经理办公会议审议。

（四）如果编制草案审议不通过,则返回人力资源部重新编制,重复上述步骤。如果通过则制定具体的人员编制,并编制职位说明。送交总经理办公会议审议。

（五）如果编制职位说明审议不通过,则返回人力资源部重新编制职位说明;如果通过则送交总经理审批。

（六）总经理审批后由人力资源部执行编制。

五、人力资源规划表

表 17－8　人力资源规划表

级别		时间、学历	时间				学历			
			现有	2003 年	2004 年	2005 年	硕士	本科	大专	其他
主管人员	高层	财经								
		营销								
		生产								
		……								
	中层	财经								
		营销								
		生产								
		……								
	基层	财经								
		营销								
		生产								
		……								
	小计									
技术人员	高工									
	工程师									
	助工									
	技术员									
	其他									
	小计									
工人	机工									
	电工									
	维修									
	环保									
	……									
	小计									
合　计										

六、人员编制调整表

表 17-9 人员编制调整表

年度:

用人部门	现有编制	增(减)人数	增(减)理由	审核意见

制表: 复核:

七、招聘管理制度

第一条　公司将招聘划分为计划内招聘、计划外招聘、公司战略性招聘及特殊渠道引进人才。

（一）计划内招聘须经用人部门的上一级领导批准，人力资源部依据人员编制计划实施控制。

（二）计划外招聘由董事长审批。

（三）公司战略性招聘实行专项报批，由总经理提出申请，报经董事长审批。

第二条　计划内招聘程序：

（一）用人部门填写《员工招聘计划书》及《职务说明书》，并提供笔试考卷（针对需要笔试的招聘），报上一级领导审批通过后，在招聘开始前3日，送人力资源部。

（二）人力资源部决定招聘方式，并发布招聘信息。

（三）用人部门依据求职者提供的资料进行筛选，确定面试人员名单。

（四）用人部门主持进行面试，人力资源部或公司领导视需要情况参加。

（五）用人部门和人力资源部共同组织笔试。

（六）面试后3日内（需笔试的为笔试后3日内），用人部门应向人力资源部提交面试评价表或笔试结论。人力资源部收到后，实施终审，终审有权否决。

（七）人力资源部向终审合格的员工发出录用通知书。

（八）员工报到入职。

（九）员工背景调查。

第三条　计划外招聘程序。计划外招聘首先经董事长批准，然后履行计划内招聘程序。

第四条　战略性人才招聘程序：

（一）人力资源部根据总经理提供的经董事长批准的招聘计划，组成招聘小组。

（二）招聘小组对人才进行初步选择。

（三）用人部门及人力资源部对人才进行面试、笔试。

（四）人力资源部对人才进行终审，终审合格者发出录用通知书。

（五）员工报到入职。

（六）员工背景调查。

第五条　特殊渠道引进人才的程序。特殊渠道引进人才，限于高级管理人才或具有特殊才能的人才，程序为：

（一）各类渠道直接向董事长推荐人才，或者由人力资源部委托猎头公司搜索人才。

（二）人力资源部组成招聘小组，由董事长亲自主持初试。

（三）素质测试。

（四）招聘小组综合评定，必要时聘请人力资源专家协助。

（五）录用。

（六）人力资源部为人才办理入职手续。

第六条 经核定录取人员,报到时须携带下列资料:

（一）近期免冠照片。

（二）身份证复印件。

（三）体检表。

（四）毕业证书复印件。

（五）学历证书复印件。

第七条 人力资源部应引导新入职人员依程序办理下列工作:

（一）领取员工手册及工作卡。

（二）领取考勤卡并向其说明使用方法。

（三）领制服及制服卡。

（四）领储物柜锁匙。

（五）如有需要,填写"住宿申请单"。

（六）登记参加劳保及参加工会。

（七）视情况引导其参观及安排职前训练有关准备工作。

第八条 公司实行员工担保制度,新进人员报到工作后,应进行第一次对保,以后每年度视有无必要复核一次,并予记录。对保分亲自对保及通信对保两种。被保人如无故离职,导致移交不清,本公司应发"保证责任催告函",并做好采取司法处理的准备。

第九条 人事部依据报到程序办理以下事项:

（一）填写"人员报到记录簿",登记"人员状况表"。

（二）登记对保名册,安排对保。

（三）填制"薪资通知单",办理薪酬核定。

（四）收齐报到应缴资料连同甄选名单建立个人资料档案,编号列管。

第十条 人才试用规定:

（一）除特殊渠道引进的人才外,其余人员试用上岗前,均须接受岗前培训,培训合格后方可上岗。

（二）用人部门负责人有义务对新进人员进行上岗指导。

（三）新员工试用期为3～6个月。特殊人才经董事长批准可免予试用或缩短试用期。

第十一条 正式聘用规定:

（一）试用期满,直接主管部门严格对照《职务说明书》的任职资格,如实填写《试用员工评定表》并提出意见,意见包括:同意转正、予以辞退、延长试用期。

（二）人力资源部审查,决定是否采纳直接主管部门的意见。

（三）凡需延长试用期限,其直接主管与中层管理人员应详细述说原因。不能胜任者予以辞退,试用期事假达5天者予以辞退,病假达6天者予以辞退或延长试用期,存在迟到、早退达三次或旷工记录者予以辞退。

（四）试用合格者,在出具原单位离职证明后,由人力资源部代表公司与其签定为期1年的聘用合同。

（五）聘用合同期满,按双向选择续签合同。

八、用人申请流程

（一）用人部门因调动、流失等原因出现职位空缺后报本部门负责人。

（二）本部门负责人如果认为不影响工作则维持现状，如果认为影响工作则填写用人申请表报分管总监审核。

（三）分管总监如果认为不影响工作则维持现状，如果认为影响工作则同意用人申请。

（四）用人部门将分管总监同意后的申请报人力资源部审核后实施招聘流程。

九、公司招聘流程

（一）用工申请流程由人力资源部门决定招聘程序。

（二）如果人力资源部门认为可以通过内部招聘，则进入公司内部招聘程序。

（三）如果人力资源部门认为应通过外部招聘，则进入公司外部招聘程序。

1. 对外发布招聘启事。

2. 应聘人员报名，填写应聘登记表。

3. 用人部门面试，人力资源部提供相关支持面试。

4. 人力资源部门和用人部门协同进行人员筛选，结果报用人部门分管总监和营销总监审核。

（四）确定最终人选，人力资源部通知录用人员报到。

（五）报到后进入入职工作流程，招聘流程结束。

十、新员工入职流程

（一）人力资源部门对新员工建档。

（二）人力资源部门为新员工办理工作证。

（三）人力资源部门向新员工发放员工手册。

（四）人力资源部门配合行政部办理好新员工的有关后勤工作。

（五）人力资源部门对新员工进行相关制度培训。

（六）人力资源部和用人部门配合对新员工进行岗前培训。

（七）人力资源部同新员工签订试用合同，试用合同存档保存。

（八）用人部门向新员工进行工作关系介绍，办理工作交接，进入试用期，试用情况送人力资源部存档。

（九）试用情况报人力资源部门，试用合格者被公司录用，进入试用员工转正流程。

十一、新员工试用期满转正流程

（一）试用期满后新员工填写转正申请表送人力资源部门。

（二）用人部门对其进行转正考核评估，决定其是否合格。

（三）不合格者由用人部门决定其是否留用，留用的延长试用期，不留用的进入员工辞退流程。

（四）转正考核评估合格者报人力资源部门审核，审核后报用人部门分管总监和人力资源总监审批。

（五）分管总监和人力资源总监审批同意录用后，由人力资源部门同其签订正式合同，报劳动仲裁机构签字备案。相关材料存档。

十二、人员补充申请表

表 17-10　人员补充申请表

申请日期：

申请部门			现有编制	
申请增加	人　数		增加理由、人员岗位和任务说明	
	学历要求			
	专业要求			
	年龄要求			
	性别要求			
	身高要求			
	工作经验			
	到位时间			
人力资源部意见				
分管总监意见				
总经理意见				
相关说明				

十三、人力资源部招聘计划书

表 17 - 11　人力资源部招聘计划书

年　　月　　日

需要补充人员类别		所需条件	招聘方式	人数	招聘日期
类　别	工作内容				
高层主管					
中层管理人员					
基层职员					
技术工人					
其他					

制表：　　　　　　　　复核：

十四、应聘登记表

表 17 – 12　应聘登记表

应聘职位：　　　　　　　　　　　　　　　　　　　　年　月　日

姓名		性别		年龄		婚否		身高	
血型		视力		健康状况		职称		工龄	
毕业学校				毕业时间		专业		专业成果	
通讯地址				邮　编		电话			
原工作单位				原工种					
主要经历									
专业技能及特长描述									
薪资要求				住房要求					
到岗时间									
以下由相关部门填写									
面试结论									
复试结论									
笔试成绩									
人力资源部 意见				用人部门 意见					
备注									

制表：　　　　　　　　　　　　　　　复核：

十五、初试记录表

表 17 - 13　初试记录表

姓名			应聘职位		
评分项目	分值分配				
	5	4	3	2	1
仪表仪容					
谈吐口才					
体格状况					
反应能力					
领悟能力					
外语表达能力					
对即将从事的工作的认识深度					
前来本公司服务的意志坚定程度					
综合评定	优良中差		面试人： 面试时间：		
结论			面试人： 面试时间：		

十六、复试记录表

表 17 - 14　复试记录表

姓名		应聘职位		
初试结论				
评定级次	优	良	中	差
专业技能				
管理思想				
职业抱负				
其他				
复试总评	优良中差			
结论			面试人： 面试时间：	

十七、应聘人员筛选比较表

表 17-15 应聘人员筛选比较表

应聘职位	面试人数				面谈日期			面试人员		
面试记录	应聘人员姓名	学历	年龄	专业知识	态度仪表	工作经历是否关联	反应能力	特别技术或专长	口才	面试人员意见
				优 良 中 差	优 良 中 差	是 否	优 良 中 差		优 佳 平	

十八、员工培训管理办法

第一条 公司员工培训的种类包括:新员工培训,试用转正培训,转岗晋级培训,在职培训和特殊专项岗位培训。

第二条 人力资源部负责培训计划的制定:

(一)于每年12月底之前,根据公司次年总体经济目标,结合培训需求调查,制定培训目标和计划,报人力资源总监和总经理审批。

(二)各部门应于每年12月15日前提出次年培训需求,报人力资源部。

(三)培训计划的内容包括:培训种类,培训对象和培训目标,培训的时间和地点,培训内容、形式,培训教师及培训教材,培训负责人及工作人员,协助部门和负责人,费用预算,培训考核及效果评估。

第三条 新员工培训规定:

(一)新员工在上岗前,一律参加由人力资源部统一组织的新员工培训。

(二)新员工培训内容包括:企业文化,经营理念,公司发展历史及现状,行业状况,公司组织机构,各部门的职能和业务范围,规章制度,员工行为规范。

(三)新员工培训原则上每月组织一期。人力资源部在培训前3日向应参加培训的新员工所属部门发出培训通知。接到通知后,原则上应组织全部新员工参加,如果特殊情况不能参加培训,应在收到通知后24小时内向人力资源部递交由部门领导批准的报告,经人力资源部审核以后,参加下一期培训。

(四)新员工培训由内部管理人员担任讲师。

(五)新员工培训每期时间为一个星期,采用讲座、参观、军训三种方式。

(六)新员工培训材料由人力资源部根据授课教师提供的教案及培训录音整理稿编制。

(七)新员工培训结束后,实行统一考试,考试不合格者,予以辞退。

(八)人力资源部设计《培训评估表》,于培训结束时交由培训学员填写。人力资源部汇总后对本期培训效果作出评估,包括对培训教师、培训内容、培训形式及技巧和培训实施等各方面评估。

(九)新员工培训合格是转正的重要条件之一,未参加培训的新员工不予转正。

第四条 在职培训的规定:

(一)在职培训不定期,原则上将时间安排在星期六及星期日。

(二)公司全体员工每年均须参加培训,并且不低于30课时,培训考试成绩将作为考评依据。

(三)在职培训方式包括:聘请业内资深人士到公司授课,参加学术交流、专家讲座,现场参观考察、交流、研讨,网络远程教学,到同类领先企业研修。

(四)在职培训内容:

1. 管理类职员培训内容包括：市场及技术发展趋势，企业发展案例，企业文件和法规的深入领会及理解，企业管理现状与市场战略，社交，公关，礼仪等。

2. 技术研发类职员培训内容包括：技术发展动态及趋势，新技术发展及运用情况，语言能力的强化，企业文化等。

3. 金融、财务类职员培训内容包括：金融法规、财政法规、税务法规、工商管理法规、金融新运作方式及管理法规、市场发展动态与财务的融合、企业文化在财务运作中的实际应用等。

4. 市场类职员培训内容包括：市场发展动态趋势、市场运作经验及教训、市场行为学、营销学、政府行为学、公共关系、宣传、广告、传媒、企业文化战略、CIS 应用等。

（五）后勤服务类职员培训内容：后勤服务与市场的关系、后勤服务与管理的关系、仓储及采供管理、后勤服务与财务的关系、企业文化在后勤服务中的实际运用等。

（六）行政助理类职员培训内容：现代秘书学、公关、礼仪、社交、协调训练、电脑及网络技能培训、文字处理技能、艺术教育和形体训练、企业文化与个人的工作关系。

第五条　试用转正培训、转岗晋级培训和特殊专项岗位培训由人力资源部根据需要组织实施。

十九、培训管理流程

（一）培训管理总体流程：

1. 人力资源部制定公司整体培训目标，报总经理办公会议审议。

2. 通过审议后，人力资源部根据各相关部门提出的培训需求进行培训调研。

3. 人力资源部在培训需求调研的基础上制定整体培训计划，报总经理办公会议审议并报总经理审批。

4. 获得批准后，人力资源部门组织相关人员进行教学研究设计并组织实施培训。

5. 培训结束后人力资源部门要对培训效果进行评估。

6. 评估后人力资源部门要写出培训总结报总经理办公会议审核后存档。

（二）培训计划流程：

1. 各职能部门根据工作需要提出培训需求报人力资源部。

2. 人力资源部培训主管对需求进行分析，报人力资源部负责人审核。

3. 经人力资源部负责人审核后由各职能部门和培训主管共同商定培训内容，制定整体培训计划，报人力资源部负责人审核。

4. 报人力资源总监和总经理审批。

5. 培训主管设计培训方案，报人力资源部负责人审核。

6. 由培训主管负责实施培训，进入培训实施流程。

（三）培训实施流程：

1. 培训方案确定后，人力资源部培训主管开始落实培训时间、地点，下发培训计划通知,同时做好教学准备。

2. 各受训部门做好培训准备和工作安排,通知员工做好受训准备。

3. 人力资源部门根据培训方案实施培训。

4. 培训效果评估。

二十、员工培训计划表(范本1)

表 17 - 16   员工培训计划表(范本1)

培训日期	培训内容	讲师	培训手段	培训地点	费用预算	效果估计	负责人

制表: 复核: 审批:

二十一、员工培训计划表(范本2)

表17-16　员工培训计划表(范本2)

培训编号：　　　　　　　　　　培训部门：

培训名称		培训时间	自	至			
培训课程时数及负责人							
课程	培训时间	负责人	起讫时间	课程	培训时间	负责人	起讫时间

参加人员共　　　　　　人,名单如下：

单位	职务	姓名	单位	职务	姓名	单位	职务	姓名	单位	职务	姓名

费用预算：　　　　　　每人分摊
　　　　　　　　　　　费　　用

批准_____　审核_____　拟订_____

二十二、新员工培训计划表

表 17 – 17　新员工培训计划表

编　　号：　　　　　　　　　拟定日期：

受训人员	姓名		培训期间	月　日至　月　日止		辅导人员	姓名	
	学历						学历	
	专长						部门	
项次	培训期间	培训日期	培训项目	培训部门	培训师		培训日程及内容	
1	月　日至 月　日止	天						
2	月　日至 月　日止	天						
3	月　日至 月　日止	天						
4	月　日至 月　日止	天						
5	月　日至 月　日止	天						
6	月　日至 月　日止	天						
7	月　日至 月　日止	天						
8	月　日至 月　日止	天						
9	月　日至 月　日止	天						
10	月　日至 月　日止	天						
11	月　日至 月　日止	天						
12	月　日至 月　日止	天						
13	月　日至 月　日止	天						
14	月　日至 月　日止	天						
15	月　日至 月　日止	天						

制表：　　　　　　　　复核：　　　　　　　　审批：

二十三、员工职业培训档案

表 17 - 18　员工职业培训档案

	训练课程	时间(年、月)	共计(小时)	地点
入职前				
入职后				

姓名_____　工会_____　部门_____　职位_____

二十四、学员培训成绩登记表

表 17－19　学员培训成绩登记表

学号	姓名	课程1 分数	课程2 分数	课程3 分数	课程4 分数	课程5 分数	课程6 分数	课程7 分数
1								
2								
3								
4								
5								
6								
7								
8								
9								
10								
11								
12								
13								
14								
15								
16								
17								
18								
19								
20								
21								
22								
23								
24								
25								
26								
27								

学号	姓名	课程1 分数	课程2 分数	课程3 分数	课程4 分数	课程5 分数	课程6 分数	课程7 分数
28								
29								
30								
31								
32								
33								
34								
35								
38								

统计： 复核： 存档：

二十五、各部门年度培训统计报表

表 17-20　各部门年度培训统计报表

年度：　　　　　　　　　　　　　　　　　　　　　报告日期：　　年　　月　　日

部门	项目	班次	人数	课时	费用	备注
	预定					
	实际					
	预定					
	实际					
	预定					
	实际					
	预定					
	实际					
	预定					
	实际					
	预定					
	实际					

制表：　　　　　　　　　复核：　　　　　　　　　审核：

二十六、年度培训计划实施情况统计表

表 17－21　年度培训计划实施情况统计表

年度：

部门		班次		人数		时间		费用		备注
计划	实际	计划	实际	计划	实际	计划	实际	计划	实际	
人力资源部核签				分管总监核签				经办人		

二十七、干部任命制度

第一条 公司设有行政管理职务、市场管理职务、技术管理职务,每一位员工可以根据自己的情况规划发展方向。

第二条 担任管理职务的人员必须达到以下要求。

(一)诚实正直,坚持原则,廉洁奉公,一切从公司利益出发,不徇私情。

(二)经测试证明思维能力、领导能力、监控能力、组织能力、自律能力、合作能力、交往能力等均良好,且意识超前。

(三)具备丰富的理论知识和实践经验。高层管理人员需6年以上相关工作经验,中层管理人员需5年以上工作经验,中层以下管理人员需3年以上相关工作经验。

(四)上一年度目标任务完成,绩效明显,证明具备较强的管理能力。

第三条 干部任命规定:

(一)董事、监事由股东会选举产生。

(二)董事长由董事会选举产生。

(三)总经理由董事会任命。

(四)副总经理、财务负责人由总经理提名,经董事会审议通过后任命。

(五)其余管理职务由分管总监(副总经理)提名、人力资源部审查、总经理办公会审议通过后,由人力资源颁发任命书。

二十八、员工异动管理制度

第一条 员工异动包括:调动、待岗、休长假、辞职、辞退、资遣、除名等情形。

第二条 出现员工异动,原工作部门应监督其及时办理异动手续,若因部门管理不善,离职人员带走公司财物和技术秘密,一概由原工作部门负责人承担责任。

第三条 员工异动的主管部门是人力资源部,其他部门无权对员工异动作出批准决定。凡未经人力资源部认可的私自异动均为无效异动,当事人将受到相应处罚。

第四条 内部调动是指员工在公司内部的部门变动,调动方式包括两种:

(一)新工作部门因工作需要,经与拟调动员工原部门领导协商同意的员工调动。

(二)员工认为现工作岗位不适合,经与新工作部门联系,并得到原工作部门同意的员工调动。

第五条 员工内部调动须经原工作部门领导及上一级领导和新工作部门领导及上一级领导签字同意,公司人力资源总监批准,在办理完异动交接手续后方可到新工作部门上岗。

第六条 员工内部调动程序:

(一)员工调出、调入部门协商调动事宜。

(二)调动员工到人力资源部领取《员工异动申请表》和《员工交接手续登记表》。

(三)调动员工原工作部门领导和上一级领导同意。

(四)办理员工异动交接手续。

(五)报人力资源部批准。

(六)调动员工到新工作部门工作。

第七条 员工外调是指因工作需要,本公司员工被公司安排到其他公司协助工作,公司保留其员工资格,但由新公司发放其薪资并解决福利。

(一)员工的外调由公司安排,员工无权主动提出外调。

(二)员工外调须经原工作部门领导和上一级领导同意,经人力资源总监批准和总经理批准,并办理异动交接手续。

(三)员工外调,公司将与员工新公司签订《员工租借协议》。

(四)外调员工外调期满回公司,应由外调单位出具外调期间工作评价,作为员工考评档案存档。

(五)外调员工必须严格保守公司秘密,不得损害公司形象及利益。

第八条 员工待岗的情形:

(一)正式员工不适合现任工作岗位,被用人部门退回人力资源部,人力资源部尚不能另行安排适合工作者。

(二)部门人员精简,被用人部门退回人力资源部,人力资源部尚不能另行安排适合工作者。

(三)接到续签合同,逾期未签,且未说明原因亦未按程序提出离职者。

(四)主动申请待岗获批准者。

第九条 待岗程序:

(一)办理员工异动交接手续。

(二)到人力资源部办理待岗手续。

(三)待岗。

第十条 待岗期间只发放最低生活费,按当地政府规定标准发放,待岗者待岗期间不享受福利。

第十一条 待岗者如果在待岗期间另谋职业,须先按辞职程序办理离职手续,否则视为违反双方签订的《劳动合同》。

第十二条 待岗期限为3个月,若待岗期满未能联系到接收单位,按员工辞退办理,特殊情况经人力资源总监批准者可延长待岗时间,但当法律规定可解除劳动合同的条件具备时,应当立即解除劳动合同。

第十三条 公司正式员工因各种原因较长一段时间不能正常工作,经公司同意,可以保留其在合同期限内的员工资格,当原因消除时允许该员工再次上班,此为休长假。

第十四条 休长假办理程序:

（一）休长假员工提前5个工作日填报《员工异动申报表》。

（二）原工作部门领导和上一级领导同意。

（三）人力资源部和总经理批准。

（四）办理员工异动交接手续。

（五）签订合同期内休假协议。

（六）休假。

第十五条　休长假者不连续计算工龄，再次上班时视为试用新员工。

第十六条　休长假期间不发放工资、津贴，不享受公司福利。

第十七条　辞职是指员工因本人原因离开公司而与公司终止劳动合同关系。辞职办理程序为：

（一）辞职员工提前30天（试用期员工可以不提前）填报《员工异动申报表》。

（二）原工作部门领导和上一级领导同意。

（三）办理员工异动交接手续。

（四）人力资源部批准。

（五）员工离职。

第十八条　员工辞职手续办理完，由人力资源部代表公司与其签订《解除劳动合同协议》。

第十九条　员工辞职必须办理辞职手续，对未提出辞职申请或办理正常辞职手续即离开公司的员工视为自动离职。

（一）对自动离职者，公司将作除名处理。

（二）员工自动离职后，其原工作部门负责人应在2日内向人力资源部递交员工异动说明，异动说明应经部门领导签字，并写明员工离岗时间。

（三）员工自动离职，其原工作部门负责人应在2日内到财务、物资、金融等职能部门查清该员工是否有财、物问题，如有问题应及时报行政部，由行政部转法律顾问。

第二十条　员工存在下列情形之一，将被公司辞退：

（一）在试用期内被证明不符合录用条件。

（二）不能胜任应聘工作。

（三）被依法追究刑事责任。

（四）严重违反公司有关规章制度。

（五）待岗达3个月仍无用人部门接收。

（六）1年内两次待岗。

（七）《劳动合同》期满，用人部门不同意续签合同。

此外，公司生产、经营状况发生严重困难或濒临破产，需裁减人员时，公司可辞退员工。

第二十一条　辞退员工程序：

（一）部门填报《员工异动申报表》并出具辞退员工事实依据。

（二）部门上一级领导审批同意。

（三）办理员工异动交接手续。

（四）人力资源部批准。

（五）辞退。

第二十二条　中级管理人员辞退，最终审批权属总经理；高级管理人员辞退，最终审批权属董事长。

第二十三条　出现下列情形之一,公司对员工实行资遣:

(一)公司歇业或转让。

(二)公司严重亏损或业务紧缩。

(三)因不可抗力暂停营业 1 个月以上。

(四)业务性质发生重大变化而原有员工不再适用。

(五)其他特殊原因。

第二十四条　资遣费标准:

(一)有效工作时间在 1 年以内者,发相当于 1 个月基本工资的资遣费。

(二)有效工作时间 1 年以上 3 年以内者,发放相当于 3 个月基本工资的资遣费。

(三)有效工作时间 3 年以上的,在发放相当于 3 个月基本工资的资遣费的同时,每增加 1 年,增发相当于 1 个月基本工资的资遣费。

第二十五条　资遣顺序为:首先是在职期间有违纪行为并受到处罚者,其次是工作绩效差者,再次是工龄相对较短者,最后是职务低于他人者。

第二十六条　员工在收到资遣通知后,应于一周内办理离职手续,逾期作辞退处理且不发放资遣费。

第二十七条　当公司再次招聘时,被资遣人员可以优先录用,并且可以连续计算以前工龄。但再遇资遣,只按新工作年限发放资遣费。

第二十八条　员工存在下列情形之一时,公司将予以除名:

(一)自动离职,未按公司规定办理相关辞职手续。

(二)1 年内累计旷工达 6 天或连续旷工 3 天。

(三)营私舞弊、挪用公款、收受贿赂。

(四)违抗命令或玩忽职守,情节重大。

(五)聚众罢工、怠工、造谣生事、破坏正常工作和生产秩序。

(六)盗用公司印信,或涂改文件者,或者伪造证件。

(七)年终考核不合格,经留用考察仍不合格。

(八)在外兼职。

(九)利用公司名义,进行个人技术与经济商贸活动。

(十)泄露公司重大机密。

(十一)在工作中利用职务之便犯有严重经济问题,给公司带来重大损失。

(十二)严重违反公司有关规章制度的其他行为。

第二十九条　对拟除名的员工,由相关部门提出书面报告,人力资源部核实,报公司总经理批准后,人力资源部发出除名通报。

二十九、公司内部招聘流程

（一）用人部门因调动、流失等原因出现职位空缺后报本部门负责人。

（二）本部门负责人如果认为不影响工作则维持现状，如果认为影响工作则填写用人申请表报分管总监审核。

（三）分管总监如果认为不影响工作则维持现状，如果认为影响工作则同意用人申请。

（四）用人部门将分管总监同意后的申请报人力资源部审核。

（五）人力资源部门根据情况作出是否进行外部招聘还是内部招聘的决定，如果决定外部招聘则进入外部招聘流程。

（六）如果决定可以进行内部招聘则实施内部招聘流程。

1. 对内发布招聘启事。

2. 组织公司员工报名，填写应聘登记表。

3. 用人部门面试，人力资源部提供相关支持。

4. 人力资源部对合格人员进行筛选，确定最终合格者，送交员工原就任部门审核。

5. 员工原就任部门与员工沟通，必要时请人力资源部协调。本部门的关键人员原则上不能调离。非关键人员原则上可以调离。

6. 人力资源部门通知职员，并办理调动手续。

三十、岗位轮换流程

（一）人力资源部门根据员工职业生涯规划，编制轮换计划。

（二）员工原工作部门负责人对轮换提出意见，并征求员工意见，作出是否同意轮换的答复。

（三）接收部门负责人对轮换提出意见，作出是否同意轮换的答复，如同意轮换则做好工作安排，准备接收。

（四）同意轮换的员工填写轮换表办理手续。

（五）人力资源部门向原部门、接收部门下达轮换通知。

（六）员工原工作部门对轮换员工做好工作安排和交接。

（七）轮换员工到新部门报到工作。

三十一、员工工作调动流程

（一）要求调动的员工提出调动申请，由本部门负责人审批。

（二）调入部门负责人对调动申请进行审批。

（三）调出和调入部门审批同意后，由人力资源部门对调动申请审批，超越权限的报人力资源总监和总经理审批。

（四）人力资源部门下发调动通知单。

（五）调出员工办理调动工作交接，调出部门向调入部门办理员工关系移交。

（六）调入部门做好员工接收工作安排。

（七）人力资源部门对调动员工工资关系做出调整，并归档。

三十二、员工辞职审批流程

（一）提前 30 天提出申请报部门负责人审批，如果部门负责人不同意辞职申请，员工可以再申请或申诉或仲裁。

（二）如果部门负责人同意辞职申请，报人力资源部门。

（三）人力资源部进行辞职原因调查。

1. 属于非正常原因，要做好员工的思想工作，消除其辞职念头。

2. 属于正常原因，将员工辞职申请报分管总监审批。

（四）超出审批权限的要报总经理审批。

（五）办理员工离职手续。

三十三、员工辞退管理流程

（一）各用人部门提出辞退员工报告。

（二）分管总监审批后送人力资源部门审核。

（三）人力资源部进行辞退原因调查，调查报告连同辞退报告一并报人力资源总监审批。

（四）超越权限的要报总经理审批。

（五）不同意辞退的：

1. 继续从事原工作。

2. 办理内部工作岗位调整。

（六）同意辞退的办理员工辞退手续。

三十四、工作调动申请表

表17-22　工作调动申请表

年　　月　　日

申 请 人		职　　务	
申请调离单位		申请调入单位	
调动理由			
调离单位意见			
调入单位意见			
人力资源部核实			
审批	原部门主管	原单位分管领导	新单位分管领导	人力资源部	总经理

三十五、工作调动（升职、降职、兼职）通知书

表 17 - 23 工作调动（升职、降职、兼职）通知书

姓名		编号	
原任	部门：	调任	部门：
	职务：		职务：
	工资：		工资：
	职务补贴：		职务补贴：
	兼职：		兼职：
相关说明			
调动生效日期：　　　　　年　　月　　日			

批示	调出部门意见	调入部门意见	人力资源部意见	分管领导意见

三十六、辞职申请表(非作业人员通用)

表 17-24 辞职申请表(非作业人员通用)

姓名		部门	
职位或岗位			
进入公司时间		离职申请时间	
自述原因			
所在部门意见			
分管领导意见			
人力资源部意见			
总经理意见			

三十七、辞职申请书(工人专用)

表 17-25　辞职申请书(工人专用)

姓名		单位		组　班			
离职原因	□ 就学 □ 服兵役 □ 返乡结婚 □ 另觅他职 □ 其他	申请时间	年　月　日	担任职务	□ 作业员 □ 副班长 □ 指导员 □ 班长 □ 品管员		
核准	副厂长	科长		组长		班长	
缴回物品	□ 工作牌 □ 制服 □ 物品箱钥匙 □ 其他 　　　　　　接收人签字: 　　　　　　年　月　日						
离职手续	总务后勤部	工具科		财务部		人力资源部	

三十八、离职申请书(辞职、辞退通用)

表 17-26　离职申请书(辞职、辞退通用)

姓名		部门		职位			
申请日期	年　月　日	在公司 服务年资	由　　年　　月　　日起至　　年　　月 日共　　年　　月　　日				

离职原因	主动离职	健康不佳	另谋职业	志趣不合	服兵役
	被动解聘	开除	试用不合格	其他因素	

意见或对公司的忠告	请你说出你心中真实的意见或者对公司各方面经营管理的忠告,我们将永远感谢你。

核准人	财务部			总务后勤部			本部门主管		
	工资	借支	伙食	缴回	退物	记事	工作	借物	填表人

三十九、免职通知书

表 17 - 27 免职通知书

编号：

姓　名		编号	
职　称			
级　别			
工作部门			
免除职务			
免除日期			
办理事项	1. 2. 3. 4. 5. 6. 7. 8. 9. ……		
免职依据（文件及文号）			
相关说明			

通知部门：人力资源部　　　时间：　年　月　日

四十、辞退通知单

表 17-28 辞退通知单

姓名		职务或岗位	
工作部门			
通知及原因说明	根据 号文件《 》,因 ,公司拟辞退你。请你于 年 月 日前主张你的申诉权利,如果逾期不申诉或放弃申诉,则请你于 年 月 日前交接手中的工作,并于 年 月 日到财务部领取辞退补偿金。 人力资源部 年 月 日		
相关批示	部门主管意见	分管领导意见	人力资源部意见	总经理意见

四十一、离职移交手续清单

表 17-29 离职移交手续清单

离职人	职别	姓名	离职事由		单位	记事	主管签章
				会签单位	总务后勤部		
工作移交	部门负责人指定接手人,并由部门负责人监督检查 1. 2. 3. 4. 5. 6. 7. 8. 9. 10. 离职人签章: 接手人签章: 监督人签章:				人力资源部		
					仓库		
					工具室		
					食堂		
					财务部		
					服务单位		
					保卫部		
					其他部门		

资料用品移交	部门负责人指定接手人，并由部门负责人监督检查。 1. 2. 3. 4. 5. 6. 7. 8. 9. 10. 离职人签章： 接手人签章： 监督人签章：	说明	1. 单位对离职人员的离职手续请予即刻办理。 2. 各接收、监督及会签单位，务必认真对待，如果交接工作失职，给公司造成损失，相关人员将负完全责任。 3. 离职人凭办妥的本单出门，本单由离职人员交门卫室，由门卫警员交人力资源部。门卫不收属门卫失职。

四十二、中高层管理者离职移交清单

表 17 - 30　中高层管理者离职移交清单

离职日期：

离职人姓名		部门		职务	
离职原因					

1. 文件移交

名称	数量	起讫时间	接收人	监交人

2. 物品实物移交

名称	数量	单位	内容	接收人	监交人

离职人姓名		部门		职务	
3. 未完及待办事项					
			接交人：	监交人：	
4. 与工作相关的社会公共关系移交（带领接交人建立关系）					
			接交人：	监交人：	
5. 离职后联系方式、固定住址					
				核实人：	

四十三、工资及福利管理制度

第一条 公司薪酬管理坚持如下基本原则：

（一）保证生活、安定员工的原则。

（二）有利于能力开发原则。

（三）谋求稳定、合作的劳资关系原则。

（四）工资增长率低于劳动生产增长率，工资增长率低于利润增长率的原则。

（五）综合核定原则，即员工薪酬参考社会物价水平、公司支付能力以及员工担任工作的责任轻重、难易程度及工龄、资历等因素综合核定。

第二条 公司实行年薪制与月薪制并存的工资体制。

（一）公司中层以上管理者实行年薪制，其余人员实行月薪制。

（二）年薪分为 5 个档次 15 个等级（如表 17-31），根据员工实际情况，由董事会确定具体人员的年薪标准。

17-31 年薪档级标准

档次	一档			二档			三档			四档			五档		
级次	1	2	3	4	5	6	7	8	9	10	11	12	13	14	15
标准	10万元	15万元	20万元	25万元	30万元	35万元	40万元	45万元	50万元	55万元	60万元	65万元	70万元	75万元	80万元

（三）享受年薪制的员工，年薪的60%按月发放，其余40%在年终时根据目标完成情况核算发放。

（四）享受年薪的员工均须每年与公司签订《目标责任书》，明确目标责任，作为年终考核和发放年薪的重要依据之一。

第三条 在实行月薪制的员工中，又分计件工资、提成工资和结构工资。

（一）生产一线人员实行计件工资。

（二）营销一线人员实行提成工资。

（三）其余人员实行结构工资。

第四条 实行计件工资的生产一线人员，工资由基本工资和件薪构成。

（一）基本工资根据生产人员技术、资历、工龄等由人力资源部确定，分为6个级次（见表17-32）。

表17-32

级次	一级	二级	三级	四级	五级	六级
基本工资	200元	300元	400元	500元	600元	700元

（二）级次每年调整一次，根据年终考核情况，可升可降，或者维持不变。

（三）件薪按公司《定额手册》规定的具体标准执行，定额手册由技术开发部会同财务、人力资源等部门制定和修订。

第五条 实行提成工资的营销一线人员，工资由基本工资和提成构成。

（一）基本工资根据营销人员能力、资历、业绩等由人力资源部和营销部确定，分为6个级次（见表17-33）。

表17-33

级次	一级	二级	三级	四级	五级	六级
基本工资	400元	450元	500元	550元	600元	650元

（二）级次每年调整一次，根据年终考核情况，可升可降，或者维持不变。

（三）销售提成比例按照公司《营销管理手册》执行，该标准由营销部会同财务、人力资源等部门制定和修订。

第六条 实行结构工资的员工，工资由岗位工资和绩效工资构成。

（一）人力资源部会同相关部门，依据岗位要求、工作量和难易程度、员工能力和素质、员工前期业绩，对每一位员工实行定级，共分为9级，如表17-34所示。

表17-34

级次	一级	二级	三级	四级	五级	六级	七级	八级	九级
岗位工资	600元	800元	1200元	1300元	1500元	1800元	2100元	2500元	2900元
绩效工资	0~400元	0~600元	0~800元	0~1000元	0~1400元	0~1700元	0~2100元	0~2500元	0~2900元

（二）员工根据不同级次，享受不同的岗位工资和绩效工资。

（三）对级次每年调整一次，根据年终考核情况，可升可降，或者维持不变。

（四）绩效工资根据考核情况发放，最低可以为0，但不能突破上限。

第七条　实行月薪的员工享受半年奖（每半年发放一次），半年奖金额最低为0，最高为该员工前6个月平均月收入的2倍，具体金额根据半年考核确定。

第八条　月薪以及年薪按月发放部分，均在每月6日以银行转账方式发放。

第九条　工资实行保密发放。

第十条　薪资岗位职员须负责工资明细表和总额表的制作、报批、统计、汇总，并于次月初将工资发放总表分别报财务部，同时负有保密的责任，若薪资岗位工作失误造成泄密事件，将对其严惩直至除名。

第十一条　工资薪酬实行统一管理，驻外机构人员工资统一由总部核定、发放（每月6日通过银行转账到员工工资卡上）。

第十二条　人力资源部在发放工资时，附上工资组成及扣款项目的详细说明，若员工当月工资有误，可到人力资源部查询。

第十三条　凡公司正式员工，享有的福利包括：休假、劳动保护、培训、住房补贴、健康检查、社会统筹保险、伤残伤亡抚恤。

第十四条　公司福利除休假、培训、健康检查按公司制度执行外，其余均按照国家和地方法规定标准执行。

四十四、薪酬方案审批流程

（一）人力资源部门根据预算编制薪酬草案，报财务部测算。

（二）人力资源部门对方案进行修正，该流程需要其他部门提供相关的信息资料支持。

（三）人力资源部门将修正后的方案报总经理审批。

（四）执行方案并存档。

四十五、工资发放流程

（一）各部门将员工月份考评报人力资源部门审核。

（二）人力资源部门编制工资表，报人力资源总监和总经理审核。

（三）财务部门对工资表进行复核。

（四）财务部门发放工资。

（五）财务部进行工资核算后送人力资源总监复核后在人力资源部存档。

四十六、员工奖励流程

（一）各职能部门呈报奖励名单和事由，提出奖励方案报人力资源部门审核。

（二）人力资源部门提出调整意见，报各职能部门分管总监审核。

（三）总经理审批后送交财务部执行奖励，发放奖金。

（四）奖励材料在人力资源部门存档。

四十七、工资调整表（人力资源部用）

表 17 - 35　工资调整表（人力资源部用）

年　　月　　日　　　　　　　　　　　　　　　　　　　　　　编号：

所在部门				
姓名	原工资	申报新工资	调整事由	调整工资
生效日期				
部门主管		分管总监	人力资源部主管		总经理	

四十八、新员工定薪表

表 17-36　新员工定薪表

年　　月　　日　　　　　　　　　　编号：

姓　　名		工作部门	
职　　别		到厂日期	年　月　日
学历及培训经历			
工作经验	相关　　　年,非相关　　　年,共　　　年		
能力说明			
要求待遇		公司标准	
核定工资		生效日期	
总经理		部门主管	人力资源部

四十九、工资登记表

表 17 - 37　工资登记表

部门：　　　　　　　　年　　月　　第　　页

员工编号	姓名	核定工资					总计
		本薪	技术津贴	工龄工资	职务津贴	补助	
合计							

制表：　　　　　　　复核：

235

五十、工资计算表(按日计薪人员适用)

表 17-38　工资计算表(按日计薪人员适用)

年　　月

编号			姓名			单位			
本薪计算									
日期	上午	下午	加班	小计	日期	上午	下午	加班	小计
1					17				
2					18				
3					19				
4					20				
5					21				
6					22				
7					23				
8					24				
9					25				
10					26				
11					27				
12					28				
13					29				
14					30				
15					31				
16									
本薪小计									
应加项目				应扣项目					
津贴				餐费					
奖金				税金					
加班费				保险					
其他				借款					
				其他					
应加小计				应扣小计					
应发				实发					

五十一、计件工资计算表（按件计薪人员适用）

表 17 - 39　计件工资计算表（按件计薪人员适用）

单位：　　　　　　　　姓名：

产品名称　　计算项目	时间	件数	件薪	日产量	合格品	日薪	备注

五十二、工资定额调整表

表 17 - 40　工资定额调整表

年　　月　　日

产品名称			定额核定单编号		
作业名称	原工资定额	每件耗用时间	折算每日所得	调整比率	调整原因

制表：　　　　　　　　复核：　　　　　　　　审批：

五十三、业绩奖金核定表(管理人员、营销人员适用)

表 17-41　业绩奖金核定表(管理人员、营销人员适用)

月份

本月营业额			本月净利润		利润率	
可得奖金			调整比率		应发奖金	
个人奖金明细核定	单位	姓名	职别		奖金系数	奖金

	基础奖金		调整奖金	
奖金核定标准	当月净利润	应得奖金	当月营业额	奖金提高比率
	10 万元以上	0 元	500 万元以下	0
	10 万~20 万元	300 元	500 万~600 万元	5%
	20 万~30 万元	500 元	600 万~700 万元	10%
	30 万~40 万元	800 元	700 万~800 万元	15%
	40 万~50 万元	1000 元	800 万~900 万元	20%
	50 万元以上	每增加 10 万元利润增加 250 元奖金	900 万元以上	每增加 100 万元营业额,奖金提高 7.5%

制表:　　　　　　　复核:　　　　　　　审批:

五十四、业绩奖金核定表（生产人员适用）

表 17-42　业绩奖金核定表（生产人员适用）

月份

本月总产值		本月工作人数		生产批数	
可得奖金合计		调整奖金比率		应发奖金	

	单位	姓名	职别	奖金系数	奖金
奖金核定					
	合计				

	基础奖金		调整奖金	
	生产奖金	可得奖金	工作人数	奖金提高比率
奖金核定标准	400 万元以上	0	180 人以上	0
	400 万~500 万元	500 元	180~160 人	3%
	500 万~600 万元	700 元	160~140 人	5%
	600 万~700 万元	900 元	140~120 人	7%
	700 万~800 万元	1100 元	120~100 人	9%
	800 万元以上	每增加 100 万元产值，奖金增加 250 元	100 人以上	每降低 20 人，奖金提高 5%

制表：　　　　　　复核：　　　　　　审批：

五十五、工资汇总统计表

表 17－43　工资汇总统计表

年　　月

单位	本薪	业绩奖金	全勤奖金	加班津贴	应发工资	扣缴部分				实发工资
						保险	餐费	税金	借支	
合计										

审批：　　　　复核：　　　　制表：

五十六、工资发放表

表 17-44 工资发放表

单位：   月份 第   页

工号	姓名	工作日数	日薪	本薪	业绩奖金	假日津贴	全勤奖金	加班津贴	应发工资	扣除项目				实发工资	签领
										保险	餐费	税金	借款		
合计															

审批：   复核：   制表

五十七、考勤制度

第一条　工作时间规定

（一）公司实行每周五天工作制，每周工作时间为星期一至星期五。

（二）公司实行的作息时间：

10月1日至4月30日实行上午8：30～12：00，下午13：00～17：00。

5月1日至9月30日实行上午8：30～12：00，下午13：00～18：00。

第二条　病假规定：

（一）请病假须持市级以上医院休假证明。

（二）中级管理人员及以下职位人员，休病假审批权限为：2天以内由分管副总（总监）批准，3～5天由总经理、总裁批准，5天以上由董事长批准。

（三）高层领导休病假审批权限为：5天以内须经董事长办公室审批，5天以上须经董事长审批。

（四）对于公司正式员工，休病假1个月以内，按70%发放工资，1～3个月以内，按50%发放工资。

超过3个月以上不发工资。

第三条　事假规定：

（一）请事假须提前1天向部门负责人提出书面申请，1天之内由部门负责人批准，3天之内由公司分管副总（总监）批准，4～7天由总经理批准，7天以上由董事长，获准后报人力资源部备案。

（二）事假无薪。

（三）试用期员工请事假，应延长试用期。

第四条　婚假规定：

（一）达到法定婚龄的员工（男年满22周岁，女年满20周岁）结婚，凭结婚证可按请假程序请婚假3天。

（二）达到法定晚婚年龄的员工（男年满25周岁，女年满23周岁）结婚，凭结婚证可按请假程序请婚假7天。

（三）婚假须至少提前1周申请，经批准后方可休假且一次休完，不得分期休假。

第五条　产假规定：

（一）符合国家计划生育政策的被正式聘用的女员工享受产假。

（二）符合国家计划生育政策的被正式聘用的女员工怀孕期间，每月可享受1天孕期检查假，该假为有薪假。

（三）符合国家计划生育政策的被正式聘用的女员工产假为90天，持医院证明的难产为105天，多胞胎生育的，每多一孩，增加产假15天。

（四）产假结束后需续假的，按事假处理。

（五）符合国家计划生育政策的被正式聘用的女员工怀孕 3 个月以上流产或死产的凭医院证明休假 15 天，假期按 70％发放工资。

（六）妻子分娩，男员工可享受 5 天护理假，护理假无薪。

（七）产假、护理假均须提前一周凭生育指标和结婚证申请。

（八）产假、护理假一次休完，不得分期休假。

第六条　丧假规定：员工亲属（父、母、岳父母、公婆、配偶、子女）去世，凭亲属死亡证明复印件或病危通知书休假 5 天，该假为有薪假。

第七条　年休假规定：

（一）工龄 1 年以上的中级以上管理人员，每年享受 10 天年休假；工龄 1 年以上的中级以下管理人员，每年享受 5 天年休假。

（二）年休假提前 1 周申请，上级负责人批准后到人力资源部备案。

（三）休假一次休完，不得分期休假。

（四）年休假为有薪假。

第八条　迟到、早退规定：

（一）上班推迟到岗 30 分钟以内为迟到。

（二）提前离岗 30 分钟以内为早退。

第九条　旷工规定：

（一）旷工最小计量单位为半天。

（二）迟到或早退 30 分钟以上，视为旷工半天。

（三）无故不到岗，或者不请假不到岗，或者未获准假不到岗为旷工。

第十条　考勤执行：

（一）考勤统一由人力资源部执行，各部门配合执行。

（二）员工上班、下班打卡，不得请人代打卡，不得代他人打卡。

（三）考勤须按时统计，迟报、错报、不报将对考勤员实施处罚。

（四）考勤由稽查部实施监督检查，发现弄虚作假者重处。

第十一条　考勤处罚。

考勤处罚按表 17－45 执行。

表 17－45　考勤处罚明细表

项目　　员工类别	迟到或早退			矿工
	一次	两次	三次	
试用员工	扣薪 30 元	扣薪 60 元	辞退	辞退
正式员工	扣薪 30 元	扣薪 60 元	视旷工半天	按旷工时间扣 3 倍工资
中层管理人员	扣薪 50 元	扣薪 100 元	降薪两级	按旷工时间扣 3 倍工资，并降薪三级
高层管理人员	扣薪 10％	扣薪 20％	降职	降职

五十八、考勤管理流程

（一）人力资源部考勤主管制定考勤制度，为各部门配备考勤刷卡设备。考勤制度报人力资源部经理审核，由人力资源总监和总经理审批后执行。

（二）各部门员工刷卡接受考勤，如果没有配备考勤设备，则由行政管理人员负责人工考勤，填制考勤登记表，月末送交人力资源部。

（三）月末人力资源部门汇总编制考勤表。

（四）薪酬主管根据考勤及其他依据编制工资表。

五十九、员工请假管理流程

（一）需要请假的员工填写公司制定的标准请假条由本部门负责人审批。

（二）3 天以内的请假由本部门负责人审批后执行。考勤人员做好记录。

（三）超过 3 天假的由本部门负责人审核后送分管总监审批后执行。考勤人员做好记录。

（四）超过 1 个月假期的由分管总监审核后报总经理审批后执行。考勤人员做好记录。

六十、员工出差管理流程

（一）部门负责人填写出差派遣单，注明出差事由、起止时间、行程、人员等相关事项。

（二）出差时间在 5 天以内的由部门负责人直接审批后执行，同时通知考勤人员做好考勤备案。

（三）出差时间在 5～30 天以内的由分管总监审批后执行，同时通知考勤人员做好考勤备案。

（四）出差时间在 30 天以上的由总经理审批后执行，同时通知考勤人员做好考勤备案。

（五）各级负责人的审批权限可以根据企业实际情况自行掌握。

六十一、员工每日出勤登记表

表 17 - 46　员工每日出勤登记表

月份　　　　　　　　　　　班别　　　　　　　　　第　页

姓名	工类时别	1	2	3	4	5	6	7	8	9	10	11	12	13	14	15	16	17	18	19	20	21	22	23	24	25	26	27	28	29	30	31	合计
	正常																																
	加班																																
	正常																																
	加班																																
	正常																																
	加班																																
	正常																																
	加班																																
	正常																																
	加班																																
	正常																																
	加班																																
	正常																																
	加班																																
	正常																																
	加班																																

制表：　　　　　　复核：

六十二、员工考勤签到簿

表 17 – 47　员工考勤签到簿

顺序	上班时间	签到者	下班时间	签退者	
1					
2					
3					
4					
5					
6					
7					
8					请假人员
9					出差人员
10					迟到人员
11					旷工人员
12					出勤人数
13					出差人数
14					请假人数
15					
16					
17					
18					
19					

六十三、考勤日报表

表 17－48　考勤日报表

月　　日

单位	应到人数	实到人数	迟到人数	病假	事假	公假	旷工	原因不明
合计								
本日到离职人数	报到人数 离职人数 停薪留职							

制表：　　　　　　复核：

六十四、员工年度出勤统计表

表 17 - 49　员工年度出勤统计表

姓名	项目 月份	出勤日数	休假日数	事假日数	病假日数	公假日数	婚假日数	丧假日数	迟到次数	早退次数	旷工日数	公差日数
	1											
	2											
	3											
	4											
	5											
	6											
	7											
	8											
	9											
	10											
	11											
	12											
	合计											
	1											
	2											
	3											
	4											
	5											
	6											
	7											
	8											
	9											
	10											
	11											
	12											
	合计											

六十五、员工请假单

表 17-50　员工请假单

年　月　日

姓　名		编　号		职　别	
服务单位					
请假事由					
请假期间	自　月　日　时至　月　日　时共　日　时				
批　示	总经理		分管领导	部门经理（厂长）	直接主管
销假记录					

六十六、出差申请单

表 17-51　出差申请单

年　月　日

出差人员姓名		职别	
同行人员姓名		职别	
出差地点			
出差线路			
出发时间		返回时间	
交通工具			
出差事由			

出差人员姓名		职别	
介绍信编号		借款金额	
部门批示			
办公室批示			
人力资源部批示			
以下为回来后填写			
是否已交书面报告		材料是否归档	
实用差旅费		报账时间	
直接上级批示			

六十七、差旅开支清单

表 17 - 52　差旅开支清单

出差人姓名：　　　　　　　　　部门：　　　　　　年　月　日

费 用 项 目	金 额/元	单据张数	无单据情况说明
合　　计			
承　诺　以上费用均属实，并与派遣单（申请单）要求相符。签字：			

派遣部门审核人：　　　　　　　　部门经理：　　　　　　　　出差人：

六十八、员工考评管理办法

第一条 员工考评的目的：

（一）公开、公平、公正、客观地分析和评价公司员工的素质、能力及工作实绩，适时向领导提供真实可靠的人力资源管理与开发的相关数据。

（二）通过考评正确实施奖惩，合理配置人力资源，全面提升员工绩效，保障公司的可持续高速发展。

第二条 员工考评结构：公司员工考评由业绩考评、能力考评和态度考评三方面构成。

第三条 员工考评原则：

（一）公开、公平、公正、客观原则。统一考评标准及程序，科学制定考评表及指标，多渠道收集考评信息，及时处理考评投诉。

（二）绝对性评价原则。以事实为依据，按照职务职能标准对员工的工作行为进行评价，而非人与人之间的相对评价。

（三）分析性评价原则。按事先确定的考评要素及重点逐条进行观察、判断、分析和评价，而非对人进行总体评价。

第四条 考评层次规定：

（一）高层管理者由董事会考评。

（二）中层及以下人员实行三方考评，三方成绩汇总为考评最终成绩。此处"三方"指的是直接上级、直接下级、服务部门，三方所占权重为30%、30%、40%。

第五条 考评期限规定（见表17-53）：

表17-53 考评期限规定

考评目的	考核期限		考核开始	考核结束	备注
发放月薪	1个月	每月1日至30/31日	次月1日	次月5日	
晋升	1年	1月1日至12月31日	1月16日	2月16日	
提薪	1年	1月1日至12月31日	1月16日	2月16日	
奖励（上半年）	6个月	11月16日至5月15日	5月16日	6月10日	
奖励（下半年）	6个月	5月16日至11月15日	11月16日	12月10日	

第六条 员工考核要素及评分规定。

考核要素及评分详见表17-54：

类别	要素	分值	评分标准
业绩考核 （60分）	工作效率	12	优12分、良10分、中6分、合格1分、差0分
	工作质量	12	优12分、良10分、中6分、合格1分、差0分
	工作的严密性	12	优12分、良10分、中6分、合格1分、差0分
	工作改进与改善情况	12	优12分、良10分、中6分、合格1分、差0分
	指导和教育	12	优12分、良10分、中6分、合格1分、差0分
能力考核 （30分）	基本知识	3	优3分、良2.5分、中1.5分、合格0.5分、差0分
	基本技能	3	优3分、良2.5分、中1.5分、合格0.5分、差0分
	理解能力	3	优3分、良2.5分、中1.5分、合格0.5分、差0分
	判断能力	3	优3分、良2.5分、中1.5分、合格0.5分、差0分
	创新能力	3	优3分、良2.5分、中1.5分、合格0.5分、差0分
	计划能力	3	优3分、良2.5分、中1.5分、合格0.5分、差0分
	表达能力	3	优3分、良2.5分、中1.5分、合格0.5分、差0分
	协调能力	3	优3分、良2.5分、中1.5分、合格0.5分、差0分
	管理能力	3	优3分、良2.5分、中1.5分、合格0.5分、差0分
	指导能力	3	优3分、良2.5分、中1.5分、合格0.5分、差0分
态度考核 （10分）	积极性	2	优2分、良1.5分、中1分、合格0.5分、差0分
	责任感	2	优2分、良1.5分、中1分、合格0.5分、差0分
	合作意识	2	优2分、良1.5分、中1分、合格0.5分、差0分
	服从意识	2	优2分、良1.5分、中1分、合格0.5分、差0分
	成本意识	2	优2分、良1.5分、中1分、合格0.5分、差0分
合计			

第七条　绩效考评的程序：

（一）考评开始日 10 天前，人力资源部做好考评准备工作，并成立考评小组，专门组织考评工作的开展。

（二）考评开始日 5 天前，下达考评通知，要求各部门做好考评准备。

（三）考评实施。

（四）人力资源部审核、整理、复核考评表，计算考评成绩，填写绩效考评成绩统计表，编制并上报绩效考评综合报告。

第八条　考评结果的保管与查阅：

（一）绩效考评成绩统计表、素质考评成绩统计表以及专项考评资料存入员工档案。

（二）员工履行查阅手续后，可以查阅本人的考评成绩。

（三）考评成绩的查阅按人事档案查阅有关规定执行。

第九条　考评申诉规定：

（一）被考评者若对考评结果有异议、疑问或有不同意见,可以直接向人力资源部申诉。

（二）人力资源部必须在接到申诉后1周内听取有关考评者的意见,拟定申诉处理意见经各方协商后通知申诉员工。员工若有异议,可以越级申诉。

六十九、绩效管理工作流程

（一）人力资源部制定绩效管理制度,报人力资源总监审核,总经理审批后执行。

（二）人力资源部制定考核指标、方法,下达考核通知。

（三）相关部门进行考核指标分解。根据通知精神,填写考核表,进行部门内考核。

（四）各部门把绩效考评与工作执行情况挂钩。

（五）各部门进行月度工作检查后进行绩效考评。考评结果报分管总监审核。

（六）人力资源部进行绩效考评审核。汇总当期考核结果,制定报告送交总经理办公会议审核,由总经理签批后根据绩效考评结果计算工资和奖惩。

（七）奖惩结果由人力资源部门存档。

七十、奖惩呈报表

表 17－55　奖惩呈报表

年　　月　　日　　　　　　编号：

当事人姓名		奖惩日期	
奖惩级次			
具体内容			
核实情况			
核实日期		核实人签字	
当事人签字		经办人签字	
部门意见		审批人签字	

七十一、奖惩登记表

表 17 - 56 奖惩登记表

年　　月　　日　　　　　　　第　　页

姓名	所在部门	奖惩事项	奖惩呈报表编号	奖惩级次					
				警告	记过	记大过	嘉奖	记功	记大功

复核：　　　　　　　　制表：　　　　　　　　保管：

七十二、年度奖惩公告表

表 17-57　年度奖惩公告表

年度：

姓　名	职　务	单　位	奖惩事由	奖惩办法	备　注

公告部门：

公告日期：

七十三、各部门每月工作评价表

表 17 -58　各部门每月工作评价表

年　　　月

因　素			评 价 的 依 据	程度	分数	小计
智能	知识			优、良、中、差	5、4、3、2、1	
	技能	作业方法		优、良、中、差	5、4、3、2、1	
		设备		优、良、中、差	5、4、3、2、1	
		物料		优、良、中、差	5、4、3、2、1	
	经验			优、良、中、差	5、4、3、2、1	
责任	对他人安全财物及业务	警觉程度		优、良、中、差	5、4、3、2、1	
		严重程度		优、良、中、差	5、4、3、2、1	
		财产设备		优、良、中、差	5、4、3、2、1	
		物料制品		优、良、中、差	5、4、3、2、1	
		公共关系		优、良、中、差	5、4、3、2、1	

考评：　　　　　　复核：　　　　　　日期：

七十四、月度工作项目考评表

表 17-59　月度工作项目考评表

部门：　　　　　考评日期：

姓名		职位		工作年限		工资等级	
工作项目		考核成绩					
		优秀5分	良好4分	合格3分	需改善2分	缺点甚多0	
1							
2							
3							
4							
5							
6							
7							
8							
9							
10							
11							
12							
13							
14							
15							
16							
17							
18							
19							
20							
直接主管评分	总分		直接主管盖章		部门经理盖章		
	等级						

七十五、员工每月考评成绩登记表

表 17-60 员工每月考评成绩登记表

部门：　　　　　　　年度：　　　　　　　第　　页

编号	姓名	上半年度							下半年度						年度考绩
		月	月	月	月	月	月	小计	月	月	月	〇月	一月	2月	小计	

登记：　　　　　　　复核：

七十六、员工年度考评成绩登记表

表 17－61　员工年度考评成绩登记表

部门：　　　　　　　年度：　　　　　　　第　页

考核项目 记录 编号 姓名	到职			薪资	考 勤 记 录						功过记录		年中考核	年底考绩	年度平均
	年	月	日		迟到	早退	事假	病假	旷工	其他	奖励	惩罚			

制表：　　　　　　　　　　　　　　复核：

七十七、员工历年考评成绩登记表

表 17－62　员工历年考评成绩登记表

部门：

第　页

职别工号	姓名	2002年上	2002年下	2003年上	2003年下	2004年上	2004年下	2005年上	2005年下	2006年上	2006年下	优	良	中	差

制表：　　　　　　　　　　　　　复核：

·261·

七十八、员工日常考评成绩排名表

表 17-63　员工日常考评成绩排名表

年度：

姓名	日常考评总分	年度考勤加(减)分		总成绩	名次
		全年请假 未超过(超过)天数	应+(-)分数		

经办：　　　　　复核：　　　　　审核：

七十九、管理层文职人员考核表

表 17 – 64　管理层文职人员考核表

考核日期：

姓名		单位		职务		考核期间		
考核项目		考核说明	考评人	考评等级				得分
				优	良	中	差	
工作考评（满分60分）	工作知识							
	工作量							
	工作品质							
	工作态度							
	工作能力							
领导能力（满分20分）								
出勤（满分15分）								
其他（满分5分）								
奖惩意见								
考评人盖章						总分		

263

八十、基层文职人员考核表

表 17－65　基层文职人员考核表

考核日期：

姓名		单位		职务		考核期间		
考核项目		考核说明	考评人	考评等级				得分
				优	良	中	差	
工作考评（满分72分）	工作知识							
	工作量							
	工作品质							
	工作态度							
	工作能力							
领导能力（满分10分）								
出勤（满分13分）								
其他（满分5分）								
奖惩意见								
考评人盖章						总分		

八十一、营销人员考核表

表 17-66 营销人员考核表

考核日期：

姓名		单位		职务		考核期间		
考核项目		考核说明	考评人	考评等级				得分
				优	良	中	差	
工作考评 （满分72分）	工作知识							
	工作量							
	工作品质							
	工作态度							
	工作能力							
领导能力 （满分10分）								
出勤 （满分13分）								
其他 （满分5分）								
奖惩意见								
考评人盖章							总分	

265

八十二、制造人员考核表

表 17 - 67　制造人员考核表

考核日期：

姓名		单位		职务		考核期间		
考核项目	考核说明	考评人	考评等级				得分	
			优	良	中	差		
工作考评（满分72分）	工作知识							
	工作量							
	工作品质							
	工作态度							
	工作能力							
领导能力（满分10分）								
出勤（满分13分）								
其他（满分5分）								
奖惩意见								
考评人盖章					总分			

八十三、无记名民主考评表

表 17-68　无记名民主考评表

考评期间：　　　　　　考评时间：　　　　　　考评部门：

姓名			职务		任期					
分类		评价内容				满分	次	次	调整	决定
领导能力	1	自己是否率先示范				5				
	2	遭遇困难时,是否能沉着果断地指导				2.5				
	3	是否公平且冷静地对待部属				2.5				
	4	部属是否充满朝气				2.5				
	5	是否受到部属坚定的信赖				2.5				
部属培育	6	是否明确部属的优缺点				2.5				
	7	是否从旁给予帮助、建议以发挥部属的优点				2.5				
	8	是否适才所用				5				
	9	是否能引发部属思考				2.5				
	10	是否仔细地聆听部属的意见				2.5				
士气	11	是否注意身体的健康				2.5				
	12	是否恰当使用金钱				5				
	13	是否热心部门内意见的沟通				2.5				
	14	是否存在生活作风问题				2.5				
	15	不与顾客串通勾结				5				
目标完成	16	是否能依照公司的经营方针来拟定部门目标				2.5				
	17	是否尽最大的努力完成目标				7.5				
	18	是否能省钱、保质地完成目标				7.5				
	19	是否能严守时限,完成目标				2.5				
责任感	20	是否能随机应变,完成目标				2.5				
	21	是否能站在全公司的立场发言、提议				2.5				
	22	是否能以长远的眼光制定企划				2.5				
	23	是否能从公司的立场制定企划				5				
	24	是否能与其他部门合理交流				2.5				

姓名			职务		任期					
分类		评价内容				满分	次	次	调整	决定
自我启发	25	是否积极地与其他部门协调				2.5				
	26	是否热衷于工作交际的扩展				2.5				
	27	是否虚心地听取部属或晚辈的建议、意见				2.5				
	28	是否经常吸取新的知识、技术				2.5				
	29	是否不怠于未来的预测				2.5				
	30	为了改善，是否可以抛弃前例				5				
评价分数合计						100				
本人意见										

八十四、员工晋升考评表

表17-69 员工晋升考评表

时间：

姓名			性别		年龄	
学历			专业		职位	
此前1年内考核情况						
以下由考评小组评定						
工作经验	标准及分值	10年以上	8年以上	5年以上	2年以上	2年以下
		10分	8分	5分	3分	0分
	实际得分					
领导能力	标准及分值	强	有一定能力	需提高	弱	不具备
		10分	8分	5分	3分	0分
	实际得分					
政策贯彻	标准及分值	全部贯彻	大部分贯彻	部分贯彻	小部分贯彻	不贯彻
		10分	8分	5分	3分	0分
	实际得分					

姓名			性别		年龄	
学历			专业		职位	
工作能力	标准及分值	强	有一定能力	需提高	弱	不具备
		10 分	8 分	5 分	3 分	0 分
	实际得分					
工作态度	标准及分值	很好	好	一般	差	很差
		10 分	8 分	5 分	3 分	0 分
	实际得分					
建议能力	标准及分值	强	有一定能力	需提高	弱	不具备
		10 分	8 分	5 分	3 分	0 分
	实际得分					
创新能力	标准及分值	强	有一定能力	需提高	弱	不具备
		10 分	8 分	5 分	3 分	0 分
	实际得分					
发展潜力	标准及分值	知识	解决问题能力	判断力	主见果断	
		10 分	10 分	5 分	5 分	
	实际得分					
总分						
以下是相关部门意见						
原部门意见						
原分管领导意见						
人力资源部意见						
评定结论						

八十五、人事档案管理办法

第一条　员工档案包括：

（一）员工求职资料。

（二）职位申请登记表、应聘人员面试评价表、试用员工登记表、新员工声明、试用合同。

（三）身份证、学历证、学位证、外语等级证书、各种资料证以及其他相关证件的复印件。

（四）员工档案照片。

（五）员工转正申请表、员工履历表、声明、劳动合同。

（六）员工异动申请表、异动交接手续。

（七）其他反映员工信息的材料。

第二条　公司员工内部档案应及时、全面地收集到人力资源部统一保管；各部门应主动将平时形成的应归档材料及时送交人力资源部保管；驻外机构在当地招聘的人员须建立详细的人事资料存档备查，并将所聘人员的主要个人资料整理汇总后交公司人力资源部存档。

第三条　人力资源部对收集的归档材料按规定进行整理、装订并按员工顺序号进行存放保管。为确保档案的准确，每半年对内部档案进行检查、核对，同时不定期查看，做到防蛀、防潮。每年年底清理当年离职员工档案，并将离职员工档案移交公司档案馆保存。

第四条　查阅、借阅员工档案的人员须是中级及以上管理人员，且只能查、借其下属的档案。查阅、借阅员工档案的人员须填写《档案查阅（借阅）登记簿》。档案借出时间不超过 5 个工作日。查阅、借阅档案者负有保密义务和保管责任。

八十六、劳动合同管理

第一条　劳动合同是劳动者与用人单位确定劳动关系、明确双方权利和义务的协议，凡在公司工作的员工都必须按规定与公司签订劳动合同。

第二条　劳动合同签订规定：

（一）试用员工与公司签订《劳动试用协议》，用以明确试用期间双方的权利和义务关系。

（二）临时或兼职员工与公司签订《临时（兼职）劳动协议》，明确双方权利和义务关系。

（三）试用合格，正式聘用的员工在接到由人力资源部发出的通知后 5 日内到人力资源部签订《劳动合同》。如因特殊原因不能 5 日内签订劳动合同，应及时说明理由，否则视为自动延长试用期。

第三条　劳动合同期限规定：

（一）公司高层领导职务 15 年。

（二）中级管理岗位职务 10 年。

（三）中级以下管理岗位职务 5 年，一般技术人员 3 年，一般行政人员和工人为 1 年。

（四）正式员工如不愿按要求的年限签订劳动合同，可与公司协商劳动合同年限，协商年限须人力资源总监批准。

第四条　签订3年以上劳动合同的员工须承诺保守公司商业机密。

第五条　员工首次签订劳动合同时,应书面声明无原单位或已与原单位依法解除劳动合同关系。

第六条　在员工劳动合同期满前10日,由人力资源部通知员工本人及用人部门,用人部门根据员工合同期内工作表现确定是否继续聘用该员工,并将结果及时通知人力资源部。人力资源部根据双方续签劳动合同的意愿,通知员工签订劳动合同。员工在接到通知3日内到人力资源部签订劳动合同,逾期不签且未作说明,即视为自动待岗。

第七条　员工劳动合同期满而原工作部门不同意续签,员工又不能联系到新工作部门的,劳动合同终止;合同期满员工不愿意再在公司工作的,可以终止劳动合同;合同约定的终止条件出现,合同亦应终止。

第八条　人力资源部于合同终止当日通知合同终止,员工办理终止劳动合同及离职手续。

第九条　在试用期被证明不符合录用条件,或者严重违反公司规章制度、严重失职、营私舞弊,给公司利益造成重大损失,或者被依法追究刑事责任的员工,公司有权随时解除劳动合同。

第十条　员工在试用期可以随时要求解除劳动合同,非试用期内要求解除劳动合同应提前30天提出申请,经批准同意后办理离职手续。

第十一条　员工提出解除劳动合同,在未得到批准和办完解除劳动合同手续前应坚持本岗位工作,不得在外应聘、兼职和就业。

八十七、劳动合同管理流程

(一)新员工报到入职,办理相关手续。

(二)人力资源部门与新员工签订试用合同。

(三)试用期满后,由各相关部门与人力资源部门对其试用期表现进行考核。

1. 考核不合格进入辞退流程。

2. 考核合格者由人力资源部与其签订正式合同,同时报劳动仲裁机构签字备案。

(四)劳动合同期满。

1. 继续签订劳动合同。

2. 不再续签劳动合同,办理离职手续,进入离职流程。

八十八、员工人事档案卡

表 17-70　员工人事档案卡

（正面）　　　　　　　　　　　　　　　编号

姓名		性别		生日			年龄		贴照片处
户籍地址		电话		籍贯					
现在通迅处		电话		身份证编号					
最高学历		服役情况				家庭成员			
应征工作		希望待遇			伙食			住宿	

履历						工作经验	人事单位意见		主管批示
起讫			工作机关名称及所在地(县市)	担任工作	薪酬	①最熟悉工作项目： ②最擅长操作机械或技能：			
年	月	年	月				**本人保证**		
							兹保证以上资料都是真实的,如有虚伪,愿受公司重新核定薪资或解职之处分。 　　签名： 　　年　月　日		
紧急通知人			关系		地址			电话	

（背面）

薪资记录						奖惩记录			
年	月	日	服务部门	职称	薪资	年	月	日	记事	主管签章

八十九、人事通知单

表 17 - 71　人事通知单

姓名						
事由						
原服务单位		原任职务		原支薪额		调资日期	年　月　日
现调派单位		现调派职务		核定薪额		核薪说明	
备注						
相关说明						

人力资源部
年　月　日

九十、人事通报表

表 17 - 72　人事通报表

姓名	新任职务	生效日期	原任职务	备注

人力资源部
年　月　日

九十一、员工登记表

表 17-73　员工登记表

职别	员工编号	姓名	性别	出生年月			年龄	籍贯	到职日期			最高学历	担任工作	薪资		
				年	月	日			年	月	日			本薪	职务津贴	技术津贴

制表：　　　　　　　复核：

九十二、管理人员登记表

表 17-74 管理人员登记表

编号	姓名	职别	出生年月	年龄	学历	经历	工龄	薪津额	备注
1									
2									
3									
4									
5									
6									
7									
8									
9									
11									
12									
13									
14									
15									
16									
17									
18									
19									
20									
21									

制表: 复核:

九十三、员工人数及费用动态统计表

表 17-75 员工人数及费用动态统计表

年　月　　　　　　　　　　　　　　填表日期:　月　日

本月人数	编制人数	男　人 女　人 计　人		编制内制造人员	元
	编制内人数	男　人 女　人 计　人	月薪	编制内管理人员	元
	编制外人数	男　人 女　人 计　人		编制外人员	元
	合　计	男　人 女　人 计　人		合　计 (占人事费用比率)	元 %

编制人员出勤	应工作日数		日	津贴	职务津贴		元
	缺勤总日数		日		加班津贴		元
	出勤总日数		日		值勤津贴		元
	出勤率		%		夜勤津贴		元
	加班总时数		时		外勤津贴		元
人事动态	新进	男	人		特殊工种环境津贴		元
		女	人		其他津贴		元
		合计	人		合　计		元
		新进率	%		（占人事费用比率）		%
	离职	男	人	奖金奖性支出	年终奖金		元
		女	人		退职酬劳金提成		元
		合计	人		不休假代金		元
					其他奖励金		元
		离职率	%				
	内部调动	男	人		合　计		元
		女	人		（占人事费用比率）		%
		合计	人	其他支出	工伤医药费		元
					抚恤金支出		元
预计劳保受益比率	公司负担部分		元		奠仪金支出		元
	个人负担部分		元		退休金提成		元
	受益总数		元		资遣费支出		元
	负担及受益差额		元		福利金提成		元
	受益率		%		互助金提成		元
互助费动态统计	上月底累计结余		元		培训基金提成		元
	本月互动费提成		元		训练图书费		元
	本月互助费收入		元				
	本月互助费支出		元				
	本月结余		元				
	累计结余		元		合　计		元
					（占人事费用比率）		%
	收/支比率		%		费用总计(100%)		元
备注					每人平均费用		元

九十四、员工每日动态统计表

表 17 -76　员工每日动态统计表

年　　月　　日　　　　　　　　　星期

区分 人数 单位	应出勤人数					合计	缺勤	出勤 姓名	缺勤统计			
	男			女					类别			
	正式		临时工	正式		临时工			私假	公假	迟到	早退
	管理员	作业员		管理员	作业员							
合计												
审批		单位主管			人事主管				制表			

九十五、员工每月动态统计表

表 17 - 77　员工每月动态统计表

年　　月

人员招聘统计					流动状况					其他事项				
说明	招聘人数	应聘人数	报到人数	起讫时间	辞职人数	退休人数	停薪留职	深造人数	解职人数	奖惩件数	抚恤件数	劳保件数	就医住院	人员调迁

出勤状况		
迟到早退	人　　次	
请假	病假	人　　次
	事假	人　　次
	工伤假	人　　次
	婚假	人　　次
旷工	人　　次	

制表：　　　　　　复核：　　　　　　审查：

九十六、每月人事变更统计表

表 17-78　每月人事变更统计表

年　月　　　　　　第　页

姓　名	员工编号	变动事项说明	变更日期	备　注

制表：　　　　　复核：　　　　　审查：

第十八章

生产运作管理体制

《按制度办事》

一、组织体系表

生产运作管理组织机构由两部分组成。一部分是由企业生产总监领导下的与生产直接相关的管理体系，下设技术开发部、生产计划部、供应部、物管部、设备部等职能部门，直接对生产总监负责。另一部分是质量总监领导下质量管理监督体系，下设质量管理部等职能部门。各职能部门根据工作需要再设立相应的职能岗位。

表 18-1 组织体系表

总监	部门	经理	主管	一般工作人员
生产总监	技术开发部	1	开发主管	根据需要配置
			工艺主管	
			定额主管	
	生产计划部	1	计划主管	生产主管
			根据需要配置	
	供应部	1	采购主管	根据需要配置
	物管部	1	仓储主管	根据需要配置
			物流主管	
质量总监	设备管理部	1	设备主管	根据需要配置
	质量管理部	1	来料检验主管	根据需要配置
			制程检验主管	
			成品检验主管	

二、生产运作管理人员职位说明表

表 18-2　生产运作说明表

姓名		职务		隶属部门	备注
工作概要					
职责范围					
使用设备					
主要权利					
直接责任					
监督管理					
任职条件					
其他说明					

三、生产计划部职责范围

生产计划部受生产总监领导,直接向生产总监报告工作。生产计划部下属单位为各分厂。部门职责:

(一)组织生产计划的制定,并经批准后实施。

(二)生产任务的调配,订单的审核、登记和分发。

(三)制定并实施生产日程计划。

(四)生产计划的检查和进度控制工作。

(五)受理、分析生产报表。

(六)生产预算的控制与管理。

(七)生产效率的管理与改善。

(八)制造方法的改善。

(九)实施标准生产作业方法。

(十)制造成本控制。

(十一)生产现场管理。

(十二)生产现场财产管理。

(十三)生产负荷统计和产销平衡调度。

（十四）负责用料管理与控制。

（十五）产品质量控制，质量自检。

（十六）负责各个分厂的协调工作。

（十七）安全生产检查与处理。

（十八）与营销各部门沟通、联系、协调。

（十九）其他相关职责。

四、物资采购供应部职责范围

物资采购供应部受生产总监领导，直接向生产总监报告工作。部门职责：

（一）根据市场与生产需求，负责制定采购计划，经批准后组织采购实施。

（二）供应商的选择与考评。

（三）采购合同的签订和实施。

（四）采购预算的编制，经批准后实施。

（五）采购成本控制。

（六）受理各类购入申请。

五、物管部职责范围

物管部受生产总监领导，直接向生产总监报告工作。部门职责如下。

（一）物料管理

1. 做好与技术开发部、生产计划部、供应部、机电设备部的协调工作，确保物料需求和消耗信息链畅通。

2. 退货处理。

3. 材料、辅料、部件、机械、工具等的库存调查。

4. 现场物料消耗调查、研究、分析、报告。

5. 制定并实施标准存量，实施存量控制。

6. 呆料、滞料、废料报表编制，并经批准后处理。

7. 物料补充计划编制，并传递供应部。

8. 物料入库办理，物料检查，入库记账核算。

9. 物料入库日报、周报、月报、季报的编制。

10. 物料出库办理,出库记账核算。

11. 物料出库日报、周报、月报、季报的编制。

12. 退货的记账核算。

13. 物料盘存、盘存报表及核算。

14. 其他相关职责。

(二)成品管理

1. 做好生产计划部、营销各部门的协调工作,确保成品需求和销售信息链畅通。

2. 成品退库处理。

3. 成品、半成品库存调查。

4. 实施成品、半成品存量控制。

5. 滞销品、次品、废品报表编制,并经批准后处理。

6. 成品、半成品存量表编制,并传递生产计划部和营销各部。

7. 成品、半成品入库办理,检查,记账核算。

8. 成品、半成品入库日报、周报、月报、季报的编制。

9. 成品、半成品出库办理,出库记账核算。

10. 成品、半成品出库日报、周报、月报、季报的编制。

11. 退库成品的记账核算。

12. 成品、半成品盘存、盘存报表及核算。

13. 其他相关职责。

(三)运输管理

1. 运输计划的编制与实施。

2. 运输作业与运送管理。

3. 包装作业与包装物料管理。

4. 外运机构的联系及合同洽谈、签订,费用结算。

5. 运输车辆管理。

6. 车辆油耗管理。

7. 运输保险与运输事故处理。

8. 作业报表编制与报送。

9. 与营销各部门、各办事处沟通协调,确保货品安全、完整。

10. 其他相关职责。

(四)异地成品库存管理

1. 做好生产计划部、营销各部门的协调工作,确保成品需求和销售信息链畅通。

2. 成品退库处理。

3. 成品库存调查。

4. 实施成品存量控制。

5. 滞销品、次品、废品报表编制,并经批准后处理。

6. 成品存量表编制,并传递物管部,由物管部处理。

7. 成品入库办理,检查,记账核算,成品入库日报、周报、月报、季报的编制。

8. 成品出库办理,出库记账核算,成品、半成品出库日报、周报、月报、季报的编制。

9. 退库成品的记账核算。

10. 成品盘存、盘存报表及核算。

11. 其他相关职责。

六、设备部职责范围

设备部受生产总监领导,直接向生产总监报告工作,下属部门为机电科、设备科、修理车间。部门职责如下。

（一）编制设备采购、维修、报废计划,并经批准后实施。

（二）设备检查、管理工作。

（三）设备保养维修工作。

（四）参与定额制定。

（五）修理车间的管理。

（六）设备改良、技术改造。

（七）设备使用培训、操作规程的制定。

（八）设备实物账核算。

（九）设备账、卡管理。

（十）设备调拨和转移管理。

（十一）预算编制,并在经批准后实施。

（十二）工具收发、管理、实物核算。

（十三）工具检查和管理。

（十四）工具制作和维修。

（十五）参与生产能力分析。

（十六）作业报表编制与报送。

（十七）各种能源的核算与分配工作。

（十八）设备及工具安全使用检查与处理。

（十九）其他相关职责。

七、技术开发部职责范围

技术开发部受生产总监领导,直接向生产总监报告工作。部门职责如下。

（一）参与新产品开发,负责产品工艺设计。

（二）主持成本定额的制定和修订,标准工时的制定和修订,标准用料的制定和修订。

（三）现有产品在设计上的研究与改良。

（四）客户原样蓝图定制（或委托加工）的研究与保管。

（五）工厂布置、生产线布置。

（六）工艺流程设计与改善。

（七）样品制造进度控制。

（八）新产品使用说明与使用跟踪。

（九）各项操作规范的制定与检查（含样品制造）。

（十）一线工人作业方法的设计、改善、简化、策划与推行。

（十一）订单标准用量的制定和修订。

（十二）会同企划部做好产品企划。

（十三）参与产品推广方案的制定。

（十四）会同财务部实施定额考核。

（十五）其他相关职责。

八、质量管理部职责范围

质量管理部受质量总监领导，直接向质量总监报告工作。部门职责如下。

（一）制定质量准则，经批准后实施。

（二）原料入厂质量检验的执行及异常情况处理。

（三）生产过程中质量的检查与记录。

（四）成品检查与记录。

（五）外协质量检验。

（六）成品各项功能测验。

（七）检验器具的使用与保管。

（八）质量异常处理与追踪。

（九）协同处理质量投诉。

（十）执行质量管理的各种活动。

（十一）质量问题分析、报告。

（十二）质量体系的推行。

（十三）质量体系的认证组织。

（十四）其他相关职责。

第十九章

生产管理

《按制度办事》

一、生产计划制定实施办法

□ **总则**

第一条　为了科学地组织生产,保障年度销售计划的完成,实现公司既定的战略目标,特制定本办法。

□ **组织管理**

第二条　生产部担负着年度、月度、周生产计划的编制、组织、实施监督工作,直接向生产总监负责。

第三条　制造车间在具体实施生产计划时,要努力搞好生产的组织、掌握好生产节奏,使生产过程实现连续性、平行性、比例性和均衡性。

□ **生产计划制定流程**

第四条　生产部每年在计划制定与实施时,要考虑生产状态,以过去数年中的实绩作为标准,结合销售计划,制定年度计划预定表,并分解成季度生产计划。

第五条　提前一个月制定出月度生产计划,提前一周制定周生产计划。

第六条　生产部要通过各工厂送来的计划预定表了解市场情况,制定出下月乃至再下个月的生产进度表并返回到各工厂。

第七条　工厂要根据生产部下达的生产进度表,计算当月的生产预订量,并把此表上交给生产部。

第八条　在工厂的最后一道工序中,要汇总每天的生产数量,然后入库。并在最后工序的入库账上进行登记,根据入库量计算出与进度计划相对照的超过或不足的数量;再以此数据记入工厂日报,送交生产部。

第九条　在月中,要对当月的在制品进行盘存。系统地调查当月生产状况的同时,计算出工厂的生产效率、实绩与计划的差异,而后制定出作业方针。

第十条　生产部要根据市场行情,灵活分配全年生产计划,可以提前完成生产计划进度。

□ **生产计划的保障**

第十一条　各职能部门工作整体运作才能形成保障体系,因此,各部门应密切配合协作。

第十二条　生产计划是根据销售计划制定的,因此销售计划的制定与实施必须与生产计划相匹配。

第十三条　产品质量是企业的生命线,必须加大该项工作的力度,在技术攻关上、在质检把关上、在员工技术培训上、在工艺改进及设备保养上下大工夫。

第十四条　物资准备是生产的基本前提,物资的采购与仓储管理直接制约着生产计划的实施,因而务必要把好物流关。

第十五条　保障系统中各职能部门的整体运作要强调统一性、协调性,因此,要求信息传递及时、准确、明了,防止工作互相推诿扯皮。

□　附　则

第十六条　本办法由生产管理部制定并实施,报总经理批准后执行。

二、生产作业综合管理制度

□　总　则

第一条　生产是工业企业各项工作的中心,生产管理是工业企业管理的重要组成部分。为做好生产管理,就要合理组织生产过程中的劳动力、劳动工具和劳动对象。只有有计划地均衡组织生产活动,加强在制品的管理,建立良好的生产秩序,才能取得良好的经济效益。这是制定本制度的目的所在。

□　生产计划管理

第二条　生产计划是根据企业的全年生产任务及其安排,适应情况的变化 具体规定每个生产环节(车间、工段、班组及个人)在单位时间内的生产任务。生产部应根据企业生产能力水平及生产指标,合理计划、安排全年生产任务。逐月编制生产计划,督促、检查计划执行情况,加强调度,确保各项计划的完成。

第三条　每月25～30日向各车间下达下月生产计划(数量、品种、规格)等方面的详细计划。

第四条　各车间每月1～3日对班组下达生产计划,并做到认真督促、检查。

第五条　分日、旬、月检查生产计划的实施情况,不断地平衡生产进度,以保持生产计划的严肃性。

第六条　不断改进和完善生产计划。

第七条　如发现产品的生产进度不合理,要及时填写计划调整通知单,以便保证各品种的按时完成。

第八条　经常同并行科室互通情报、共同努力、互相协作,保证年、季、月生产任务的按时完成。

第九条　经常向有关领导汇报生产进度和生产中存在的问题,使问题能够得到及时解决。

第十条　生产中抓好薄弱环节、排除不利因素,保证生产任务的完成。

□ 生产现场管理

第十一条 生产管理单位,依据月生产计划,制造通知单,制造变更通知单、实际的生产进度以及现有人力、设备资料,于每周定期分配安排次日起 10 天内的生产进度。

□ 生产调度会议

第十二条 每月定期召开一次各车间生产主任、调度员会议。

第十三条 各车间向生产部汇报本周的生产进度,各品种的完成情况及生产中存在的问题。及时向有关部门反映,力争尽快解决。

第十四条 建立调度会议记录,防止遗漏问题。

第十五条 不断总结调度会议的经验,克服不足,提高会议质量和办事效率。

□ 半成品流转

第十六条 流转有计划。

第十七条 存放有标记。

第十八条 收入付出有账簿。

第十九条 产品入库、领取有手续。

第二十条 定期清查仓库,预防积压。

□ 在制品管理

第二十一条 在制品堆放整齐。

第二十二条 在制品流转有明显标记。

第二十三条 在制品必须按定额存储。定期对仓库进行盘点,不经生产部同意不得加大库存,保持最低限度的存货量。

□ 交接班

第二十四条 提前 10 分钟进厂,开好班前碰头会。

第二十五条 下班后召开下班碰头会,及时处理生产中的遗留问题。

第二十六条 做好上班前的准备工作,穿戴好劳保用品,女工不准留长发。

第二十七条 做好交接班工作,做到工艺交接清楚、准确,机器运转情况良好,工卡器具齐全,生产情况明了。

第二十八条 建立交接手续,一般工种口头交接,主要工种必须建立交接班记录。

□ 安全文明生产

第二十九条 建立安全卫生负责制,在车间主任的领导下,作为一项经常工作来抓。

第三十条 划分卫生区域,分片包干,责任到人,定期性查。

第三十一条 凡在规定的范围内,要做到日清理、班检查。

第三十二条 要不断对员工进行防火、防盗、防事故发生的安全教育,维护正常生产秩序。

第三十三条 边角下料、废纱头、废染化料、废旧零配件等要分门别类按指定地点存放。

第三十四条　严禁违规操作。

第三十五条　本办法由生产管理部制定并实施,报总经理批准后执行。

三、生产作业管理流程

第一条　为了加强生产管理,有效运用物料、人力、设备,提高生产效率,并降低成本,获得最大的经济效益,特制定本操作流程。

第二条　销售部于下年度开始前3个月,提出年度销售计划。生产管理部依据销售部年度销售计划,制定出年度生产计划,并针对主副料需要、人力、设备负荷等拟定生产计划。

第三条　依据年度生产计划,销售部开出的制造通知单以及现有库存(成品、半成品)拟定月生产计划。

第四条　生产部在接到销售部的制造通知单后,应通知有关生产班组做好如下事项。

(一)安排生产进度预定表。

(二)计算所需的主、副料(何时再需要)。在购备之前通知存量管理单位安排材料。

第五条　生产管理单位,依据月生产计划、制造通知单、制造变更通知单、实际的生产进度以及现有人力、设备资料,于每周定期安排次日起10天的生产进度。

第六条　依预定的和实际的生产进度,发出工作命令和发料单。工作命令一联给现场制造各科组,一联通知质量管理单位。发料单一联给现场制造各科组,一联通知库管单位备料。要在开工3天之前发出工作命令和发料单。

第七条　由现场各科每日递送报表,了解生产进度,且要实地追查、督促。

第八条　现场制造各科组无法按照进度如期完成任务时,或有任何困难,应尽快将原因通知生产部,予以调整生产进度。

第九条　制造完工后,将工作命令填写在有关栏处,送回生产管理单位销令。

第十条　于每批产品(订单)完工后,要将有关资料,如生产日报表等资料汇总,并将实际生产所发生的问题进行研讨汇报。还需汇总成本分析、产销资料等。

第十一条　生产管理单位要经常与业务单位、存货管理单位、质量管理单位、技术单位以及现场制造各科组保持密切的联系,确实了解实际情况与预定进度是否超前或落后。

第十二条　本流程由生产管理部制定并实施,报总经理批准后执行。

四、安全生产操作规范

□ 总则

第一条 本标准是依据加工指示书所做成的标准。

□ 目的

第二条 制定操作标准的目的是使操作者更加了解如何操作机器才最安全、才最节省时间,对工作流程的现状予以调查记录,并利用分析技术、运用改造原则、以可行的途径求得一种最合理的工作方法。

□ 使用范围

第三条 本厂管理员以下的作业员,以此作为操作机器、仪器、模具以及各类工具的依据。

□ 人体运动原则

第四条 使用双手从事生产性工作。

第五条 双手同时开始并完成各种对称工作。

第六条 使手和臂的移动呈连续曲线。

第七条 动作应有节奏,使工作自动而圆滑。

第八条 尽量使操作范围内的移动距离最短,并采用最低级别的动作。

第九条 应尽量利用物体重量。

□ 工作场所原则

第十条 手和手臂的移动范围应在正常工作区域内。

第十一条 必须用眼睛注意工作,并保证有正常视野。

第十二条 工具和材料应置于固定位置。

第十三条 工作场所的高度应设成能站立或坐着使用。

第十四条 工作区域应以少移动为原则。

第十五条 好的工作环境可以导致好的工作表现。

□ 工具和设备原则

第十六条 工具和设备应置于随手可以拿到或抓到之处。

第十七条 以足踏板和固定工具代替手的动作,使手能执行更有用的职能。

第十八条 使用将完成产品移出的自动弹出设施。

第十九条 在方便操作的情况下,将机器控制排列妥善。

第二十条　利用特别的工具和复合工具(多种用途的工具)。

第二十一条　考虑如何使用机器以方便操作。

□　材料搬运原则

第二十二条　应有良好的设计以方便搬运。

第二十三条　安排重力输送的漏斗、分离器、堆放和输送带,将材料送至使用地点。

第二十四条　预置和分类标明下一操作所需的材料和零件。

第二十五条　用落地输送法将产品挪开。

第二十六条　举起较重物品时应使用搬运机械。

□　节省时间原则

第二十七条　改善人工和机械动作的迟缓或暂时停止的问题。

第二十八条　通常动作步骤较少或元素较少时,所用的时间最短。

第二十九条　当机器工作时,工作应在进行中,而工作进行时,机器应在工作中。

第三十条　应同时加工两个或两个以上零件。

第三十一条　本办法由生产管理部制定并实施,报总经理批准后执行。

五、生产作业现场规定

生产主管要掌握作业现场的状况,应当做定期的巡视,或是从各种角度来查核现场的作业。一旦发现问题要研究出对策,提高生产效率。以下是生产作业现场的规定细则。

(一)整理整顿方面

1.原料或零件要摆放在标准的定点位置。

2.作业用的工具要摆放在标准的定点位置。

3.工作台上要整理得条理井然。

4.工作环境要整理就绪,走道要通畅无阻碍。

(二)工作态度方面

1.工作中不得有人偷懒闲聊。

2员工要保持正确的作业姿势。

3.员工要按规定整齐穿着服装。

(三)处理设备方面

1.按照说明正确地操作机械。

2.正确地使用工具。

3.机械、工具要摆放在妥当之处,易于取用。

(四)工程进度方面

1无停工待料的事情发生,全体人员都能够顺利地进行作业。

2. 整个工程都按照原定计划顺利地进行。

3. 各个工程之间要能够顺利地衔接无碍。

（五）安全方面

1. 要正确地使用保护器具或安全防范器具。

2. 危险物品要能够保管得非常妥当。

3. 按照规定安全标志执行。

（六）本规定由生产部制定并监督实施，报总经理批准后执行。

六、生产现场 5S 检查细则

（一）整理

1. 是否定期实施红牌作业（清除不必要品）？

2. 有无不用或不急用的夹治具、工具？

3. 有无剩料等近期不用的物品？

4. 是否存在"不必要的隔间"影响视野？

5. 作业场所是否明确地加以区别？

（二）整顿

1. 仓库、储物室是否有规定？

2. 料架是否定位化，物品是否依规定放置？

3. 夹治具、工具是否易于取用，不用找寻？

4. 夹治具、工具是否区分颜色？

5. 材料有无配置放置区，并加以管理？

6. 废弃品或不良品放置有无规定，并加以管理？

（三）清扫

1. 作业场所是否杂乱？

2. 作业台上是否杂乱？

3. 产品、设备有无脏污，附着灰尘？

4. 配置区划分线是否明确？

5. 作业段落或下班前有无清扫？

（四）清洁

1. 3S 是否规则化？

2. 机械设备是否定期点检？

3. 是否遵照规定的服装穿着？

4. 工作场所有无放置私人物品？

5. 吸烟场所有无规定，并自觉遵守？

（五）素养

1.有无日程管理表？

2 需要的护具有无使用？

3 有无遵照标准作业？

4.有无异常发生时的对应规定？

5.晨操是否积极参加？

6.是否遵守开始、停止的规定？

七、年（季）度产销分析预测表

表19-1 年（季）度产销分析预测表

产品种类	客户名称	一季度				二季度				三季度				四季度			
		期初	期末	生产量	销售量	期初	期末	生产量	销售量	期初	期末	生产量	销售量	期初	期末	生产量	销售量
合计																	

生产部主管：　　　　　经办：　　　销售部主管：　　　　　经办：

八、年度生产计划

表19-2 年度生产计划

产品	车间	单价	月		月		月		月		月		月	
			数量	金额	数量	金额	数量	金额	数量	金额	数量	金额	数量	金额
合计														

主管：　　　　　审核：　　　　　制表：

九、季度生产计划

表 19 - 3 季度生产计划

产品种类	全年产量	分配车间	负责人	一季度	二季度	三季度	四季度
合计							

主管：　　　　　　　审核：　　　　　　　制表：

十、月度生产计划表

表 19 - 4 月度生产计划表

产品批号	产品名称	计划		完成		制造车间	耗费工时	估计成本			附加值
		数量	金额	数量	金额			主料	辅料	工资	
合计											
配合单位工时	准备组		质检组	包装组	预计生产目标	产值	总工时	生产率	估计毛利	附加值	制造费用	毛利
合计											

主管：　　　　　　审核：　　　　　　制表：

十一、车间(工段、小组)月度生产计划表

表 19 - 5　车间(工段、小组)月度生产计划表

项目		工作日																							
		1	2	3	4	5	6	7	8	9	10	11	12	13	14	15	16	17	18	19	20	21	22	23	24	25
产量	计划																									
	实际																									
	差异																									
产量	计划																									
	实际																									
	差异																									
产量	计划																									
	实际																									
	差异																									

十二、生产通知单

表 19 - 6　生产通知单

订单号			订购数量		交货期限	
产品名称			规格号码		开工日期	
通知日期						
特别说明						
计划进度	项目	月	月	月	月
	成型组				
	装配组				
	包装组				

主管:　　　　　　审核:　　　　　制表:

十三、制造通知单

表 19-7　制造通知单

单号		发单日期		完成日期	
产品名称		产品编号		数量	
制造车间					
使用原料 等说明					
制造方法 规格等说明					
移交部门					

厂长：　　　　　　　主管：　　　　　　　制表：

十四、提前或延后生产通知单

表 19-8　提前或延后生产通知单

编号：　　　　　　　日期：

客户名称				通知部门			
订单号	产品名称	数量	订货日期	交货日期	更改日期	原因	备注

生产部门		销售部门		副经理	总经理
经理	主管	经理	主管		

十五、生产进度统计表

表 19-9　生产进度统计表

制单号：　　　　　　日期：

产品			生产数量			出货日期		
制造车间		生产数量记录						
	日期							
	预定产量							
	实际产量							
	累计产量							
	日期							
	预定产量							
	实际产量							
	累计产量							
	日期							
	预定产量							
	实际产量							
	累计产量							

十六、生产效率统计表

表 19-10　生产效率统计表

部门：　　　　　　月份：

日期	工人数	工时数	平均工时效率	机器使用率	平均制造率	平均用料率	本月生产产品

日期	工人数	工时数	平均工时效率	机器使用率	平均制造率	平均用料率	本月生产产品

主管： 审核： 制表：

十七、各车间生产绩效对比分析表

表 19－11　各车间生产绩效对比分析表

月份	一车间				二车间				三车间				合计			
	完成率	效率	良品率	超用料率	完成率	效率	良品率	超用料率	完成率	效率	良品率	超用料率	完成率	效率	良品率	超用料率
1																
2																
3																
4																
5																
6																
7																
8																
9																
10																
11																
12																
合计																

主管： 审核： 制表：

十八、生产日报表

表 19－12　生产日报表

月　　日   制造车间：

制造号码	产品名称	计划产量	实际产量	累计产量	耗费工时	累计工时
合计						
人事记录	应到人数					
	请假人数					
	调出人数					
	调入人数					
	离职人数					
	实到人数					
	加班人数					
	加班工时					
	总工时					

主管：　　　　　　审核：　　　　　　制表：

十九、生产月报表

表 19－13　生产月报表

月份：

产品名称		制造车间		总人数		负责人	
制单号码	计划数	完成数	完成率	次品数	耗费工时	每件产品工时	每人完成数

第二十章

物资采购管理

《按制度办事》

一、物资采购标准管理流程

□ 请购作业

第一条　请购部门的划分

各项材料的请购部门如下:

(一)常备材料:生产管理部门。

(二)预备材料:物料管理部门。

(三)非常备材料:

1.订货生产用料:生产管理部门

2.其他用料:使用部门或物料管理部门

第二条　免开请购单部分

(一)部分总务性物品免开请购单,并可以"总务用品申请单"委托总务部门办理,但其核决权限另订。

(二)零星采购及小额零星采购材料项目。

第三条　请购核决权限

(一)内购:

1.原料:

(1)请购金额预估在1万元以上者,由主管核决。

(2)请购金额预估在1万元至5万元者,由经理核决。

(3)请购金额预估在5万元以上者,由总经理核决。

2.财产支出:

(1)请购金额预估在2 000元以下者,由主管核决。

(2)请购金额预估在2 000元至2万元者,由经理核决。

(3)请购金额预估在2万元以上者,由总经理核决。

3.总务性用品:

(1)请购金额预估在1 000元以下者,由主管核决。

(2)请购金额预估在1 000元至1万元者,由经理核决。

(3)请购金额预估在1万元以上者,由总经理核决。

附注:凡列入固定资产管理的请购项目应以"财产支出"核决权限呈核。

(二)外购:

1.请购金额预估在10万(含)元以下者,由经理核决。

2.请购金额预估在10万元以上者,由总经理核决。

第四条　请购案件的撤销

(一)请购案件的撤销应立即由原请购部门通知采购部门停止采购,同时于"请购单

（内购）"或"请购单（外购）"第一、二联加盖红色"撤销"的戳记及注明撤销原因。

（二）采购部门办妥撤销后，依下列规定办理：

1. 采购部门于原请购单加盖"撤销"章后，送回原请购部门。

2. 原"请购单"已送物料管理部门待办收料时，采购部门应通知撤销，并由物料管理部门据以将原请购单退回原请购部门。

3. 原请购单未能撤销时，采购部门应通知原请购部门。

第五条 请购单的开立、递送流程

（一）请购经办人员应依存量管理基准、用料预算，参酌库存情况开立请购单，并注明材料的品名、规格、数量、需求日期及注意事项，经主管审核后依请购核决权限呈核并编号（由各部门依事业部别编订），"请购单（内购）（外购）"附"请购案件寄送清单"送采购部门。

（二）需用日期相同且属同一供应厂商供应的统购材料，请购部门应以请购单附表，一单多品方式，提出请购。

（三）紧急请购时，由请购部门于"请购单""说明栏"注明原因，并加盖"紧急采购"章，以急件卷宗递送。

（四）总务用品由物料管理部门按月依耗用状况，并考虑库存情况，填制"请购单"提出请购。

□ 采购作业

第六条 采购部门的划分

（一）内购：由国内采购部门负责办理。

（二）外购：由国外采购部门负责办理，其进口业务由业务部门办理。

（三）总经理或经理对于重要材料的采购，可直接与供应商或代理商议价。专案用料，必要时由经理或总经理指派专人或指定部门协助办理采购作业。

第七条 采购作业方式

除一般采购作业方式外，采购部门可依材料使用及采购特性，选择下列一种最有利的方式进行采购：

（一）集中计划采购：凡具有共同性的材料，须以集中计划办理采购较为有利者，可核定材料项目，通知各请购部门依计划提出请购，采购部门定期集中办理采购。

（二）长期报价采购：凡经常性使用，且使用量较大宗的材料，采购部门应事先选定厂商，议定长期供应价格，呈准后通知各请购部门依需要提出请购。

第八条 采购作业处理期限

采购部门应依采购地区、材料特性及市场供需，分类制定材料采购作业处理期限，通知各有关部门以便参考，遇有变更时，应立即修正。

第九条 询价、比价、议价

（一）采购经办人员接获"请购单（内购）"后应依请购案件的缓急，并参考市场行情及过去采购记录或厂商提供的资料，除经核准得以电话询价之外，另需精选3家以上的供应商办理比价或经分析后议价。

（二）若厂商报价的规格与请购材料规格略有不同或属代用品者，采购经办人员应检附资料并于"请购单"上予以注明，经主管核发后，再经使用部门或请购部门签注意见后呈核。

（三）属于买卖惯例超交者（如最低采购量超过请购量），采购经办人员于议价后，应于请购单"询价记录栏"中注明，经主管签认后呈核。

（四）对于厂商的报价资料，经办人员应在整理并深入分析后，以电话等联络方式向厂商议价。

（五）采购部门接到请购部门以电话联络的紧急采购案件，主管应立即指定经办人员先行询价、议价，待接到请购单后，按一般采购程序优先办理。

（六）"试车检验"的采购条件，采购经办人员应于"请购单"注明与厂商议定的付款条件呈核。

第十条　呈核及核决

（一）采购经办人员询价完成后，于"请购单"详填询价或议价结果及拟订"订购厂商""交货期限"与"报价有效期限"经主管审核，并依请购核决权限呈核。

（二）采购核决权限（略）。

第十一条　订购

（一）采购经办人员接到经核决的"请购单"后应以"订购单"向厂商订购，并以电话或传真确定交货（到货）日期，同时要求供应商于"送货单"上注明"请购单编号"及"包装方式"。

（二）若属分批交货者，采购经办人员应于"请购单"上加盖"分批交货"章以资识别。

（三）采购经办人员使用暂借款采购时，应于"请购单"加盖"暂借款采购"章，以资识别。

第十二条　进度控制及事务联系

（一）国内采购部门应分询价、订购、交货三个阶段，以"采购进度控制表"控制采购作业进度。

（二）采购经办人员未能按既定进度完成作业时，应填制"进度异常反应单"并注明"异常原因"及"预定完成日期"，经呈主管核示后转送请购部门，依请购部门意见拟订对策处理。

第十三条　整理付款

（一）物料管理部门应按照已办妥收料的"请购单"连同"材料检验报告表"（其免填"材料检验报告表"部分，应于收料单加盖"免填材料检验报告表"章）送采购部门，经与发票核对无误，于翌日前由主管核准后送会计部门。会计部门应于结账前，办妥付款手续。如为分批收料者，"请购单（内购）"的会计联须于第一批收料后送会计部门。

（二）内购材料须待试车检验者，其订立合同部分，依合同规定办理付款，未订合同部分，依采购部门呈准的付款条件整理付款。

（三）短交应补足者，请购部门应依照实收数量，进行整理付款。

（四）超交应经主管核示始得依照实收数量进行整理付款，否则仅依订货数付款。

第十四条　询价、比价、议价

（一）外购部门依"请购单（外购）"的需求日及急缓件加以整理，并依据供应厂商资料，并参考市场行情及过去询价记录，以电话或传真方式进行询价作业，但因特殊情况（独家制造或代理等原因）于"请购单（外购）"注明外，原则上应向3家以上供应厂商询价、比价或经分析后议价。

（二）请购的材料规范较复杂时，外购部门应附上各厂商所报材料的重要规范并签注意见后，会请购部门确认。

第十五条　呈核及核决

（一）比价、议价完成后，外购部门应填制"请购单（外购）"，拟订"订购厂商""预定装船日期"等，连同厂商报价资料，送请购部门依采购核决权限核决。

（二）核决权限：

1. 采购金额以 CIF 美元总价折合在×××元（含）以下者由经理核决。

2. 采购金额以 CIF 美元总价折合超过×××元以上者由总经理核决。

（三）采购案件经核决后，如发生采购数量、金额的变更时，请购部门应依更改后的采购金额所需的核决权限重新呈核；但若更改后的核决权限低于原核决权限时仍应由原核决主管核决。

第十六条　订购与合同

（一）"请购单（外购）"经核决送回外购部门后，即向厂商订购并办理各项手续。

（二）需与供应厂商签订长期合同者，外购部门应以签呈及拟妥的长期合同书，依采购核决权限呈核后办理。

第十七条　进度控制及异常处理

（一）外购部门应以"请购单（外购）"及"采购控制表"控制外购作业进度。

（二）外购部门于每一作业进度延迟时，应主动开立"进度异常及反应单"记明异常原因及处理对策，据此修订进度并通知请购部门。

（三）外购部门于外购案件"装船日期"有延误时，应主动与供应厂商联系催交，并开立"进度异常反应单"记明异常原因及处理对策，通知请购部门，并依请购部门意见处理。

第十八条　进口签证前（"请购单（外购）"核准后）的专案申请

（一）专案进口机器设备的申请专案进口机器设备时，外购部门应准备全部文件申请核发"输入许可证"，申请函中并应请求"国贸局"在"输入许可证"加盖"国内尚无产制"的戳记及核准章，以便进口单位凭以向海关申请专案进口及分期缴税。

（二）进口度量衡器及管理物品时，外购部门应于申请"输入许可证"之前准备"报价单"及其他有关资料送进口单位向政府机关申请核准进口。

第十九条　进口签证

外购材料订购后，外购部门应即检具"请购单（外购）"及有关申请文件，以"申请外汇处理单"（需在一星期内办妥结汇时，加填"紧急外购案件联络单"）送进口单位办理签证。进口单位应依预定日期向"国贸局"办理签证，并于"输入许可证"核准时通知外购部门。

第二十条　进口保险

（一）FOB、FAS、C&F 条件的进口案件，进口单位应依"请购单（外购）"外购部门指示的保险范围办理进口保险。

（二）进口单位应将承保公司指定的公证行在"请购单（外购）"上标示，以便货品进口必须公证时，进口单位凭以联络该指定的公证行办理公证。

第二十一条　进口船务

（一）FOB、FAS 的进口案件，进口单位（船务经办人员）于接获"请购单（外购）"时，应视其"装运口岸"及"装船期限"并参照航运资料，原则上选定 3 家以上船公司或承揽商，以便进口货品可机动选择船只装运。

（二）进口单位（船务经办人员）应将所选定的船公司或承揽商品名称，提供进口结汇经办人员，以"信用状开发申请书"列明，作为信用状条款，向发货人指示装船。

（三）如因输出口岸偏僻或因使用部门急需，为避免到货延误，外购部门应在"请购单

（外购）"上注明，避免在信用状指定船公司而委由发货人代为安排装船。

第二十二条　进口结汇

进口单位应依"请购单（外购）"标示的"间发信用状日期"办理结汇，并于信用状（L/C）开出后以"开发L/C快报"通知外购部门联络供应厂商。

第二十三条　税务

（一）免货物税及"工业用证明"的申请：

1. 进口的货品可申请免货物税者，外购部门应于"输入许可证"核准后，检具必需文件，向税捐处申请，经取得核准函后向海关申请免货物税。

2. 除"免凭经济部工业局证明办理具结免税进口"的项目外，其他合于免税规定的人造树脂类材料，外购部门应于开发"信用状"后检具必需文件向经济部工业局申请"非供塑胶用"证明，以便于报关时据此向海关申请依工业用物品税率缴纳进口关税。

（二）专案进口税则预估及分期缴税的申请及办理外购部门应于进口前，检具有关文件，凭以向海关申请税则预估，等核准后并办理分期缴税及保证手续。

第二十四条　输入许可证、信用状的修改

供应商成本公司要求修改"输入许可证"或"信用状"时，外购部门应开立"信用状，输入许可证修改申请书"经呈核后，检具修改申请文件送进口事务科办理。

第二十五条　装船通知及提货文件的提供

（一）外购部门接到供应商通知有关船名及装船日期时，应立即填制"装船通知单"分别通知请购部门、物料管理部门及有关部门。

（二）外购部门收到供应商的装船及提货文件时，应检具"输入许可证"及有关文件，以"装运文件处理单"先送进口单位办理提货背书。

（三）提货背书办妥后，外购部门应检具"输入许可证"及提货等有关文件，以"装运文件处理单"办理报关提货。

（四）管理进口物品放行证的申请：进口管理物品时，外购部门应于收到装运文件后，检具必需文件送政府主管机关申请"进口放行证"或"进口护照"，以便据此报关提货。

第二十六条　进口报关

（一）关务部门收到"请购单（外购）"及报关文件时，应视买卖、保险及税率等条件填制"进口报关处理单"连同报关文件，委托报关行办理报关手续，同时开立"外购到货通知单"（含外购收料单）送材料库办理收料。

（二）不结汇进口物品，进口单位（邮寄包裹则为总务部门）应于接获到货通知时，查明品名、数量等资料，并会外购部门确认需要提货者再行办理报关提货。如系无价进口的材料、补运赔偿及退货换料等，报关时关务部门应开立"外购到货通知单（含外购收料单）"通知收货部门办理收料，而属其他材料及物品则由收件部门于联络单签收后，送处理部门处理。

（三）关税缴纳前进口单位应确实核对税则、税率后申请暂借款缴纳。

（四）海关估税的税率如与进口单位估列者不符时，进口单位应立即通知外购部门提供有关资料，于海关核税后14天内以书面向海关提出异议，申请复查，并申请暂借款办理押款提货。押款提货的案件，进口单位应于"进口报关追踪表"记录，以便督促销案。

（五）税捐记账的进口案件，进口单位应依"请购单（外购）"，于报关时检具必需文件办理具结记账，并将记账情况记入"税捐记账额度记录表"及"税捐记账额度控制表"。

（六）船边提货的进口材料，进口单位应于货物抵港前办妥缴税或记账手续，以便船只抵港时,即时办理提货。

第二十七条　报关进度控制

关务部门应分报关、验关、估税、缴税、放行五阶段,以"进口报关追踪表"控制通关进度。

第二十八条　公证

(一)各公司事业部应依材料进口索赔记录及材料特性等因素,研判材料项目(如外购散装材料),通知进口单位于材料进港时,会同公证行前往公证。

(二)外购材料于验关或到厂后发现短损而合于索赔条件者,进口单位应于接获报关行或材料库通知时,联络公证行办理公证。

(三)进口货品办理公证时,进口单位应于公证后配合索赔经办时效,索取公证报告分送有关部门。

第二十九条　退汇

(一)外购部门依进口材料的装运情况,判断信用状剩余金额已无装船的可能时,应于提供报关文件时提示进口单位,并于进口材料放行及"输入许可证"收回后,开立"信用状退汇通知单"连同"输入许可证"送进口事务科办理退汇。

(二)退汇金额较大,但信用状未逾有效期限者,外购部门应向供应厂商索回信用状正本,送进口单位办理退汇。

第三十条　索赔

(一)外购部门接到收货异常报告("材料检验报告表"或"公证报告"等)时,应立即填制"索赔记录单"连同索赔资料交索赔经办部门办理。

(二)以船公司或保险公司为索赔对象者,由进口单位办理索赔;以供应厂商为索赔对象时,由外购部门办理索赔。

(三)索赔案件办妥后,"索赔记录单"应依原采购核决权限呈核后归档。

第三十一条　退货或退换

(一)外购材料须予退货或退换时,外购部门应适时通知进口单位依政府规定期限向海关申请。

(二)复运出口、进口的有关事务,外购部门应负责办理,其出口进口签证、船务、保险报关等事务则委托出口单位及进口单位配合办理。

(三)退换的材料进口时依本节有关规则办理。

价格及质量的复核

第三十二条　价格复核与市场行情资料提供

(一)采购部门应调查主要材料的市场与行情,并建立厂商资料,作为采购及价格审核的参考。

(二)采购部门应就企业内各公司事业部所提重要材料的项目,提供市场行情资料,作为材料存量管理及核决价格的参考。

第三十三条　质量复核

采购单位应就企业内所使用的材料质量予以复核(如材料选用、质量检验)等。

第三十四条　异常处理

审查作业中,若发现异常情况,采购单位审查部门应即填制"采购事务意见反应处理表"(或附报告资料),通知有关部门处理。

第三十五条　附　则

本流程由物资采购供应部制定,经批准后执行,未尽事宜由物资采购供应部负责解释。

二、进料检验规定

第一条 目的

确保进料质量合乎标准,确使不合格品无法纳入。

第二条 范围

原料,外协加工品的检验。

第三条 进料检验流程

(一)检验员收到验收单后,依照检验标准进行检验,并将进料厂商、品名、规格、数量、验收单号码等,填入检验记录表内。

(二)判定合格,即将进料加以标示"合格",填妥检验记录表,及验收单内检验情况,并通知仓储人员办理入仓手续。

(三)判定不合格,即将进料加以标示"不合格",填妥检验记录表及验收单内检验情况。并即将检验情况通知采购单位(物料部、采购科或外协加工科),请购单位,由其依实际情况决定是否需要特采。

1.不需特采,即将进料加以标示"退货",并于检验记录表、验收单内注明退货,由仓储人员及采购单位办理退货手续。

2.需要特采,则依核示进行特采,将进料加以标示"特采",并于检验记录表、验收单内注明特采处理情况,以及通知有关单位办理入库或部分退回,或扣款等有关手续。

(四)进料应于收到验收单后3日内验毕,但紧急须用的进料优先办理。

(五)检验时,如无法判定合格与否,则即请工程部(设计工程科),请购单位派员会同验收,来判定合格与否,会同验收者,亦必须在检验记录表内签章。

(六)检验员执行检验时,抽样应随机化,并不得以个人或私人感情认为合用为由,予以判定合格与否。

(七)回馈进料检验情况,并将进料供应商交货质量情况及检验处理情况登记于厂商交货质量履历卡内及每月汇总于厂商交货质量月报表内。

(八)依检验情况对检验规格(材料、零件)提出改善意见或建议。

(九)检验仪器、量规的管理与校正。

(十)进料属 OEM 客户自行待料者,判定不合格时,请业务部联络客户处理。

三、采购程序及准购权限表

表 20-1　采购程序及准购权限表

订定日期：

采购类别	申请人	管理单位	购买期限	准购权限			价款核准权限				验收人	品质检验	
				部长	厂长	总经理	采购	部长	经理	总经理		需	否

核准：　　　　　　　　　　　　　　　　　拟表：

四、采购作业授权表

表 20-2　采购作业授权表

采购项目	金额范围	采购程序					合同验收单位	付款程序			
		申请	初核	合办	复核	裁决		申请	初核	复核	裁决

五、提货单

表 20 - 3　提货单

月　　日

项　目	产　品	料　号	品名规格	单　位	数　量	说　明
						☐ 销货 ☐ 样品 ☐ 检验 ☐ 其他
厂　长　批　示			生产科长	物　料	质　管	提(送)货人

六、收货单

表 20 - 4　收货单

类　　别			申请号码	厂商名称	约交日期	收货日期		统一发票号码	
☐材料　☐半成品　☐成品									
项次	订单号码	品名规格	材料编号	申请数量	单位	实收		单价	金额	累计数量
						数量	件数			
说明				检验结果			收货部门	部门		
								经办		

314

七、收料单

表 20 – 5　收料单

收料日	工程编号	本单编号	请购部门	订制单编号
年　月　日				

会计科目	品名规格	项次	材料编号	单位	量数	单价	金额

备注				点收	检验	经办部门	
						主管	经办

八、验收单

表 20 – 6　验收单

订购单编号：　　　　　　　　　　　　　　　　　　　　日期：

编　　号	名　　称	订购数量	规格符合		单位	实收数量	单价	总价
			是	否				
是否分批交货 □是 □否	科目会计				厂商供应			合计
检查	抽　样%不良 全数个不良	验结收果			检查主管			检查员
总经理	成　本　会　计		仓　　库			采　　购		
	主管	核算		主管	收料		主管	制单

315

九、订购记录单

表 20 - 7 订购记录单

序号	物料名称	料号	订购数量	单位	单价	金额	订购日	合同号	交货日期	交货数量	供应商	交货情况	
1													
2													
3													
4													
5													
6													
7													
8													
9													
10													
11													

十、物资采购申请单

表 20 - 8 物资采购申请单

部门：　　年　月　日

序号	物料名称	料号	规格	申购数量	库存量	单位	需求日期	标准用量
1								
2								
3								
4								
5								
6								
7								
8								
9								
10								

第二十一章

物料管理

《按制度办事》

一、物料管理综合制度

□ 总则

第一条　物料由生产部核算、计划。

第二条　物料由采购科订购。

第三条　物料由仓库人员管理与控制。

第四条　物料管理由厂长办公室直接监督。

第五条　物料管理部门必须以公司的经营目标和生产任务为中心,指导和推动物料的供应工作。

第六条　物料管理部门必须保障生产的正常运转,不可中途短缺物料,耽误生产。

第七条　要做到物料的平衡、订购、分配工作,做到经济、合理、及时、齐全地供应各种物料。

第八条　物料管理部门要做到统一计划、统一订购、统一分配、统一调度、统一管理。

第九条　要尽量减少呆滞物料的产生,尽量降低物料的成本,提高物料的利用率。

第十条　要保证物料的质量、数量。

□ 物料的分类、核算与订购

第十一条　根据本公司生产物料的实际情况,可分为三大类:

(一)主料类;

(二)辅料类;

(三)包装物品类。

第十二条　生产部必须绘制物料分类结构图。

第十三条　物料的核算与计划,应该注意以下几个问题:

(一)什么款式。

(二)多少数量。

(三)哪种主料。

(四)用什么辅料。

(五)单位用料。

(六)单位辅料用量。

(七)交货时间。

(八)生产所需时间预估。

(九)物料进货所需时间。

第十四条　生产部根据第十三条所提供的信息,核算物料,编制好物料订购计划,通知采购部订购。

第十五条　在物料核算中，要本着务实、准确的精神，做好物料的预算工作。

第十六条　采购科一定要配合生产部，确保物料的供应，否则如果耽误生产经营，将要追究当事人的责任。

第十七条　物料的采购，要坚持"货真价实"的原则，要有高度的成本观念。

□　仓储库管理

第十八条　仓库物料放置的规划及规划图。

第十九条　库位标识、库位编号，依下列原则办理，并于适当位置作明显标识。

（一）层次别，并于适当位置作明显标识。

（二）库位流水编号。

（三）通道别，依 ABC 顺序编订。

（四）仓库别，依 ABC 顺序编订。

第二十条　物料管理部门要依库位配置情况、绘制"库位标识图"悬挂于仓库明显处。

第二十一条　仓库管理人员要掌握各库位，各产品规格的进出动态。

第二十二条　物料的验收由仓管负责。

第二十三条　物料验收人员要亲自同交货人办理交接手续，核对、清点物料名称、数量、颜色是否一致。并在货物单上签字。

第二十四条　在验收过程中，验收人员必须按照公司的有关检验文件规定，进行检验，要严格执法，不可徇私舞弊。

第二十五条　在物料验收中，如果发现质量不合格，数量短缺，立即通知采购科和有关领导等候处理。

第二十六条　物料验收合格后立即：

（一）填好"物料入厂检验表"。

（二）来料汇报单。

（三）编号入账。

（四）归入库位。

第二十七条　领料单的设置，分三联。1. 领料部门存根；2. 仓库记账凭证；3. 办公室备查。

第二十八条　领料的控制，车间用料一定要认真核算，不能超额领料，车间不能积压物料，仓管与车间各级管理人员共同控制，一定要有成本观念、物控意识。

第二十九条　领料单由各部门组长签发，由车间主管审核，再到仓库领料，否则，仓管有权拒绝发料。

第三十条　裁床部领料，必须由生产部调度签发领料单，写明款式、规格、颜色、数量，否则仓库不给发料。

第三十一条　各部门主管在审核领料时，要注意以下几个问题：

（一）审核领料单上的物料是否需要。

（二）审核领料单上的数量与实际需要是否相等。

（三）审核领料单上和内容是否正确。

第三十二条　各部门所需物料必须根据裁床数量来开领料单，如果不按规定开领料单造成物料积压车间，要追究主管的责任。

第三十三条　仓管人员发料时一定要凭领料单发料以作记账凭证，不可没单发料，否则要追究当事人的责任。

第三十四条　领料人在进入仓库时，严禁烟火。

第三十五条　领料人员领好料，清点数目之后，马上离开仓库，不可在仓库内闲聊、说笑、逗留。

第三十六条　仓库管理人员要根据裁床单的数量发货，控制好物料的发放数量。

第三十七条　对仓管人员贪图方便，违反发料原则，造成物料失效、积压，大料小用，优材劣用，以及差错，要追究当事人的经济责任。

第三十八条　仓管人员要做到：一盘底、二核对、三发料、四减数。

第三十九条　对所有发料凭证，仓库管理员要妥善保管，不得丢失。

第四十条　料发好后，要马上入账，做到账目进出平衡，不可多进少出，也不少进多出。

第四十一条　仓管人员要严格遵守本条例及公司制定的各项管理制度。

第四十二条　仓管人员要积极配合各生产部门的生产活动，做好物料发放工作。

第四十三条　要合理利用仓库空间，规划好仓库物料的放置，严禁随便乱堆、乱放。

第四十四条　通道内严禁堆放物料，要保证通道的绝对畅通。

第四十五条　要保证仓库的清洁卫生，及时清除货物出库后的垃圾。

第四十六条　仓管人员要认真履行公司赋予的管理权利和职责，不可擅离职守。

第四十七条　要做好仓库的出库与入库记录，并且及时入账，不可拖拖拉拉。

第四十八条　要定期组织安全检查，做好"防火、防盗、防害"等三防工作。

第四十九条　要不定期到生产车间，检查物料情况，看有没有浪费或积压现象。

第五十条　下班后一定要关闭电源，关好门窗。

第五十一条　要及时做好月底库存统计报表，同时做好仓库物料动态分析报告及滞料统计表。

第五十二条　要及时处理好退料，库损等问题，并向生产部汇报。

第五十三条　要及时组织对滞料的处理，并提出合理的处理方案。

第五十四条　要及时盘点常用物料的库存情况，做到心中有数，不可到了缺货时才去申购。

第五十五条　要根据生产情况，存货准则，合理发出申购指令。

第五十六条　退料分两种情况：一种是外购物料不合本公司的要求，需要退货；一种是本公司各生产现场：1. 超额领料；2. 节约用料盈余；3. 物料不合格等情况。

第五十七条　如果是在进货验收中，发现物料不合格。

（一）通知订购科。

（二）开物料退货通知单。

（三）贴上黄色拒收标签。

（四）报告有关领导。

（五）采购联络厂商取回所退物料。

（六）在进货日报表中，取消不合格进料。

第五十八条　车间退料，必须由车间主管签发退料单，注明退料原因，清点退料数量、规格、型号。

第五十九条　车间退回的物料，要分良品还是不良品，如果是良品要归入库位，如果是不良品要报告办公室等待处理。

第六十条　仓库账目分三类:1. 库存分类账;2. 实物出入账;3. 日记账。

第六十一条　记账要按规范化记账,字迹要清楚。

第六十二条　记账要日清月结,不积压、托收,月报及时。

第六十三条　仓库账目由厂长直接安排专人负责保管,记账。

第六十四条　仓库账目管理人员要绝对遵守公司的保密制度,不可泄露账务机密,否则要受到严重处罚。

第六十五条　除公司高层领导可以查看账目之外,其他任何人不可随意查看仓库账目。

第六十六条　账目要坚持"准确、务实,有据可依,有账可查,账账相符,账物相符"的原则。

☐　**成品管理**

第六十七条　按检查规格可分为:1. 合格品;2. 不合格品。

第六十八条　按品牌分类。

第六十九条　按成品的分类。

第七十条　根据成品的分类,可将仓库划分为对应数量的大区。

第七十一条　每个大区又可分为:半成品区、成品区、包装区。

第七十二条　成品按规定的位置放置后,要作明显的标识。

第七十三条　在明显的位置,要标明"库位配置图",并随时显示库存动态。

第七十四条　要编制好成品库存速查表,以便快速查出各个款式的库存情况。

第七十五条　包装部出货组,出完货后,剩下的成品要及时入库。

第七十六条　成品入库必须由成品仓管与出货组长亲自办理交接手续。

第七十七条　出货组长在移交成品入库时,必须具有成品入库明细表,否则仓管人员有权拒收。

第七十八条　成品仓管要根据"入库明细表"查明入库成品与明细表数量、规格、颜色是否相符。如果不符,必须要求出货组长重新更正。

第七十九条　成品仓管验证入库成品后,立即:开"入库单"、记入"成品库存速查表"、登记入账。

第八十条　如果出货组要在仓库提货,必须出示出货单,再由仓管人员组织配货。

第八十一条　在配货过程中,要注意以下几点:

(一)要保持成品仓库的整齐,不可乱堆乱放。

(二)要根据"出货单"的要求配货。

(三)在配货过程中,不可随便拆开包装箱,需多少拆多少,而不能拆得太多,搞得凌乱不堪。

(四)货配好后,要重新整理好成品,不可混乱。

第八十二条　货配好后,由仓管人员开好"出库单",与出货组长办理交接手续。

第八十三条　出好货后,仓管人员立即在"成品速查表"中冲减数量,并在账目中冲减,做到及时入账。

☐　**滞料与滞成品管理**

第八十四条　滞料。凡质量(型号、规格、材质、效能)不合标准,存储过久,已无机会使用,或另有使用机会,但用量极少,且存量又多,有变质的顾虑或因陈腐劣化、革新等现象已不适用,需要专案处理的物料。

第八十五条　滞料产生的原因:

(一)销售预测偏高,致使物料核算过剩。

(二)订单取消,剩余物料。

(三)工艺改变,所剩物料。

(四)质量不合格,没有及时退货。

(五)仓储管理不善,导致物料变质、劣化。

(六)请购不当,或请购重复。

(七)试验物料。

(八)代客加工余料。

第八十六条　滞成品产生的原因:

(一)正常良品入库后,满三个月未销售,或未售完者。

(二)每次生产所产生的次品。

(三)订单取消。

(四)超制、缺码。

(五)退货。

(六)试制品。

第八十七条　仓库管理人员每月要汇总"成品库存报表"、"滞成品库存报表"。同时,要经常盘点清仓,核实库存数量。如果发现与实物有异,立即查明原因并更正。

第八十八条　仓库管理人员每月要编制"六个月无异动滞料明细表"、"三个月无异动成品明细表"直接上报给厂长办公室。

第八十九条　厂长办公室根据滞料情况和滞成品情况,马上组织处理小组,追查滞料产生的原因,同时商讨处理方案和处理期限。

第九十条　滞成品、滞料处理小组把商讨好的处理方案呈交给总经理核审后再实施。

第九十一条　处理小组把实施后的结果,编成资料送交总经理审查。

第九十二条　处理方式(滞料):1.转用;2.出售;3.交换;4.拆用;5.报废。

第九十三条　如果处理方式是属于"出售"、"交换"的部分就交给采购部处理,如果是"转用"就交给生产部处理,如果是报废,就交给仓库处理。

二、进料验收管理流程

第一条　本公司对物料的验收以及入库均依本办法作业

第二条　待收料

物料管理收料人员于接到采购部门转来已核准的"采购单"时,按供应商、物料别及交货日期分别依序排列存档,并于交货前安排存放的库位以利收料作业。

第三条　收料

（一）内购收料：

1. 物料进厂后，收料人员必须依"采购单"的内容，并核对供应商送来的物料名称、规格、数量和送货单及发票并清查数量无误后，将到货日期及实收数量填记于"请购单"，办理收料。

2. 如发现所送来的材料与"采购单"上所核准的内容不符时，应即通知采购处理，并报告主管，原则上非"采购单"上所核准的材料不予接受，如采购部门要收下该材料时，收料人员应告知主管，并于单据上注明实际收料状况，并会签采购部门。

（二）外购收料：

1. 物料进厂后，管理收料人员即会同检验单位依"装箱单"及"采购单"开柜（箱）核对物料名称、规格并清点数量，并将到货日期及实收数量填于"采购单"。

2. 开柜（箱）后，如发觉所载的物料与"装箱单"或"采购单"所记载的内容不同时，通知办理进口人员及采购部门处理。

3. 发觉所装载的物料有倾覆、破损、变质、受潮等异常时，经初步计算损失将超过5 000元以上者（含），收料人员及时通知采购人员联络公证处前来公证，或通知代理商前来处理，并尽可能维持异常状态以利公证作业，如未超过5 000元者，则依实际的数量办理收料，并于"采购单"上注明损失数量及情况。

4. 在由公证或代理商确认，并由物料管理收料人员开立"索赔处理单"呈主管核示后，送会计部门及采购部门督促办理。

第四条　物料待验

进厂待验的物料，必须于物品的外包装上贴物料标签并详细注明料号、品名规格、数量及入厂日期，且与已检验者分开储存，并规划"待验区"以示区分，收料后，收料人员应将每日所收料品汇总填入"进货日报表"作为入账清单的依据。

第五条　超交处理

交货数量超过"订购量"部分应予退回，但属买卖惯例，以重量或长度计算的物料，其超交量的3%（含）以下，由物料管理部门于收料时，在备栏注明超交数量，经请购部门主管（含科长）同意后，始得收料，并通知采购人员。

第六条　短交处理

交货数量未达订购数量时，以补足为原则，但经请购部门主管（科长含）同意者，可免补交，短交如需补足时，物料管理部门应通知采购部门联络供应商处理。

第七条　急用品收料

紧急物料于厂商交货时，若物料管理部门尚未收到"请购单"，收料人员应先洽询采购部门，确认无误后，始得依收料作业办理。

第八条　物料验收规范

为利于物料检验收料的作业，质量管理部门就物料重要性及特性等，适时召集使用部门及其他有关部门，依所需的物料质量研订"物料验收规范"，呈总经理核准后公布实施，作为采购及验收的依据。

第九条　物料检验结果的处理

（一）检验合格的物料，检验人员于外包装上贴合格标签，以示区别，物料管理人员再将合格品入库定位。

（二）不合格验收标准的物料，检验人员于物品包装贴不合格的标签，并于"物料检验报告表"上注明不良原因,经主管核示处理对策并转采购部门处理及通知请购单位,再送回物料管理凭此以办理退货,如特采时则办理收料。

第十条　退货作业

对于检验不合格的物料退货时,应开立"物料交运单"并检附有关的"物料检验报告表"呈主管签认后,凭此异常物料出厂。

第十一条　实施修正

本办法呈总经理核准后实施,修订时亦同。

三、发料作业管理流程

□　领料

第一条　使用部门领用物料时,由领用经办人员开立"领料单"经主管核签后,向仓库办理领料。

第二条　领用工具类物料(明细由公司自行制定)时,领用保管人应拿"工具保管记录卡"到仓库办理领用保管手续。

第三条　进厂物料检验中,因急用而需领料时,其"领料单"应经主管核签,并于单据中注明,方可领用。

□　发料

第四条　由生产管理开具的发料单经主管核签后,转送仓库依工令及发料日期备料,并送至现场点交签收。

□　物料的转移

第五条　凡经常使用或体积较大须存于使用单位者,由使用单位填制"物料移转单"向资料库办理移转,并每日下班前依实际用量填制"领料单",经主管核签后送物料库冲转出账。

□　退料

第六条　使用单位对于领用的物料,在使用时遇有物料质量异常,用料变更或用余时,使用单位应注记于"退料单"内,再连同料品缴回仓库。

第七条　物料质量异常欲退料时,应先将退料品及"退料单"送质量管理单位检验,并将检验结果注记于"退料单"内,再连同料品缴回仓库。

第八条　对于使用单位退回的料品,仓库人员应依检验退回的原因,研判处理对策,如原因系由于供应商所造成者,应立即与采购人员协调供应商处理。

四、成品运输管理细则

（一）运输分段负责制

1. 货物由货源至销售部仓库的运输，由物管部负责。

2. 货物由仓库至经销或代理商的运输，由经销或代理商负责货物运输及运输途中的货物损失。特殊情况，另行处理。

（二）长途运输公司的选择

1. 有合法的经营资格取货、运输和送货服务质量良好。

2. 门到门运输服务所需费用比较合理和低廉。

3. 能及时提供运输车辆以及关于货物在途运输情况等的查询。

4. 货物在运输中丢失或损坏，能及时处理有关索赔事项。

5. 正确填制提单与货票等运输凭证。

（三）运输方式的选择

在保证货物按时到达的前提下，按照海运、铁路、公路、空运的顺序，优先选用排在前面的运输方式。

（四）长途运输合同的签订

1. 长途运输合同必须将货到付款、逾期罚款与货物损失赔偿三项写清楚。

2. 长途运输合同由储运主管签订，由销售部经理审批。

3. 合同执行完毕后，由签订人填写《长途运输台账》。

（五）市内运输管理

1. 市内运输车辆租用，运费商定由储运主管统一负责，在保证送货及时，安全的前提下，将运费控制在最低值。

2. 每次用车必须填写《市内运费凭证》，储运主管必须将《市内运费凭证》保存两年以上，以便核对。

3. 由于送货人员失误，如漏装货物或漏带工具，造成的重复运输费，由责任人员个人支付。

4. 租车人不得接受车主的任何礼品、宴请或免费服务。

5. 每月30日前，储运主管将上月《市内运费凭证》按编号顺序装订成册，并填写《市内运输台账》，报总经理审查。

五、销售仓储管理细则

（一）仓库的租用

1. 仓库的筛选条件：

（1）仓库租金比较合理和低廉。

（2）四十英尺集装箱可运到仓库门口卸货，有铁路专用线者优先。

（3）只租用地面一层库区。

（4）库房防水、防火、防盗条件较好。

（5）能在仓库附近提供一办公位和电话。

2. 仓库的租用程序。

储运主管筛选提名两个以上，报销售部经理考查比较后，拟订仓库租用合同，报总经理审批。

（二）库内设施的设置

货架、防潮托板、包装品架：由货物主管根据库房具体条件设计订购。库内照明、防火器材，由出租方负责。

（三）货物的出入库业务

1. 货物的出入库由储运主管组织装卸工、辅助工、临时工、库管员与交库人共同完成。

2. 入库时所有货物必须开包装检验，发现破损，由库管员与交货人核实后，注在入库单上，并于当天上报主管。出库时由提货人负责检验，验后在出库单上注明检验结果。

3. 检验后要按原样包装，包装质量由组装工负责。

4.《出库单》、《入库单》所填货物品种、数量、完好情况，必须与实际货物情况相符。

5. 库管员在见到《送货单》、《提货单》等有效凭证后，才能按照凭证所到货物品种、数量及完好情况，办理出库业务。公司外部人员提货，必须经储运主管签字批准后才能办理。

（四）货物的调拨

货物在各经销商（终端）库房间的调拨。

1. 由货物管理员填报《调拨货务单》，经区域经理同意，报销售部经理批准后，交储运主管实施。

2.《调拨单》由负责调出区经销商的客户经理填写，驾驶员在装车前与货物进行检查验收并在《调拨单》上签字。货到后，拨入区客户经理与驾驶员一起对货物进行检查、验收。

3. 拨入区客户经理在调出与拨入联上签名后，留存拨入联。调出联由驾驶员带回转交调出区客户经理。

4. 储运主管，根据返回的调出联确认运输损失情况与到货日期，办理扣除赔偿后的运输支付手续。如果驾驶员没有将调出联交回，就不得支付运费，并在两日内与拨入区客户经理联系,掌握货物情况。

（五）货物在库内的码放

1. 分区、按品种码放,留出必要的通道。

2. 按包装箭头方向向上原则码放。

3. 搬放时要轻拿轻放,避免磕碰。

（六）货物保管账与动态信息管理

1.《货物保管账》由库管员负责,《货物动态统计表》由货物管理员负责。

2. 货物保管账都采用通用的商品出入库明细账页,货物名称要以可销售的最小单位记,要记清货物的包装件数、码放库区号或货架号及展示展厅名称。

3. 货物管理员每月必须填写《货物动态月报》。每月 6 日前,货物管理员将储运经理审核后的上月份《货物动态月报》报给销售部经理。

（七）货物盘点管理

储运主管每月组织库管员、区域经理对库房及展厅的货物进行盘点,由库管员填写《货物盘点表》,经储运主管审核后,在 5 日前报销售部经理。

（八）仓库防火制度

1. 保持防火通道畅通无阻,通道上不得有一件物品。

2. 保证防火器材完好有效。

3. 严禁烟火,任何人不得在库内吸烟和使用打火机、火柴等。

4. 严禁存放易燃、易爆物品。

5. 任何机动车辆不得进入库房。

（九）仓库防水制度

1. 每逢雨雪,库管员要认真检查库房有无漏水之处和地面返潮对货物的影响。发现问题,及时向主管汇报。

2. 库房清扫洒水,不得洇湿或浸湿货物及包装。

3. 饮品不得放置在货物上面。

（十）仓库防鼠、防虫制度

1. 严禁在库房内存放食品。

2. 经检查库内有无老鼠、蚂蚁、蛀虫,并投放药品。

（十一）仓库防盗制度

1. 严禁闲杂人员进入库房。库管员在离开库房时,要关好窗、锁好门。

2. 库房钥匙由库管员负责保管,库管员不得委托其他任何人代管钥匙。

3. 库管员必须检查库房门窗是否牢固可靠,发现问题及时向主管汇报,共同采取措施。

六、物料月度统计表

表 21 - 1　物料月度统计表

年　月　日

序号	品名	规格	上月库存		本月购进		本月发生		现有库存		
			数量	金额	数量	金额	数量	金额	数量	单价	金额

主管：　　　　会计：　　　　　仓管员：　　　　　复核：

七、物料入库验收单

表 21-2 物料入库验收单

年　　月　　日

来货单位					提货单号				
品名	规格	单位	数量	进货单价	总金额	核拨价	合同号	验收及处理意见	

采购员：　　　　　仓管员：　　　　　财务：　　　　　核价员：

八、物料盘点表

表 21-3 物料盘点表

盘点日期　　年　　月　　日

物料名称	料号	仓位	实盘数	账上数	差异数	单价	差异金额	差异原因

九、物料库存卡

表 21-4　物料库存卡

物料名称			料号			储存仓位		
物料等级	□A　□B　□C			安全存量			最高存量	
订购点				提前采购时间				
日期	入库	出库	结存	日期		入库	出库	结存

十、物料进出存日报表

表 21-5　物料进出存日报表

年　　月　　日

入方			出方		
项目	本日发生	本月累计	项目	本日发生	本月累计
正常入库			正常出库		
代存转入			代存转出		
其他转入			其他转出		
加工收回			削价损失		
实价增值			变价减值		
物料溢余			损耗报销		
盘盈			盘亏		
小计			小计		
上日结存			本日结存		
合计			合计		
备注					

财会：　　　　　核算员：　　　　　　仓管员：

十一、物料出库单

表 21-6 物料出库单

提领部门： 年 月 日

物料编号	品名规格	单位	提领数量	核拨价金额	仓位	当日结存

主管： 仓管员： 提货人：

十二、调拨任务单

表 21-7 调拨任务单

调拨时限						
调拨事由						
货物名称	规格型号	数量	调出地点	调入地点	备注	
申请人			申请日期			
审批意见						
审批人			审批日期			
完成情况记录						

十三、报损单

表21-8 报损单

损失发生时间						
损失发生地点				该段负责人		
在场人员						
造成损失过程						
责任人					确定人	
什么责任						
责任大小					确定日期	
损失状况						
直接损失（大写）			确定人		日期	
赔偿人		赔偿金额 赔偿日期			收款人	
破损货物处理情况						

审核人：　　　　　报表人：　　　　　日期：

十四、货物报废单

表21-9 货物报废单

编号：

序号	货物名称	规格型号	数　量	金　额	报废原因	有关凭证
填报人		审批人		批准日期		
销毁情况				销毁人		

十五、长途运输台账

表 21 - 10   长途运输台账

序号	发货地点	发货人	主要货物	运输合同号	接货地点	接货日期	接货人	承运单位	驾驶员	实付运费	备注

十六、货物动态统计表

表 21 - 11   货物动态统计表

动态截止于 　　月　　日

序号	货物名称	规格型号	动态日期	动态项目	北京存量	天津存量	大连存量	代销存量	出库数量	结存数量	货物状况

审核人：　　　　　　　　填表人：　　　　　　　　日期：

十七、货物动态月报

表 21-12　货物动态月报

大区名称：　　　　　　　动态截止于　　　　　　月　　　　　　日

序号	货物名称	规格型号	动态日期	动态项目	A展厅存量	B展厅存量	代销存量	从本区调出量	出库数量	结存数量	货物状况

第二十二章

设备管理

《按制度办事》

一、生产设备管理制度

□　新增设备管理规定

第一条　本公司各部门需增置的设备经批准购买后,须报设备管理部门备案。

第二条　经设备管理部门进行可行性方面的技术咨询,方可确定装修项目或增置电器及机械设备。

第三条　为保证设备安全、合理地使用,各部门应设一名兼职设备管理员,协助设备管理部门人员对设备进行管理,指导本部门设备使用者按照操作规程正确使用。

第四条　设备项目确定或设备购进后,设备管理部门负责组织施工安装,并负责安装的质量。

第五条　施工安装,由设备管理部门及使用部门负责人验收合格后填写"设备验收登记单"方可使用。

□　使用设备管理规定

第六条　电气机械设备使用前,设备管理人员要与人事部配合,组织操作人员接受操作培训,维修部负责安排技术人员讲解。

第七条　使用人员达到会操作,清楚日常保养知识和安全操作知识,熟悉设备性能的程度,维修部签发设备操作证,上岗操作。

第八条　使用人员要严格按操作规程工作,认真遵守交接班制度,准确填写规定的各项运行记录。

第九条　维修部要指派人员与各部门负责人,经常性地检查设备情况,并列入员工工作考核内容。

□　转让和报废设备管理规定

第十条　设备年久陈旧不适用工作需要或再无使用价值,使用部门申请报损、报废之前,工程部要进行技术鉴定与咨询。

第十一条　工程部指派专人对设备使用年限、损坏情况、影响工作情况、残值情况、更换新设备的价值及货源情况等进行鉴定与评估,填写意见书交使用部门。

第十二条　使用部门将"报废、报损申请单"附意见书一并上报,按程序审批。

第十三条　申请批准后,交付采购部办理,新设备到位后,旧设备报损、报废。

第十四条　报废、报损旧设备由工程部负责按有关规定处置。

□　设备事故分析处理办法

第十五条　发生设备事故,工程部主管、值班人员要到现场察看、处理,及时组织抢修。

第十六条　发生设备事故的操作人员及当事人将事故时间、原因、设备损坏程度、影响程度等做记录上报本部门负责人。

第十七条　工程部主管、值班人员及有关部门负责人组织进行事故分析,写出"事故分析报告",签署处理意见,报主管总经理。

第十八条　对重大事故由维修部门通知人事部及有关部门,按处理程序及时上报。

第十九条　事故处理完毕,工程部值班主管将"事故分析报告"存入设备档案。

第二十条　人为事故应根据情况按"奖惩条例"的条款及处理权限,对责任者给予行政、经济处分。

第二十一条　属设备自然事故,维修部门进行处理,采取防护措施。

□ 设备检修保养规定

第二十二条　工程部设备主管人员编制设备检查保养半年计划,填制"半年设备检修计划表",报部门经理审核批复。

第二十三条　工程部经理审核计划,呈报总经理后,批准执行工程部半年设备检修保养计划。

第二十四条　设备管理人员编制检修保养单"月设备检修保养计划表",并按月计划表的内容,逐项填写"保养申请单",检修保养时需某部位停电、水、气时,还要填写"停用通知单"。

第二十五条　值班人员填写的"月设备检修保养计划表"、"保养申请单"、"停用通知单"一并报部门经理。工程部经理与总经理和各部门沟通后,签署意见,下达执行。

第二十六条　值班人员根据批准的月检修保养计划,签发"设备级保养任务单",填写任务单中"内容及要求"栏目,安排具体人员负责实施。

第二十七条　在"检修保养工作记录簿"中登记派工项目及时间。

□ 设备日常维修管理办法

第二十八条　公司电气使用部门的设备发生故障,须填写"维修通知单",经部门主管签字交工程部。

第二十九条　维修部门主管或值班人员接到通知,随即在"日常维修工作记录簿"上登记接单时间,根据事故的轻重缓急及时安排有关人员处理,并在记录簿中登记派工时间。

第三十条　维修工作完毕,主修人应在"维修通知单"中填写有关内容,经使用部门主管人员验收签字,并将通知单交回维修部门。

第三十一条　维修部门在记录簿中登记维修完工时间,及时将维修内容登入设备卡片,并审核维修中记载的用料数量、计算出用料金额填入单内。

第三十二条　将处理完毕的"维修通知单"依次贴在登记簿的扉页上。

第三十三条　紧急的设备维修,由使用部门的主管用电话通知工程部,由值班人员先派人员维修,同时使用部门补交"维修通知单",值班人员补写各项记录,其他程序均同。

第三十四条　维修部门在接单后两日内不能修复的,由值班主管负责在登记簿上注明原因,应采取特别措施,尽快修复。

□ 设备运行动态管理制度

第三十五条 设备运行动态管理,是指通过一定的手段,使各级维护与管理人员能掌握设备的运行情况,依据设备运行的状况制定相应措施。

第三十六条 建立健全系统的设备巡检措施。各作业部门要对每台设备,依据其结构和运行方式,定出检查的部位(巡检点)、内容(检查什么)、正常运行的参数标准(允许的值),并针对设备的具体运行特点,对设备的每一个巡检点,确定出明确的检查周期,一般可分为时、班、日、周、旬、月检查点。

第三十七条 建立健全巡检保证体系。生产岗位操作人员负责对本岗位使用设备的所有巡检点进行检查,专业维修人员要承包对重点设备的巡检任务。各作业部门都要根据设备的多少和复杂程度,确定设置专职巡检员的人数和人选,专职巡检员除负责承包重要的巡检点之外,要全面掌握设备运行动态。

第三十八条 信息传递与反馈:

(一)生产岗位操作人员巡检时,发现设备不能继续运转需紧急处理的问题,要立即通知当班调度,由值班负责人组织处理。一般隐患或缺陷,检查后登入检查表,并按时传递给专职巡检工。

(二)专职维修人员进行的设备点检,要做好记录,除安排本组处理外,要将信息向专职巡检工传递,以便统一汇总。

(三)专职巡检工除完成承包的巡检点任务外,还要负责将各方面的巡检结果,按日汇总整理,列出当日重点问题并向有关部门反映。

(四)有关部门列出主要问题,除登记台账之外,还应及时输入电脑,便于上级公司有关部门的综合管理。

第三十九条 动态资料的应用:

(一)巡检工针对巡检中发现的设备缺陷、隐患,提出应安排检修的项目,纳入检修计划。

(二)巡检中发现的设备缺陷,必须立即处理的,由当班的生产指挥者即刻组织处理;本班无能力处理的,由多作业部门领导确定解决方案。

(三)重要设备的重大缺陷,各作业部门主要领导组织研究,确定控制方案和处理方案。

第四十条 设备薄弱环节的立项处理。凡属下列情况均属设备薄弱环节:

(一)运行中经常发生故障停机而反复处理无效的部位。

(二)运行中影响产品质量和产量的设备、部位。

(三)运行达不到小修周期要求,经常要进行计划外检修的部位(或设备)。

(四)存在不安全隐患(人身及设备安全),且日常维护和简单修理无法解决的部位或设备。

第四十一条 对薄弱环节的管理:

(一)各分公司机动处要依据动态资料,列出设备薄弱环节,按时组织审理,确定当前应解决的项目,提出改进方案。

(二)各作业部门要组织有关人员对改进方案进行审议,审定后列入检修计划。

(三)设备薄弱环节改进实施后,要进行效果考察,作出评价意见,经有关领导审阅后,存入设备档案。

□　设备故障处理办法

第四十二条　设备发生故障,岗位操作和维护人员能排除的应立即排除,并在当班记录中详细记录。

第四十三条　岗位操作人员无力排除的设备故障要详细记录并逐级上报,同时精心操作,加强观察。

第四十四条　未能及时排除的设备故障,必须在每天生产调度会上研究决定如何处理。

第四十五条　在安排处理每项故障前,必须有相应的措施,明确专人负责,防止故障扩大影响。

二、机器设备故障记录表

表 22 - 1　机器设备故障记录表

机器编号

机器名称　　　　　　　　　　　　　　　　　　　使用部门

日　期	故障时间	修复时间	说　　明	更换零件	修 理 者

三、变压站状况定期检查记录卡

表22－2　变压站状况定期检查记录卡

项目分类	检验单位	检验要项	年 检查状况									
			月日	良否	月日	良否	月日	良否	月日	良否	月日	良否
			/		/		/		/		/	
			/		/		/		/		/	
			/		/		/		/		/	
			/		/		/		/		/	
			/		/		/		/		/	
			/		/		/		/		/	
			/		/		/		/		/	
			/		/		/		/		/	
			/		/		/		/		/	
			/		/		/		/		/	
			/		/		/		/		/	
			/		/		/		/		/	
			/		/		/		/		/	
			/		/		/		/		/	
			/		/		/		/		/	
			/		/		/		/		/	
			/		/		/		/		/	
			/		/		/		/		/	
			/		/		/		/		/	
			/		/		/		/		/	
			/		/		/		/		/	
			/		/		/		/		/	
			/		/		/		/		/	

四、机器状况检查记录表

表 22-3 机器状况检查记录表

机器名称：　　　　　　　　　　　　　　　　　　　检查级数：　　　级

编号：　　　　　　　　　　　　　　　　　　　　检查频率：　　　次

　　　　　　　　　　　　　　　　　　　　　　　检查日期：　　月　　日

项目	内　容	执行结果		执行者	异　常　处　理	
		正常	异常		姓　　名	内　　容

部长：　　　　　　　组长：　　　　　　　领班：

五、机器性能及消耗动力情况明细表

表 22 - 4　机器性能及消耗动力情况明细表

机器名称:(中)		(英)	
制造厂商		原厂编号	
机器规格性能	(1)最大转速		
	(2)使用转速		
	(3)材料规范		
	(4)最高产量		
	(5)正常产量		
	(6)机器尺寸		
	(7)其　　他		
动力消耗量	(1)电力		
	(2)压缩空气		
	(3)		
蓝图			

审核:　　　　　　　　　　　填表:

六、设备修理保养情况记录卡

表 22 - 5　设备修理保养情况记录卡

编号

设备名称				机器编号	
厂　牌		马达规格		购置日期	

保　养　记　录

日期	保养记录	日期	保养记录	日期	保养记录	日期	保养记录	日期	保养记录

（背面）

修 理 记 录				
故障日期	请修单号	故障说明	更换零件	修理人

七、修理机器情况日报表

表 22 - 6　修理机器情况日报表

月　　日 (修妥部分)

请修单号	客户名称	品名机型	送修数量	更 换 零 件 数 量				备注
				外壳	电源线	开关	碳刷	
合计								

主管　　　　　　　　　　　　填表

· 345 ·

八、设备维护工作安排表

表 22－7　设备维护工作安排表

工作人员	工作时间	本日施工工时	设备名称	A	B	C	D	E	F	G	H	J	合计
		预定											
		实际											
		预定											
		实际											
		预定											
		实际											
		预定											
		实际											
		预定											
		实际											
		预定											
		实际											
		预定											
		实际											
		预定											
		实际											

九、设备请修单

表22-8 设备请修单

故障时间：年 月 日 时 分 班

编号：

设备编号		设备名称		机号		希望施工时间	□抢修 □ 时至 时
故障部位		故障情形	□断 □破 □伤 □不动 □震动 □松脱 □失灵 □异声 □发热 □变形 □火花				请修人
故障原因		□劣化 □材质不良 □润滑不良 □操作不当 □超载 □修理不精 □过滤不良 □磨损 □异物混入 □电气因素					验收人
							时分
施工方式	□整修 □调整 □拆除 □更换 □装配 □焊补		修补材料	名称规格	单位	数量	经办人员
施工记录					工作者		工时
时 分至 时 分 工时							
时 分至 时 分 工时							
时 分至 时 分 工时							

第二十三章

技术管理

《按制度办事》

一、生产技术综合管理制度

□ 目的

第一条 为了合理组织企业的生产技术管理工作,建立良好的生产技术活动秩序,保证企业生产的顺利进行,不断采用新技术、开发新产品、提高产品质量和劳动生产率,特制定本制度。

□ 组织管理

第二条 生产技术管理由技术部负责组织实施,直接向生产总监负责,技术部下设技术科和生产技术研究会。

□ 生产技术的改进流程

第三条 生产部向总经理提出改进生产技术的方案,由总经理对此研究并作出决定,组织技术部门负责技术改进攻关。

□ 生产技术的引进流程

第四条 当本公司从外面引进技术时,技术部要研究引进合同的原文,并要求承担这项工作的部门说明引进外来技术后成本与成果之间的关系。

□ 技术转让流程

第五条 本公司向外部转让技术时,技术部要会同生产部研究检查转让的内容,并与承担这项工作的部门讨论这一转让的结果。

□ 生产技术的发表流程

第六条 当要向社会发表公司的生产技术的时候,要把发表原稿交技术部经理审阅,经其批准后方可对外公开。

第七条 外来人员到本公司参观学习时,须征得生产部和技术部同意。

□ 生产技术开发

第八条 本规定所指的技术开发主要是新产品开发和新工艺开发活动。技术开发的途径有独创性技术开发、引进型技术开发、综合型技术开发以及延伸性技术开发。

□ 工艺管理

第九条 工艺是产品生产方法的指南,是计划、调度、质量管理、质量检验、原材料供应、工艺装备和设备等工作的技术依据。是优质、高效、人低耗和安全生产的重要保证手段。

第十条　技术部应建立严格的管理制度和责任制，工艺人员要坚持科学态度，不断提高工艺水平，为生产服务。

第十一条　工艺工作要认真贯彻工艺规程典型化、工装标准化、通用化的原则。

□　样品管理

第十二条　技术部应设立样品室，设专兼职人员负责，并建立样品专账，每月盘点一次。

第十三条　每件样品必须有：来源、生产日期、类型名称、厂号、品名及新花色、新工艺等情况。

第十四条　各部门需要样品时，须履行借用手续。

□　技术资料管理

第十五条　所有中外文技术图书、期刊、杂志、工艺资料、设计底样都要及时登记、编号、分类整理和保管。在未登记前，不得借出使用。

第十六条　所有读者都应爱护技术图书，不准有污损、涂改、剪裁、损毁等情况，如有损坏应照价赔偿或加倍罚款。

第十七条　外单位索取技术工艺资料时，应经技术部长同意，报请厂长批准。

第十八条　产品工艺资料，除保留样品外，应把经鉴定合格的工艺处方及技术工艺文件一并归档整理保存。

□　制定、修改和废止

第十九条　本制度的制定、修改和废止须经主管生产技术的公司副总经理决定，公司经营常务会议讨论通过。

二、工艺管理制度

□　总则

第一条　工艺是产品生产方法的指南，是计划、调度、质量管理、质量检验、原材料供应、工艺装备和设备等工作的技术依据。是优质、高效、人低耗和安全生产的重要保证手段。

第二条　工艺工作由生产技术科负责，应建立严格的管理制度和责任制，工艺人员要坚持科学态度，不断提高工艺水平，为生产服务。

第三条　工艺工作要认真贯彻工艺规程典型化、工装标准化、通用化的原则。

□ 制度

第四条 工艺工作必须完善工艺手段,保证产品质量和降低成本,以工艺过程合理、可靠、先进为原则。

第五条 工艺文件必须保证正确、完整、统一、清晰。

第六条 生产人员必须严格执行工艺,任何人不得擅自修改操作规程、技术文件内容,如有某种原因无法按工艺生产时,应由主管技术厂长签字方可生效。

第七条 设计标准的修改需经主管科长、主管厂长批准。

第八条 凡是工艺文件出现的差错,应由技术科负责,凡属不按工艺文件操作而出现的差错,应由操作者负责,追查责任事故。

第九条 工艺员应不断对车间操作人员进行工作纪律教育,严格按工艺标准监督工艺执行。

第十条 工艺文件的编写、个性等项工作由生产技术科负责,并按工艺文件要求编写工艺质量要求。

第十一条 技术人员对工艺文件、图纸的修改,除下达修改通知单外还应对全厂新发文件全部修改完毕,各修改单应在存档通知单上注明。

□ 附则

第十二条 本制度由技术开发部制定,经生产总监审核,总经理批准后执行。

三、技术标准管理办法

□ 制定和修订

第一条 制定技术标准要做到符合实际,技术先进,经济合理,安全可靠。

第二条 对同类产品,要进行规格优选和合理分档,形成标准条例。

第三条 要尽量采用国际上的通用标准和国外的先进标准。

第四条 内控标准要优于采用的国际标准或国内标准。

第五条 技术标准每隔 2 ~ 3 年审核一次,并根据市场情况做适当修订。

第六条 对产品质量有直接影响的物料及公司内部中间产品,都有必要制定质量检验标准。

□ 标准分级

第七条 标准分为国际标准、国家标准、部颁标准、企业内控标准和协议产品标准。制定时一律以国家标准为准。其他标准不得与其相抵触,并且要满足用户需求。

□　审批和颁布

第八条　公司所采用的企业内控标准由技术部负责起草,经分管工艺副总审核后,送交总经理批准颁布实施。

第九条　企业内控标准的修改由技术部负责,修改前必须对市场需求有充分的了解,修改后经分管工艺的副总经理审核,再送交总经理批准颁布实施,同时废除旧标准。

□　贯彻执行

第十条　标准一经颁布,各部门必须严格贯彻执行。任何部门不得擅自修改或降低标准,否则,引起质量事故将按质量管理中有关条款执行。

第十一条　公司一切检测、验收活动,都必须按标准进行。符合标准的物资或产品由检验部门颁发合格证,不符合标准的(物资不准入库)产品不准出厂。

□　技术资料管理

第十二条　各单位办理完毕而需要保存的技术资料,应交公司档案室按卷宗分别立卷归档。

第十三条　技术部处理完毕的技术资料,应在第二年的第一季度内归档。

第十四条　技术资料处理完毕后,应立卷编号,以便查找。

第十五条　归档的技术资料按名称、特征编成卷册,按时间顺序或按重要程度排列。同时应编写"卷内目录"。卷内的技术资料也应逐张编号,并根据需要填写"备考录"。

第十六条　归档的技术资料必须装订整齐,在装订时应去掉金属物,用线绳装订,并在卷角编号。

第十七条　技术资料在保管时,应注意防火、防潮、防虫、防盗。对长期和永久保存的技术资料,若有破损或字迹模糊者,应及时修补或复制。

□　附则

第十八条　本办法由技术管理部制定,经生产总监审核、总经理批准后执行。修改亦同。

四、新产品开发职务设置细则

设立新产品开发委员会,由税务委员、投资分析委员、生产技术委员、销售管理委员组成,委员会设立执行秘书一名。

主任委员由副总经理担任,执行秘书由秘书室经理担任,其他委员依个案性质不同,由主任委员就公司组织内现有人员指派。

（一）主任委员职责

1. 负责新产品开发工作顺利开展事宜。

2. 负责新产品开发会议召开及主持开发会议。

3. 负责对其他委员会的指派。

4. 新产品全部投资及利润分析方案拟订及呈报。

（二）执行秘书职责

1. 拟订开发时间规划及产品开发计划。

2. 协助主任委员从事开发会议联络及记录。

3. 协助主任委员对新产品开发工作进度跟踪。

4. 提供开发所需材料及物品。

（三）销售管理委员职责

1. 从事有关市场调查。

2. 提出产品现有生产厂家及市场信息。

3. 提出新产品未来市场需求潜力报告。

4. 根据市场调查资料及成本分析资料,拟订销售价格、销售渠道及销售预测。

5. 编制企划广告费用预算。

（四）生产技术委员职责

1. 负责新产品有关设备、原物料策划工作。

2. 负责新产品试制及生产包装设计技术问题。

3. 负责新产品样品试验及质量检查。

4. 提出新产品有关成本分析及生产能力、设备投资资料。

（五）税务委员职责

1. 提供新产品在税务上的有关资料。

2. 是否属于鼓励投资项目。

3. 盈利事业所得税最低百分率多少。

4. 配合税务机关办理各项手续。

5. 其他有关税法问题。

五、产品开发操作流程细则

（一）调查研究与分析

1. 调查研究范围。新产品可行性分析必须对产品的社会需求、市场占有率、技术现状、发展趋势及资源效益等五个重要方面进行分析论证与科学预测。

2. 调查研究。

（1）调查国内市场和重要用户以及国际重点市场的技术现状和改进需求。

（2）以国内同类产品市场占有率的前3名以及国际名牌产品为对象,调查同类产品的质量价格及使用情况。

（3）广泛收集国内外有关情报和专刊进行可行性分析研究。

3．可行性分析：

（1）论证该产品的技术发展方向和动向。

（2）论证市场动态及发展该产品具备的技术优势。

（3）论证该产品发展所具备的资源条件和可行性。

（4）初步论证技术经济效益。

（5）提交该产品批量投产的可行性分析报告。

（二）新产品设计

1．技术任务书设计。

2．技术设计。

3．工作图设计。

（三）新产品试制

1．试制：

（1）样品试制。样品试制是根据设计图纸、工艺文件和少数必要的工装，由试制车间试制出一件标准成品或数十件样品，然后按要求进行试验，借以考验产品结构、性能和设计的工艺性。考核图样和设计文件的质量。此阶段完全在研究所内进行。

（2）小批试制。小批试制在样品试制的基础上进行，主要目的是考核产品的工艺性，检验全部工艺文件和工艺设备，并进一步校正和审验设计图纸。此阶段以研究所为主，由工艺科负责工艺文件和工装设计，部分试制工作扩展到生产车间进行。

（3）在样品试制和小批试制结束后，应分别对考核情况进行总结，并按有关标准要求编制试制总结、型式试验报告、试用（运行）报告。

2．试制程序：

（1）进行新产品简单工艺设计。根据新产品任务书，安排利用厂房面积、设备、测试条件等设想和简略工艺流程。

（2）进行工艺分析。根据产品方案设计和技术设计，做出材料改制，元件改装，复杂自制件加工等项工艺分析。

（3）进行产品生产图的工艺性审查。

（4）编制试用工艺卡片

➕工艺过程卡片。

➕关键工序卡片。

➕装配工艺过程卡。

（5）根据产品试验的需要，设计必不可少的设备，本着经济可靠保证质量的原则，充分利用现有设备、通用设备、组合设备、简易设备、过渡设备。

（6）制定试制用材料消耗工艺定额和加工工时定额。

（7）零部件制造，总装配中应保证计划质量，加强质量管理和信息反馈，并做好试制记录，编制新产品质量保证要求和文件。

3．整理试制文件：

（1）编写试制总结。着重总结图样和设计文件验证情况，在装配和调试中所反映的有关产品结构、工艺及产品性能方面的问题及其解决过程，并附上各种反映技术内容的原始记录。样品试制总结由设计部门负责，供样品鉴定用，小批试制总结由工艺部门编写，供批量试制鉴定用。

（2）编写试验报告。这是产品经全面性能试验后所编的文件，型式试验所进行的试验项目和方法按产品技术条件，其试验程序、步骤和记录表格参照试制鉴定纲要规定，并由检验室负责编制型式试验报告。

（3）编写试用报告。是产品在实际工作条件下进行试用试验后所编制的文件，试用试验项目和方法由技术条件规定，试验通常委托用户进行，其试验程序、步骤和记录表格按试制鉴定纲要规定，由研究所设计室负责编制。

（4）编制特种材料及外购、外部协作零件定点定型报告，由研究所负责编制。

（四）新产品鉴定：

1. 鉴定要求：

（1）在完成样品试制和小批试制的全部工作后，按项目管理级别申请鉴定。

（2）鉴定分为样品试制后的样品鉴定和小批试制后的鉴定，属于已经投产的系列开发产品，经过批准，样品试制和小批试制鉴定可以合并进行，但必须具备两种鉴定所应有的技术文件、资料和条件。

2. 鉴定作业：

（1）按鉴定纲要完成样品或小批试制产品的各项测试。

（2）按鉴定纲要备齐完整成套的图样和设计文件要求。鉴定应具备的图样及设计文件；正常生产应具备的图样及设计文件——产品定型后，正常投产时，制造和验收和管理用成套资料；随产品出厂应具备的图样及设计文件。

（3）组织技术鉴定，履行技术鉴定书签字手续。技术鉴定包括：

样品鉴定结论内容：审查样品试制结果、设计结构和图样的合理性、工艺性以及特种材料解决的可能性等，确定能否投入小批试制，明确样品应改进的事项，搞好试制评价。

小批试制鉴定结论内容：审查产品的可靠性、生产工艺、工装与产品测试设备，各种技术资料的完备及可靠性，以及资源供应外购协定等，确定产品能否投入批量生产；明确产品制造应改进的事项，搞好产品生产工程评价。

各阶段应具备的技术文件及审批程序按照产品图样设计文件、工艺文件的完整性原则和有关的审批程序办理。

（五）新产品移交投产

1. 新产品的开发都必须具有批准的设计任务书，由设计部门进行技术设计，工作图设计经批准、审核、会签后进行试样。

2. 每一项新产品要力求结构可靠，技术先进，具有良好的工艺性。

3. 产品的主要参数、型号、尺寸、基本结构应采用国际同类产品的先进标准，在充分满足使用需要的基础上做到标准化、系列化和和通用化。

4. 每一项新产品都必须经过样品试制和小批试制后方可成批生产。样试和小批试制的产品必须经过严格地检测，具有完整的试制和检测报告。部分新产品还必须具有运行报告。样试、批试均由总工程师召集有关单位进行鉴定，在确定投产与否后与下一步工作安排在同一系列中，个别工艺上变化很小的新产品，经工艺部门同意，可以不进行批试，在样品试制后直接办理成批投产的手续。

5. 新产品移交生产线由总师办组织，总工程师召开有设计、试制、计划、生产、技术、工艺、全质办、检查、标准化、技术档案、生产车间等各有关部门参加的鉴定会，多方面听取意见，对新产品从技术和经济上作出评价，确认设计的合理性，工艺规程、工艺装备没有问题后,提出是否可以正式移交生产线及移交时间的意见。

6. 批准移交生产线的新产品,必须有产品技术标准、工艺规程、产品装配图、零件图、工装图以及其他有关的技术资料。

7. 移交生产线的新产品必须填写"新产品移交生产线鉴定验收表",并经各方签字。

（六）新产品开发周期

1. 对于简单产品、工厂已经具有成熟的制造和应用技术的产品以及由老型发展来的变型产品,周期定为 1~3 个月。

2. 从大专院校或有关科研设计机构移植过来的经过试验考验的产品,必须索取全部论证、设计和工艺技术资料。并应重新调查论证,开发周期定为 2~5 个月。

3. 属于老产品在性能和结构原理上有大的改变的研究以及新的类别产品的开发,开发周期一般定为 6~7 个月,最长为 1 年（特殊情况不得超过一年半时间）,具体程序周期规定如下。

（1）调研论证和决策周期,一般产品 1 个月、复杂产品 1.5 个月。

（2）产品设计周期（含技术任务书、技术设计和工作图设计）为 1~2 个月。

（3）工艺（含工装制造）周期。

（4）样试 1~2 个月（含样品鉴定）。

（5）批试 2~3.5 个月。

（6）产品鉴定和移交生产周期为 1 个月。

（七）成果评审和报批规定

1. 新产品根据鉴定级别,按照国务院、国家科委有关科技成果与技术进步有关奖励条例和本公司《关于技术改进与合理化建议管理办法》办理报审手续。

2. 为节省开支,新产品（科研）成果评审会应尽量与新产品鉴定会合并进行。

3. 成果报审手续必须在评审鉴定后 1 个月内办理完毕。

4. 成果奖励分配方案由公司研究所共同商定后报总工程师批准执行。

（八）新产品试制经费

1. 新产品试制经费：

（1）属于国家下达的新产品（科研）项目,由上级机关按照有关规定拨给经费。

（2）属于工厂的新产品（科研）项目,由工厂自筹资金中按规定拨给经费。

（3）工厂对外的技术转让费可作为开发新产品（科研）费用。

（4）新产品的试制经费按单项预算拨给,单列账户实行专款专用,经费由总工程师审查,厂长批准后,由研究所掌握,财务科监督,不准挪作他用。

2. 新产品证书办理：

（1）新产品证书归口总师办负责办理。

（2）研究所负责提供办理证书的有关技术资料和文件。

（3）在新产品鉴定后 1 个月内,总师办负责办理新产品证书的报批手续。

（九）技术资料管理

1. 图纸幅面和制图要符合有关国家标准和企业标准要求。

2. 成套图册编号要有序,蓝图与实物相符,工装图、产品图等编号应与已有的编号有连贯性。

3. 产品图应按会签审批程序签字。总装图必须经总工程师审查批准。工艺工装图纸资料由工艺科编制和设计,全部底图应移交技术档案室签收归档。

4. 验收前 1 个月应将图纸、资料送验收部门审阅。

5. 技术资料的验收汇总、归口管理由研究所负责。

六、新产品开发计划表

表 23 - 1　新产品开发计划表

拟开发产品名称	
产品说明	
开发进度	
开发人员	预算

批示：　　　　　　审核：　　　　　　制表：

七、新产品开发工作记录表

表 23 - 2　新产品开发工作记录表

部门：

研究人员	工作记录						备注
	一	二	三	四	五	六	

主管：　　　　　　　　制表：

八、新产品开发可行性分析报告编写细则

新产品开发可行性分析报告是企业在开发新产品之前,根据企业实际情况,并充分结合市场环境,具体分析新产品开发方案在实践中的可行性、可操作性以及所能达到的效果和具体实施步骤的书面报告。

通常来说,新产品开发报告主要包括以下内容:

(一)项目名称。

(二)承办单位及负责人。

(三)研究的结论、存在的问题及建议。

(四)新产品的基本情况及生产规模。

(五)生产条件设计方案及生产技术设备方案。

(六)开发实施进度计划。

(七)投资估算、资金筹措。

(八)产品成本估算。

九、可行性分析报告编写流程

(一)产品说明

(二)预计销售范围

1. 地区。

2. 顾客类型。

3. 销售渠道。

4. 竞争产品或代替品。

5. 产品估计售价。

6. 产品季节性。

(三)销售预测

1. 预测方法。

2. 产品的市场寿命。

3. 竞争者及其产销能力。

4. 销售预测(见表23-3)。

表 23-3 销售预测表

年度	季	市场总需求	市场成长率	本产品占有率	预计销售量	估计单价	估计销售量	估计外销量	估计单价	外销额	总销售额	成长率
1												
2												
3												
4												
1												
2												
3												
4												
1												
2												
3												
4												

5. 生产计划（见表 23-4）。

表 23-4 生产计划表

年度	季	预计销售量	估计存量	预计生产量	估计每月产量	使用工作人数	设备增加概况
1							
2							
3							
4							
1							
2							
3							
4							
1							
2							
3							
4							

十、投资计划方案编写细则

（一）固定设备

1. 生产设备（见表23－5）。

表23－5　生产设备表

项次	设备名称	数量	估计单价	总价	供应商	预计折旧年数	每月折旧金额
	合计						

2. 土地厂房及辅助设备（见表23－6）。

表23－6　土地厂房及辅助设备表

类别	项次	名称	数量	单价	总价	供应商	预计使用年数	每月折旧金额
土地	1							
	1							
	2							
	3							
	4							
	5							
	6							
	7							
	8							
	9							
	10							

（二）人工成本（见表 23 - 7）

表 23 - 7　人工成本表

人工类别	人数	平均工资	每月工资合计	成本估计		
				工资率	耗用工时	人工成本
合计						

（三）开发初期周转金

1. 费用及原料支出（见表 23 - 8）。

表 23 - 8　费用及原料支出表

类别	说明	金额	支付期间					
原物料存货								
开发费用								
工资								
差旅费、交通费								
人事费用								
交际费								
合计								

2. 周转金（见表 23 - 9）。

表23 - 9　周转金表

说　明	金　额	支　付　期　限			
固定投资					
费用原材料					
预计借贷					
预计投资					

十一、收益成本分析表

表23 - 10　收益成本分析表

成 本 分 析		原 料 成 本 估 计							
		名称	用量	单价	成本	名称	用量	单价	成本
预计销售量									
平均单价									
营业额									
原料成本									
人工成本									
制造费用									
制造成本									
毛 利									
估计净利									
净利率									

十二、获利分析编写细则

(一)平衡分析

月产量。

平均售价。

可变费用。

动力费。

间接材料。

直接材料。

直接人工。

固定费用。

销售费用。

折旧数量。

工资。

其他制费。

单位变动成本。

平衡产量。

估计每月销售。

营业收入。

估计利润。

（二）投资回报率分析表

表 23-11　投资回报分析表

说　　明	年				年			
	1	2	3	4	1	2	3	4
投　资　额								
营　业　额								
资本周转率								
估计投资回报率								

第二十四章

质量管理

《按制度办事》

一、质量管理控制流程

☐ 制定严格质量准则及检验标准

第一条 目的

为保证本公司质量管理制度的推行,并能提前发现异常、迅速处理改善,借以确保及提高产品质量,符合管理及市场需求,特制定本细则。

第二条 质量标准及检验规范的范围包括:

(一)原物料质量标准及检验规范。

(二)在制品质量标准及检验规范。

(三)成品质量标准及检验规范的设订。

第三条 质量标准及检验规范的设订

(一)各项质量标准。总经理室生产管理组会同质量管理部、制造部、营销部、研发部及有关人员依据"操作规范",并参考国家标准、行业水准、国外水准、客户需求、本身制造能力、原物料供应商水准,分原物料、在制品、成品填制"质量标准及检验规范设(修)订表"一式二份,呈总经理批准后,送质量管理部一份,技术开发部一份,并交有关单位凭此执行。

(二)质量检验规范。总经理室生产管理组召集质量管理部、制造部、营业部、研发部及有关人员分原物料、在制品、成品等项目将①检查项目;②料号(规格);③质量标准;④检验频率(取样规定);⑤检验方法及使用仪器设备;⑥允收规定等填注于"质量标准及检验规范设(修)订表"内,交有关部门主管核签且经总经理核准后分发有关部门凭此执行。

☐ 严格对仪器管理控制

第四条 仪器校正、维护计划

(一)周期设订。仪器使用部门应依仪器购入时的设备资料、操作说明书等资料,填制"仪器校正、维护基准表",设定定期校正维护周期,作为仪器年度校正、维护计划的拟订及执行的依据。

(二)年度校正计划及维护计划。仪器使用部门应于每年年底依据所设订的校正、维护周期,填制"仪器校正计划实施表"、"仪器维护计划实施表"作为年度校正及维护计划实施的依据。

第五条 校正计划的实施

1. 仪器校正人员应依据"年度校正计划"执行日常校正,精度校正作业,并将校正结果记录于"仪器校正卡"内,一式二份存于使用部门。

2. 仪器外协校正:有关精密仪器每年应定期由使用单位通过质量管理部或研发部申请委托校正,并填立"外协请修单"以确保仪器的精确度。

第六条　仪器使用与保养

1. 仪器使用人进行各项检验时,应依"检验规范"内的操作步骤操作,使用后应妥善保管与保养。

2. 特殊精密仪器,使用部门主管应指定专人操作与负责管理,非指定操作人员不得任意使用(经主管核准者例外)。

3. 使用部门主管应负责检核各使用者操作正确性,日常保养与维护,如有不当的使用与操作应予以纠正教导并列入作业检核扣罚。

4. 各生产单位使用的仪器设备(如量规)由使用部门自行校正与保养,由质量管理部不定期抽检。

5. 仪器保养:

(1)仪器保养人员应依据"年度维护计划"执行保养作业并将结果记录于"仪器维护卡"内。

(2)仪器外协修造:仪器保养人员基于设备、技术能力不足时,保养人员应填立"外表请修申请单"并呈主管核准后送采购办理外协修造。

☐　原料质量检验控制

第七条　原物料质量检验

(一)原物料进入厂区时,库管单位应依据"物料管理办法"的规定办理收料,对需用仪器检验的原物料,开立材料验收单(基板),物料验收单(钻头)及材料验收单(一般),通知质量管理工程人员检验且质量管理工程人员于接获单据 3 日内,依原物料质量标准及检验规范的规定完成检验。

(二)"物料验收单"(一般)、(基板)、(钻头)各一式五联检验完成后,第一联送采购,核对无误后送会计整理付款,第二联会计存,第三联料库存,第四联质量管理存,第五联送保税。且每次把检验结果记录于"供应厂商质量记录卡",并每月根据原物料品名规格类别的结果统计于"供应商质量统计表"及每月评核供应商的"供应商的评价表",提供采购作为选择对抗厂商的参考资料。

☐　制造前质量条件复查控制

第八条　制造通知单的审核(新客户、新流程、特殊产品)

质量管理部主管收到"制造通知单"后,应于 1 日内完成审核。

(一)"制造通知单"的审核:

1. 订制料号。PC 板类别的特殊要求是否符合公司制造规范。

2. 种类。客户提供的油墨颜色。

3. 底板。底板规格是否符合公司制造规范,使用于特殊要求者有否特别注明。

4. 质量要求。各项质量要求是否明确,并符合本公司的质量规范,如有特殊质量要求是否可接受,是否需要先确认再确定产量。

5. 包装方式。是否符合本公司的包装规范,客户要求的特殊包装方式可否接受,外销订单的 Shipping Mark 及 Side Mark 是否明确表示。

6. 是否使用特殊的原物料。

(二)制造通知单审核后的处理:

1. 新开发产品、"试制通知单"及特殊物理、化学性质或尺寸外观要求的通知单应转交研发部提示有关制造条件等并签认,若确认其质量要求超出制造能力时应述明原因后,将"制造通知单"送回制造部办理退单,由营业部向客户说明。

2. 新开发产品若质量标准尚未制定时,应将"制造通知单"交研发部拟定加工条件及暂定质量标准,由研发部记录于"制造规范"上,作为制造部门生产及质量管理的依据。

第九条　生产前制造及质量标准复核

(一)制造部门接到研发部送来的"制造规范"后,须由科长或组长先查核确认下列事项后始可进行生产:

1. 该制品是否定有"成品质量标准及检验规范",作为质量标准判定的依据。

2. 是否定有"标准操作规范"及"加工方法"。

(二)制造部门确认无误后于"制造规范"上签认,作为生产的依据。

□　制程质量检验控制

第十条　制程质量检验

(一)质检部门对各制程在制品均应依"在制品质量标准及检验规范"的规定实施质量检验,以提早发现异常,迅速处理,确保在制品质量。

(二)在制品质量检验依制程区分,由质量管理部负责检验。

(三)质量管理部于制程中配合在制品的加工程序、负责加工条件的测试。

(四)各部门在制造过程中发现异常时,组长应即追查原因,并加以处理后将异常原因、处理过程及改善对策等开立"异常处理单"呈(副)经理指示后送质量管理部,责任判定后送有关部门会签,再送总经理室复核。

(五)质检人员于抽验中发现异常时,应反映单位主管处理并开立"异常处理单"呈经(副)理核签后送有关部门处理改善。

(六)各生产部门依自检及顺次点检发生质量异常时,如属其他部门所发生者以"异常处理单"反应处理。

(七)制程间半成品移转,如发现异常时以"异常处理单"反应处理。

第十一条　制程自主检查

(一)制程中每一位作业人员均应对所生产的制成品实施自主检查,遇质量异常时应即予挑出,如系重大或特殊异常应立即报告科长或组长,并开立"异常处理单"见(表)一式四联,填列异常说明、原因分析及处理对策、送质量管理部门判定异常原因及责任发生部门后,依实际需要交有关部门会签,再送总经理室拟定责任归属及奖惩,如果有跨部门或责任不明确时送总经理批示。第一联总经理室存,第二联质量管理部门(生产管理),第三联送会签部门,第四联送经办部门。

(二)现场各级主管均有督促所属确实实施自主检查的责任,随时抽验所属各制程质量,一旦发现有不良或质量异常时应立即处理外,并追究相关人员疏忽的责任,以确保产品质量水准,降低异常重复发生。

(三)制程自主检查规定依"制程自主检查实施办法"实施。

□　成品质量检验控制

第十二条　成品质量检验

成品检验人员应依"成品质量标准及检验规范"的规定实施质量检验,以提早发现,迅速处理以确保成品质量。

第十三条　出货检验

每批产品出货前,品检单位应依出货检验标示的规定进行检验,并将质量与包装检验结果填报"出货检验记录表"呈主管批示后依综合判定执行。

□　质量异常反应及处理控制

第十四条　原物料质量异常反应

(一)原物料进厂检验,在各项检验项目中,只要有一项以上异常时,无论其检验结果被判定为"合格"或"不合格",检验部门的主管均须于说明栏内加以说明,并依据"物料管理办法"的规定呈核与处理。

(二)对于检验异常的原物料经核决主管核决使用时,质量管理部应依异常项目开立"异常处理单"送制造部经理室生产管理人员,安排生产时通知现场注意使用,并由现场主管填报使用状况、成本影响及意见,经经理核签呈总经理批示后送采购单位与提供厂商交涉。

第十五条　在制品与成品质量异常反应及处理

(一)在制品与成品在各项质量检验的执行过程中或生产过程中有异常时,应提报"异常处理单",并应立即向有关人员反映质量异常情况,使能迅速采取措施,处理解决,以确保质量。

(二)制造部门在制程中发现不良品时,除应依正常程序追踪原因外,不良品当即剔除,以杜绝不良品流入下一制程(以"废品报告单"提报,并经质量管理部复核才可报废)。

第十六条　制程间质量异常反应

收料部门组长在制程自主检查中发现供料部门供应在制品质量不合格时,应填写"异常处理单"详述异常原因,连同样品,经报告科长后送经理室绩效组登记(列入追踪)后,送经理室品保组人员召集收料部门及供料部门人员共同检查料品异常项目、数量并拟定处理对策及追查责任归属部门(或个人)并呈经理批示后,第一联送总经理室催办及督促料品处理及异常改善结果,第二联送生产管理组(质量管理部)做生产安排及调度,第三联送收料部门(会签部门)依批示办理,第四联送回供料部门。制造科召集机班人员检查改善并依批示办理后,送经理室品保组存,绩效组重新核算生产绩效及督促异常改善结果。

□　成品出厂前的质量检验控制

第十七条　成品缴库管理

(一)质量管理部门主管对预定缴库的批号,应逐项依"制造流程卡"、"QAI 进料抽验报告"及有关资料审核确认后始可办理缴库作业。

(二)质量管理部门人员对于缴库前的成品应抽检,若有质量不合格的批号,超过管理范围时,应填写"异常处理单"详述异常情况及附样并拟定料品处理方式,呈经理批示后,交有关部门处理及改善。

(三)质量管理人员对复检不合格的批号,如经理无法裁决时,把"异常处理单"呈总经理批示。

第十八条　检验报告申请作业

(一)客户要求提供产品检验报告者,营业人员应填报"检验报告申请单"一式一联检验项目理由,检验项目及质量要求后送总经理室产销组。

(二)总经理室产销组人员接获"检验报告申请单"时,应转经理室生产管理人员(质量要求超出公司成品质量标准者，须交研发部）研判是否出具"检验报告"，呈经理核签后把"检验报告申请单"送总经理室产销组，转送质量管理部。

（三）质量管理部接获"检验报告申请单"后，于制造后取样做成品物性实验，并依要求检验项目，检验后将检验结果填入"检验报告表"一式二联，经主管核签后，第一联连同"检验报告申请单"送总经理产销组，第二联自存，凭以签认成品缴库。

（四）特殊物、化性的检验，质量管理部接获"检验报告申请单"后，会同研发部于制造后取样检验，质量管理部人员将检验结果转填于"检验报告表"一式二联，经主管核签，第一联连同"检验报告申请表"送产销组，第二联自存。

（五）产销组人员在接获质量管理部人员送来的"检验报告表"第一联及"检验报告申请单"后，应依"检验报告表"资料及参酌"检验报告申请单"的客户要求，复印一份呈主管核签，并盖上"产品检验专用章"后送营业部门转客户。

□ 产品质量确认控制

第十九条　质量确认时机

经理室生产管理人员于安排"生产进度表"或"制作规范"生产中遇有下列情况时，应将"制作规范"或经理批示送确认的"异常处理单"由质量管理部门人员取样确认并将供确认项目及内容填写于"质量确认表"，连同确认样品送营业部门转交客户确认。

（一）批量生产前的质量确认。

（二）客户要求质量确认。

（三）客户附样与制品材质不同者。

（四）客户附样的印刷线路非本公司或要求不同者。

（五）生产或质量异常致产品发生规格、物性或其他差异者。

（六）经理或总经理指示送确认者。

第二十条　确认样品的生产、取样与制作

（一）确认样品的生产：

1. 若客户要求确认底片者由研发部制作供确认。

2. 若客户要求确认印刷线路、传送效果者，经理室生产管理组应以一小时制作供确认。

（二）确认样品的取样。

质量管理部人员应取样二份，一份存质量管理部，另一份连同"质量确认表"交由业务部送客户确认。

第二十一条　质量确认书的开立作业

（一）质量确认书的开立。

质量管理部人员在取样后应即填"质量确认表"一式二份，编号连同样品呈经理核签并于"质量确认表"上加盖"质量确认专用章"转交研发部及生产管理人员，且在"生产进度表"上注明"确认日期"后转交业务部门。

（二）客户进厂确认的作业方式。

客户进厂确认需开立"质量确认表"，质量管理人员并要求客户于确认书上签认，并呈经理核签后通知生产管理人员排制，客户确认不合格拒收时，由质量管理部人员填报"异常处理单"呈经理批示，并依批示办理。

第二十二条　质量确认处理期限及追踪

（一）处理期限。

营业部门接获质量管理部或研发部送来确认的样品应于 2 日内转送客户，质量确认日数规定国内客户 5 日，国外客户 10 日，但客户如需装配试验始可确认者，其确认日数为50 日，设定日数以出厂日为基准。

（二）质量确认追踪。

质量管理部人员对于未如期完成确认者，且已逾 2 天以上者，应以便函反映营业部门，以掌握确认动态及订单生产。

（三）质量确认的结案。

质量管理部人员于接获营业部门送回经客户确认的"质量确认表"后，应即会经理室生产管理人员于"生产进度表"上注明确认完成并以安排生产，如确认不合格时应检查是否补（试）制。

第二十三条　制程质量异常改善

"异常处理单"经经理列入改善者，由经理室品保组登记交由改善执行部门依"异常处理单"所拟的改善对策确实执行，并定期提出报告，会同有关部门检查改善结果。

第二十四条　质量异常统计分析

（一）质量管理部每日依 IPQC 抽查记录统计异常料号、项目及数量汇总编制"各机班、料号不良分析日报表"送经理核示后，送制造部一份以了解每日质量异常情况，以拟改善措施。

（二）质量管理部每周依据每日抽检编制的"各机班、料号不良分析日报表"将异常项目汇总编制"抽检异常周报"送总经理室、制造部品保组，并由制造科召集各机班针对主要异常项目、发生原因及措施检查。

（三）各科生产中发生异常时拟报废的 PC 板，应填报"成品报废单"会质量管理部MPB 确认后始可报废，且每月 5 日前由质量管理部汇部填报"制程料号报废原因统计表"送有关部门检查改善。

第二十五条　质量管理圈活动

为培养基层干部的领导统御及领导能力以促进自我启发提高人员的工作士气及质量意识，以团队精神共谋产品质量的改善，公司内各部门得组成质量管理圈，以推动改善工作。

第二十六条　实施与修订

本流程呈总经理核准后实施，增补修改亦同。

二、产品检验标准制定办法

第一条　制定检验标准的目的
使检验人员有所依据，了解如何进行检验工作，以确保产品质量。

第二条　检验标准的内容应包括下列各项：

（一）适用范围。

（二）检验项目。

（三）质量基准。

（四）检验方法。

（五）抽样计划。

（六）取样方法。

（七）群体批经过检验后的处置。

（八）其他应注意的事项。

第三条　检验标准的制定与修正由工程单位、质量管理单位制定。

第四条　检验标准内容的说明：

（一）适用范围：列明适用于何种进料（含加工品）或成品的检验。

（二）检验项目：将实施检验时应检验的项目列出。

（三）质量基准：明确规定各检验项目的质量基准，作为检验时判定的依据，如无法以文字述明，则用限度样本来表示。

（四）检验方法：说明在检验各项目时，是分别使用何种检验仪器量规或是以感官检查（例如目视）的方式来检验，如某些检验项目须委托其他机械代为检验，亦应注明。

（五）抽样计划：采用何种抽样计划表（例如计数值用 MIL－SID－105D、计量值用 MIL－STD－414）。

（六）取样方法：抽取样本，必须由群体批中无偏倚地随机抽取，可利用乱数来取样，但群体批各制品无法编号时，则取样时必须从群体批任何部位平均抽取样本，如闭起眼睛取样。

（七）群体批经过检验后的处置：

1. 属进料（含加工品）者，则依进料检验规定有关要点办理（合格批，则通知仓储人员办理入库手续；不合格批，则将检验情况通知采购单位，由其依实际情况决定是否需要特采）。

2. 属成品者，则依成品质量管理作业办法有关要点办理（合格批，则入库或出货，不合格批退回生产单位检修）。

（八）其他应注意的事项：

1. 如检验时必须按特定的检验顺序来检验各项目时，则必须将检验顺序列明。

2. 必要时可将制品的蓝图或略图，附于检验标准中。

3. 详细记录检验情况。

4. 检验时于样本中发现的不良品，以及于群体批次中偶然发现的不良品均应与良品交换。

5. 其他。

第五条　本办法经质量管理委员会核定后实施，修正时亦同。

三、进厂零件质量检验表

表 24-1　进厂零件质量检验表

零件编号：　　　　　　　　　　　　　　　　　　　零件名称：

号码：

检验项目	参考图号	检验方法	检验设备	抽样方法		备注	及格厂商名单
				抽样数	AQL		

四、进厂物料质量检验表

表 24 - 2　进厂物料质量检验表

编号　　　共同用料　　专用料　　适用产品

物料名称	物料编号	检验项目	检验方法	检验标准编号	抽样办法	合格标准	不合格处置方法
订定日期	年 月 日 □初订□修订	拟订者		审核			

五、生产过程检验标准表

表 24 - 3　生产过程检验标准表

产品名称：

部　门：　　　　　　　　　　　页　次

生产过程	部门负责工作					质量管理部门负责工作			
	生产过程管理			检验项目		检验项目与方法	抽样数	合格范围	不合格时采取措施
	工作项目说明	作业标准	注意事项	检验点	合格范围				

六、产品质量管理表

表 24 – 4 产品质量管理表

管理类别	管理材料成品、设备	管理项目	管理图种类	质量管理报表	抽样方法

七、产品质量标准表

表 24－5　产品质量标准表

<table>
<tr><td colspan="4">产品编号</td><td colspan="2">产品名称</td><td colspan="2">规格</td></tr>
<tr><td rowspan="6">产品尺寸表</td><td>说　　明</td><td>尺寸容差</td><td colspan="2">说　　明</td><td>尺寸容差</td><td>说　　明</td><td>尺寸容差</td></tr>
<tr><td></td><td></td><td colspan="2"></td><td></td><td></td><td></td></tr>
<tr><td></td><td></td><td colspan="2"></td><td></td><td></td><td></td></tr>
<tr><td></td><td></td><td colspan="2"></td><td></td><td></td><td></td></tr>
<tr><td></td><td></td><td colspan="2"></td><td></td><td></td><td></td></tr>
<tr><td></td><td></td><td colspan="2"></td><td></td><td></td><td></td></tr>
<tr><td rowspan="8">允许不良水准</td><td>不良因素</td><td>A 级品</td><td>B 级品</td><td>C 级品</td><td colspan="3" rowspan="8">产品图</td></tr>
<tr><td></td><td></td><td></td><td></td></tr>
<tr><td></td><td></td><td></td><td></td></tr>
<tr><td></td><td></td><td></td><td></td></tr>
<tr><td></td><td></td><td></td><td></td></tr>
<tr><td></td><td></td><td></td><td></td></tr>
<tr><td></td><td></td><td></td><td></td></tr>
<tr><td></td><td></td><td></td><td></td></tr>
<tr><td></td><td></td><td></td><td></td><td></td><td colspan="3"></td></tr>
<tr><td rowspan="7"></td><td></td><td></td><td></td><td></td><td colspan="3" rowspan="7"></td></tr>
<tr><td></td><td></td><td></td><td></td></tr>
<tr><td></td><td></td><td></td><td></td></tr>
<tr><td></td><td></td><td></td><td></td></tr>
<tr><td></td><td></td><td></td><td></td></tr>
<tr><td></td><td></td><td></td><td></td></tr>
<tr><td></td><td></td><td></td><td></td></tr>
<tr><td>不良原因分析</td><td colspan="7">不良品</td></tr>
</table>

八、产品质量检验标准表

表 24 - 6　产品质量检验标准表

产品名称：　　　　　　　　　　　　　　　　　　　　　　　　　有效日期

检验项目	检验方法	检验仪器	抽样数	合格标准			记录表	备注
				A 级	B 级	C 级		

九、原料进厂检验报告表

表 24－7　原料进厂检验报告表

编号

物料名称				物料编号		采购单号	
交货数量							
检验记录	检验项目	抽样数	不良数	及格与否	备　注	检验员	
检验结果	□接收　□退货　□检验不良品以良品补足后验收　□接收,减扣货款　□						

十、产品质量抽查记录表

表 24－8　产品质量抽查记录表

机器名称　　　　　　　　班　别

抽查时间	1 时分	2 时分	3 时分	4 时分	5 时分	6 时分	7 时分	8 时分	9 时分		平均	标准
备　注												
抽查时间	1 时分	2 时分	3 时分	4 时分	5 时分	6 时分	7 时分	8 时分	9 时分		平均	标准
备　注	抽查员								主管			

十一、产品质量异常通知单

表 24 - 9　产品质量异常通知单

通知单位：

年　　月　　日

制造工令	产品规格	抽样数	不良数	不良原因	发现时间及处理方式

主管　　　　　　　　　　　填表

十二、制造过程检验标准表

表 24 - 10　制 造 过 程 检 验 标 准 表

编号：

商品代号		产品名称			产品规格	
零件名称		加工过程		制定日期	年　月□初次 □修订	
控制点	控制工作项目说明	作业标准	检查方法	抽样数	合格标准	不合格处理方法
制造过程说明						

经办人：

十三、制程质量异常处理单

表 24 - 11　制程质量异常处理单

工令号码	批　号	工程名称	发现者	发现原因	备注
发现异常的内容			发现后的临时措施		负责单位签章
判定责任单位	请_____单位于　　月　　日前完成原因调查及改善对策				
原因调查					
改善对策（暂时永久）					
效果确认				厂长批示	

十四、各部门合格率控制表

表24-12 各部门合格率控制表

制造号码											
产品名称			生产数量				目标合格率				
日期		科			科			科			科	
		产量	合格	合格率	产量	合格	合格率	产量	合格	合格率	产量	合格	合格率
产出率	100											
	80											
	60											
日期												

十五、成品抽查检验记录表

表24-13 成品抽查检验记录表

月　　日

品　名		数　量	
抽验项目	抽验数量	不合格数	通过与否
检验号码			

十六、成品抽查总汇表

表24-14 成品抽查总汇表

编号

成品名称					数量			
制造批号					备注			
检验项目	检验					质量保证		
	日期	检验员	数量	出量	填品	日期	复核	意见
备 注								

十七、产品出厂检验表

表24-15 产品出厂检验表

编号

产品名称					数量			
客户名称					品级			
产品质量检验					产品质量保证			
检验项目	日期	检验员	进量	出量	不良数	项目	日期	质检员	抽样数	合格与否
备注										

十八、产品质量问题分析表

表 24 – 16　产品质量问题分析表

产品名称：

产品类别	赔偿		退货		换货		合计		抱怨件数	客户名称、抱怨说明及备注
	金额	%	金额	%	金额	%	金额	%		
合计										

审核：　　　　　　　　　　　　　　　　制表：

第二十五章

营销管理

《按制度办事》

一、市场部职责范围

企业营销工作由营销总监全面领导,营销中心下设市场部、销售部、客户部、各销售办事处等职能部门,全面负责企业营销策划、市场调研与开发、客户开发与服务等与产品销售有关的工作。

市场部受营销总监领导,直接向营销总监报告工作。根据企业需要可以下设市场调研室、广告宣传科、公共关系科等科室。部门职责:全力做好市场开发与市场研究工作,为公司销售目标的实现提供帮助:

(一)围绕公司销售目标拟定市场开发计划。

(二)现有市场分析和未来市场预测。

(三)营销信息库的建立和维护。

(四)消费者心理和行为调查。

(五)消费趋势预测。

(六)品牌推广、消费引导。

(七)竞争对手分析与监控。

(八)渠道调研。

(九)会同企划部制定营销、产品、促销、形象等企划案,并与销售部、客户部共同实施。

(十)现有产品研究和新产品市场预测。

(十一)为公司新产品开发提供市场资料。

(十二)其他相关职责。

二、销售部职责范围

销售部受营销总监领导,直接向营销总监报告工作。部门职责主要是全力负责公司销售工作,完成公司销售目标:

(一)围绕公司下达的销售目标拟写营销方针和策略计划。

(二)组织货物发运。

(三)组织货款催收。

(四)受理退货。

(五)指导和监督各驻外办事处的工作。

（六）考核各驻外办事处的业绩。

（七）产成品存量控制，提高存货周转率。

（八）销售员营销技能培训。

（九）配合市场部实施促销方案。

（十）收集销售信息，并反馈给市场部。

（十一）其他相关职责。

三、客户部职责范围

客户部受营销总监领导，直接向营销总监报告工作，根据工作需要可以下设客户服务中心、调查室等其他职能部门。部门职责主要是建立与客户的良好合作关系，为公司销售目标的实现提供帮助：

（一）围绕公司销售目标，拟写客户开发计划。

（二）客户分析与行为调查。

（三）客户资料库的建立与维护。

（四）售后服务。

（五）客户联谊与客户访问。

（六）客户需求调查。

（七）受理客户投诉。

（八）代理商和经销商管理。

（九）客户信用分析与调查。

（十）新客户开发。

（十一）收集客户信息，并反馈给市场部。

（十二）其他相关职责。

四、营销策划流程

第一条　制订市场营销目标。分为长期和短期目标。

（一）目标利润。

（二）市场占有率和增长率。

（三）销售额或销售量和增长率。

（四）销售价格。

（五）质量水平与投诉。

（六）产品体系构成。

（七）营销渠道。

（八）促销活动。

（九）品牌（知名度、美誉度）。

（十）与竞争对手的对比度。

第二条　市场环境分析

（一）行业动向分析。

（二）目标市场分析。

（三）购买行为分析。

（四）企业形象分析。

（五）SWOT 分析（优势、劣势、机遇和挑战）。

第三条　确定目标市场

（一）市场细分。

将市场分为具有不同需要、特征或行为，因而需要不同产品或营销组合的不同购买者群体的过程，被称为市场细分。

（二）目标市场选择。

企业在划分好细分市场之后，可以进入既定市场中的一个或多个细分市场。目标市场选择是指估计每个细分市场的吸引力程度，并选择进入一个或多个细分市场。

（三）市场定位。

市场定位是指为使产品在消费者心目中相对于竞争产品而言占据清晰、特别和理想的位置而进行的安排。因此，营销人员设计的位置必须是他们的产品有别于竞争品牌，并取得在目标市场中的最大战略优势。

第四条　确定营销组合战略（4P）

（一）产品组合（Product），产品定位、产品特色、产品品质、产品品牌与形象、产品包装、使用与售后服务。

（二）价格组合，价位、折扣、定价对销售的影响、付款条件。

（三）销售渠道组合，顾客区隔、销售地点、营销渠道与网络、中间商、零售商、仓储与配送、库存量、商圈。

（四）促销组合，与顾客沟通、广告宣传、促销活动、公共关系、受理投诉。

第五条　营销管理

（一）市场营销管理主要内容：

1. 具体销售事务

（1）签订销售合同，合同管理，合同进度管理。

（2）成品库存管理。

（3）开销售发票，发货，包装，运输管理。

（4）销售货款收回，催款，拒付业务处理。

2. 市场供求研究

（1）企业内部各种销售业务数据的收集和信息处理。

（2）组织收集企业外部信息和开展（委托）市场调查。

（3）组织开展（委托）市场预测。

（二）市场拓展：

（1）产品顾客管理。对顾客的基本情况、交易状况、信誉状况及顾客意见进行管理。

（2）推销员管理。推销员的计划安排，检查考核和奖惩。

（3）促进销售管理。有计划地开展广告准备宣传产品说明书等。

（4）销售渠道管理。对销售渠道的开发、联系、考核评价和支援。

（5）组织商品的包装、装潢和商标设计。

（6）品牌管理。

（三）市场营销组织结构类型：

组织平台1：单纯推销型

成立销售部门，并由一位副总领导，主要管理推销员，兼管若干市场调研和广告宣传工作。

特点：生产什么（多少），则销售什么（多少），为被动推销。

组织平台2：具有辅助功能的推销型

在推销部门，专设一位营销主管，负责经常性的营销、广告宣传及其他促销活动。

特点：营销活动成为专门职能。

组织平台3：独立营销部门

分立出两个部门：销售部（推销）和营销部，并分属两位副总领导。

特点：

（1）推销与营销成为平行的职能部门。

（2）两部门分别注重短期、长期效益，避免产生矛盾，造成对立冲突。

组织平台4：现代营销部门

在一位副总领导下，分设推销与营销部门，并统一管理。

特点：能够协调配合

组织平台5：现代营销企业

在"以顾客为中心"的服务经营哲学指导下，不仅营销部门而且企业全体员工和职能部门都落实为顾客服务的思想和行动。

特点：完成了真正意义上的营销管理革命。

（四）营销控制。

营销管理者对营销计划实施情况进行判断、调整和采取纠正措施，主要控制内容为：

1. 月度计划控制

由业务人员按制度提出工作报告，一线管理者认真审核并提出处置意见。

报告类型：

（1）月度工作计划报告。

（2）月度计划执行进度报告。

（3）费用报告。

（4）新增顾客报告。

（5）失去老顾客报告。

（6）区域或营业点的定期情况报告。

（7）其他专题报告。

2. 年度计划控制

主要对销售额、市场占有率和费用率进行控制。

3. 盈利控制

对各种产品、地区、顾客群、销售渠道、合同额等方面的获利能力进行评价、控制。

4. 战略控制

利用营销审计,定期重新评估企业的战略计划及执行情况。营销审计是对企业或战略业务单位的营销环境、目标、战略和营销活动诸方面进行独立的、系统的、综合性的定期审查,以发现营销机会、找出问题、提出改善营销工作的计划和建议。

五、营销管理制度范例

□ 总则

第一条 以质量求生存,以品种求发展,确立"用户第一"、"质量第一"、"信誉第一"、"服务第一",维护企业声誉,重视社会经济效益,生产物美价廉的产品投放市场,满足社会需求是我企业产品的销售方针。

第二条 掌握市场信息,开发新产品,开拓市场,提高产品的市场竞争能力,沟通企业与社会,企业与用户的关系,提高企业经济效益,是我企业产品销售管理的目标。

□ 市场预测

第三条 市场预测是经营决策的前提,对同类产品的生命周期状况和市场覆盖状况要作全面的了解分析,并掌握下列各点:

1. 了解同类产品国内外全年销售总量和同行业全年的生产总量分析饱和程度。

2. 了解同行业各类产品在全国各地区市场占有率,分析开发新产品,开拓市场的新途径。

3. 了解用户对产品质量的反应及技术要求,分析提高产品质量,增加品种,满足用户需求的可行性。

4. 了解同行业产品更新及技术质量改进的进展情况,分析产品发展的新动向,做到知己知彼,掌握信息,力求企业发展,处于领先地位。

第四条 预测国内各地区及国外市场各占的销售比率,确定年销售量的总体计划。

第五条 收集国外同行业同类产品更新及技术发展情报,国外市场供求趋势,国外用户对产品反映及信赖程度,确定对外市场开拓方针。

□ 经营决策

第六条 根据企业中长期规划和生产能力状况,通过预测市场需求情况,进行全面综合分析,由销售科提出初步的年度产品销售方案,报请厂部审查决策。

第七条 经过厂务会议讨论,厂长审定,职代会通过,确定年度经营目标并作为编制年度生产计划和企业年度方针目标的依据。

□ 产销平衡及签订合同

第八条　销售科根据企业全年生产计划及近年来国内各地区和外贸订货情况,平衡分配计划,对外签订产品销售合同,并根据市场供求形势确定"以销定产"和"以产定销"相结合的方针,留有余地,信守合同,维护合同法规的严肃性。

第九条　执行价格政策,如需变更定价,报批手续由财务科负责,决定浮动价格,经经营副厂长批准。

第十条　销售科根据年度生产计划,销售合同,编制年度销售计划,根据市场供求形势编报季度和月度销售计划,于月前 10 天报计划科以便综合平衡产销衔接。

第十一条　参加各类订货会议,扩大销售网,开拓新市场的原则,巩固发展用户关系。

第十二条　建立和逐步完善销售档案,管理好用户合同。

□ 编制产品发运计划,组织回笼资金

第十三条　执行销售合同,必须严格按照合同供货期编制产品发运计划,做好预报铁路发运计划的工作。

第十四条　发货应掌握原则,处理好主次关系。

第十五条　产品销售均由销售科开具"产品发货通知单"、发票和托收单,由财务科收款或向银行办理托收手续。

第十六条　分管成品资金,努力降低产品库存,由财务科编制销售收入计划,综合产、销、财的有效平衡并积极协助财务科及时回笼资金。

第十七条　确立为用户服务的观念,款到发货应及时办理,用户函电询问,3 天内必答,如质量问题需派人处理,5 天内与有关部门联系,派人前往。

□ 建立产品销售信息反馈制度

第十八条　销售科每年组织一次较全面的用户访问,并每年发函到全国各用户,征求意见,将收集的意见汇总,整理,向企业领导及有关部门反映,由有关部门提出整改措施,并列入全面质量管理工作。

第十九条　将用户对产品质量,技术要求等方面来信登记并及时反馈有关部门处理。

第二十条　负责产品销售方面各种数据的收集整理,建立用户档案,收集同行业情报,提供销售方面的分析资料,按上级规定,及时、准确、完整地上报销售报表。

第二十六章

市场调研与开发

《按制度办事》

一、市场调查管理制度

□ 目的

第一条 为了搞好市场调查工作,对广泛的市场信息进行有效的管理,从而作出近乎实际的市场预测,特制定本制度。

□ 组织与管理

第二条 市场调查工作由市场部会同有关科室参与,共同完成此项工作,直接向营销总监负责。

□ 市场调查的主要内容

第三条 调查国内各厂家同类产品在国内外全年的销售总量和同行业年生产总量,用以分析同类产品供需饱和程度和本企业产品在市场上的竞争能力。

第四条 调查同行业同类产品在全国各地区市场占有率以及本企业产品所占比重。

第五条 了解各地区用户对产品质量的反映,技术要求和主机配套意见,以提高产品质量,开发新品种,满足用户需求。

第六条 了解同行业产品更新及改进方面的进展情况,用以分析产品发展新动向。

第七条 预测主要产品在全国各地区及外贸销售量,平衡分配关系。此项工作由销售部在当年6月份前予以整理并作出书面汇报。

第八条 收集国外同行业同类产品更新技术发展情报,外贸对本企业产品销售意向,国外用户对本企业产品的反映及信赖程度,用以确定对外市场开拓方针。

□ 市场调查方式

第九条 抽样调查。即对各类型用户进行抽样书面调查,征询对本企业产品质量及销售服务方面的意见,根据反馈资料写出分析报告。

第十条 组织企业领导、设计人员、销售人员进行用户访问,每年进行一次,每次一个月左右,访问结束,填好用户访问登记表并写出书面调查汇报。

第十一条 销售人员应利用各种订货会等与用户接触的机会,征询用户意见,收集市场信息,写出书面汇报。

第十二条 收集日常用户来函来电,进行分类整理,需要处理的问题应及时反馈。

第十三条 不定期召开重点用户座谈会,交流市场信息。反映质量意见以及用户需求,巩固供求关系,发展互利协作,增加本企业产品竞争能力。

第十四条 建立并逐步完善重点用户档案,掌握重点用户的需求的重大变化及各种意见与要求。

□ 资料处理

第十五条 市场调查用户预测所提供的各方面资料,市场部应有专人负责管理、综合、传递并与公司信息中心密切配合,做好该项工作。

□ 市场调查操作流程

第十六条 在实施调查以前,必须根据调查目的和调查内容,组织对调查人员的教育与培训。

第十七条 制定市场调查计划包括:

(一)调查问题的准备。

(二)调查用表的种类与形式确定。

(三)调查项目的确定。

(四)调查方法的选择,包括面谈、访问或邮寄调查。

(五)调查对象与调查样本确定。

第十八条 市场调查实施程序包括:

(一)市场调查由市场部主管负责,由市场调查室实施。

(二)年度调查方针,由市场调查室起草,董事会讨论,总裁决策。

(三)市场调查以年度调查方针为基础,把各项调查工作分清轻重缓急,制订公司半年市场调查计划草案,上报市场部主管。

(四)市场调查对象有如下几种:

1. 一般消费者。

2. 批发商与批发机构。

3. 零售店与特约门市部。

(五)市场部主管根据年度经营方针,对半年市场调查计划草案进行检查和修正,如有必要可以召开有关会议进行讨论,完善调查计划草案,再上报董事会。一旦总裁批准计划草案,由市场调查室全权负责市场调查工作。

(六)市场调查室主任可根据具体实施程序和计划方案,决定具体的调查计划和调查方法,推进市场调查。

第十九条 在对调查结果进行分析时,应注意下列问题:

(一)避免作出主观的判断,必须实事求是,以事实为依据。

(二)必须反复验证判断的正确性。

(三)必须注意有无例外情况,对可能存在的主要例外事件作出分析,避免判断失误。

(四)检查调查结果与事先假设是否一致。

(五)调查结果,包括调查资料,是否能对现实作出合理解释,与事实是否相符。

(六)不得以偏赅全,随意推断,各结论都必须有可靠的事实证实。

第二十条 市场调查室可按以下程序,对市场调查结果进行分析与整理:

(一)对调查资料、调查结果或调查用表进行整理和初步分析,然后汇总或编辑成册。

(二)对所收集的调查资料进行分类、分项目分析研究,并结合原始记录或历史等数据资料,进行对比研究。

(三)对所收集的材料或调查资料的真伪、可行性和误差进行计算和分析。

第二十一条 市场调查室在征得市场部主管认可的前提下,撰写调查报告。调查报告一式多份,分送各部门,包括生产、销售、客户部等。

第二十二条　在必要的情况下召开调查报告发布会。发布会出席人员为总裁、总裁助理、市场部主管、研究开发部主管、销售部各级负责人。发布会由市场部主管主持并作报告,倾听各方意见。

□　市场调查的注意事项

第二十三条　不管调查的目的和规模如何,实施的方法一定要有细密的计划。

第二十四条　尽量以最少的费用、时间、人数来完成调查。

第二十五条　在预备调查或正式调查期间,如发觉没有继续调查下去的必要时,应即停止调查,不要碍于面子而拖延。

第二十六条　尽量利用既有资料和实地调查的资料。

第二十七条　必须确实地整理调查的内容与严守提出报告的日期。

第二十八条　负责调查者应使调查的结果能够有效地运用。

第二十九条　调查结果应尽量予以运用,不可随便否定或忽视。

第三十条　不要轻易地完全相信对方所说的话,必须先调查该机构的能力、实绩、信用等问题;负责市场调查的销售经理,应亲自去调查。

第三十一条　调查前的商讨要能充分协调。本身的要求及希望应据实提出,调查结论如不完整时,应重新调查。

□　附　则

第三十二条　本制度由市场部制定,经批准后执行。

二、市场调查报告编写细则

(一)市场调查报告概述

1. 市场调查报告的概念

市场调查报告是将由市场搜集到的市场营销方面的情报信息,以科学的方法进行整理分析,并作出较为公允的结论,以便为市场营销提供切实可行的决策依据。

2. 市场调查报告的适用范围

市场调查报告的目的在于:准确确定市场对产品的需求,把握产品的竞争形势;提出产品的设想报告,为新产品的开发设计提供必要的信息;收集分析产品在用户或消费者中的反映,为进一步改进设计、制造和管理提供线索。

(二)撰写市场调查报告的流程

1. 步骤

市场调查报告的写作,必须采取适当的形式,运用多种写作方法,提高市场调查的质量。其具体做法如下:

（1）设计调查提纲

提纲包括调查的目的、对象、范围，调查的参与人员，调查的起止时间以及所采用的调查方法。设计调查提纲是很严谨的工作，提纲设计的好，为后面的调查就打好了基础。

（2）确定参与调查的人员

参与调查的人员要有代表性，有一定的工作经验，并在特定的领域中有专业知识和业务能力，最好也能适当聘请一些权威人士，以便对市场调查的项目作高屋建瓴的指导。

（3）收集整理资料

收集资料包括在调查工作中得到的原始材料，开会、座谈的记录，参观访问的记录，有关方面提供的或有关人士撰写的材料等。一份资料可以做一份提要，提要的内容既可以是典型突出的事例，又可以是对这份材料的评价，提要须简洁概括明晰，便于选择。

整理资料是对资料做去粗取精、去伪存真的选择，根据调查的目的及实际情况对资料进行归纳分类，筛选剔除，为撰写市场调查报告准备和提供充足的第一手资料。

（4）选择市场调查的方法

市场调查的方法有多种，通常比较多见的有普遍调查、抽样调查、典型调查和重点调查。在市场调查的具体实践中，运用比较普遍的具体方法有观察法、询问法、实验法和资料收集法四种。

2. 方法

市场调查报告一般包括标题、前言、正文、结尾四个部分。

（1）标题

市场调查报告的标题，应根据市场调查的目的、内容、范围等项目来拟定。通常情况下，标题直接揭示市场调查的内容。还有的标题包括写作市场调查报告的单位、时间和范围。无论采用什么样的标题，都要揭示市场调查报告的信息内容，做到用词精确，醒目简练。

（2）前言

前言，是对市场调查的简单说明，前言是否得体，对整个市场调查报告起着重要的作用。前言主要说明调查的目的、对象、范围，有时还要说明调查了多长时间，采取了哪些方法，抽样统计有多少，抽样是怎样选择的。

（3）正文

市场调查报告既要反映市场调查的基本情况，又要表明调查者的观点和建议，写作时应根据材料来安排层次，依序而言。其结构要根据调查的目的、内容、范围以及事情的繁简来决定。

（4）结尾

市场调查报告一般都要用简要说明来结束全文。所谓简要说明，即是说明那些在正文里没有谈到而应该附带一说的问题，或是一些在正文里没有涉及，但又对市场调查报告有一定影响的重要情况，或是本报告之外的一些其他材料和典型事例，或是一些统计数据和附件等，均可视需要置于结尾中一并交代。结尾之后签注上作者的单位和姓名及写作时间。

3. 注意事项

（1）要如实反映情况

市场调查报告要从客观实际出发，如实反映调查情况，内容应具体详细，真实可靠，结论必须建立在大量的第一手资料和辩证地分析研究的基础之上，表述准确严密，富于逻辑性,力避掺杂调查者的主观色彩。

（2）要详略得当

描述调查情况应选取最能说明问题的典型事例和有代表性的数据,既注意面上的情况,又突出点上的问题。

（3）要讲求时效

市场调查报告要具有很强的时效性。

三、消费者调查报告编写细则

（一）消费者调查的要领

何时调查、什么目的、何种对象、以什么方法来实施等计划的建立。然后将其具体的策略做检查分析,收集资料的工作。最后再将收集得来的资料做整理,写成报告书。

（二）消费者调查的进行

对于个人调查的实行,各调查员如果发问不关联的问题的话,回答者将会作各种不同想法上的判断,问题的规格必须做到统一。

1. 调查监督员和调查员开协议会议,将调查目的、调查方法、问题事项、回答书回收时间等做好协议,并对各调查做同一行动。

2. 调查员:

（1）调查员应对问题内容做好理解,决定问题顺序。

（2）研究要调查地区的地图、交通工具、调查对象的在家时间等,以便达到花最少的时间、精力,而收获最大的成效。

（3）准备调查用的印刷物。

（4）实际调查时,要做到不看问题书,也能很顺地将问题问完。

3. 以上各项准备完成后,才能在实际中实行,其方法依下列各要领:

（1）接近方法:

✚不能像是在审问犯人似的提问,也就是说,要保持尊重的态度。

✚首先考虑初见面的问候,给人好的第一印象,并有自信。

✚在人群当中,有配合调查的人,也有不配合的人,更有反对排斥的人,对于各类人等要随机应变,将调查工作做好。

（2）提问的方式:

✚从第一个问题就可知道其对调查的主题有多少的关心度或者多少的知识,所以问题应该是平易的、自然的。

✚让对方在不知不觉之中,进入调查的主题。

✚不对问题的内容作说明。

✚依问题书的问题顺序发问。

✚问题以外的事项不作交谈。

✚问题书里的问题,一题不漏地问完,对问题不做自身的考虑,会影响对方的心情。

4. 对方如果说得太离题时,应将其拉回主题上面,并注意说话技巧。

5. 不和对方争论。

6. 如果是对问题作了不适当的回答时,自己应判断其说话的态度,真实性等,而转向下一个问题。

7. "不知道"回答时,在任何调查中都占有 10% 左右,这是很普通的事,但却可判断教育的普及程度,常识的程度等,不可轻率地处理。

8. 如果有模棱两可的回答时,应引导其"在原则上同意吗"等的回答。

9. 如果是使用卡片的情况,在对方书写时不可凝视,使对方能在正常情况下顺利地写完,并且将时间定为 10 分钟左右。

(三)记录的处理

1. 一般当自己的回答被作记录时,都是比较不经思考的问题回答,也有因为被记录,而不愿作回答的人,所以向对方说明其回答是绝对保守秘密的,取得其理解。

2. 如果因记录而拒绝回答的时候,就应该放弃记录,而将其记在脑里,一旦离去后,速作记录。

3. 如果对作记录不反对的话,可以将问题书拿出,表示调查员并不会加入自身意见,而将其回答依样记入。

4. 选择性回答的记录处理。

5. 自由性回答的记录处理。

前面的问题应向对方说明其宗旨,取得理解后,再要求回答。

6. 确实听取所说的话,并迅速确实地记录。

7. 避免漏掉记录。

调查员努力地要求回答,对方也很有诚意地回答,却因调查员的不注意,而漏掉记录,所有努力都是白费了,造成调查的不正确,这是调查员的大失误。

8. 个人的自身事项。

男女性别、职业种类、年龄、生活程度、家族关系、教育程度、财产关系等,要做好记录,并严守秘密。

9. 面谈结束后,应表示谢意,占用了对方宝贵的时间,并保证绝对保密,并希望将来能再协助。

10. 依照上列事项,调查大概终了,但调查员的工作并不是到此为止,在当天不可疏忽做下列的整理。

(1)整理回答卷。

(2)做回答者的观察记录。

(3)整理调查对象表。

四、竞争对手调查报告编写细则

（一）从竞争者的动向来把握情报

1. 虽然是没有什么变化的事情，如果仔细作分析的话，将会有一些深入的发现。

2. 对竞争者的信用调查。

3. 对竞争者保持密切地接触，依几个已知的要素来作推测。

（二）从竞争者营业状态中抓住情报

1. 营业状态是经营实态把握的第一步，这是很容易从外观上抓住的。

2. 判断营业状态的基准，大致可区分为：

（1）营业情况。

（2）与交易往来户的关系。

（3）交易条件、支付情况。

（4）与交易往来银行的关系和评价。

（5）业绩现况等。

（三）从竞争者会计方向来抓住情报

1. 要从会计上来抓住情报的话，前提就是要能拿到损益表。

2. 设法使竞争对手展示自己的经营策略。

3. 在此之前，交易开始时即应确实将损益期中的损益表的交付明确订立规则。所有的成员，都应有此概念来执行。

4. 如果不能拿到损益表，也可从许多情报中来作推测。

5. 如果支付期间是长期性的话，必须要有周密的检查追踪。

6. 在平常，就要做到严格地检查计算错误，而且要确实遵守已约束的支付条件。

7. 以损益表为基准，进行财务比率分析和损益表的分析。

（四）分析竞争者资产状态，获得情报

1. 从借贷报告表中可得知资产有流动资产和固定资产，固定资产可分为有形固定资产、无形固定资产、投资等。

2. 如果能拿到财务报表的话，就可以从数字上来作判断。

3. 从外表唯一可以衡量的事物就是商品的库存量。不但要看实际的库存量，亦要检查其入货、出货的情况。

4. 分析竞争对手是否有其担保的抵押品。

（五）竞争对手调查适用表格

五、市场调查报告表

表 26 - 1　市场调查报告表

调查日期:	
调查内容:	
调查对象:	
调查方法:	
状况:	
动向:	

统计说明:	图解:

竞争厂商趋势:

调查意见:

六、市场调查计划表

表 26-2　市场调查计划表

调查目标	
考虑因素	
方法设计	
预定进度	
使用人力	
预　算	

七、市场总需求量调查估计表

表 26－3　市场总需求量调查估计表

调查单位：　　　　　　　　　　　　　　　　　　　　　　　年　　月　　日

摘要	品 名 区 分		业　绩					备　注
			年	年	年	年	年	
统计资料		销售						
		指数						
		销售						
		指数						
		销售						
		指数						
资料关系		销售						
		指数						
		销售						
		指数						
		销售						
		指数						
		销售						
		指数						
		销售						
		指数						
		销售						
		指数						
景气动向								
竞争关系动向								
本公司销售政策重点								

八、竞争厂商调查表

表 26 - 4　竞争厂商调查表

地区		姓名		开会检讨日		年　月　日
竞争厂商名称						
公司地址						
工厂地址						
业务人员姓名						
学历、年龄						
服务时间						
业务员的口才						
行销能力						
业务员给客户印象						
业务的方针及做法						
待遇						
销售的对象						
代理商名称						
产品的种类(特殊规格)						
产品的性能						
产品的品质						
产品的价格						
市场占有率						
其他特别 人、事、地、物、时						

九、同业产品市场价格调查表

表 26－5　同业产品市场价格调查表

年　　月　　日

品名	规格	厂牌	单价	价格来源根据(发票或经办人)	对质量价格的批评
说明					

营业主管：　　　　　　　　　　　　制表：

十、经销商调查表

表 26-6　经销商调查表

经销商名			产权性质	
注册地址			经营地点	
	TEL			TEL
产权人	姓名		经营方针	
	TEL			
负责人	姓名			
	职务		经营品种	
	TEL			
销售收入			资产	
成立日期			资金	
员工人数			经营能力	
卖场数量			经营者素质	
地域分布			库存状况	
员工素质			下属网络	
合作意向			合作厂家	
合作方式			送货服务	
当地市场地位	实力排名	第　　名	组装力量	
	信誉排名	第　　名	促销方式	
计划目标			促销投入	
合作时间			业内评价	
支持条件			综合评价	

调查人：　　　　　　　　　　日期：

十一、零售店调查一览表

表 26 - 7　零售店调查一览表

区域
年　月　日

序号	路名	店名	电话	店主	详细地址	类型	有无本品	竞争品牌	销量	价格	进货渠道	备注

类型:◆特渠　☆大型商场　★连锁超市　□批发　●批零兼营　○零售　▲移动摊点

十二、市场分析报告编写细则

市场分析报告是建立在市场调查的基础上,对调查材料进行分析研究后,作出的科学的、事实的市场环境分析。市场分析报告包括以下内容和步骤。

(一)市场分析

1. 市场状况

分析当前市场的状况以及未来市场的潜在能力,市场的发展趋势,营销消费者购买的因素等。因此,对于××公司的产品而言,是否能找到一个最佳的结合点,发现一个巨大的市场机会。

2. 品牌状况

目前市场上同类产品的品牌状况,各品牌属于自己的消费群体分布状况。分析市场存在的问题,为产品进入市场提供机会。

(二)消费者分析

1. 零散消费者

分析此类消费者选购产品时的特点和消费倾向。

2. 大宗消费团体

大宗消费团体目前使用同类产品的状况以及选购产品的特点和消费倾向,试图能够满足不同消费者的多种需求。

(三)目标市场的确定

经过仔细的市场调研,确定选择公司目标市场。

(四)产品定位

本公司产品是定位在大众化消费还是中高档商品,必须作出准确定位。

(五)确定营销组合策略

1. 产品

针对消费者的消费特点,从产品质量到产品外包装都要作出符合消费者消费特点的营销策略。

2. 价格

采取何种价格策略,要根据市场需求以及产品自身特点做出合理定价。

3. 广告及促销策略

针对商品的特点,选择合适的广告媒体及宣传策略,树立产品形象,扩大产品知名度。

4. 确定销售渠道

是走直销渠道还是分销渠道,必须根据产品的特点以及消费者的购买特点作出选择。

十三、市场预测报告编写细则

（一）市场预测报告概述

1.市场预测是按照客观经济规律,根据已经掌握的具体资料,对市场过去和现状进行深入调查,并对市场的需求进行科学推测的一种方法。市场预测报告描述市场预测结果,反映市场发展变化趋势。

2.市场预测报告的种类。

市场预测报告的种类有短期预测报告、中期预测报告和长期预测报告。

（二）市场预测报告的写作流程

1.步骤。市场预测报告的写作,要在动笔之前做大量的准备工作:

（1）确定预测的对象和预测的时间期限。

（2）拟定调查项目,收集相关资料。

（3）选择市场调查和市场预测的方法。

市场调查着眼于市场的过去和现状,而市场预测着眼于市场未来的发展变化趋势。市场预测的方法通常包括以下几种:

➕经验预测法

经验预测法又分为集合意见法和专家意见法。

➕统计分析法

主要是运用有关方面的历史统计资料,用数学方程组的关系,抽象地描述调查的实体及其相互关系,进行预测计算,着重从系统性、连续性、可靠性,定性研究与定量分析相结合的角度,来评定和鉴别预测结果。旨在通过分析各种变化因素之间的因果关系;寻求发展变化的趋势,从而对未来的发展前景作出预测。

➕相关分析预测法

相关分析预测法就是通过分析影响商品流通诸因素的数量关系,对未来市场的发展变化趋势进行预测。

（4）整理、汇总、归纳调查结果。

将所收集到的调查结果进行整理、汇总、排序、归纳,对所有的调查结果,从各个不同的方面,运用各种分析方法,比较、权衡、论证,指出各个结果和利弊得失,为最终确定市场预测的结论提供依据,最后筛选出最有说服力的市场预测结论。

2.方法。市场预测报告的写作,应根据具体的预测内容来定,在表述时不可能用统一的形式框定。通常情况下,市场预测报告是由标题、前言、正文、结尾和落款几部分组成。在实际的写作过程中,可以根据需要有所取舍和变化。

（1）标题。

市场预测报告的标题由单位、时间和主要内容概括而成。如《一九九四年我国粮食市场分析》,其中"一九九四年"是时间,"我国粮食市场分析"是内容概括,省略了预测的单位。市场预测报告的标题还可由单位、主要内容和文种组成。如《××厂对电饭锅市场供销的预测》，其中"××厂"是单位，"电饭锅市场供销"是内容，"预测"是文种。

（2）前言。

市场预测报告中的前言，一般情况下，都是提出预测的对象，这往往反映了市场预测报告的内容指向。

（3）正文。

这是市场预测报告的主体部分，应总体叙述，列项分析，概括地对历史和现状进行分析，对前景进行预测，并提出建议。通常包括预测对象的供需历史和现状；市场前景的预测；对产品的未来市场的营销策略及对策与建议。

（4）结尾。

结尾部分反映市场预测报告的对策与建议。这些对策与建议，无论是抽象的策略思路还是具体的对策措施，都必须针对预测的具体问题，说明市场预测的结论或对策意图。

（5）落款。

市场预测报告的落款部分，包括具名和日期。具名应在正文的右下方写明单位名称或作者姓名。日期应写明年、月、日，写在具名的下面。落款虽然简单，但不能省略，其作用主要是备查。

3. 注意事项：

（1）注重调查研究。

大量地、全面地占有第一手资料是至关重要的，调查不深入不细致，没有把握住关键问题，或者掌握的资料不全面，数据不可靠，都有可能使预测的结果不准确，不真实。

（2）重视资料分析。

当市场调查工作结束之后，写作者占有了一定的写作素材或事实数据，应对资料进行整理、核实和分析。其第一步是将调查收集的资料，用数理统计方法和工具进行整理对比，制成图表；第二步是根据整理分析后得出的图表，进行定性定量分析。

（3）力求表达准确。

市场预测报告要准确精练地概括市场经济的某一侧面的历史沿革和现实存在，描述未来的经济趋势，措辞要严密，语气要恰当，忌夸张，忌虚衍，力求实事求是。

十四、产品市场性分析表

表 26 - 8　产品市场性分析表

产品名称	推出日期	销售年数	获利率	市场占有率	价格	质量	外观	竞争产品	竞争产品	差异性	产品改良状况	其他

十五、企业信息来源分析表

表 26 - 9 企业信息来源分析表

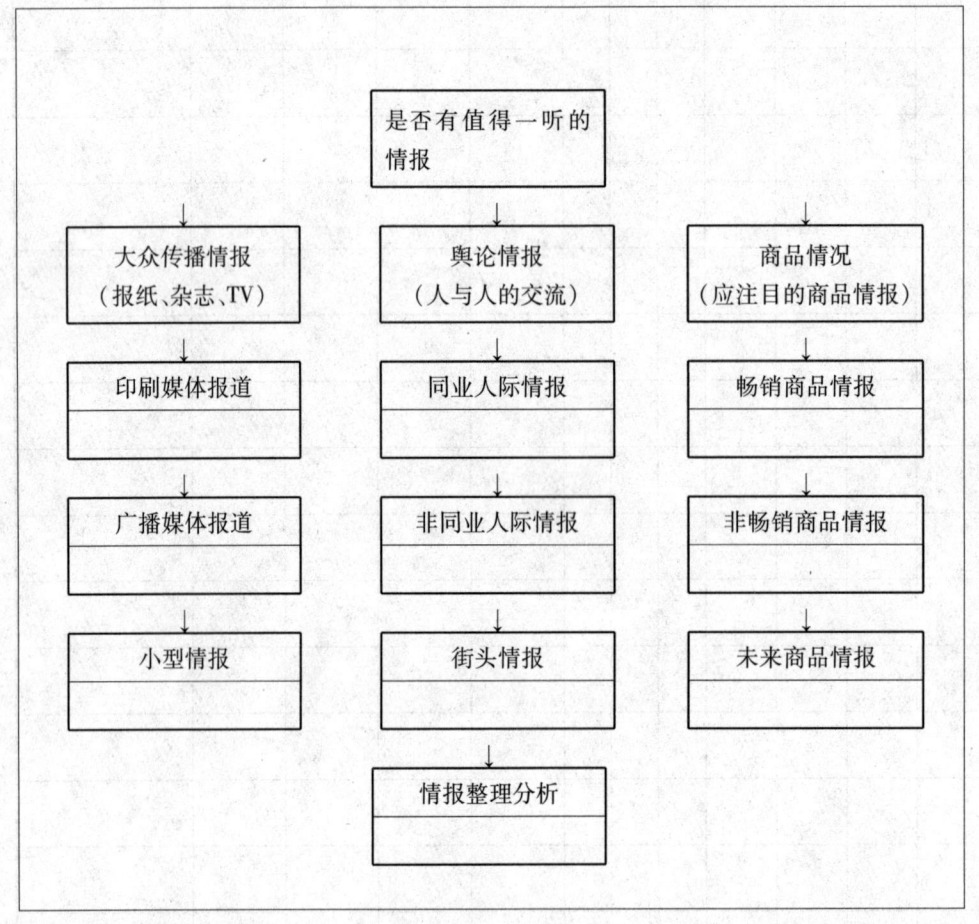

十六、企业消费者情报分析表

表 26 – 10　企业消费者情报分析表

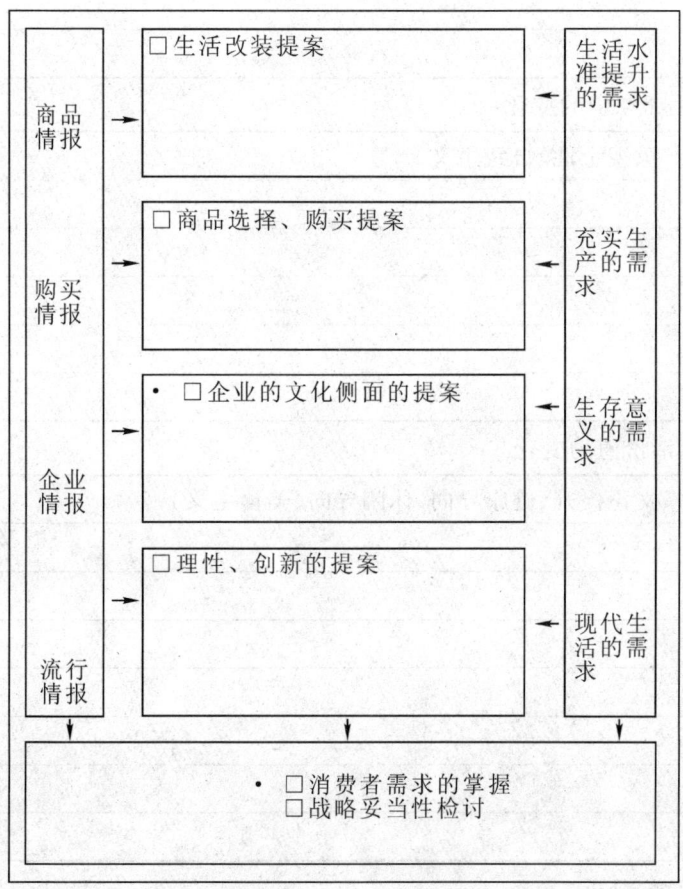

十七、消费者意识变化分析表

表 26 – 11　消费者意识变化分析表

○总括

消费者意识变化关键重点	公司应对关键重点

○消费者社会构造的变化

（高龄化社会、女权时代、年轻人社会、国际社会、小家庭化、个人社会）

○消费者生活意识的变化

（重视个人生活、重视个性、自我主义）

○消费者生活价值的变化

（女性重视工作、文化提升、健康导向、休闲导向、美食主义）

○公司的应对、分析

十八、企业畅销产品分析表

表 26 - 12　企业畅销产品分析表

品名				
条件		项　目	内　容	
门市条件	地区	靠近车站		
		靠近铁路沿线		
	门市	大型百货公司		
		综合市场		
		杂货店		
顾客条件	时间	平日营业时间		
		假日营业时间		
	年龄层	10 岁		
		20 岁		
		30 岁		
		40 岁		
		50 岁以上		
商品条件	畅销商品	商品种类		
		商品数量		
		销售柜台布置		
		销售柜台环境		
		商品特长		
		包　装		
		质　量		
		价　格		
调查	议评	对销售人员的议评		
		对店长的议评		
		对消费者的调查		

十九、产品营销分析表

表 26 - 13　产品营销分析表

产品分析	质量类别	说　明	竞争状况分析	厂牌	价格	等级	质量	外观	服务	信誉
	功　能									
	质量等级									
	外　观									
	耐 久 性									
	故 障 率									
	使用难易									
价　　格	产品名称 成本项目			市场动态	1. 顾客评价 2. 顾客转变状况					
	原料成本									
	辅助材料成本									
	人 工 成 本									
	制 造 费 用									
	制 造 成 本			评　　定						
	期 间 费 用									
	总 成 本									
	获 利 率									

第二十七章

产品销售管理

《按制度办事》

一、营销计划制定流程

营销计划是指对有助于企业实现战略总目标的营销战略作出决策。每一类业务、产品或品牌都需要一个详细的营销计划。营销计划应包括以下几个部分：计划实施概要，市场营销现状，威胁和机会，目标和问题，市场营销和战略，行动方案，预算和控制。其制定流程如下。

（一）计划实施概要

市场营销计划书开头应有一个计划实施概要，对计划中的主要目标和建议进行简短的概述，使企业管理部门能快速地浏览整个计划的内容。

（二）市场营销现状

在这部分中，计划制定者提供有关市场、产品、竞争和销售的相关背景资料。

（三）威胁和机会

预测产品可能面对的主要威胁和机会，目的是预计会对公司产生影响的重要发展趋势。

（四）目标和问题

在研究产品的威胁和机会之后，营销人员就可以设立营销目标并考虑会影响这些目标的问题，营销目标包括市场占有率、销售额、利润率、投资收益率等。

（五）制定市场营销策略

市场营销战略是指业务单位想借以实现其市场营销目标的营销逻辑。包括目标市场策略和营销组合策略。

（六）确定行动方案

市场营销战略应转变为具体的行动方案来回答以下问题：将做什么？何时做？由谁负责做？费用是多少？

（七）编制营销预算

编制各项收支的预算，在收入一方要说明预计销售量及平均单价，在支出一方则要说明生产成本、分配成本及营销费用、收支的差额为预计的利润。

（八）营销控制

计划的最后一个部分是控制，对计划执行过程的监控是将计划规定的目标和预算按月份来分解，进行有效的监督。

二、某公司年度营销计划书范例

第一条　目标

到200×年12月31日，全公司实现：

（一）销售额（含税）人民币×亿元。

（二）利润××××万元人民币。

（三）市场占有率××%。

第二条　任务内容

200×年内公司营销工作内容分为两部分：

（一）公司营销工作的规范化。它主要包括：

1. 代理商的规范和调整。

2. 市场价格体系的调整。

3. 产品结构的调整。

4. 强化公司的销售信息管理。

5. 售后服务体系的建立和规范。

（二）新产品的销售推广。通过8个新型产品的上市，全面调整公司产品结构和价格体系，使公司具有明晰的产品系列和副品牌。

第三条　计划实施

把各项工作分配落实到各个单位，制定计划完成的时间表（略）。

第四条　营销环境分析和目标

面临的几个主要问题：

（一）品牌在全国市场的全面、规范推广时，产品结构的不合理和过大的地区价差造成的阻碍。

（二）公司从业人员对各项相关政策的设计和执行能力的欠缺。

（三）年内各项工作的调整所需时间与公司新址搬迁前后波动造成的各项工作暂时性中断间的矛盾。

（四）人员、机构对于调整工作的适应期、磨合期使工作绩效打折扣。

（五）如此之多的调整带来的不适反应，甚至个别失误可能造成来自各方面的阻力。

第五条　机构和人员调整

在年末，公司已确定整体组织机构，200×年，公司机构的最重大调整在营销组织，调整工作将分层次逐步到位，主要包括：

（一）将现销售部职能界定为销售管理、控制方面，通过上海、北京等八大分公司完成区域内销售和实施。总部只负责向这八家分公司供货。对这八家分公司实施计划、监督、控制职能。改变总公司销售人员长期脱离一线实际工作、终端管理失控、差旅费无效支出严重的现象。

（二）将现企划部更名为市场部，对全国范围内的市场维护和控制，具体实施由分公司在市场部指导、控制、协助下运作。

（三）由分公司完成对现有代理商进行城市级改造，改变目前省级代理"圈地"现状，将市场拓展和维护工作精细化。

（四）分公司在总部指导下，对所辖城市按重要程度进行分步开发和深度挖掘，市场开发的基础工作讲求实效、扎实。现有代理商经过筛选，符合要求的成为重点城市的地市代理。现公司销售人员进驻当地，协助代理商做好市场基础工作，必要时成立办事处。对于重点城市无合格的代理商的情况，公司成立营销中心，自主经营该地区市场。办事处、营销中心由所属分公司进行管理。

（五）分公司经理、分公司中层人员由总部调配管理。分公司员工均为公司员工，分公司可按公司确认的标准和编制当地招聘，公司亦可集中招聘和派遣。

对各分公司的绩效考评，将以销售成绩和市场操作过程为双重依据。

（六）公司将在合适时候，成立营销稽查管理部门，对各分公司所属的销售终端、广告发布、财务管理等诸方面工作进行暗访，结果作为对分公司的考评依据。

（七）售后服务工作是公司品牌战略的重点部分，代理商的城市级改造是为售后服务工作的整体、系统化打基础的，公司的售后服务工作将采取总公司规划、设计和监督，分公司设点执行、控制，城市代理商（营销中心）具体实施。

第六条　主要销售地区和销售分配

（200×年全国市场销售计划表　略）

第七条　战略市场的界定及依据

200×年，公司营销工作的重点在终端管理，为此公司制定出：通过八大分公司管控地区的模式，从公司的战略角度出发，上海、北京、杭州将成为战略市场，在这三个市场中，我们必须牢固树立 AB 品牌形象，声援 AB 品牌在全国市场的形象树立工作。

由于企业起步阶段的代理制的原因，在全国许多地区靠代理商开拓市场，由于前期投入和代理商素质等原因，使得拓展工作和结果非常不均衡。200×年，公司将系统、重点开发一批典型市场，总公司和所辖分公司将工作主要精力和广告投入集中于这些市场，迅速培养一批年销售额在 250 万～400 万元以上的市场，这些市场将会辐射影响周边城市，并为下一年的新市场开拓工作打下基础。

第八条　产品结构调整

200×年，公司将对产品结构进行较大幅度调整，产品将分为三个序列：

AB 低价位系列：主要针对 350～400 元价位的竞品，通过量来冲击竞品，保证市场份额。这部分销售将占总量的 40%。

AB 高价位系列：树立 AB 高质量的地位，通过与低价位明显的价值差体现 AB 的品牌形象，这部分将占总量的 45%～50%。这两个系列的出现主要目的是理顺市场价格体系，保证 AB 的绝对市场优势。

卫浴电器产品：这些产品的上市，目的是为了树立 AB 产品是卫浴专家的形象，同时，为代理商淡季产品线的丰富提供条件，稳定代理商情绪。

第九条　营销渠道策略

针对公司目前渠道体系存在的问题，从 200×年起，调整渠道系统是当务之急。调整工作按照自上而下的顺序推进。代理区域将以城市为单位，对于新加盟的代理商，公司严格把关，给予系统、全面地支持，代理商的选择和考评将统一《代理商素质文件》、《代理商合作管理条例》《代理合同》，将成为渠道管理的纲领性文件。所以，从渠道的长远角度来讲，应该是按照所示结构，改变渠道体系混乱造成的价格混乱。

在渠道调整的过程中，分公司的工作是重点，能否成功取决于分公司的人力资源储备。

在渠道调整的过程中，将对原有代理商进行评估，原则是改造和提高，不提倡撤换。在开拓新市场时，在规范的代理商评价体系、建立代理商素质模型前提下，通过业务人员的寻找、公开招募、代理权的拍卖等方式，确定城市代理商。在无法寻找到合适的代理商的城市，分公司将在该城市成立营销中心。营销中心最终必将回到代理制，当营销中心有固定的销售额和前期投入已回收后，分公司要及时寻找代理商。届时，将通过向营销中心人员或满足公司条件的代理商转让，以保证代理商素质的提高。

公司对于代理商工作的认识要统一，要对公司业务人员和代理商的沟通能力进行全面培训提高，改变以往业务人员与代理商的对立或放任两种极端状态。

通过对渠道的调整，使代理商明确代理责任，改变公司产品在全国范围内发展不均现象；同时，使代理商能够在代理区域内精耕细作，严格履行代理责任。

对于零售商的管理工作，分公司必须不折不扣地贯彻执行，无论是营销中心还是城市代理，都必须以强化终端管理为工作重点，对于各零售商的管理工作，必须执行 ABC 分类管理，强化检查和指导。

对于分公司的建立，是本着工作重心下移的原则进行。

分公司对所属营销中心和办事处的管理工作，必须符合公司的管理规定，不得随意变更。工作分工应该按照公司的统一设定执行。

第十条　产品策略

在 200×年，公司营销工作的调整，产品策略调整是关键。公司将全力整理产品系列，强化配件的通用性和标准性，压缩产品种类，对库存进行彻底清理，保证公司和代理商资金的健康流转。

在可能的情况下，通过对高质量的卫浴电器产品的贴牌，尽快塑造 AB 的卫浴电器品牌形象。

第十一条　价格策略

我们必须坚定 AB 公司的高价策略，高价不等于暴利，我们应该有统一的认识和工作指导思想，我们应该看到公司原有策略的发展线路。

公司在产品的初级阶段采用高质高价策略以完成资金的原始积累，在产品市场成熟之后，应通过新产品上市来占领原来的价格空间，同时尽快将老产品列入低价，这样不但可以抑制竞争对手的成长，同时可以最大限度地扩大老产品的市场空间。

从理论上讲，只要老产品有一定的价格空间、新产品能够保持原有价位，调整工作即大功告成，考虑 200×年的利润指标，我们还是要做适当地控制，但价格调整一定要有竞争力，预计放在比目前竞品售价略低的价位，新产品一定要占领原有在全国自然形成的高价位。

价格调整工作是非常重要的一步，是一个系统工程，它要靠一系列的调整动作来完成，困难是非常大的，但我们必须明确，"调整可能会有风险，但不调整是绝对的风险！"在调整过程中，困难主要来自：

（一）现渠道中的库存产品，由于长期以来我们新型号上市都未做库存清空，渠道中的阻滞型号沉淀过重，而且一些代理商为年度返利存有大量库存。

（二）由于采取不回收、不补差，通过时间调整来完成价格调整，势必在一定时期影响销量，而调整时间放在六、七、八3个月，正是销售淡季，出货量小，效果不容乐观。

（三）由于老产品新型号所采用的配件与现产品的不同，势必有剩余库存，尽管已考虑出处（新疆等新市场）但没有十分把握。

价格调整的工作步骤：

（一）调整代理商的返利政策，刺激代理商销售，尽量使代理商的库存降低和合理进货并销售，适当通过非正常途径发布信息，模糊政策，最大程度保证销量。

（二）制定统一代理合同，规范今后的市场操作。对新加盟的代理商开始实施新政策。

（三）规范现有型号的统一性，生产老款新型号产品。

（四）研发8个新产品。试生产，正式投产。

（五）正式通知降价，同时实行新价格阶段供货制（即通知之日起3个月后，全国新的零售价正式启动，3个月为库存清空期。在此期间可以按新价格提货，但表示老产品已清空，公司协助部分分公司和代理商向已清空地区调货，最大程度消化库存）。

（六）启动全国统一价格体系运行。

第十二条　公关、广告策略

实际上，像我们这样的企业，应该是在制造产品的同时，还在制造名声，制造的产品让我们赚钱，而制造的名声让我们多卖产品。

制造名声就是塑造品牌，在塑造品牌的时候，既要做广告又要做公关，广告让消费者"买"我，公关是让消费者"爱"我，塑造品牌是让消费者先"爱"我，然后"买"我。

对于广告，我们必须明确这样一个观念：广告是一个投资过程而绝非消费过程。广告是企业无形资产的重要组成部分，在过去我们在思想意识中多多少少都存在着模糊意识，这样，代理商操作广告，使公司的品牌塑造和产品宣传的信息非常分散，同时，使一些代理商对广告费用理解为"返利"。

对AB广告目前存在的一些问题，我们首先要做的工作是统一对广告的认识，说服代理商包括我们自己将广告的使用交给专业人员，对广告的投入讲求"三性一度"，即真实性、有效性、系统性、配合度。

今后AB将全力以赴地塑造强势品牌形象，通过整合传播，勾勒出个性鲜明、形象记忆深刻的AB品牌形象，品牌对于一家现代企业来讲，它是高于一切的有效资源，亦是企业参与竞争的"通行证"。

在品牌构建的工作中，我们必须完成一些基础工作，这些工作是需要投入大量的资金和成本的。从这些内容我们可以看出，在200×年公司在这些方面的投入是巨大的，它们都是基础之基础，是企业长久发展的基石。在费用有限的情况下，我们主要是靠压缩以往广告支出中不合理的部分，通过发挥整合传播的威力和效果来"以小博大"。

（一）制定AB品牌发展战略。

（二）设计、实施AB品牌系统。

（三）强化企业公共关系的工作。

（四）强化市场调研工作。

（五）科学、系统、有效的广告发布。

（六）调整公司企划部的职能和人员结构。

（七）实效促销（SP）是各市场终端的工作重点，200×年，公司的各项工作将向终端转移。

第十三条　售后服务策略

售后服务是公司品牌形象树立的工作之一,它是一个主动工作,我们必须改变原来在售后服务工作方面的"被动"思想;售后服务是一家企业的宣传、推广过程,它不是"责任"这个观念范畴,只有我们在思想方面明确认识,才能保证在工作方针制定和投入上的正确。

建立和实施统一标准的售后服务模式是公司提升品牌形象、提高品牌美誉度的关键。在这个意义上,售后服务的投入力度,应该高于广告投入。

目前,公司面临的主要问题是:没有统一标准的售后服务模式;现有售后服务管理人员素质低下和后备人才的匮乏;售后服务硬件投入不足。

在200×年,在品牌基础工作完成之后,迅速规范售后服务模式,通过设计系统的售后服务软件,强行将公司的服务水平拉升至要求高度,整体模式将在200×年全国战略重点城市首先推广实施。同时,提高售后服务管理人员的待遇,引进售后服务专业人才,强化管理,保证实施效果。

第十四条　营销监督稽查策略

在各项制度出台后,执行力度的检查工作就显得尤其重要,公司将成立营销稽查组织,采取定期和不定期、明察和暗访方式对公司营销机构的工作进行考察,结果将纳入对分公司经理的绩效考评结果,与分公司经理的薪资和分公司分红应该挂钩。2005年的考评重点是终端管理、售后服务、财务管理三个方面。

三、营销计划表(一)

表27-1　营销计划表(一)

外销部分

客户名称	预计订购货品	1月	2月	3月	4月	5月	6月	1~6月销售额	估计毛利	备注
合　计										

四、营销计划表(二)

表27-2 营销计划表(二)

年度   月份

目次	产品名称	单位	内　销			外　销			合作外销			合　计		
数量	单价	金额	数量	单价	金额	数量	单价	金额	数量	单价	金额	数量	单价	金额
合计														

审核: 填表:

五、产品营销分析表

表 27 - 3   产品营销分析表

质量类别		说　明		厂牌	价格	等级	质量	外观	服务	信誉
产品分析	功　能		竞争状况分析							
	质量等级									
	外　观									
	耐久性									
	故障率									
	使用难易									
价　格	产品名称 成本项目		市场动态	1. 顾客评价 2. 顾客转变状况						
	原料成本									
	辅助材料成本									
	人工成本									
	制造费用									
	制造成本		评　定							
	期间费用									
	总　成本									
	获利率									

六、年度销售计划编制细则

第一条　确定年度目标

（一）销售额目标：

1. 部门全体　××××元以上。

2. 每一员工/每月　×××元以上。

3. 每一营业部人员/每月 ×××元以上。

（二）利润目标。

全年实现利润 ×××元以上。

（三）新产品的销售目标。

全年实现新产品销售×××元以上。

第二条　制定销售工作基本方针

（一）本公司的业务机构,所有人员都能精通其业务、人心安定、能有危机意识、有效地开展销售活动时。

（二）贯彻少数精锐主义,不论精神或体力都须全力投入工作,使工作朝高效率、高收益、高分配(高薪资)的方向发展。

（三）为加强销售机构的敏捷、迅速化,公司将大幅委让权限,使销售人员得以果断迅决。

（四）为达到责任的目的及确立责任体制,公司将贯彻重赏重罚政策。

（五）为了完善各类规定及规则,公司将加强各种业务管理。

（六）为促进零售店的销售,改革销售方式体制,将原有购买者的市场转移为销售者的市场。将出击目标放在零售店上,并致力培养、指导其促销方式,借此进一步刺激需求的增大。

（七）设立定期联谊会,借此更进一步加强与零售商的联系。

（八）利用顾客调查卡的管理体制来确立:①零售店实绩;②销售实绩;③需求预测等的统计管理工作。

（九）检查与代理商关系,确立具有一贯性的传票会计制度。

（十）本方针之间的计划应做到具体实效,贯彻至所有相关人员。

第三条　制定业务机构改革计划

（一）内部机构:

1.各新体制下的业务机构,暂时维持现状,不做变革,借此确立各自的责任体制。

2.在业务的处理方面若有不备之处,再酌情进行改善。

（二）外部机构:

交易机构及制度将维持经由本公司→代理店→零售商的旧有销售方式。

第四条　制定零售商促销计划

（一）新产品销售方式体制:

1.将全国有力的××家零售商店依照区域划分,于各划分区内采用新产品的销售方式体制。

2.新产品的销售方式是指每人各自负责 30 家左右的店,每周或隔周做一次访问,借访问的机会督导、奖励销售,并进行调查、服务及销售指导、技术指导等,借此促进销售。

3.上述的××家店所售出的本公司产品的总额须为以往的 2 倍。

4.库存量须努力维持在零售店为一个月库存量、代理店为两个月库存量的界限上。

5.销售负责人的职务内容及处理基准应明确化。

（二）新产品协作会的设立与活动:

1.为使新产品的销售方式所推动的促销活动得以配合,另外又以全国各主力零售店为中心,依地区别设立新产品协作会。

2.新产品协作会的事业内容大致包括下列十项。

（1）分发、寄送机关杂志。

（2）赠送本公司产品的负责人员领带夹。

（3）安装各地区协作店的招牌。

（4）分发商标给市内各协作店。

（5）协作商店之间的销售竞争。

（6）分发广告宣传单。

（7）积极支援经销商。

（8）举行讲习会、研讨会。

（9）增设年轻人专柜。

（10）介绍新产品。

3. 协作会的存在方式是属于非正式性的。

（三）提高零售店店员的责任意识。

为加强零售商店店员对本公司产品的关心，增强其销售意愿，应加强下列各项实施要点：

1. 奖金激励对策——零售店店员每次售出本公司产品则令其寄送销售卡，当销售卡达到 10 张时，即赠奖金给本人以激励其销售意愿。

2. 人员的辅导：

（1）负责人员可利用访问时进行教育指导说明，借此提高零售商店店员的销售技术及加强其对产品的知识。

（2）销售负责人员可亲自站在店头接待顾客，示范销售运作或进行技术说明，让零售商的店员从中获得间接的指导。

第五条　扩大顾客需求计划

（一）广告计划：

1. 在新产品销售方式体制确立之前，暂时先以人员的访问活动为主，把广告宣传活动作为未来所进行的活动。

2. 针对广告媒体，再次进行检查，务必使广告计划达到以最小的费用，创造出最大成果的目标。

3. 为达成前述两项目标，应针对广告、宣传技术做充分的研究。

（二）活用购买调查卡：

1. 针对购买调查卡的回收方法、调查方法等进行检查，借此确实掌握顾客的真正购买动机。

2. 利用购买调查卡的调查统计、新产品销售方式体制及顾客调查卡的管理体制等，确实做好需求的预测。

第六条　营业实绩的管理及统计

（一）利用各零售店店员所送回的顾客调查卡，将销售额的实绩统计出来，或者根据这些来进行新产品销售方式体制及其他的管理。

1. 依据营业处、区域别，统计××家商店的销售额。

2. 依据营业处别，统计××家商店以外的销售额。

3. 另外几种销售额统计须以各营业处为单位制作。

（二）根据上述统计，可观察各店的销售实绩及掌握各负责人员的活动实绩，各商品种类的销售实绩。

第七条　营业预算的确立及控制

（一）必须确立营业预算与经费预算，经费预算的决定通常随营业实绩做上下调节。

（二）预算方面的各种基准、要领等须加以完善成为示范本，本部门与各事业部门则需交换合同。

（三）针对各事业部门所做的预算、实际额的统计、比较及分析等确立对策。

（四）事业部门的经理应分年、季、月别，分别制定部门的营业方针及计划，并提出给本部修正后定案。

第八条　提高经理干部的能力水准

（一）本部与事业所之间的关系：

1.各事业单位负责人应将事业所视为一企业，以经营者的精神来推动其运作和管理（另外，本身也须经常参与研修）。

2.事业经理需就营业、总务、经营管理、劳务、采购、设备等各方面，分年、季、月份制作提出事业部门的方针及计划。

3.事业经理针对年、季及每月的活动内容、实绩等规定事项，提出报告。内容除了预算、实绩、差异、分析及反省之外，还须提出下一个年度、季、月份的对策。

4.本部与营业所之间的业务管理制度应明确并加以修缮成为可依循的典范。

（二）事业所内部：

1.事业经理应根据下列九点，确立事业所内部日常业务运作的管理方式：

（1）各项账簿、证据资料等完备。

（2）各种规则、规定、通告文件资料完备。

（3）确立业务计划及规定。

（4）确立指示、命令制度。

（5）事务报告制度。

（6）书面请示制度。

（7）实施指导教育。

（8）实施巡视、巡回。

（9）确立会议制度。

2.必须贯彻实施此管理制度，使其对销售和完成预算有直接贡献。

第九条　完善销售绩效考评机制

第十条　附则

本销售计划由销售部制定并实施，报营销总监审核、批准后执行。

七、生产企业销售流程

销售流程是整个企业流程的一个部分，企业从内到外的主旋律是研究开发、生产制造、物流运输、市场和销售、技术支持和服务等流程。在这个主流程外，还有人力资源，财务管理等支持性的流程。基本流程如下：

挂牌标价→洽谈业务→签订合同→收取货款和发运商品→开具发票及提单→提供售后服务和客户回访。

（一）挂牌标价。企业根据自身可提供的产品数量、质量及成本状况，及时向外发布产品价格信息，通过市场推广活动，培养客户需求，树立品牌形象，产生销售机会。发布方式一般可采取在各种媒体上刊登广告，对于长期关系的客户，也可直接邮寄产品价格目录单。发布内容包括可供产品的品种规格、型号、产地、单价、单位及数量等。

（二）洽谈业务。挂牌标价后，销售团队将通过各种渠道收集到的销售机会转变为订单。企业销售人员就开始和有购买意向的客户进行交易条件的洽谈。销售人员接待客户，洽谈业务是树立企业良好形象、提高服务质量的重要环节，是顺利开展销售业务的前提条件。因此，在接待客户时，要主动热情，介绍商品要仔细认真。

（三）签订合同。买卖双方对合同中每一条款都要认真填写，内容要完整、严密。合同一旦签订，双方必须严格执行。

（四）收取货款和发运商品。应根据合同规定的时间、数量和方式收取货款。收取货款时，应根据票据使用的有关规定，对支票或汇票进行认真审核。同时，根据合同规定的提货方式和时间，交付货物。企业应很好地衔接这两个环节，避免出现货已付出，而货款不能到位的情况。

（五）开具增值税专用发票，专用发票填写完毕后，必须盖上财务专用章。

（六）发货票（提货单）的开具。发货单是购货方提取商品的凭证，也是供货方开展销售业务的内部凭证。

（七）提供售后服务和客户回访。商品售出以后，企业应根据具体情况提供良好的售后服务，如送货上门、安装调试、维修保养、使用指导，等等。除此之外，还应定期回访，听取顾客对产品及服务的建议和意见，以便更好地改进产品、完善服务。

八、商业企业销售业务流程

（一）批发企业的商品销售业务

批发企业商品销售具体步骤如下：

拟订销售计划→销售洽谈→签订合同→开具销货单→结算货款→发货装运。

（二）零售企业商品销售过程

零售企业商品销售具体步骤如下：

接待顾客→展示商品→介绍商品→计量包装→收款付货→送别顾客。

九、销售员推销工作流程

销售员工作通常包括以下几个步骤。

（一）寻找潜在顾客

潜在顾客须具备两个基本条件：一是愿意购买；二是有支付能力。

寻找潜在顾客的主要途径有：朋友、熟人、广告、邮寄信件和电话等。在这个阶段，销售人员应努力收集尽量多的信息。

（二）访前准备

一般来说，接触前的准备是正式接触前的所有活动，销售人员应对他们的行业、公司产品或劳务、竞争对手和顾客等都非常熟悉，尤其是潜在顾客的个人和商业信息活动。销售人员准备得越充分，成功的可能性必然就越大。

（三）接近并与客户建立良好的关系

初次会晤是销售人员与潜在顾客的首次真正接触，在初次见面中，销售人员必须与潜在的客户建立良好的关系，销售人员必须吸引顾客的注意力，否则销售人员以后的行动可能会不起作用。

在这一阶段，销售人员要进行大量的提问和倾听。提问有助于吸引顾客的注意力，销售人员聆听顾客的回答，可以在双方之间建立起一种互相信任的关系。

在倾听的过程中，一旦发现问题，销售人员就可以向潜在顾客介绍解决问题的方法。在介绍方法时，应富有创造性，并努力创造一个轻松愉快的氛围。销售人员提出的每一个问题，都暗含着对潜在顾客的关心与兴趣。销售人员越多倾听潜在顾客的谈话，顾客就会越喜欢并信任销售人员。由此，销售人员可以和潜在顾客建立良好的客户关系。

（四）了解客户的需求

在这一阶段中，销售人员能从客户的谈话中了解客户所面临的问题及客户希望获取的信息等，进而达到销售的目的。

（五）描述产品

在明确顾客存在的问题之后，销售人员就要准备解释并生动地描述相关产品的特征和优点。在描述产品的过程中，销售人员要与顾客不断地交流，描述要针对客户的需求，一定要让顾客知道为什么要听你讲、利益是什么以及对他们有什么好处？

（六）异议的处理

销售人员要解决有关顾客购买的一切问题。

（七）成交

销售人员在顾客满意的情况下完成销售，此时应对客户的合作表示感谢，谢意的表达必须是真诚的，应让客户感受到交易的达成是值得庆贺的，他们随时都会受到热情的接待。

（八）回访

交易达成后继续与客户保持经常的联系,对于重复销售和更大市场的开拓具有重要的意义。在回访过程中,销售人员不但要确认客户对产品是否满意,还要进一步巩固与客户的关系。

十、销售工作注意事项

第一条　订立合同注意事项

（一）订立合同时愈慎重愈有利

1.交易开始时的合同,不论是以书面或口头约定,都要格外慎重。

2.设想双方的财力状况,及随着交易所发生的一切条件,将之列入合同里。

3.要有耐性地交涉,尽量争取有利的条件。

（二）拟订交易规定或合同书

1.合同应尽量根据规定或文件,尤以签订重要的交易或大批交易的合同时,应更加慎重。

2.共同的、基本的交易,必须依交易规定来决定（如代理商的交易规定等）。

3.重要的和交易内容复杂的合同书,必须请专家、律师（公司内、外的）过目。

4.任何一种合同书,经理都必须过目,对于特约事项,更需特别留意。

（三）违反合同或发生纠纷时

1.销售售经理必须亲自想好对策加以处理,不可完全交予部属去处理。

2.不管是由哪一方所引起,不可轻易地撤弃或随意处理。

3.不管任何纠纷,均应将情形呈报上司。

第二条　货款回收的注意事项

（一）最重要的是防止呆账

1.要让推销员彻底的明了收回货款才算完成销售。

2.准备以信用制度交易前,应彻底做好信用调查,并决定正确的信用限度。

3.交易开始后,需定期性的重新研讨信用限度。

4.应迅速获得客户经营或支付情况的异常情报。

5.若发现异常情况,应即采取必要措施。

（二）债权管理及促进回收

1.债权管理虽然属于推销员及财务经办人所辖,但不可将全部责任委任他们。

2.销售经理对于各自的销售额、收款额、未收款额等,应经常留意是否异常。

3.要特别注意把握实态,以免部属对未收货款、回收情况等计算错误或作为呆账等。

4.有关货款的回收,应经常叮嘱经办人,以期收到良好的效果。

十一、销售人员奖惩办法范例

□ 奖惩架构

（一）奖励。

1. 小功。

2. 大功。

（二）惩罚。

1. 小过。

2. 大过。

3. 解职。

4. 解雇。

（三）计算方法。

1. 全年度累计三小功＝一大功。

2. 全年度累计三小过＝一大过。

3. 功过相抵：一小功抵一小过、一大功抵一大过。

4. 全年度里计三大过者解雇。

□ 奖励办法

（一）提供公司"营销新构想"，而为公司采用，即记小功一次。

该"营销新构想"一年内使公司获利 10 万元以上者，再记大功一次，年终表彰。

（二）提供竞争者动态，被公司采用为政策者，记小功一次。

（三）客户信用调查属实，事先防范得宜，使公司避免蒙受损失者，记小功一次。

（四）开拓新客户，成效卓著者，记小功一次。

（五）开拓新客户，单个客户销售额一年达到 50 万元，记大功一次。

（六）达成上半年业绩目标者，记小功一次；达成全年度业绩目标者，记小功一次；超越年度目标 20%（含）以上者，记小功一次。

（七）其他表现优异者，视贡献程度予以奖励。

□ 惩罚办法

（一）挪用公款者，一律解雇。本公司依照法律途径向保证人追踪。

（二）与客户串通勾结者，一经查证属实，一律解雇。

（三）做私生意者，一经查证属实，一律解雇。直属主管若有呈报，免受连带惩罚。若未呈报，不论是否知情，记小过一次。

（四）凡利用公务外出时，无故不执行任务者（含上班时间不许喝酒），一经查证属实，以旷职处理(按日不发给薪资),并记大过一次。若是干部协同部属者,该干部解职。

(五)挑拨公司与员工的感情,或泄漏职务机密者,一经查证属实,记大过一次,情节严重者解雇。

(六)涉足职业赌场或与客户赌博者,记大过一次。

(七)销售指标

1. 上半年销售未达销售目标的70%者,记小过一次。

2. 全年度销售未达销售目标的80%者,记小过一次。

(八)未按规定建立客户资料经上司查获者,记小过一次。

(九)不服从上司指挥者:

1. 言语顶撞上司者,记小过一次。

2. 不遵照上司使命行事者,记大过一次。

(十)私自使用营业车辆者,记小过一次。

(十一)公司规定填写的报表,未交者每次记小过一次。

□　考核方法

(一)每月评分一次。

(二)公司于次年1月核算每一位业务员该年度考核得分:业务员该年度考核得分 = 业务员该年度1月~12月考核总分。

(三)业务员的考核得分将作为"每月薪资的奖金"、"年终奖金"、"调职"的依据。

□　考核依据

(一)年销售完成情况:占60%。

(二)纪律及管理配合度:占40%。

1. 出勤。

2. 是否遵守本公司管理办法。

3. 收款绩效。

4. 开拓新客户数量。

5. 原有客户的升级幅度。

6. 对主管交付的任务,例如市场资料收集等,是否尽心尽力完成。

7. 其他。

(三)"奖惩办法"的加分或扣分。

(四)分类考核。

1. 业务员的考核,由销售部经理评分,总经理复审。

2. 经理的考核,由营销总监评分,报总经理审核。

□　附则

本办法由销售部制定,经批准后执行。

十二、销售预测表

表 27 - 4 销售预测表

年　月　日

客户名称	内销	外销	1				2				3			
			产品	去年售量	今年预计	销售额	产品	去年售量	今年预计	销售额	产品	去年售量	今年预计	销售额

十三、年度销售计划表

表 27-5 年度销售计划表

客户	产品	规格	订货数量												单位	单价	金额	成本	利润
			1	2	3	4	5	6	7	8	9	10	11	12					
合计																			

十四、按部门及客户别销售计划表

表 27-6 按部门及客户别销售计划表

部门别	客户别		去年同月		1月计划		2月计划	
			销售金额	销售比重（%）	销售比重（%）	销售金额	销售比重（%）	销售金额
·××分店	(1)A级客户	①						
		②						
		③						
		④						
		计						
	(2)B级客户	①						
		②						
		③						
		④						
		计						
	合计							
·××分店	(1)A级客户	①						
		②						
		③						
		计						
	(2)B级客户	①						
		②						
		计						

十五、业务员销售统计表

表 27 - 7　业务员销售统计表

销售区或销售员											合 计			
月份	金额	%	金额	%	金额	%	金额	%	金额	%	金额	%	金额	%

十六、订货统计表

表 27 - 8　订货统计表

企业名称				负责人							
地　　址				电　话							
产品类型	日期	数量	备注	产品类型	日期	数量	备注	产品类型	日期	数量	备注

十七、销售额统计表

表 27-9　销售额统计表

产品名称	月		月		月		月		月		月		合计	
	预计	实际	预计	实际	预计	实际	预计	实际	预计	实际	预计	实际	预计	实际
金额														
合计														
金额	%	%	%	%	%	%	%	%	%	%	%	%	%	%

十八、产品促销方法及实施细则

第一条 包装外赠品

（一）赠品的选择 必须符合以下原则条件：

1. 易于了解，赠品是什么，值多少钱，须让顾客一看便知。

2. 具有购买吸引力。

3. 尽可能挑选有品牌的赠品。

4. 要选择与产品有关联的赠品。

5. 紧密结合促销主题。

6. 赠品要力求突出，最好不要挑零售店正在销售的商品作为赠品。如果所选的赠品相当平凡，最好在赠品上印上公司品牌、商标或标志图案，以突出赠品的独特性。

（二）赠品活动不可过度滥用，假如经常举办附赠品的促销活动，会误导消费者该产品只会送东西，而忽略产品本身的特性及优点。

第二条 免费样品派发

（一）实施的主要方法：

1. 随 DM 信函直接邮寄目标消费者。

2. 入户派送。

3. 目标消费者聚集的公共场所内派送。

4. 媒体分送。

5. 零售点派送。

6. 选择非竞争性商品来附送免费样品。

7. 工会派送。

（二）优点：创造高试用率及惊人的品牌转变率，促使试用者成为现实购买者的可能性高。

1. 将产品信息直接展现在消费者面前，变被动接受为主动了解信息。

2. 口碑效应明显。

3. 有利于树立企业形象。

4. 有关产品的信息是全真的。

（三）实施要点：

1. 适合产品。

（1）大众化的日用品，最好是每个人都可能用到它，且使用频率高的。

（2）产品成本应较低或可制成小容量的试用包装。此外，有短使用期限的产品不适合使用此促销方式。

（3）派发品要有独立品牌，并有一定的知名度。

2. 设置监察制度，监督派送效果。

3. 根据企业营销策略定具体的派送区域。

4. 在产品旺销季节派发。

5. 1个月内,派发若覆盖目标区域80%左右的家庭数便较为理想。

6. 在新产品上市广告前3～5周,同时零售终端铺货率达到50%时,才可执行免费派送。

7. 要防止漏派,重派,偷窃,偷卖派送品的现象。

8. 派送品的规格大小,通常让消费者能体验出商品利益的分量就可以了。包装应与原产品包装色彩统一,便于消费者去零售点指定购买。

9. 注意派送人员的形象及语言美,统一标识,并培训以产品知识。

第三条　折价券

(一)折价券一般分为两种形式:

1. 是针对消费者的折价券。主要散发方式:

(1)直接送予消费者。

(2)媒体发放。

(3)随商品发放。

(4)促销宣传单发放。

2. 是针对经销商的折价券。

(二)实施要点:

1. 折价券的设计,通常按照纸币的大小形状来印制。折价券的信息传达应清晰,以引人注目。内容应用简单的文字将使用方法,限制范围,有效期限,说明文案一一描述。如果能加上一段极具销售力的文案诉求以鼓励消费者使用,效果更佳。

2. 选择好兑换率高的递送方式,报纸虽然是目前最常使用的递送工具,但包装内、包装上折价券的兑换率却是报纸的6～10倍。

3. 充分考虑折价券的到达率。消费者对商品的需要度,对品牌认知度,品牌忠诚度,品牌的经销能力,折价券的折价条件,使用地区范围,竞争品牌的活动内容,促销广告的设计与表现等影响兑换率的问题,制定相应的措施。

4. 折价券的面值 通过大多数研究获悉,零售价10%～30%的金额是理想的折价券面值,也能获得最好的兑换率。

5. 尽量避免误兑发生。

(1)限制每次购物仅使用一张折价券。回收后,上交公司统一销毁。

(2)折价券的价值不宜过高,以免不法分子伪造获利。

(3)单一品牌的折价券,其价值不应超过产品本身的价值。

(4)折价方法清晰易懂,务必让分销店易于处理和承兑。

(5)限制在某一特定商店或连锁店使用。

第四条　减价优惠

实施要点:

(一)减价优惠至少要有15%～20%的折扣,并要有充分的理由,才能吸引消费者的购买。如果是低市场占有率的产品,应比领导品牌付出更高的减价优惠,才能增加销售效果。此外,新品牌运用效果要优于旧品牌,当减价只有6%～7%时,只能吸引某些老顾客的注意。

(二)减价标示的设计,要把原价及减价后的现价同时标注,形成鲜明的对比,标示牌的大小,讲求美观、清晰,但要不影响消费者对商品的观察。

（三）减价优惠不易过度频繁使用,否则会有损品牌形象。

（四）消费者购物心理有时候是"买涨不买落",要把握时机,利用消费者心理来促销产品。

（五）特别注意现场的安全管理。

第五条　自助获赠

自助获赠是指顾客将购买某种商品的证明附上少量的金钱换取赠品的形式。

（一）优点:

1. 不受季节限制,全年任何时间都适合,也可根据各种不同的市场状况,灵活变化。

2. 花费低,易处理。

3. 可提高品牌形象。

4. 用以强化广告主题。

5. 用以回馈目前使用者并维护品牌忠诚度。

（二）实施要点:

1. 需要媒体广告配合。

2. 赠品价值通常选择低价品。

选择赠品时必须考虑。

（1）赠送是否适当?

（2）促销的支持是否充足?

（3）是否符合消费者所需?

最理想的兑换赠品付费,应是比赠品市面零售价低30%~50%,大部分的付费赠品以10~80元为主要范围。

3. 效果反应。一般兑换率不会超过此活动的总媒体广告发布率的1%。最主要的影响兑换率的因素在于赠品的好坏,顾客阶层,商品的售价和促销优待价值的认同,等等。

4. 出色的自助获赠促销活动,关键在于所提供的赠品只能从此次赠送中获得,决无法从别处寻到。

5. 限制兑换地点。

第六条　退款优惠

退款优惠是指消费者提供了购买商品的某种证明之后,参与摸彩,根据摸彩的奖额退还其购买商品的全部或部分金额。

第七条　以旧换新

以旧换新是指消费者在购买新商品时,如果能把同类旧商品交给商店,就能折扣一定的价款,旧商品起着折价券的作用;如果消费者没有旧商品,新产品就只能原价售出。

（一）目的。

主要是为了消除旧商品形成的销售障碍,免得消费者因为舍不得丢弃尚可使用的旧商品,而不买新产品。

（二）优点:

1. 能消除新产品销售的障碍。

2. 能提高一个非名牌商品在市场上的竞争力。

3. 以旧换新实际上是变相降价,但能避免直接降价带来的副作用。

（三）缺点:

1. 促销成本高。

2. 促销范围狭窄。只适用于促销高、中档耐用品消费品。

3. 操作较麻烦。

（四）实施要点：

1. 如何对旧商品折价

一般考虑以下因素：①新商品定价高，销售利润高，旧商品的折价幅度也可高些；②如果同类竞争性商品也在搞促销活动，那么折价幅度可高些。反之，可以降低一些；③名牌商品，折价幅度可低一些。非名牌，可高一些。

2. 对旧货确定不同的折价标准。

3. 必要的时候，向消费者公布回收来的旧货去向。

4. 回收来的旧货尽可能加以利用，以降低促销成本。

5. 选择促销时机。

6. 为方便消费者，可将此活动纳入社区推广活动中。

第八条 合作广告

合作广告是指通过合作和协助方式，赢得经销商的好感和支持，促使他们更好地推销本公司的产品。

第九条 联合促销

（一）可消除或缓解销售竞争，使不同行业的企业联合建立起强有力的市场地位。

（二）让新产品 h 可以搭已被大众接受的产品 m 的便车，直奔消费者的内心和意识之中。

第十条 针对批零商的促销之道

（一）价格折扣：

1. 现金折扣：提高公司资金周转率，对现期付款的客户给予的优惠。一般为付款金额的2%。

2. 数量折扣：需根据产品在不同阶段的目的下巧用，使商家与公司在市场各个阶段，达到占有率与利润的一致性。同时也适合市场的变化。主要分为：

（1）累计性数量折扣。

（2）一次性数量折扣。通常是2%～7%。

3. 季节折扣：是为均衡产品淡旺季利益的方式，最大30%～40%，通常只有百分之几。实施时间以两个月为宜。时间过长易造成心理惯性，上去下不来。

4. 销售折扣补贴分为：

（1）针对衰退期的产品的补贴。

（2）完成销售目标的折扣。通常为2%～5%。

5. 功能折扣：根据渠道中的不同功能，给予不同的折扣。

6. 协作力度折扣分为：

（1）陈列展示折扣。

（2）按指定价格出售。

（3）开展促销活动给予支持配合。

（二）销售竞赛：是指采用现金，实物或旅游奖励等形式来刺激批零商扩大进货量，加快商品到达消费者手中的速度。此方法也可用于对公司业务人员的激励。

（三）合作广告：是指通过合作或协助的方式，与经销商合作广告，向经销商提供详细的产品技术宣传资料,帮助经销商培训销售人员,帮助经销商建立管理制度,以及协助经销商进行店面装潢设计,等等。

（四）现场演示。

（五）业务会议。

（六）文化奖励：小到一张贺卡,一块金匾,激励其自尊,满足其更深层的心理需求。

（七）对批零商的促销活动注意事项：

1. 一旦停止,往往会受到批零商种种不合作行为的报复。

2. 竞争厂商要是都开始采用时,很难发挥激励作用。

3. 有时候,成为批零商选择订货单位的标准。

4. 对提货量少的经销商更喜欢直接返扣。

5. 在产品上市设计与渠道操作上,切忌一让到底,一定要预留价格空间与促销手段,为市场调节做准备。

6. 对经销商的阶段性促进,最好能用促销品的方式搭赠,而不是现金和货物搭赠,以免变相降价。另外,操作时间一定要短,要有针对性。

7. 奖励要及时。准确送达经销商,防止奖励流失。

8. 一旦作出承诺,就一定要兑现。

第十一条　促销活动实施流程

（一）建立促销目标。

促销目标概括来说有两大类:短线速销和长期效果。

1. 短线速销:一般可通过三个途径达到此目的。

（1）提高购买的人数　常用方法:推广,竞赛,减价优惠,免费试用等。

（2）提高人均购买次数　常用方法:赠品,折价券,减价优惠,酬谢包装等。

（3）增加人均购买量　常用方法:折价券,减价优待,赠品,酬谢包装等。

2. 长期效果与常用方法:竞赛和赠品。

（二）选择促销工具。

在选择促销工具时要考虑以下因素：

1. 促销目标。

特定的促销目标往往对促销工具的选择有着较为明确的条件制约和要求,从而规定着促销工具选择的可能范围。

2. 产品特性。

3. 消费者的消费心理及消费习惯。

4. 促销对象(消费者,经销商,零售商)。

5. 竞争对手的情况。

6. 促销预算。

（三）设计促销方案：

1. 促销形式即采用何种促销形式。

2. 促销范围分为两项内容:产品范围和市场范围。

3. 确定折扣率要对以往的促销实践进行分析和总结,力求引起最大的销售反应。并结合新的环境条件确定适合的刺激程度。

4. 选择促销对象。

5. 促销媒介的选择。

6. 促销时间的选择。包括：何时促销，何时宣布，持续时间及频率等。

7. 促销预算的分配。

8. 确定促销的期限和条件。

（四）试验，实施和控制方案

通过试验来确定促销工具的选择是否适当，刺激程度是否理想，现有的途径是否有效。可采用询问消费者，填调查表，等方式。经试验后与预期相近，便可进入实施阶段。在实施中要精心注意和监测市场反应，并及时调整促销方案，保持良好的实施控制，以顺利实现预期的方案和效果。

（五）促销策划中的注意事项

1. 在确定促销目标和预算后，才推出促销计划。

2. 只有选好正确的促销工具，才能实现目标。

3. 促销必须针对促销商品的目标消费人群。

4. 促销活动文案要简单易懂。

5. 参与促销活动的条件要求不要过多。

6. 注意与其他营销沟通工具整合运用（如广告，人员推销，公关）。

7. 新产品的促销活动必须先试销后实施。

8. 促销计划要在活动实施前两个月制定出。

9. 促销活动前要合理备货。

10. 促销活动实施期限要适宜。

11. 公司及营销部门必须具有综合性的促销计划和实施方法。

12. 在决定销售方针、销售政策前，必须充分调整综合性的效率。

13. 企划、计划的事项必须在不失时效的条件下确实地施行。

14. 关于销售的促进，不可以完全依赖企划。

15. 让各销售人员实行独自销售计划。

16. 综合性的、基本性的销售计划所需的情报和构想，应由销售经理提供。

17. 销售部门是否能够提高销售，这完全是经理的责任。

（六）广告、宣传的要诀

1. 应将宣传、广告政策，当作市场开发的一环。

2. 根据营业与营销的基本政策、营销战略，订定与之有密切关系的宣传、广告政策。

3. 有关宣传、广告方面，应同业务部门开研讨会，及时调整政策。

4. 宣传、广告业务的管理应由专人管理，并且最好能够予以专门化。

5. 宣传、广告预算要在年度计划中，依广告主题、内容、方法编列预算。

6. 当一起研商时，不要以个人的构想，或外行人的技术为凭借，应尽量采用专门意见。

7. 对于每一次的广告主题，都要充分地洽商、研究。

十九、促销工作计划表

表 27 - 10　促销工作计划表

产品名称	月日预计销售额	月日实际销售额	本月营业额	配销方式	目前销售方式	销售客户	促销方式	方法说明	督导人员

二十、促销活动计划表

表 27 - 11　促销活动计划表

月日

促销编号	针对产品	促销方式	促销期间		负责人	配合事项	预计经营	预期效果	备注
			起	止					

二十一、促销成本分析表

表 27－12　促销成本分析表

方式	
方式说明	
期间	
估计费用	
成本收益分析表	
评语	

　裁决　　　　　　审核　　　　　　分析

二十二、定价管理办法

□　定价方式的决定

第一条　不管定价内容的粗浅繁杂,都要决定固定的方式。
第二条　新产品、提供的新服务应由各部门累计成本后,再予以着重定价。
第三条　定价的方式,必须请教有关人员,以求彻底地了解。
第四条　销售经理一定要仔细看定价单。

□　充分了解有关的情报

第五条　定价单提出以前,必须尽量正确地收集客户的情报。

第六条　要积极地使用各种手段来收集情报。

第七条　必须着重考虑有无洽谈的必要及洽谈的方式。

□　定价单提出后的追踪

第八条　定价单提出后,必须收到迅速而正确的回馈。

第九条　根据定价单的存根,作定期或重点式的研讨。

第十条　当交易成功,经理必须出面时,要即刻行动。

□　定价策略

第十一条　采取分段定价法。

抢先引进某种新产品,刚开始采取高价政策,以获取抢先上市利润(同时,借以支付庞大的市场开发费用)。等到许多对手跟进时,则降价以打击竞争对手,防止市场被抢。如此,该种产品对本公司而言,总利润是划算的。

采取分段定价法,必须不断开发新产品,抢先上市。

第十二条　采取副品牌策略。

□　加强非价格竞争策略

第十三条　售前服务:推荐适用产品,提供试用。

第十四条　售后服务:修护零配件齐全,修护迅速确实,服务阵容强大。

第十五条　准时进货。

第十六条　邀请国外权威学者举办学术演讲会。

第十七条　举办产品经营管理研讨会。

二十三、成本估价单(一)

表 27 - 13　成本估价单(一)

年　　月　　日　　　　　　　　　　　　　　　　　　　　　　　　　　　　NO.

制品编号或型式	品　名	规　格	估价单编号	
			客户	

原料及物料		每打用量及单价				备　注
品　名	规　格	单位用量	单　价	单　位	金　额	

日期区分	第一次	第二次	第三次	第四次	成品略图
原料					
物料					
损耗(%)					
工资					
制造费用					
小　计					
利　润					
合　计					
折合外币					
估　计					

经理：　　　　　　　　厂长：　　　　　　　　填表：

二十四、成本估价单(二)

表 27 - 14　成本估价单(二)

产品编号　　　　　　　　　　　　　　　　　　　　　年　月　日

产品名称规格　　　　　　　　　　　　　　　　　　　最低订量

A. 制造成本						B. 营业成本		
项目	原材料名称规格	单位	数量	单价	金额(元)	项　目	分摊率	金额(元)
(1)原料						(9)销管费用		
						(10)财务费用		
						总 成 本	(8)+(9)+(10)	
						每打成本		
						报　价		
						利　益		
(2)物料						利 益 率		
						销□FOB		
						售□CIF		
						条□C&F		
						件□C&I		
						成品略图及说明		
(3)包装用料								
(4)直接工资		工时						
		工时						
		工时						
(5)损　耗								
(6)合　计	(1)+(2)+(3)+(4)+(5)							
(7)制造费用								
(8)总　计	制造成本(6)+(7)	NT						

449

二十五、产品售价分析表

表 27－15　产品售价分析表

编号　　　　　　　　　　　　　　　　　　　　　　　　　　　　　　　年　　月　　日

产品名称												
成本项目	用量	售货类别										
		外销A价		外销B价		外销C价		内销	中盘		内销零售	
		单价	成本	单价	成本	单价	成本	单价	金额	单价	金额	
材料成本												
	合计											
	损耗											
	材料成品											
其他成本	项目	单位成本	用量	成本	用量	成本	用量	成本	用量	成本	用量	成本
	人工成本											
	制造费用											
	销管费用											
	利润											
	售价											
备注												

总经理：　　　　　　　　　经理：　　　　　　　　　分析员：

二十六、产品价格分析表

表 27 - 16　产品价格分析表

☐ 外销　　　　　　　　价
☐ 内销　　　　　　　　价

产品编号				产品名称规格			
说　　明	1	2	3	4	5	6	7
产 品 售 价							
估计月销售量							
月 销 售 额							
单位材料成本							
合　　计							
总材料成本							
单位人工成本							
制造费用%							
销售费用%							
单位利润							
估计利润							
利润率							
裁决							

总经理：　　　　　　　　　审核：　　　　　　　　　拟订：

二十七、产品售价表

表 27 - 17 产品售价表

产名名称规格:			
产品说明及图样			
规定售价	销售条件说明	售价范围	决定者	备　注

总经理:　　　　　　　　　审核:　　　　　　　　　拟订:

第二十八章

客户管理

《按制度办事》

一、客户资料管理工作流程

第一条　客户资料收集

依据客户的规模、需求的及时性及需求大小状况,将其分为三个等级。

A 等级:需求规模较大,且迫切需求。

B 等级:一般需求状态,有需求的想法。

C 等级:潜在需求状态。

等级的认定由销售经理根据市场调查资料综合认定。

第二条　建立客户名簿

(一)客户资源登记表。

客户资源登记表是公司对于往来客户在交易上的参考资料的整理,将客户背景情况及物流需求状况记录下来。

(二)客户原始资料的保管和阅览。

设专人对资料进行整理与保管,避免污损、破损、遗失等。

(三)各负责人的联络。

各负责人对于担当交易的状况要经常注意,如果有变化的时候,要向上级及相关部门传达,经常保持交易往来客户原始资料及交易往来客户一览表的正确性。

为充分了解本部业务进展情况,分析业务绩效,要增强各信息纵向联系,保持内部信息交流的顺畅。

(四)在公司的日常营销工作中,收集客户资料是一项非常重要的工作,它直接关系到公司的营销计划能否实现。因此,业务员作为市场营销的前端,应随时通过各种渠道收集本地区的客户资料,认真填写《客户信息档案》,关注这些客户的发展动态。

(五)市场部收集的客户资料,应根据客户经营属地分别提供给相关业务员。

(六)在收集客户资料时,可以采用多种途径和渠道获得客户资料和信息,常用的方法有:

1. 参加行业展览会收集资料。

2. 行业报刊收集企业信息。

3. 通过互联网收集。

4. 通过行业协会介绍龙头企业。

5. 商场品牌摘抄。

6. 合作伙伴介绍。

第三条　客户资料整理

(一)日常销售中,业务员根据获得的客户资料和信息,整理归纳后填写《客户信息档案》,经经理审核后,在收集到客户资料后的 2 个工作日内,输入公司内部客户关系管理系统,并于次日由公司指定专人发送市场营销部。

（二）市场营销部在收到《客户信息档案》后，市场营销部经理指定专人整理客户资料，并进行归档处理。

第四条　客户资料处理

（一）业务员原则上负责自己收集的客户资料管理和业务操作。当处理客户业务发生冲突时，原则上以记录先后顺序为准确定客户负责人。业务经理对于客户业务有最终决定权。

（二）通过公司营销活动收集到的客户信息资料，由业务经理按照负责客户数量均衡、兼顾业务能力的原则，分配给相关业务员。

（三）业务员负责的新客户，应在一周内与客户进行沟通。否则经理有权将客户转至其他人员负责。无直接负责人的原有客户记录，由经理决定在现有业务员中进行分配。

第五条　客户联络和拜访

（一）初次联络客户方式：

1. 在收集和整理客户资料的基础上，针对目标客户开展营销工作，与客户建立初步联系。首先可以选择传真、电子邮件、邮寄、介绍网址等方式向客户传递公司简介类宣传资料信息，明确本公司业务性质，以引起客户一定兴趣，获得面谈的机会。尽量减少通过电话方式与陌生客户直接进行推销活动，这与我公司业务定位不符。

2. 可以通过电话联系，确认对方是否收到我方的宣传资料，约定见面时间。电话谈话时间不宜过长。

3. 也可以通过电话方式邀请客户参加研讨会、巡展等活动。

（二）公司宣传资料准备：

1.《公司形象手册》

2.《公司产品手册》

3.《第一直觉现场》

（三）出访客户：

1. 在出访客户时，需要了解客户的基本情况，包括：

（1）了解接待者职务、姓名，接待者对今后的项目合作是否有决策权。

（2）了解对象客户自己认为企业目前的需求和存在的问题。

2. 对于规模较大或开发难度较大的客户，预计由管理咨询顾问独立销售有困难的，可以通过地方服装协会、纺工局或服装公司等引荐，与客户重要领导人见面。

（四）出访要求：

1. 出访客户前要制订出访计划和目标，出访前填写《客户走访单》，经分公司经理批准后将《客户走访单》交考勤管理员后，方可离办公室进行出访。

2. 出访时衣着整齐，见客户后主动递交名片，做自我介绍，少许寒暄后即进入正题。

3. 与客户面谈时多谈客户，少谈自己。开始交谈时一定要制造轻松的谈话氛围，以产业共性问题和行业通病切入主题，要表现出对行业专业性的理解，并以此取得客户的信任，设法引发客户介绍企业当前的营销情况，尤其是客户当前所面临的问题。希望把问题转移到我们有能力操作的方向，并优先地提出一些有把握的方案。

4. 与客户面谈时，指定专人认真地作会谈记录。与客户进行当面沟通后的 2 个工作日内，业务员编写《会谈纪要》，经部门经理审阅后提交客户并确认是否收到。业务员将与客户沟通的详细情况记录在客户关系管理系统中，与客户电话联络的详细情况也记录在客户关系管理系统。

二、客户开发管理制度

第一条 新客户的选择原则

（一）客户必须具备满足本企业质量要求的设备和技术要求。

（二）新客户必须具备按时供货的管理能力。

（三）新客户必须达到较高的经营水平,具有较强的财务能力和较好的信用。

（四）新客户必须具有积极的合作态度。

（五）新客户必须遵守双方在商业上和技术上的保密原则。

（六）新客户的成本管理和成本水平必须符合本公司要求。

第二条 新客户选择程序

（一）一般调查：

1. 候选客户向本公司提交企业沿革、企业概况、最新年度决算表、产品指南、产品目录等文件。

2. 与新客户的负责人交谈,进一步了解其生产经营情况、经营方针和对本公司的基本看法。

3. 新客户技术负责人与本公司技术和质量管理部门负责人进一步商洽合作事宜。

（二）实地调查。

根据一般调查的总体印象作出总体判断,衡量新客户是否符合上述基本原则。在此基础上,资材部会同技术、设计、质量管理等部门对新客户进行实地调查。调查结束后,要提出新客户认定申请。

第三条 开发选择认定

（一）提出认定申请报告。

根据一般调查和实地调查结果,向市场主管正式提出新客户选择申请报告。该报告主要包括以下项目：

1. 新客户交易的理由及今后交易的基本方针。

2. 交易商品目录与金额。

3. 调查资料与调查结果。

（二）签订商品供应合同。

与所选定的新客户正式签订供货合同,签订合同者原则上应是本公司的资料部长和新客户的法人代表。

（三）签订质量保证合同。

与供应合同同时签订的还有质量保证合同,其签订者与以上相同。

（四）设定新客户代码。

为新客户设定代码,进行有关登记准备。

（五）其他事项。

将选定的新客户基本资料通知本企业相关部门,确定购货款的支付方式,将新客户有关资料的存档。

三、客户服务管理流程

(一)管理方法

接待客人的方法:

1. 对待客人,不可因客人的身份、服装等而有不同态度,应以和蔼、机敏的态度来对待。

2. 当客人进店时,应立刻与其打招呼。打招呼可用点头示意,亦可用简单的"您好"、"欢迎光临"等寒暄用语。

3. 要尽可能记住客人的特征、个性,尤其是耐性不佳、不易应付的客人特别要用心对待,设法与之谈成交易。

4. 在接待客人的过程中,有必须起身接电话或办理其他重要事,须以眼神向客人示意,并示歉意。特别留心注意,在将物品交给对方时,应适时推荐合于该店的商品部协议,以决定交易的对策及处理态度。

(二)对客服人员进行教育培训

1. 针对"新进业务员"。

2. 由经理安排"新进业务员"受训。

3. 讲师:营销经理。

4. 受训的最后一节课由总经理讲话。

5. 全体业务员每年集训两次,每次两天。总公司将设计课程,安排讲师(含:内聘、外聘)。

(三)培训内容

1. 电话礼仪。

2. 着装礼仪。

3. 处理问题的技巧。

4. 客户服务的十大注意事项。

5. 客户满意度。

6. 业务服务标准。

(四)客户意见处理

1. 为加强对客户的服务,并培养服务人员"顾客第一"的观念,特举办客户意见调查,将所得结果,作为改进服务措施的依据。

2. 客户意见分为客户的建议或抱怨及对技术员的品评,除将品评资料作为技术员每月绩效考核之一部分外,对客户的建议或抱怨,服务部应特别加以重视,认真处理,以精益求精,建立本公司售后服务的良好信誉。

3. 对客户的建议或抱怨,其情节重大者,本部门应即提呈总经理核阅或核转,提前加以处理,并将处理情况函告该客户;其属一般性质者,服务部门可自行酌情处理,并应将处理结果,以书面或电话通知该客户。

4. 凡属加强服务及处理客户的建议或抱怨的有关事项,业务部门应经常与客服中心密切联系,随时予以催办,并协助其解决所有困难,对抱怨的客户,无论其情节大小,均应由业务主管亲自或专门派员前往处理,以示重视。

(五)客户索赔问题的处理规定

1. 对于索赔,无论大小,应慎重处理。

2. 防止索赔问题的发生才是根本的解决问题之道,不可等索赔问题发生时,才图谋对策。

3. 要迅速、正确地获得有关索赔的情报。

4. 索赔问题发生时,要尽快制定对策。

5. 销售经理对于所有的资料均应过目,以防部下忽略了重要问题。

6. 每一种索赔问题,均应制定标准的处理方法(处理规定、手续、形式等)。

(六)处理客户关系的注意事项

1. 根据一定的格式,做成客户总账(或卡片)。

2. 客户很多时,只要做重要的或大客户的总账即可。

3. 客户的卡片往往容易被忽略,因此,关于如何有效地活用,经理应充分加以指示和指导。

4. 应随着客户情况的变化,加以记录。

5. 通过广告宣传、销售计划的综合对策及推销员的个别接触,与客户保持良好关系。

6. 销售经理不要只去访问特定的客户,而应普遍地作巡回访问。

7. 无论如何,与客户沟通意见与保持良好的人际关系最为重要。

8. 销售经理必须充分了解每一位客户的销售、回收和经营的内容。

9. 积极地将有利的情报提供给客户。

10. 对于改善销售及经营等问题,要经常地指导客户。

11. 客户提出意见时,要坦诚、热心地接受。

四、客户售后服务管理流程

☐ **总则**

(一)本公司为求增进经营效能,加强售后服务工作,特制定本办法。

(二)本办法包括总则、服务作业程序、客户意见调整。

(三)客户部为本公司商品售后的策划、服务单位。

☐　维护与保养作业程序

（四）本公司售后服务的作业分为下列四项：

1. 有费服务（A）——凡为客户保养或维护本公司出售的商品，而向客户收取服务费用者属于此类。

2. 合同服务（B）——凡为客户保养或修护本公司出售的商品，依本公司与客户所订立商品保养合同书的规定，而向客户收取服务费用者属于此类。

3. 免费服务（C）——凡为客户保养或维护本公司出售的商品，在免费保证期间内，免向客户收取服务费用者属于此类。

（五）客户服务中心或各分公司服务组，于接到客户之叫修电话或文件时，该单位业务员应立即将客户的名称、地址、电话、商品型号等，登记于"叫修登记簿"上，并在该客户资料袋内，将该商品型号的"服务凭证"抽出，送请主管派工。

（六）技术人员持"服务凭证"前往客户现场服务，凡可当场处理完妥者即请客户于服务凭证上签字，携回交于业务员于"叫修登记簿"上注销，并将服务凭证归档。

（七）凡属有费服务，其费用较低者，应由技术人员当场向客户收费，将款交于会计员，凭以补寄发票，否则应于当天凭"服务凭证"至会计员处开具发票，以便另行前往收费。

（八）凡一项服务现场不能处理妥善者，应由技术员将商品携回修护，除由技术员开立"客户商品领取收据"交与客户外，并要求客户于其"服务凭证"上签认，后将商品携回交与业务员，登录"客户商品进出登记簿"上，并填具"修护卡"以凭施工修护。

（九）每一填妥的"修护卡"应挂于该商品上，技术员应将实际修护使用时间及配换零件详填其上，商品修妥经主任验讫后在"客户商品进出登记簿"上注明还商品日期，然后将该商品同"服务凭证"，送请客户签章，同时取回技术员原交客户的收据并予以作废，并将"服务凭证"归档。

（十）上项携回修护的商品，如系有费修护，技术员应于还商品当天凭"服务凭证"，至会计员处开具发票，以便收费。

（十一）凡待修商品，不能按原定时间修妥者，技术员应即报请服务主任予以协助。

（十二）技术员应于每日将所从事修护工作的类别及所耗用时间填"技术员工作日报表"送请服务主任核阅存查。

（十三）服务主任应逐日依据技术人员日报表，将当天所属人员服务的类别及所耗时间，填"服务主任日报表"。

（十四）分公司的服务主任日报表，应先送请经理核阅签章后，转送客户部。

（十五）服务中心及分公司业务员，应根据"叫修登记簿"核对"服务凭证"后，将当天未派修工作，于次日送请主任优先派工。

（十六）所有服务作业，市区采用 6 小时，郊区采用 7 小时派工制，即叫修时间至抵达服务时间不得逾上班时间内 6 小时或 7 小时。

（十七）保养合同期满前一个月，服务中心及分公司，应填具保养到期通知书寄给客户，并派员前往争取续约。

☐　客户意见调查

（十八）本公司为加强对客户的服务，并培养服务人员"顾客第一"的观念，特举办客户意见调查，将所得结果，作为改进服务措施的依据。

（十九）客户意见分为客户的建议或抱怨及对技术员的品评。除将品评资料作为技术员每月绩效考核之一部分外,对客户的建议或抱怨,客户部应特别加以重视,认真处理,以精益求精,建立本公司售后服务的良好信誉。

（二十）服务中心及分公司应将当天客户叫修登记簿于次日寄送客户部,以凭填寄客户意见调查卡。调查卡填寄的数量,以当天全部叫修数为原则,不采取抽查方式。

（二十一）对技术员的品评,分为态度、技术、到达时间及答应事情的办理等四项,每项均按客户的满意状况分为四个程度,以便客户勾填。

（二十二）对客户的建议或抱怨,其情节重大者,服务部应即提呈副总经理核阅或核转,提前加以处理,并将处理情况函告该客户;其属一般性质者,客户部自行酌情处理之,但应将处理结果,以书面或电话通知该客户。

（二十三）凡属加强服务及处理客户的建议或抱怨的有关事项,客户部应经常与服务中心及分公司保持密切联系,随时予以催办,并协助其解决所有困难问题。

（二十四）服务中心及分公司对抱怨的客户,无论其情节大小,均应由服务主管亲自或专门派员前往处理,以示慎重。

五、客户投诉处理办法

（一）目的

为求迅速处理客户投诉案件,维护公司信誉,促进质量改善与售后服务,制定本工作流程。

（二）范围

包括客户投诉表单编号原则,客户投诉的调查处理、追踪改善、成品退货、处理期限、核决权限及处理逾期反应等项目。

（三）适用时机

凡本公司产品遇客户反应质量异常的投诉(以下简称"客户投诉")时,依本施行办法的规定办理。

（四）客户投诉处理流程（见表 28 – 1）

表 28 – 1　客户投诉处理流程表

项目主办部门	客诉调查及处理				成品退回处理		客诉改善及追踪				
	客诉反应	调查	责任归属判定	处理期限管理	检验	收料	改善表提出	改善项目拟定	改善项目确认	改善项目执行	改善项目督促
	服务中心	制造部（质量管理部）	客户部	客户部	品检科	仓储单位	客户部	制造部	客户部	有关部门	客户部

（1）服务中心接到客户投诉将情况反馈到相关部门。

（2）客户投诉的调查。调查投诉的原因、责任,确定处理决定告知客户。

（3）上门维修或成品退回处理。

（4）客户投诉的改善。

（5）客户服务跟踪,调查客户对服务满意度。

（五）处理职责

各部门客户投诉案件的处理职责:

1. 业务部门

（1）详查客户投诉产品的订单编号、料号、数量、交运日期。

（2）了解客户投诉要求及客户投诉理由的确认。

（3）协助客户解决疑难或提供必要的参考资料。

（4）迅速传达处理结果。

2. 质量管理部

（1）客户投诉案件的调查、提报与责任人员的拟定。

（2）发生原因及处理、改善对策的检查、执行、督促、提报。

（3）客户投诉质量的检验确认。

3. 客户部

（1）客户投诉案件的登记,处理时效管理及逾期反应。

（2）客户投诉内容的审核、调查、提报。

（3）处理方式的拟定及责任归属的判定。

（4）客户投诉改善案的提出、洽办、执行成果的督促及效果确认。

（5）协助有关部门与客户接洽客户投诉的调查及妥善处理。

（6）客户投诉处理中客户投诉反映的意见提报有关部门追踪改善。

4. 制造部门

（1）针对客户投诉内容详细调查,并拟定处理对策及执行检查。

（2）提报生产单位、机班别、生产人员及生产日期。

（六）客户投诉案件处理期限

"客户抱怨处理表"处理期限自客户部受理起 24 小时内给客户以回复。根据具体情况确定处理期限。

（七）客户投诉责任人员处分及奖金罚扣

1. 客户投诉责任人员处分

客户部每月 10 日前应审视上月份结案的客户投诉案件,凡经批示为行政处分者,经整理后送人事单位提报"人事公布单"并公布。

2. 客户投诉绩效奖金罚扣

责任归属单位或个人由投诉案件发生的原因决定责任归属单位,并开立"奖罚通知单"呈总经理核准后复印三份,一份自存,一份会计单位查核,一份送罚扣部门罚扣奖金。

（八）处理时效逾期的反应

客户部于客户投诉案件处理过程中,对于逾期案件应开立"催办单"催促有关部门处理,对于已结案的案件,应查核各部门处理时效,对于处理时效逾期案件,得开立"洽办单"送有关部门追查逾期原因。

（九）本办法由客户部制定并负责解释,经总经理批准后执行,修改亦同。

六、标准客户开发步骤表

表 28－2　标准客户开发步骤表

编号　步骤　　　　　顾客名称	1 自我介绍	2 打听资讯	3 提示来意	4 当场演示	5 预估达成率	6 预约

七、开发对象判定表

表 28－3　开发对象判定表

公司名称	
住　　　　址	
注意事项	
1. 成长率	A B C D E
2. 信用度	A B C
3. 总利润率	A B C
4. 综合判定	点
5. 顺序评核	位

八、强化客户关系计划表

表28-4　强化客户关系计划表

顾客名称＿＿＿＿＿＿＿＿＿＿

顾客	推动的影响力	和竞争同业间的关系	和竞争同业间的关系	本公司负责人员	强化对策	时间表	检查对策
总经理	小	无特别关系	保龄球同好	总经理	决定每月拜记及电话次数	本月开始	
副经理	大		无特别关系	经理	决定一年的交易金额和付款条件	到下个月底	
科长姓名	大	同学	无特别关系	营业代表	接洽	每月大约一次本月开始	
负责人员姓名	中	朋友	无特别关系	技术部	技术情报提供	每日一次本月一次	
其他姓名	中	回扣传闻	高尔夫球友	质量管理科	新制品讲习会	下个月到年底为止	
备注							

九、重要客户对策一览表

表28-5　重要客户对策一览表

公司名称	销售顺位	问题点	对策
扩大重要客户人数的基本方针			

463

十、固定客户交易对策表

表 28 – 6　固定客户交易对策表

公司名称	移动方向	问 题 点	对 策

十一、问题客户检核表

表 28 – 7　问题客户检核表

公司名称	销售负责范围及所在位置	移动方向	问题点	对 策

十二、客户信用调查表

表 28－8　客户信用调查表

No. ＿＿＿＿＿＿＿＿＿

公司行号			地址		电话	
负责人			住所		电话	
创业日期	年　月　日	营业项目		经营方式	独资( )合伙( )公司( )	
开始交易日期	年　月　日	营业区域		经营地点	市场( )住宅( )郊外( )	

负责人	性格	温柔( )开朗( )古怪( )自大( )	气质	稳重( )寡言( )急躁( )饶舌( )
	兴趣		名誉职位	
	学历	大学( )高中( )初中( )小学( )	出生地	
	经历		说话要领	能说( )口拙( )普通( )
	思想	稳傻派( )保守派( )革新急进派( )	嗜好	酒:饮( )不饮( )香烟:抽( )不抽( )
	长处		特长	
	短处		技术	熟练( )不很熟练( )不熟练( )

会计方面	银行往来	银行、账号　号	银行信用	很好( )好( )普通( )差( )很差( )
	账簿组织	完备( )不完备( )	同业者评为	很好( )好( )普通( )差( )很差( )
	经营组织	股份公司( )个人经营( )有限公司( )合资公司( )	近邻评价	很好( )好( )普通( )差( )很差( )
	资本额	元	付款态度	爽快( )普通( )尚可( )迟延( )为难( )嗜欠尾款( )
	营业执照登记号码		备　注	

十三、连锁店组织制度

第一条　××连锁机构(以下简称甲方,即连锁权授予者)与(以下简称乙方,即连锁权授受者)之间为共存共荣关系,为保持良好之关系起见,特缔结本合约。

第二条　乙方经甲方授权自合约生效日起,得以"××连锁店"的商标公开营业。

第三条　乙方为本事业成功起见,应接受甲方组织章程规定事项,及全力配合甲方授权经营管理人员的执行事项。

第四条　本合约缔结同时,乙方应交付给甲方商标授权权利金×××万元(一概不退还)。

第五条　乙方于签约后,应接受甲方(企业统一形象)的计划建议,进行店内布置或改装工程,其费用均由乙方自理。如乙方配合不周以致影响全体或本身(有形或无形)利益时,乙方应负完全责任。

第六条　乙方有按季向甲方缴付基金服务费的义务,该费用自合约生效日起每6个月(半年)一次付清。由甲方通知乙方于期限内缴付。其金额依"××连锁店组织管理章程"第××条办理。

第七条　甲方应遵守的约束事项如下:

(一)甲方对于乙方所属的编制区域内,未经乙方同意,不得再授予他人同样的权利。

(二)甲方应定期提供免费研习机会给乙方。如有必要收费,应先经乙方同意。

(三)甲方对于乙方的经营,应聘请专家做评鉴及建议工作,努力提高乙方的业绩。

(四)甲方应制造或开发采购商品及营业相关物品提供给乙方,其售价应合理且在市价以内。

(五)甲方应聘请专家策划所有连锁店的统一广告宣传活动。

第八条　乙方应遵守的约定事项如下:

(一)应尊重甲方指定的"经营决策委员会"的一切决议事项。

(二)每月至少应提拨1万元以上的费用与甲方授权的连锁店共做广告,此项活动应交由甲方执行。

(三)每月至少应向甲方申购商品、物品达1万元以上。

(四)应在规定期限内支付款项给甲方。

(五)自行从事广告活动时,应向甲方报备,以不破坏整体企业形象为原则。

(六)不得私下转让或转借甲方授予的一切权利。乙方营业地点变更,代表人变更等事项均应经过甲方同意,否则以违约论。

第九条　本合约解除依"××连锁店组织管理章程"第×条规定办理。

第十条　本合约在甲乙双方相互信赖与理解的前提下制定,对于本合约所定事项亦应以善意方式予以实施,如有未尽事宜由"经营决策委员会"及甲方研讨。

第十一条　以上本合约诸条款,应相互确认而不能有所指责或不履行。本合约自甲乙双方签约盖章之日起生效,同时甲方发给乙方下列资料,乙方应妥善保管并遵守。

（一）××连锁机构组织章程。

（二）经营决策委员办事章程及议事规程。

（三）××连锁店组织管理章程。

本合约一式两份,甲乙双方各执一份为凭。

（甲方）连锁权授受者:××企业公司所属××连锁机构

代　表　人:

地　　　址:

身份证编号:

（乙方）连锁权授予者:

代　表　人:

住　　　址:

身份证编号:

十四、特约店组织制度

第一条　目的

本会的名称为"××特约店会"。

第二条　办公处

本会的办公处设于××公司之内。

第三条　会员

本会的会员与××公司缔结特约店契约,且须具有第八条规定的会员资格。

第四条　事业

本会以增进会员的销售绩效,促进业务的合理化及经营的发展,加强会员彼此之间的亲睦关系等为原则,特别开展下列五项工作:

（一）为促使销售契约成立所进行的各种磋商、协定。

（二）修订、制定特约店的规定。

（三）作各种业务上的联络,使彼此的交易得以圆满进行。

（四）举行有关销售方法、销售技术、店铺设计、经营管理、人事、事务处及其他相关的研究会、讲习会、训练会等规划,并进行指导。

（五）计划、实施各种活动来促进彼此间的亲睦。

第五条　构成

本会基于事业执行的需要,设置下列管理阶层人员:

（一）会长:1 名。

（二）副会长:1 名。

（三）干事若干名。

以上管理级人员由会员互选产生，任期为 1 年，连选连任。

第六条 营运

本会每年举行一次大会，会中讨论年度计划及进行业务报告、会计报告。会长及副会长须依情况需要，召集人员组成董事会。董事会则根据大会的议事项目决定有关会务运作的协议。

第七条 经费

会费每年为×××元。凡会议、通信、联络等会务运作所必需的经费皆由此支出。但讲习会、旅行等特别经费则需依当时的需要，由董事会决定。

第八条 会员的资格

凡本会会员需具备下列四项条件：

（一）与××公司已缔结特约店契约者。

（二）已出资信用金者。

（三）过去一年的销售额达到××××万元以上者。

（四）其他本会特别指定者。

第九条 会员的特惠

本会对于会员特别定有"特约店交易规定"，会员可因此享有交易上的各种特别优惠条件。

第十条 规约的废止

本规约的废止须由大会决定。

十五、特约店业务管理规定

第一条 本公司设置特约店的基准及其营运方针，皆以本规定的内容为准则。

第二条 经营商品：

（一）经营商品以×××××为主体，目前的主力产品是靠旧有客户的交易。为了将来的发展，目前新产品也应视情况经营，以此渠道来开始发售。

（二）特约店负责前项商品的批发和销售。

（三）特约店不得经手其他厂商的同种产品。

（四）今后将逐次追加其他厂商的同种产品。

第三条 特约店的设置：

（一）特约店的设置依下列规划进行：

1. A 地区每区×店。

2. B 地区每区×店。

3. C 地区每区×店。

（二）前项区域划分，可因销售额的提高、人口的增加及其他等因素而变更店数。

（三）本特约店制度只限适用于大都会及附近县市，其他区域的实行方针则依照总代理店制度来进行。

（四）特约店的选定：

1．从以往即与本公司交易的零售店中遴选。

2．从目前虽与本公司无交易，或交易额数小，但却极具潜力的零售店中遴选。

（五）从实绩小的零售店中遴选特约店时，须依照下列基准来进行。另外，选店时必须以经营稳健且具有合作性、肯积极投入销售活动者为对象。

1．每年销售本公司产品金额超过××万元以上的店。

2．每年销售××产品数量超过 500 组以上者。

3．目前的交易额数虽小，但具有诚意且付款明确的零售店。

（六）未有交易往来却具实力的店系指下列条件：

1．该地区尚未有旧客户的情况。

2．以地区性来说具有销售潜力且未来仍有可能开拓销售渠道的零售店。

第四条　与非特约店的交易客户的往来方式

（一）对于非特约店的交易客户，一概以既有的交易方法来进行买卖。

（二）批给这些店的售价，不论货出于本公司或出于特约店，价格都应统一。

（三）对于新的交易申请，原则上应转交给该地区的特约店去经手。

（四）这种非特约店的商品交易，应随着特约店销售能力的增大而中止。相反的，这些商店之中如有交易增大者，应设法将其纳入特约店制中。

第五条　特约店的义务

（一）特约店依其过去的实绩所在的区域的实力，每年要有一定的销售责任额。而此额每年得经双方协议而修正。

（二）目前各经手品项的最低销售责任额，暂定如下：

1．××地区 500 ～ 800 组。

2．新产品及新型号则依当时条件另订。

（三）特约店须加入总公司。

（四）总公司是以协助、推展特约店业务为目的的亲睦团体。

第六条　交易方法

（一）交货给特约店的批价及特约店本身的售价依下列规定实施。此价格亦为本公司交给工厂的价格。

1．A 价——公司批给特约店的价格。

2．B 价——特约公司及公司给零售店的价格。

3．C 价——卖给一般消费者的售价。

4．D 价——季节前的交易价格，届时另订。

（二）为促进特约店的销售及奖励其付款的落实，本公司特设回扣（折扣）制度。

（三）货款的缴付以每月 25 日为截止日，次月 10 日须以现金缴付。如以期票缴付，则付款金额包含折扣费。

（四）关于季节性的货款缴付，另外定有特别价格。

（五）货物运送过程中所发生的破损等，由本公司负担。

第七条　支援销售的制度

（一）对于特约店，本公司将免费或以成本价提供销售用的目录、广告用册子、传单、海报等。

（二）公司会自行负担在报纸、杂志、传单及其他媒体上的产品宣传费用，在实行这些广告宣传之前，公司会做好实施预定表，事前与特约店联络。

（三）本公司会对特约店指导有关销售方法、商品说明方法及其他相关的教育，并指示销售计划。

（四）在开始销售新型产品时，公司会免费提供或借与各特约店该产品的样品。

（五）本公司对于特约店主及负责的店员进行有关产品的组合及使用方法，产品说明，销售时的应对方式等教育指导。

第八条　制造方法

（一）如偏远地区的订货量增多时，可于市内及各地设转包工厂，由这些工厂来负责产品生产。

（二）本公司内部将自设模具工厂，由公司亲自经营，至于生产方面再采取转包生产的方针。

（三）针对×××及×××各产品，本公司将设装配工程科，以付费方式将工程委托该单位。

十六、代理店管理制度

□　总　则

第一条　本规定的主旨

本规章规定××公司与代理店之间的交易有关事项。

第二条　代理店的销售区域

代理店可行销售的区域，依协议来决定。代理店如欲于指定以外的区域进行买卖活动，应事前与××公司联络，取得其认可。而在某种情况下，××公司必须估计此店与其他代理店的竞争情况，做深入地调查与研究，确定无显著影响后方可予以认可。

第三条　经营商品

代理店所经营的商品必须是由××公司生产、附有 HX 商标的所有产品。

第四条　销售责任额

代理店的每月销售责任额为××万元以上。但此责任额必须是第三条规定商品的总额。

代理店须于每月 25 日之前，向××公司提出下个月份的销售预定。

第五条　经销处等的设置

代理店可在自己的责任范围内设置经销处及代办处等。但设置之前须与××公司联络，取得其认可方能实施。

第六条　销售价格

自我经发给代理店的商品价格与代理店卖给顾客的售价，必须依照另外规定的价格表来进行。

前项的价格如发生变更，前者须经双方协议，后者需××公司的认可方得实施。

第七条　交易保证金等

代理店须照交易额，事前缴交××金额给本公司，作为交易保证金，××公司再发给此金额范围内的股份给代理店。

第八条　相关资料的提出

××公司必须令代理店提出必要的资料（例如客户名册、预估客户名册、销售计划等）。

第九条　　××公司交货方式与运费

本公司以××公司工厂为交货给代表店的地点。但如代理店另有提出请求，可送货至其指定地点。

关于前项，如另有声明，则产品的装箱费、运费由代理店负担。运送途中如发生事故，其费用负担由××公司与代理店双方经由协议后决定。

第十条　退货

当货品与代理店的订购内容不同，或不良品的制造责任明显为××公司所有时，始能接受退货条件。

第十一条　付款条件

货款的缴付以每月 20 日为期限，上月 21 日至本月 20 日货款则于下月 10 日缴齐。

前项付款以付款日起算，90 日以内为期的支票为主。

第十二条　暂停出货

代理店如未能履行前项付款义务，或有违约情况发生，××公司将暂停对其出货，以便观察。

□　对代理店的支援

第十三条　主旨

为促进代理店的销售绩效、××公司代理店之间的互助关系，本章特别制定各种奖励及支援制度。

第十四条　交易奖励制度

以下奖励制度适用于代理店的销售及付款事宜。

（一）销售额增进的奖金。

代理店 3 个月的平均进货额如超过上年同期 3 个月平均额的三成以上，可享受下列回扣优待：

1. 超过三成者 3%。

2. 超过四成者 4%。

3. 超过五成者 5%。

4. 超过六成以上者 7%。

以上计算是以 3 个月为一单位，即"1～3 月"，"4～6 月"，"7～9 月"，"10～12 月"。

（二）前项奖金的计算及回扣是以该期的最后一月计算基准月。

第十五条　代理店的优惠条件

（一）代理店如加盟另外成立的代理店会，将可享受代理店的经营及技术指导、产品知识的指导、配发宣传用品、经营资料及其他种种特惠条件。

（二）前项的代理店规约另文规定。

□　附　则

第十六条　同种产品的仿造限制

代理店未经××公司同意,不得擅自制造第三条中的产品或与其类似的产品,亦不得与其他同业者订立契约,进行买卖。

第十七条　严守机密

代理店必须严守与××公司的有关交易机密,不得泄露给第三者。

第十八条　违反规定的处置

代理店如违反本规章的各条规定,××公司可随时解除部分或全部的契约。

第十九条　禁止代理店彼此之间的竞争

代理店须于指定区域内,以其售价来进行销售活动,须避免向其他区域扩销,引起代理店彼此之间无谓的竞争。但如经××公司指示时则不在此限之内。

若因前项行为或类似方法,引起代理店之间的竞争,××公司将站在公平的立场上,居间调停予以解决。

第二十条　新代理店的设置

××公司在设置新的代理店之前,须做好充分的调查与研究,同时须咨询代理店的意见,居间调停予以解决。

第二十一条　指定法院

当发生本规定的相关纷争时,由××公司所在地的管辖法院裁决。

第二十二条　规定的废止、修正

本规定的废止、修正等事宜须经由代理店会协议后才能实施。

十七、经销商管理制度

第一条　销售指标

(一)销售指标的确定:

1. 根据公司下达的年度销售指标,确定各区年度销售指标并将其按月分解下达。

2. 各区域主管和业务员,将相应承担不同的销售指标。

(二)指标包括销售额指标和区域经销商开发数量指标。

(三)指标按月统计,由区域主管将完成情况上报销售部经理。

第二条　奖励办法

(一)实行业务员销售全额提成的办法,按月销售额(以到账为准)提取销售提成,每月由销售部经理核算并上报总公司财务部审核批准。

(二)提成包括:业绩奖金、业务招待费、佣金、市内交通费等费用。

(三)指标实行按月考核提成,实行按季发放制,每季度末发放其该季度各月应发的提成总和。

第三条　基本市场的调查

（一）由销售部经理组织业务员对负责的区域进行基本市场的情况调查，从而确认销售渠道的发展与趋势。

（二）调查的内容应包括：

区域基本情况：即人口、经济状况、消费者结构、购买力等。

市场容量：包括现实的与潜在的市场需求。

消费者偏好：品牌偏好、品种偏好、价格偏好、购买地偏好。

竞争对手情况：竞争对手实力，网络体系，经营业绩等。

经销商情况：经销商数量、实力、业绩、经营特点、经营信誉等。

零售商情况：零售商的分布、范围以及其他情况。

（三）调查结果，由调查人员写出调查报告，并对调查结果进行分析，确定该市场的进入方式。

（四）根据市场基本情况，确认一定数量可供合作的经销商，以备调查与选择。

第四条　经销商的调查

（一）在深入进行市场调查的基础上，将所确认的经销商分类进行调查。

（二）调查后填写《经销商调查表》。

（三）根据调查结果，对所调查经销商进行综合评价。

（四）由区域主管将调查结果上报销售部经理，销售部经理会同营销总监、总经理对所调查经销商进行优选和审批。

第五条　经销商的谈判原则与策略

（一）一般经销商的谈判由销售部经理和区域主管进行，重点经销商的谈判由销售总监及销售部经理出面进行。

（二）因各经销商的具体情况不同，合作意向及详细条件也各不相同，谈判中应坚持公司的根本利益，并注意区别对待，灵活运用。

（三）约束条款必须完备，以防问题一旦出现，给公司造成大损失。

（四）合同期限应适度，一般不宜过长，以便公司根据合作效果及合同执行情况，及时变更和终止合同。

（五）合同起草时，应先让对方提供合同文本，这样可以把对方"亮"在明处，排除对方隐藏的"陷阱"，我方可以争取主动。

（六）合同文本规范双方行为的法律文件，必须慎重推敲，尤其是细节要格外小心，概念含糊不清的条款不能使用，以防今后"扯皮"。

（七）合同签约前双方应提供齐备合法的经营证件，同时要复印存档。

第六条　合同的审批与签订

（一）双方共同起草的合同定稿后，先上报公司法律部门进行文本审核，若存在问题时要进行再修改。

（二）双方合作合同应统一由公司法人或法人委托代理人来签订，一般应由公司总经理签订。

（三）委托代理人签约时要出具法人委托书，并交对方存档。

（四）有关资料，如房产证明，房屋建筑蓝图，对方的营业证件等，应当有详细的复印件和所签合同一起存档备查。

（五）合同签订后，统一存档。

第七条　经销商制订价格方案

（一）经销商的供货价格方案由销售主管制订，并上报销售总监，经公司总经理批准后实施。

（二）没有新方案公布前，所有经销商业务一律按既定价格方案执行。

（三）定价依据：

1. 生产成本、运杂费、税收、管理费用。

2. 本产品不同于其他产品的质量。

（四）返利办法及时间：

1. 根据客户销量及要求，分别为：季、半年、一年不等。

2. 除表内返利规定外，销售额达到 nA 万元 + nA 万元 ×30％以上的再另加重奖。

3. 以上 6 档不足下一档者按本档返利。

4. 月返利在下月以上同第一次进货时间为准。

5. 如经销商愿意以货抵款（其货价按出厂价供给），所返货物随货同行。

6. 季、半年、年返，以合同期限为准。

7. 特殊情况，另行商定。

第八条　货款结算原则

（一）为防止货款拖欠形成死账，经销商一律采取款到发货的原则。

（二）为防止样品压款造成死账，经销商一律不提供无偿样品，坚持款到发货的原则。

（三）样品在无破损的前提下，可给予换货优惠，或者经销商再进货时，对样品价格给予一定的优惠返还。

（四）支票汇款结算，要等货款到账后，才能发货。

第九条　货款的回收

（一）经销商的货款回收，由所负责该经销商的业务员直接负责。

（二）货款一律由经销商直接汇到公司账号上，特殊情况现金结算时，应由店面收银员收款，或直接到公司财务部交款。

第十条　订货管理

（一）查阅双方签订的经销合同。

（二）查阅交易记录和结算记录。

（三）如无货款结算遗留问题，可进行下次订货。

（四）双方填写订货单一式四份。

（五）订货单交销售主管、经销商、财务部和物流部各一份。

第十一条　发货和运输

（一）产品运输一律由物流部门负责。

（二）如对方要求自己运输、发货时，经销商要到库房进行货物验收，验收合格后对方要在验货单上签字。

第十二条　经销商的销售支持

（一）确定有利双方的价格体系，提供价格保护、返利、折让等支持，具体按公司有关价格政策操作。

（二）按市场竞争势态，优先供应商品，改进进货周期与期量标准，支持经销商合理库存。

（三）协助经销商提供有关市场与客户信息。

（四）提供我公司产品的有关技术资料和有关产品宣传促销资料。

（五）协助经销商,对销售终端导购人员进行我公司商品专业知识和有关导购技巧的培训。

（六）进行售后组装与维修的有关技术培训与支持,样品可由我公司大区派出售后服务人员进行示范性组装。

（七）提供相关的备件和易损件,支持售后服务质量。

（八）提供卖场的装修设计和商品的布置方案,并提供统一的标识。

（九）进行有关产品促销方面的整体支持。

第十三条　售后支持的实施

（一）经销商的售后支持工作,由各区域主管提出支持方案,报销售部经理审批后实施。

（二）涉及公司有关职能部门协助的,由销售主管报销售总监审批,由有关职能部门协助进行。

第十四条　经销商定期巡访

（一）业务员每月初应制订出自己所负责的经销商巡访工作计划,同时填报《经销商巡访计划表》,交区域主管。

（二）区域主管对计划进行调整、修改和补充后,报总经理审批。

（三）经销商巡访工作完成后要填写《经销商信息资料表》,统一保存。

第十五条　巡访内容

（一）销售情况,包括已销售商品情况、库存成品情况。

（二）市场和消费者对我公司成品的意见和反映。

（三）售后支持与服务方面还有哪些需求。

（四）经销商基本情况及经营状况。

（五）下一步进货的品种、数量以及进一步合作的态度。

（六）其他各方面的信息。

第十六条　附则

销售部负责对本制度的制定与修改。

十八、经销商巡访计划表

表28-9　经销商巡访计划表

负责人			负责区域		
巡访计划安排					
序号	访问日期	访问对象	巡访内容	预达目标	
主管意见			主管:		
总监意见			总监:		
填表人:			日期:		

十九、经销商信息资料表

表 28 - 10　经销商信息资料表

企业名称				产权人	
地　　址				电　话	
联 系 人		职　务		电　话	
月销售额		年销售额		资金状况	
卖场数量		经营面积		员工数量	
现经营家具品牌					
我公司产品进货情况					
我公司产品销售情况					
我公司产品库存情况					
合作订货意向					
营销网络现状					
需要支持事项					
结算方式					
价格					
运输					
其他信息					

业务员：　　　　　　日期：

二十、经销商订货单

表 28 - 11　经销商订货单

供方(甲方)：＿＿＿＿＿＿　　　　需方(乙方)：＿＿＿＿＿＿

　公司名称：＿＿＿＿＿＿　　　　　客户名称：＿＿＿＿＿＿

　经办人：＿＿＿＿＿＿　　　　　　经办人：＿＿＿＿＿＿

　地址：＿＿＿＿＿＿　　　　　　　地址：＿＿＿＿＿＿

　邮编：＿＿＿＿＿＿　　　　　　　邮编：＿＿＿＿＿＿

　电话：＿＿＿＿＿＿　　　　　　　电话：＿＿＿＿＿＿

　开户银行：＿＿＿＿＿＿　　　　　开户银行：＿＿＿＿＿＿

　账号：＿＿＿＿＿＿　　　　　　　账号：＿＿＿＿＿＿

　　　　　　　　　　　　　　　　　税号：＿＿＿＿＿＿

成品名称	型号	单位	单价	数量	金额	折让率	折让金额	实际金额
合计								
运输方式				联系人				
交货地点				电话				
运费				发货期限				
总计金额				付款期限				
备注								

第二十九章

财务管理概述

《按制度办事》

一、财务管理体制

（一）财务管理原则

1. 企业整体利益最大化（或企业利润最大化）。

2. 企业运营资金总成本最小化，促进企业内外资金充分合理流动，提高奖金使用效益、效率。

3. 企业财务管理，体现行业、区域、所有制特征，遵循国家财税、会计法律法规，也要注意吸收国际先进管理经验，并与国际财务惯例逐步接轨。

4. 企业财务具有可控性，促进财务管理与企业总体战略和规划目标相吻合，通过必要的财务手段鼓励、支持、扶植、限制、禁止下属企业财务行为，使其运作在预定的发展轨道上。

（二）财务机构设置

1. 母公司级：

（1）设立与财务活动有关的部门，如财务部、审计部、融资部、投资部、财务结算中心、内部银行、财务公司。

（2）一些财务机构可以根据公司规模及需要合署办公，如财务部与财务结算中心。

（3）财务机构由公司财务副总经理统一分管负责。

2. 子公司级：

（1）子公司一般仅设置财务部。对较大规模的子公司还可增设审计、地区性结算中心。

（2）对规模较小的子公司不单独设立财务机构，仅设立不少于2名的财务岗位，附设于公司行政部（秘书处）。

3. 分公司、工厂级：

（1）分支机构可以设立财务部，主要侧重核算和成本控制。

（2）分支机构亦可由上级公司总部财务部单独立账，进行内部核算。

4. 关联企业、协作企业。

参照核心企业财务规章制度设置财务机构。

（三）财务人员任用

1. 母公司财会人员，尤其高级财务主管，必须由资深财务专家担任，精通管理会计、责任会计、成本会计、投融资运作、资本市场等。

2. 母公司财务部长为高级管理人员，由董事会任免。

3. 对下属企业实行会计委派制。

（1）企业群体内分公司、全资子公司、控股子公司的财务主管和高级财会人员均由其上级母公司（财务部门）负责人员推荐、审查，由人事部门审批并办理有关手续。

（2）会计人员的工资、人事关系和岗位职务任免级划归母公司，由母公司派遣和考核,负责对全体财务人员的培训、业务指导。

（3）会计人员定期向上级财务部门述职。

（4）财务人员调离、辞职须首先征得上级母公司和本公司领导同意,并监督交接离职。

（四）财务管理制度

1．财务制度是集团最重要的规章制度,须由公司总部统一制定。

2．母公司制定的规章制度,汇编成册,发到下属企业统一执行。

3．财务制度的效力：

（1）对核心层、全资子公司、控股子公司强制执行,全部适用,不打折扣。

（2）对参股的关联公司,有一定约束性,最好能遵守执行。

（3）对协作企业有指导性,建议其参照执行。

（五）财务监督

建立多层次财务监督机制：

1．母公司设立审计部、稽核部或监察部进行监督管理。

2．子公司内部监督,可在财务部设立审计岗位,进行日常监督管理。

3．接受企业外部国家、地方财税或审计部门的审计、财税大检查、清点核资、资产评估,必要时聘请独立的执业会计师进行公正审计。

4．加强对企业管理层任职前、职间、调岗、离职的审计检查,及定期、不定期地进行全面的或抽查性的监督活动。

（六）财务指标体系

1．消耗指标：

①生产成本;②制造费用;③销售费用;④管理费用;⑤财务费用;⑥税金及附加。

2．资金占用指标：

①固定资产额;②流动资金额;③长期投资;④无形资产与递延资产。

3．成果指标：

①总产值;②净产值;③ 销售收入;④销售利润;⑤投资收益;⑥上缴税金。

4．效益效率指标：

（1）流动比率＝流动资产/流动负债（对工业企业,该比率最好达到 2 倍）。

（2）速动比率＝速动资产/流动负债（对工业企业,该比率最好达到 1 倍）。

（3）应收账款周转率＝赊销净额/平均应收账款净额。

（4）存货周转率＝销货成本/平均存货。

（5）资产负债率＝债务总额/总资产。

（6）净资产收益率＝税后净利润/净资产。

（7）销售利润率＝税前利润/销售净值。

（8）成本费用利润率＝税前利润/销售成本。

（9）全员劳动生产率或人均创利。

（10）年均销售（利润）增长率。

（七）财务状况类型

根据质量、消耗、效益三项指标组合出八种财务模式。

模式平台 1：低质低耗低效型

产品质量问题较多,且偷工减料或粗制滥造,导致企业效益低下。

对策为重点推行全面质量管理,迅速扭转产品质量低劣局面。

模式平台2：低质低耗高效型

出现在产品畅销供不应求,且竞争度极低的市场环境。

企业清醒地认识到低质量的高效益(投机性)不可能持久。

尽快将利润投入到改善品质的投资项目上。

模式平台3：低质高耗低效型

这是企业各方面均有差距、严重经营管理不善的典型表现。

对扭亏无望的企业,可能要破产、拍卖或被购并。

模式平台4：低质高耗高效型

同样出现在短缺市场,且内部消耗管理更有致命伤。

同时要解决改善质量和降低消耗两个重大问题。

模式平台5：高质低耗低效型

表明企业产品进入衰退期,销售不畅,产品积压,或资金周转不灵。

重点在市场调查与预测,迅速调整产品结构,淘汰过时产品。

及时清理库存积压品,加速资金回笼和周转。

模式平台6：高质低耗高效型

这是最好的经营财务状态,是各类企业应追求的终极模式。

应向更高目标迈进,防患未然,不断创新。

模式平台7：高质高耗低效型

主要是内部物资管理不当造成消耗高,或产品结构不合理,或单纯追求质量忽视成本。

加强基础管理,杜绝浪费,降低消耗。

运用价值工程方法,改进产品设计、工艺设计、原材料采购。

模式平台8：高质高耗高效型

依靠高质量产品和理想价格销售带来高效益,以表面的繁荣掩盖严重浪费的真相,不符合精益、节约、可持续增长方式。

重点放在改进产品、工艺设计,加强物资、定额基础管理,降低材料消耗。

二、一般企业财务机构设置细则

一般企业的财务管理组织机构采取的是企业财务总监领导下的职能型组织机构,下设财务部、审计部、投资部等相关职能部门,直接对财务总监负责。各职能部门根据工作需要设立相应的职能岗位。

(一)财务部

根据工作需要可以采取以下人员编制：

1.财务部经理,全面负责财务部工作。

2. 财务助理,协助财务部经理做好日常各类工作。

3. 预算主管,负责企业各类预算编制工作。

4. 现金流量主管,负责企业现金流量的监控和管理。

5. 投标主管,负责企业工程、产品等招投标工作。

6. 成本控制主管,负责企业产品成本控制和管理工作。

7. 统计主管,负责企业各类财务统计工作。

8. 财务分析主管,负责企业各类财务分析,向企业决策者提供决策的财务依据。

9. 税务主管,负责企业税务申报等和税务有关的工作。

10. 资本运作主管,负责企业资本运作和与之相关的各类工作。

11. 债权主管,负责企业对外债权工作管理。

12. 会计员。

13. 出纳员。

14. 统计员

15. 预算员。

16. 分支机构会计员。

17. 分支机构财务主管。

18. 分支机构出纳员。

19. 各事业部出纳员。

(二)审计部

根据工作需要可以采取以下人员编制:

1. 审计部经理,全面负责审计部各项工作。

2. 审计主管,在审计部经理的领导下组织企业审计工作。

3. 审计员。

(三)投资部

根据工作需要可以采取以下人员编制:

1. 投资部经理,全面负责投资部各项工作。

2. 投资主管,在投资部经理的领导下组织企业投资工作。

3. 投资分析师。

(四)财务管理组织体系表(见表29－1)

表 29 - 1　财务管理组织体系

名　称		财　务　总　监					
部　门		财务部	人数	审计部	人数	投资部	人数
编 制	经理	财务部经理	1	审计部经理	1	投资部经理	1
	主 管	财务助理		审计主管		投资主管	
		预算主管					
		现金流量主管					
		投标主管					
		成本控制主管					
		统计主管					
		财务分析主管					
		税务主管					
		资本运作主管					
		债权主管					
	一 般 工 作 人 员	会计员		审计员		投资分析师	
		出纳员					
		预算员					
		统计员					
		分支机构会计员					
		分支机构财务主管					
		分支机构出纳员					
		各事业部出纳员					
合　计							

三、财务管理职责划分细则

（一）财务部职责范围

财务部受财务总监领导,直接向财务总监报告工作,下属部门为各分厂、各办事处、各事业部财务科。财务部在财务部经理统一领导下开展工作,主要包括财务管理、会计核算、计划统计等职能。

1. 财务管理

（1）拟定并执行公司各项财务管理制度。

（2）财务预算和各项财务计划的制定、分解、落实。

（3）财务定额、费用开支标准的制定与调整修订。

（4）内部控制制度的制定与实施。

（5）参与内部价格的制定。

（6）融资。

（7）资金配置与调度。

（8）税收筹划。

（9）成本控制与管理。

（10）财务活动控制，保障财务计划的执行和完成。

（11）财务考核与奖惩。

（12）其他相关职责。

2. 会计核算

（1）会计核算制度的拟定和执行。

（2）会计核算、报表编制和报表分析。

（3）现金的存、取、转、结等日常管理。

（4）公司一级核算单位（总部）会计核算凭证填制、审核、日常账务处理的报表编制，公司内部的业务结算。

（5）公司二级核算单位（分厂、各办事处）会计核算业务的指导和监督。

（6）对部门报表进行审核，公司汇总报表的编制与报送。

（7）进行定期财务报表的分析。

（8）其他相关职责。

3. 计划统计管理

（1）公司计划统计制度的拟定和执行。

（2）日常统计、统计分析与统计预测，提供统计报表、统计分析报告和统计预测报告。

（3）负责对外统计报表的编报工作。

（4）定额的制定和调整。

（5）公司生产经营状况预测。

（6）公司经营目标的提出、修改和制订。

（7）公司经营预算的编制。

（8）负责公司生产经营计划的制订、分解和执行监督。

（二）审计部职责范围

审计部受财务总监领导，直接向财务总监报告工作，主要职责为：

（1）公司审计制度的拟定和执行。

（2）实施内部审计。

（3）配合外部审计部门和审计机构的审计工作。

（4）对公司各部门和人员的经济问题进行财务检查，并提出检查报告书和处理意见。

（5）对财务部、投资证券部日常业务进行财务监督。

（6）宣传审计法规。

（三）投资部职责范围

投资部受财务总监领导，直接向财务总监报告工作，主要职责：

（1）拟定公司各项投资管理制度，经批准后实施。

（2）拟定公司各项证券管理制度，经批准后实施。

（3）拟定公司股利分配制度,经批准后实施。

（4）参与公司各项投资项目的可行性分析和论证。

（5）投资监管。

（6）投资风险控制。

（7）实施已决策的对外投资。

（8）协助财务部进行公司投资规划。

（9）投资信息库的建立、维护。

（10）其他相关职责。

四、财务管理纲要

（一）预算管理

1. 预算控制

预算是使用广泛的有效控制工具,是货币化的计划。企业每个部门都要编制预算,并尽可能毫无遗漏地覆盖所有企业活动。

（1）企业应实行全面预算管理制度,明确预算范围、内容、职责。

（2）预算编制一般自上而下或上下结合磋商而定,经汇总协调后审批下达执行。

（3）在预算控制中,有关实际绩效数据由财务人员定期收集、整理,并就偏差作出真实原因解释或提出校正建议,最后反馈给有关管理者。

2. 主要预算内容

（1）销售预算。根据企业目标利润规划和市场情况编制,具体可分产品类别,按销售额、销售税金、销售成本、销售利润反映。

（2）生产预算。根据销售预算确定销售量,考虑期初、期末存货水平,按单位或总量生产要素消耗量计算,包括材料消耗、直接人工和制造费用等预算。

（3）期间费用预算。根据经营规模、销售水平和负债状况编制,包括管理费用、销售费用和财务费用预算。

（4）营运资金预算。主要反映与公司正常营运有关的短期收入与支出。

①收入主要包括：现期收入,收回前期应收款项和票据,需筹措的短期资金等。

②支出主要包括：需支付的材料款、工资、费用、税捐、应付款、借款和利息、购买资本等。

（5）资本预算。反映公司负债、权益的预期变动和增加资本的投向,按筹资及投资两个内容进行可行性分析,并详细反映。

（6）损益分配预算。反映公司在预算期的利益总额及其分配情况,依据企业销售、成本、费用、投资以及营业外收支情况,结合公司收益分配办法编制。

（7）财务状况预算。反映在预算期末,企业各有关资产、负债及权益项目的预算执行结果及变动情况。所以预算覆盖销售、成本、费用、损益、现金流量、长期投资等财务经营领域。

3. 预算管理重点

（1）对母公司分公司，全资、控股子公司，主要是成本、费用、收支状态的预算和控制。

（2）对参股子公司、关联企业主要是资本、负债、长期投资方面的预算。

（3）对整个企业群体以资金流量、流向的预算和集中调度、平衡为中心。

4. 预算编制方法

视不同部门、下属企业性质及费用形态而定。

（1）传统预算法。将上年度的预算加减本年度预计变动因素而得到。

①特点是编制简单省力，但不合理之处积重难返。

②适用于业务平稳、变动幅度不大的企业。

③生产部门可采用标准成本法。

（2）弹性预算法。以正常情况为基准，分别设计在其 70%～110% 范围的几个不同水准的预算方案。

①具体可用列表法、图示法、公式法。

②适用于市场变化快、前景不明朗的情况。

（3）零基预算法。不考虑上期情况，而根据现状分析。每次预算从零开始，推倒重来。

✚零基预算程序：

推敲每项收支项目有无必要。

根据收支目标编制不同水平的预算方案。

分析、比较各预算方案，排出优先次序。

选择恰当预算方案。

✚其特点是：预算合理、效益高，但编制繁琐耗时。

✚研发部门可采用零基预算法。

✚企业可将两种预算方法混合使用，每隔几年实施一次全面的零基预算。

（二）核算管理

1. 核算管理原则

（1）企业一般实施统一领导，分级、分部门的核算体制。

（2）对具有独立法人地位的下属企业，财务上独立核算。

（3）对非独立法人的分公司、工厂制企业、事业部，财务上非独立核算，由其总部财务部统筹，可以进行模拟法人内部核算。

（4）核算制度与内部合同交易、经济责任制等配套结合，体现责、权、利对称统一。

2. 核算管理主要内容

（1）划分内部核算单位类型。

✚盈利性单位，如生产车间、运输队。

✚资金占用单位，如采购、仓储、销售。

✚费用单位，如各职能部门。

✚专项资金单位，如研发、技改。

✚差额预算单位，如内部福利机构。

（2）划分内部核算层次。

✚对生产性企业一般可以实行厂级（总厂、分厂）、车间、班组三级核算。

✚或者建立全员、全过程的核算管理制度。

（3）内部核算单位确定三定方案：定编定员、核定资金、定内部交易关系。

（4）内部核算单位实行内部价格结算，可用厂币、转账通知单、内部银行支票。

（5）对核算单位计算内部利润和亏损，给予相应的奖励和处罚。

3．内部核算价格的确定

（1）价格分类：

✚物资价格，如原辅材料、燃动、工器具、备品备件、低值易耗品。

✚产品价格，如产成品、在制品、自制零部件。

✚劳务价格，如维修、运输、文印、后勤行政服务。

（2）定价办法：

✚成本型价格，以标准成本或计划成本为基础。

✚以市场价格为基础。

✚以企业利润率为基础。

✚以企业内部平均（成本）利润率为基础。

（3）一般每年制定（修订）一次内部价格，个别价格可半年或临时调整。

4．在企业（成本控制中心）应重点推行三级成本管理模式

（1）企业（工厂）目标成本管理。

（2）部门、车间责任成本管理。

（3）工序、班组、个人标准成本管理。

（三）内部转移价格管理

内部转移价格是关联企业之间内部交易使用的价格。

1．运用内部转移价格的目标

（1）调节子公司利润，以达到期望水平或目标，如维持子公司的信誉、威望或减少麻烦。

（2）逃避税收，因下属企业属地税率不一和所有制税率不一而合理避税。

（3）抽调资金，分散外汇风险，政治、经济风险。

（4）支持子公司竞争，集中优势、财力，以低价倾销，占领市场，击败对手。

2．运用内部转移价格方法

（1）通过调整零部件、原料价格，影响产品成本，母公司高价出售予子公司或子公司低价出售予母公司，减少子公司利润。

（2）通过产品销售，给予子公司以较高或较低佣金，影响子公司销售收入。

（3）通过对子公司固定资产出售价或折旧年限影响子公司产品成本。

（4）通过专利、商标、技术、咨询服务、租赁、运输等劳务费用影响子公司成本。

（5）向子公司索取或多或少的管理费用。

（6）在母子公司、子公司间人为制造呆账、损失赔偿，增加子公司费用开支。

（四）上下级利益分配关系

1．分配方案

上下级企业之间，可能有如下利益分配方案：

平台方案1：统收统支

下属企业经营收益全部上缴，费用开支统一预算、拨付。

——优点：

● 上级企业能够获得全部经营收益，支配财力加强

——缺点：

● 承担下级企业全部开支，负担亦加重

● 经营者激励机制不强

——适用场合：主要适用于分公司和全资子公司（一般是主营、支柱企业和效益好的企业），对下级企业经营层可采用年薪制奖励。

平台方案 2：承包制

下属企业与上级企业签订承包合同，确定上下级之间的承包指标和责权利关系，承包制有包死基数、递增包干、超收分成等几种方式，可以经营层承包和全员承包。

承包制在我国国有企业改革中曾广泛应用，其优缺点不再论述。在目前对承包制趋于否定的趋势下，在公司内部尚可以运用，但需兴利除弊，加强日常的监督管理，不能一包了之。

适用于分公司和全资子公司或控股子公司（效益不甚理想的企业）。

平台方案 3：租赁制

对下属企业实行资产租赁，主要收取租赁费。租赁制使得上级企业收益硬化、稳定。

平台方案 4：资产占用费制

与租赁制类似，上级企业对下级企业收取净资产占用费，可以根据资本利润率或净资产报酬率计算。国家对占用的国有资产收取费用不低于同期银行存款利率水平。

主要适用于需休养生息的企业、行政划拨国有企业，或直接与政府商谈的按此种方式获取收益。

平台方案 5：特许提成费制

对赋予品牌特许经营权、技术、专利转让或使用公司名义经营的企业，可以按该下属企业营业额、利润分成。

主要适用于协作、关联企业。

平台方案 6：权益分红制

上级企业对下属企业按其所占股权比例，获得相应的投资收益分红。

主要适用于控股、参股子公司。

第三十章

资金管理与财务计划

《按制度办事》

一、资金管理制度

□　**目的**

第一条　为加强对公司系统内资金使用的监督和管理,加速资金周转,提高资金利用率,保证资金安全,特制定本规定。

□　**管理机构**

第二条　资金管理由财务部负责管理,在财务总监领导下,办理各二级公司以及公司内部独立单位的结算、贷款、外汇调剂和资金管理工作。

第三条　结算中心具有管理和服务的双重职能。与下属公司在资金管理工作中是监督与被监督、管理与被管理的关系,在结算业务中是服务与被服务的客户关系。

□　**存款管理**

第四条　公司内各二级公司除在附近银行保留一个存款户,办理小额零星结算外,必须在财务部开设存款账户,办理各种结算业务,在财务部的结算量和旬末、月末余额的比例不得低于80％,10万元以上的大额款项支付必须在财务部办理。特殊情况需专题报告,经批准后,方可保留其他银行结算业务。

□　**借款和担保业务管理**

第五条　借款和担保限额。集团内各二级公司应在每年年初根据董事会下达的利润任务编制资金计划,报财务部,财务部根据公司的年度任务、经营发展规划、资金来源以及各二级的资金效益状况进行综合平衡后,编制总公司及二级公司定额借款,全部借款的最高限额以及为二级公司信用担保的最高限额,报董事会审批后下达执行。年度中,财务部将严格按照限额计划控制各二级公司借款规模,如因经营发展、贷款或担保超出限额,应专题报告说明资金超限额的原因,以及新增资金的投向、投量和使用效益,经财务部审查核实后,提出意见,报财务部,经董事会审批追加。

第六条　集团内借款的审批:

(一)凡集团内借款金额在_____万元以内的,由财务部审查同意后,报财务总监审批。

(二)借款金额在_____万元以上的,由财务部审查,财务总监加签同意后报董事长审批。

第七条　担保的审批:

(一)各二级公司向银行借款需要总公司担保时,担保额在_____万元以下的,由财务总监审批。

(二)担保额在_____万元的,由财务总监核准,董事长审批。

（三）担保额在_____万元以上的，一律由董事长审批，并经董事长办公会议通过。借款担保审批后，由财务部办理具体手续。

（四）对外担保，由财务部审核，财务总监和总裁加签后报董事长审批。

☐ 其他业务的审批

第八条 领用空白支票：

（一）在财务部办理结算业务时，可以向财务部领用空白支票，每次领用数量不得超过5张，每张空白支票限额不得超过_____万元。

（二）领用空白支票时，必须在财务部有充足的存款。

第九条 外汇调剂。

集团内各二级公司的外汇调剂由财务部统一办理，特殊情况需自行调剂的，一律报财务部审批，审批同意后，方可自行办理。

第十条 利息的减免。

（一）凡需要减免集团内借款利息，金额在_____元以内的，由财务部审查同意，报财务总监审批。

（二）金额超过_____元，必须落实弥补渠道，并经分管副总经理加签后，报董事长审批。

☐ 资金管理和检查

第十一条 财务部以资金的安全性、效益性、流动性为中心，定期开展以下资金检查和管理工作，并根据检查情况，定期向总经理、董事长专题报告。

（一）定期检查各二级公司的现金库存状况。

（二）定期检查各二级公司的资金的结算情况。

（三）定期检查各二级公司在银行存款和在财务部存款的对账工作。

（四）对二级公司在资金部汇出的_____万元以上大额款项进行跟踪检查或抽查。

☐ 统计报表

第十二条 各二级公司必须在旬后1日内向财务部报送旬末在银行存款、借款、结算业务统计表，财务部汇总后于旬后2日内报总经理、董事长。财务部要及时掌握银行存款余额，并且每两天向财务总监报一次存款余额表。

二、资金预算编制制度

☐ 目的及依据

第一条 为提高本公司经营绩效及配合财务部统筹及灵活运用资金，以充分发挥其经济效用，各单位除应按年编制年度资金预算外，并应逐月编列资金预算表，以便达成资金运用的最高效益,特制定本制度。

□ 资金范围

第二条　本办法所称资金,系指库存现金、银行存款及随时可变现的有价证券。为定期编表计算及收支运用方便起见,预计资金仅指现金及银行存款,至随时可变现的有价证卷则归属于资金调度的行列。

□ 作业期间

第三条　资料提供部门,除应于年度经营计划书编订时,提送年度资金预算外,应于每月 24 日前逐月预计次 3 个月份资金收支资料送会计部,以利汇编。

第四条　会计部应于每月 28 日前编妥次 3 个月份资金来源运用预计表按月配合修订。并于次月 15 日前,编妥上月份实际与预计比较的资金来源运用比较表一式三份,呈总经理核阅后,一份自存,一份留存总经理室,一份送财务部。

□ 内销收入

第五条　营业部门依据各种销售条件及收款期限,预计可收(兑)现数编列。

□ 劳务收入

第六条　营业部门收受同业产品代为加工,依公司收款条件及合同规定预计可收(兑)现数编列。

□ 退税收入

第七条　退税部门依据申请退税进度,预计可退现数编列。

第八条　预计核退营业税虽非实际退现,但因能抵缴现金支出,得视同退现。

□ 其他收入

第九条　凡无法直接归属于上项收入皆属其他收入,包括财务收入、增资收入、下脚收入等。其数额在 10 万元以上者,均应加说明。

□ 资本支出

第十条　土地:依据购地支付计划提供的支付预算数编列。

第十一条　房屋:依据兴建工程进度,预计所需支付资金编列。

第十二条　设备分期付款、分期缴纳关税等:会计部依据分期付款偿付日期予以编列。

第十三条　机构设备、什项设备、预付工程定金等:工务部依据工程合同及进度,预定支付预算及资材部依据外购 L/C 开立计划,预计支付资金编列。

□ 材料支出

第十四条　资材部依请购、采购、结汇作业,分别预计内外购原物料支付资金编列。

□ 薪资

第十五条　会计部依据产销计划等资料及最近实际发生数,斟酌预计支付数编列。

□ 经常费用

第十六条 外协工缴：外协经办部门应参照外协厂商别约定付款条件等资料，斟酌预计支付数编列。

第十七条 制造费用：会计部依据生产计划，参考制造费用有关资料及最近实际发生数，斟酌预计支付数编列。

第十八条 推销费用：营业部依据营业计划，参照以往月份推销费用占营业额的比例推算编列。

第十九条 管理费用：会计部参照以往实际数及管理工作计划编列。

第二十条 财务费用：会计部依据财务部资金调度情况，核算利息支付编列。

□ 其他支出

第二十一条 凡不属于上列各项的支出都属于"其他支出"，包括偿还长期（分期）借款、股息、红利等的支付。其数额在 10 万元以上者，均应加以说明。

□ 异常说明

第二十二条 各单位应按月编制"资金来源运用比较表"，以了解资金实际运用情况，其实际数与预计比较每项差异在 10% 以上者，应由资料提供部门填列"资金差异报告表"列明差异原因，于每月 10 日前送会计部汇编。

□ 资金调度

第二十三条 各单位经营资金由公司最高主管负责筹划，并由财务部协助筹措调度。

第二十四条 资材部应按月根据国内外购料借款数额编列"购料借款月报表"于当月送财务部汇总呈核总经理。

第二十五条 财务部应于次月 5 日前按月将有关银行贷款额度、可动用资金、定期存款余额等资料编列银行短期借款明细表呈总经理核阅，作为经营决策的参考。

第二十六条 本制度由财务部制定，经总经理核准后实施，修改时亦同。

三、资金预算编制流程

（一）各部门编制部门资金费用申报表。

（二）各部门汇总后编制月份收支资金预算表，报财务部审核，总经理审批后执行。

（三）各部门根据审批后的资金收支预算表向财务部门申请领用支票。

（四）财务部门编制费用总账和明细账以及限额费用使用手册。

（五）预算的执行和控制。对每一笔支出，需要财务人员填制凭证，同时，经手人都必须填写"申请领用支票及申请付款工作联系单"，控制成本费用的发生。

（六）预算调整。各部门要求追加用款时要填写"月度用款追加计划申请表"，总经理审批通过后，方可加入预算范围内。

（七）财务部门根据资金使用总账和明细账编制资金实际使用汇总表。

（八）预算的考评。月末对限额费用使用手册进行汇总，得到资金费用使用汇总表，随后将汇总表和预算进行比较，找出两者的差异，并进一步分析差异形成的原因，报财务总监审核，总经理办公会议审核。

四、现金管理制度

第一条　"现金收支表"上的收入金额，是指由财务部汇入各单位银行账户内的金额，支出金额则仅指各单位的费用。各单位应支付的一切费用，包括可控制费用与不可控制费用，均应自财务部汇入之金额中支付。

第二条　各单位的可控制费用统一于每月月底前由财务部就下月份各单位的费用概算，一次（必要时得分次）汇入各单位的银行账户内备支。

第三条　各单位的收入款项除财务部汇入的款项外，一律不得自行挪用单位内收回的应收账款（包括现金及支票收回的应收账款），应依账款管理办法的规定，悉数寄回总公司财务部。

第四条　现金收支旬报表的填写应一次复写两联，第一联于每旬第 1 日（即每月 1 日、11 日、21 日）中午以前就上旬收支逐项编制妥，连同费用科目的正式收据或凭单呈单位主管签核后，以限时转送寄送财务部；第二联由各单位自行汇订成册，作为费用明细账，并凭此于月底当天填制"费用预算分析表"。

第五条　现金收支旬报表上的编号系指费用的笔项而言，采用每月一次连续编号方式，月内的每月编号应相互衔接并连续编至当月月底止，次月 1 日再行重新编号。

第六条　现金收支旬报表上科目栏中类别的填写，系指依所发生的各项费用其分属类别，分别以"营"或"服"或"管"等字表示，其性质区分如下：

（一）营业费用：凡属营业人员（包括营业主任及外务人员）所发生费用。

（二）服务费用：凡属服务人员（包括服务主任及服务人员）所发生的费用。

（三）管理费用：凡营业费用及服务费用外所发生的一切费用属之。

第七条　现金收支旬报表上科目栏中的"名称"系指各项费用的科目名称，其明细如下：

（一）营业费用：即营业人员（包括营业主任及外务员）所发生的下列诸费。

1. 汽车诸费：营业人员汽油、机油、过桥费、寄车费等。

2. 旅费：营业人员计程车资及营业员因业务之需所付的差旅费。

3. 公共关系：凡营业人员因业务上应酬所需支付者。

4. 薪工津贴：营业人员薪资（包括本薪、机车津贴、交际津贴、成交奖金、加班及值班费等）。

5. 坏账:账款尾数无法收回,或倒账造成的公司损失。

6. 名片:营业人员所印名片。

(二)服务费用:即服务人员(包括服务主任及服务员)所发生下列诸费。

1. 汽车诸费:服务人员所支之汽油、机油、过桥费、寄车费等。

2. 旅费:服务人员所支之计程车资及服务人员因服务的需要所支的差旅费。

3. 公共关系:服务人员因服务上的需要所支的交际费。

4. 薪工津贴:服务全体同仁的薪资皆属之(包括本薪、机车津贴、绩效奖金、加班及值班费等)。

5. 坏账:账款尾数无法收回者。

6. 名片:服务全体同仁所印的名片。

7. 工具:单价在 100 元以下者的工具费。

(三)管理费用:即营业费用及服务费用外所发生的费用。

1. 汽车诸费:营业人员及服务人员外所支付的汽油、机油费等。

2. 旅费:营业人员及服务人员外所支付的计程车资或出差旅费。

3. 运费:装载货物所支付的费用。

4. 文具用品:购买日常所用的文具纸张等所支费用。

5. 清洁费用:雇用清洁公司打蜡所支的费用及其他费用。

6. 邮票:邮寄函件及包裹的邮资及购邮票等所支费用。

7. 电话费:业务上的长途电话及市区电话费用。

8. 电报费:因业务上的需要而拍发电报所支费用。

9. 电力费:用电所支付的费用。

10. 自来水费:用自来水所支付的费用。

11. 修理费:汽车修理及保养费等。

12. 人事广告费:刊登招员启事等所支费用。

13. 报章杂志:订阅报章杂志所支付的费用。

14. 固定薪资:营业人员及服务人员外的薪资。

15. 公共关系:营业人员及服务人员外所支付的交际费。

16. 租金支出:房屋的租金。

17. 税捐:支付营业印花税。

18. 其他变动费用:未能列入该分类科目的费用。

第八条　上述所列项目,会计员应按其性质区分(即营业费用、服务费用、管理费用等)妥予分类报支,不得相互混淆。

第九条　各单位与总公司间如有代收或代支事项发生时一律以"内部联络函"联系之,其作业规定如下:

(一)各单位代总公司或其他分公司收款时应于收款的当日以"内部联络函"述明代何单位收款,代收现金应先换购汇票,若代收票据须注明代收票据内容,并连同票据一起寄送总公司财务部,由财务部负责通知被代收单位入账的同时将入账情形回复代收单位。被代收单位接获财务部的通知时,应即于当天的"收款及成交奖金明细表"上加入该笔账款,增加其收款总额,并将入账情形回复财务部。

(二)各单位代总公司支付款项时(如押金、权限内购入的生财器具及服务部汽油或单价在 100 元以上的工具、油墨等)不得记入现金收支旬报表,惟应另行备忘登记,应于每旬寄"现金收支旬报表"时,另以内部往来联络函将所代支的款项明细及总额述明后连同单据一并寄送总公司财务部,由财务部凭以汇入该笔款项。若为紧急代支事项必须立即处理时,除以电话通知财务部电汇处理外,仍应填具"内部往来联络函"述明以资凭证。

(三)总公司代各单位支付费用款项时(如预付房租等),应由财务部于每月25日前以联络函通知被代支单位依虚收虚付方式在其"现金收支旬报表"上的"收入金额"栏内加入该笔款项,同时在"支付金额"栏内直接登入该笔费用款项以增加账面的收入金额与费用金额。

第十条　各单位全体员工的借支总额在_____元以内者,得经单位主管核准后由首存现金中先行借支,并限于每月10日发薪时一次扣回,其借支总额超过_____元者,应依权责划分逐笔专案报备核准后,始得由财务部汇寄支付。

第十一条　每月月底当天,各单位会计员应凭留存之当月份该单位"现金收支旬报表",依费用类别分别统计其当月份各项费用的总额,详填于"费用预算分析表"中呈单位主管,就费用中的各项费用其实际与预算的差异详加分析。

第十二条　"费用预算分析表"一式两联,各单位应于每月3日前将此表(两联一起)连同"直线单位经营绩效评核表"一并寄送总公司业务部,由业务部据以查核与"直线单位绩效评核表"所填的费用数字无误后,即转送财务部复核并呈具所属副总经理填具总评后,第一联由财务部留存,据以分析全公司费用差异,第二联寄回各单位存查。

第十三条　"费用预算分析表"上的费用率系指当月份的费用与营业额的百分比,"本月费用预算"一栏之计算公式如下:1. 本月"营业费用"预算 = 上月营业费用 × (1 ± 本月营业收入增长率);2. 本月"服务费用"预算 = 上月服务费用 × (1 ± 本月服务收入增长率);3. 本月"管理费用"预算 = 上月管理费用 × (1 ± 本月营业及服务总收入增长率 × 20%)。

第十四条　本办法由财务部呈总经理核准公布后实施,修订时同。

五、现金及有价证券业务处理流程

□　现金及有价证券会计业务范围

第一条　本公司及所属机构现金及有价证券的管理,除法令另有规定外,悉依本程序的规定办理。

第二条　所称现金系指库存现金、银行存款、即期支票及到期票据。

第三条　所称有价证券系指政府债券、公司债券及公司股票而言。

第四条　所称现金及有价证券的会计业务,系指现金预算、现金支出、有价证券收付、登记报告等事项。

第五条　各机构有关现金及有价证券的出纳,保管与移转事务应由出纳部分办理。

第六条　各机构的现金,除供日常零星支付所需定额的库存现金外,均应存入银行。

第七条　各机构的各项收入,外币部分应存入政府指定的银行,有价证券应由总机构集中管理。

第八条　各机构的库存现金及有价证券应由会计部门负责随时或定期派员抽查盘点。

第九条　各机构因资金运用，购入政府债券。购入公司股票应报请总公司核准后办理债券及其他公司股票者签报，由公司集中保管。

第十条　各行库的银行支票，应由其负责人或其授权人、主办会计人员、主办出纳人员，会同盖章。

□　现金预算

第十一条　现金的支出，应由会计部门编列预算，切实执行，如因事实需要必须变更时，须由会计部门主管签请总经理核准修正。

第十二条　现金预算应力求配合业务部门的需要，以使财力经济有效运用为原则，并分为年度预算及分期或分月预算。

第十三条　现金预算，依业务计划、固定资产建设改良及扩充计划举债及偿债计划、资金周转投资计划、资金调度计划及盈余的分配等编制。

第十四条　每期或每月终了，应将现金实际收支数与预算数分析比较，列报有关财务的调度的层级主管参考。

□　现金收付

第十五条　出纳部门应根据会计部门合法的收支传票执行收付，但下列各项不在此限。

（一）营业收入，收款时，由业务部门指定专人办理收款及报解事宜。

（二）凡情况特殊来不及由会计部门编送收入传票时，得先由出纳部门执行收款，收款当日即送会计部门，据以补编收入传票，完成收款程序。

第十六条　出纳部门执行收款时，应查核其须发给统一发票或收据者有无具备，才能收款。付款时，其须取得收据者，应向收款人索取后始得给付款项，并在凭证上加盖"付讫"章。

第十七条　出纳部门对于付款不得故意拖延，如无正当理由不得超过 3 天，除对员工的薪、工、旅费，公务上的借款或内部报销及对外付款在 1 000 元以下的小额款项外，应开发抬头划线支票，其金额满 1 万元者，除抬头划线外，并注明"本票据禁止背书转让"字样。

第十八条　出纳部门收入的支票，经银行交换入户者，方得视为"收讫"，收入的支票发生退票时，应由出纳部门根据银行退票理由单通知业务部门或经办部门向债务人催收，并通知审计部门处理。开出的支票如尚未交付受款人，不得视为"付讫"。

第十九条　出纳部门对收支传票届满两周，尚无法执行收付时，应通知会计部门处理。

第二十条　出纳部门将付款支票层送各级主管盖章时，应检附有关的支出传票，并于传票上注明银行存透账号、支票号码及支付金额。

第二十一条　凡将 A 银行存款提存 B 银行，或将银行存款提还透借户，或由银行存款户中提补库存现金时，均应经负责财务调度主管核准后，由出纳部门填单，或书面通知会计部门，编制记账凭证后予以办理。

□ 有价证券收付

第二十二条　出纳部门对各项有价证券,应根据合法的记账凭证执行收付,如因情况特殊,先由出纳部门根据核准文件,直接收付时应立即填单或书面通知会计部门补编记账凭证。记账凭证经执行收付后,收付有价证券人员及主管出纳人员,应于记账凭证上签章,以示收讫或付讫。

第二十三条　出纳人员收到各项有价证券,以存放银行保险箱保管为原则。关于银行保险箱开启的印鉴,应由各机构负责人或其授权人、主办会计人员、主办出纳人员会同盖章。

第二十四条　出纳部门应随时注意各项有价证券到期日期,按期兑取本息后,即填单或书面通知会计部门,编制记账凭证。

□ 登记及报告

第二十五条　出纳部门,每日收支完毕,登记"现金簿"、"银行存透明细账"后,应编制"现金及银行存透日报表",连同该日收支传票,于翌日送会计部门。

第二十六条　银行对账单应直接送会计部门核对,并编制调节表。

□ 周转金设置与收付

第二十七条　总公司及所属机构有关部门,视其业务需要,得呈准设置周转金,其金额由各有关部门会同会计部门报请总经理核定。

第二十八条　周转金的动用得由各部门主管核定。

第二十九条　经管周转金的部分,应设置周转金收支登记单,根据原始凭证登记。

第三十条　周转金的支出,以原设置目的范围为限,不得作其他用途。

第三十一条　周转金于年终时应一次退回会计部门,必要时于翌年再向会计部门续借。

第三十二条　周转金的经营情况,应由会计部门不定期派员检查,并将检查结果签报主管核阅。

第三十三条　经管周转金人员,应尽管理职责,如因玩忽职守而致公司蒙受损失,应负赔偿责任,有关主管人员并受连带处分。

第三十四条　周转金如奉总公司之命令撤销时,原请领部门应将周转金立即缴回。

□ 出纳人员

第三十五条　凡办理现金票据及有价证券的出纳及保管人员,应遵守下列各项规定:

(一)应由编制内正式职员充任,不得由试用人员或工人办理。

(二)不得兼任福利、工会机构有关会计、财务及主计等职务。

第三十六条　经管现金、票据及有价证券人员应尽管理之责,如因疏忽职守而致公司蒙受损失时,应负赔偿责任,有关主管人员并受连带处分,如有挪用库存、侵占公款等不法行为者,除要求赔偿,依法追究办理外,其直接主管应受连带处分。

六、流动资金管理制度

第一条　流动资金既要保证需要又要节约使用,在保证按批准计划供应营业活动正常需要的前提下,以较少的占用资金,取得较大的经济效果。

第二条　要求各业务部门在编制流动资金计划时,严格控制库存商品,物料原材料的占用资金不得超过比例规定,即经营总额与同期库存的比例按1:2的规定。

第三条　超储物资商品,除经批准为特殊储备者外,原则上不得使用流动资金,只能压缩超储的商品、物料以减少占用流动资金。

第四条　要严格遵守不得挪用流动资金进行基建工程的规定。

第五条　使用的基本要求:

(一)在符合国家政策和公司董事会、总经理的要求前提下,加速资金周转,扩大经营,减少流动资金的占用。

(二)对商品资金的占用,应本着勤俭节约的精神,尽量压缩。

(三)严格控制家具、用具的购置。

(四)要加速委托银行收款和应收款项的结算,减少对流动资金的占用。

(五)各业务部门每月上报经济业务报表的同时,上报流动资金使用效率的实绩,即流动资金周转次数和流动资金周转一次所需的天数。

七、现金收支预算表

表30-1　现金收支预算表

日期：　月　　日　　　　　　　　　　　　　　　　　　部门

日期		收 支 类 别	摘　要	收　入	支　出
月	日				
总　　计					

经理：　　　　　　　　审核：　　　　　　　　填表：

八、现金存款日计表

表 30-2 现金存款日计表

年　月

日　期	现　金			存　款			存　款		
	本日收入	本日支出	本日余额	本日存入	本日提款	本日余额	本日存入	本日提款	本日余额
转　入									
1									
2									
3									
4									
5									
6									
7									
8									
9									
10									
11									
12									
13									
14									
15									
16									
17									
18									
19									
20									
21									
22									
23									
计									

九、资金调度日报表

表 30 - 3　资金调度日报表

财务处	经理审核		制表

制表：　　年　　月　　日

销货收入		其他收入		转账收入		借入款项		已动用借款	
项目	金额	项目	金额	项目	金额	项目	金额	项目	金额
直接外销		利息收入							
现销		退税收入							
票据兑现		其他							
合计		合计		合计		合计		合计	
本月累计		本月累计		本月累计		本月累计		本月累计	

资本支出		原料支出		费用支出		转账支出		还款支出		可动用支出	
项目	金额	项目	金额	项目	金额	项目	金额	项目	金额	项目	金额
		小计									
合计		合计		合计		合计		合计		合计	
本月累计		本月累计		本月累计		本月累计		本月累计		本月累计	
上日结存		本日收入				本日支出		本日结存			

十、银行借款登记卡

表 30 – 4　银行借款登记卡

银行名称							卡号	
借款名称								

日期			摘要	抵押品名称	借款额度	借款偿还金额	未偿金额	未用额度
年	月	日						

十一、资金调度表

表 30 – 5　资金调度表

期目	付款 项目		月　日	月　日	月　日	月　日	月　日	月　日
收入金额	应收票据	已收						
	应收票据	预计						
	押汇收入	预计						
	押汇收入	预计						
	贴现贷款	预计						
	其他借款	预计						
支付金额	资本支出	已开票						
	资本支出	预计						
	材料支出	已开票						
	材料支出	预计						
	薪资支付	预计						
	制造费用	已开票						
	制造费用	预计						
	销管费用	已开票						
	销管费用	预计						
	财务支出	预计						
收入金额		预计						
支付金额		预计						
差　额								
现金银行存款								

总经理：　　　　　　　　经理：　　　　　　　　会计填表：

十二、资金差异报告表

表 30 - 6   资金差异报告表

单位:千元   年   月   资料提供部门:

项目	实际数		预计数		比较增减		差异原因说明	备　　注
	金额	%	金额	%	金额	%		
								※凡实际数与预计数比较,每项差异在 10% 以上者,均应由资料提供部门列明差异原因,于每月 10 日前就上月份数填送会计部。
								※本表由会计部填列实际数、预计数、比较增减后送各资料提供部门说明差异原因。

十三、财务计划及其编制流程

第一条　财务计划是指分析企业所面临的投资和筹资方案、预测目前决策所可能产生的影响、作出方案的选择和对照财务计划所设定的目标衡量实施情况的一个有机规划过程。因此,企业财务计划是一种系统地规划未来和预测可能出现问题并提供相应对策的方法。

第二条　财务计划可分为短期财务计划和长期财务计划。短期计划的计划期限在1年以内,而长期计划则有超过1年的较长计划期限。

第三条　财务计划的作用:

(一)揭示决策方案的内在联系,有利于建立企业的总体发展思路。

(二)判断目标的可行性和内部协调性。

(三)有利于预测可能出现的问题并制定相应的对策。

(四)完善对实施状况的考核标准。

(五)凝聚力的增强等作用。

第四条　财务计划的编制方式。

财务计划能通过自下而上和自上而下两种方式来编制。

自下而上方式是指从基层的生产和销售班组开始形成计划的设想,然后通过车间或分企业层层不断地增加、修改或删除,最终在企业总部得以完成计划。

自上而下方式是指计划从企业最高管理层的战略计划出发逐级向下传达和落实。

财务计划的产生往往经历自下而上和自上而下的双向和交叉的过程。

第五条　财务计划的编制流程:

(一)对企业的外部环境进行综合分析研究,并以此为基础编制计划纲要,建立财务计划系统。

(二)各业务职能部门根据外部经济情况的预测和计划纲要做好各自的经营计划。通常是按照每种产品分别做销售、生产计划。

(三)财务人员根据经营计划,帮助各部门制定有关的价值计划。然后再汇集各部门的价值计划,按内在联系综合成各种财务计划,确定满足企业增长所需的资金。

(四)预测在计划期限内的各种资金来源。

(五)确保财务计划的真正落实。

(六)制定针对财务计划所依据的假定条件与现实不符时做出调整的措施。

(七)建立绩效评价系统。

第三十一章 财务控制

《按制度办事》

一、费用开支管理办法

第一条　目的。为加强公司财务管理,控制费用开支,本着精打细算、勤俭节约、有利工作的原则,根据国家规定和公司实际情况,特制定本办法。

第二条　费用开支计划。公司各部门、下属企业必须在每月底根据下月工作计划制定本单位费用开支计划,由财务部汇总、审核,经公司办公会议或总经理审批,即为公司当月的费用开支计划,并下达各单位费用开支指标。

第三条　审批权限公司同时授予副总经理、部门经理对计划内费用开支的审批权限。

第四条　调整公司费用开支计划需留有弹性,并根据实施情况调整或变更授权。费用计划调整必须填写"费用调整申请表",经财务部、分管总监审核,总经理办公会议审批后方可做出调整。

第五条　内部收费管理:

(一)公司完善分级管理、核算机制,实行内部收费核算办法。

(二)内部收费包括车辆使用、领用办公用品、文印通讯几项费用。

(三)费用标准见费用开支标准表中内部发生费用,列入目标计划管理考核和成本效益范围。

第六条　费用报销的一般要求:

(一)发票必须是发票联和报销联,用复写纸复写或计算机打印,不得用圆珠笔或铅笔填写,存根联、发货联、记账联不能做报销单据。

(二)内容要齐全,抬头、日期、品名、单价、数量、金额等项目要填写齐全,字迹要清楚,金额要准确,大、小写要一致,涂改无效。

(三)印章要齐全,须有收款单位公章(或收款专用章)及收款人签字(章);事业单位的收据,要有财务专用章;企业和个体户须是税务部门统一印制的收据。

(四)从外单位取得的原始单据(车、船、飞机票等),因保管不善,被盗、遗失,后果自负,不予受理。

第七条　本办法由财务部制定,报总经理办公会议审核,总经理审批后执行。

二、费用开支标准

第一条　为便于掌握开支,根据有关规定,结合本公司实际情况,特制定出本开支标准。

第二条　差旅费：

（一）公司员工出差乘坐车、船、飞机和住宿、伙食、市内交通费，按规定执行。各部门负责人应严格控制外出人员，并考虑完成任务的期限，确定出差日期。对因公外出人员均对号入座按标准办理应报销费用。如出差人员投亲靠友自行解决住宿问题，则按标准的40％计发给个人；如不足标准住宿的，按节约额的50％计发给个人；如超标准住宿的，超支部分一律由个人负担。

（二）工作人员出差的交通费一律按标准套用。具体对下列情况均以有关规定执行如下：

1．乘坐火车，从晚上8时至次日晨7时之间，在车上过夜6小时以上的，或连续乘车时间超过12小时的，可购软席卧铺票。

2．乘坐火车符合第1条规定而不买卧铺票的，节省下的卧铺票费，发给个人，但为了计算方便，规定按本人实际乘坐的火车硬座票价折算成一定比例发给；（1）乘坐火车慢车和直快列车的，按特快列车硬席票价的50％发给。（2）符合乘坐火车软席卧铺条件的，如果改乘硬座，也按规定的硬座票价比例发给，但改乘硬卧的，不执行本条（1）款的规定，也不发给软卧和硬卧票价的差额。

3．工作人员趁出差或调动工作之便，事先经单位领导批准就近回家省亲办事的，其绕道车、船费，扣除出差直线单程车、船费（按出差人应享受标准），多开支的部分由个人自理。如果绕道车、船费少于直线单程车、船费时，应凭车船票价按实支报，不发绕道和在家期间的出差伙食补助费、住宿和交通费。

4．出差期间乘坐直达特别快车暂按乘坐一般特别快车不坐卧铺补助的规定执行，即按硬座票价的45％计发补助费，因使用空调设备而另外加收的费用不计入票价之内。

5．工作人员调动工作，核发差旅费以其调入地区执行标准计发。调入人员的交通、住宿、伙食补助除照公司规定执行外，其他开支参照有关规定执行。

6．出差人员在出差地因病住院期间，按标准发给伙食补助费，不发交通费和住宿费。住院超过1个月的停发伙食补助费。

7．公司工作人员参加在外地召开的各类会议，除有会议主办单位出具的食宿费自理的证明，可回公司按出差标准领取伙食费补助；住宿费凭住宿处发票按公司规定标准执行外，其余情况一概不领发有关费用。

8．员工赴外地学习培训超过30天以上的部分，按职位标准的50％发给。

（三）员工探亲交通费按国家规定办法执行。

第三条　市内交通费规定：

（一）市内工作交通费：

1．员工在市内联系业务，公司无配给自行车、摩托车、又不能安排公司车辆者，凭乘坐的公共汽车票列明去向，公干事由经主管领导审核，成本中心负责人签字凭据报销。

2．员工因在市内联系业务由公家配置自行车者，每月按10元标准将公车修理费包干到人，每辆车从购买之日起包干5年。5年内丢失、损坏一律自理，也不另发交通费及报销市内车票，如由此影响工作，责任自负。

（二）员工上下班交通费：

1．员工居住地方距上班地点2公里以上，无公司班车接送上下班，公司又无配给自行车（或摩托车），可按公共汽车月票收据金额报销。

2．符合第1条条件用私人自行车上下班者，每月按公共汽车月票金额发给自行车维修费。

3. 上述两类补助请各部门在员工报到上班后即将申请报告报行政部审批备案,每年终了后 7 天内,由各部门造册申报,行政部按备案记录结合考勤核批发放。

4. 对于不享受交通费补助的员工,经常因公骑私人自行车外出的,经各部门成本中心负责人批准,发给每月 10 元的自行车修理费。

第四条 加班、夜班、值班和误餐费的规定。

(一)加班费规定:

1. 法定节日(圣诞节、劳动节)因工作需要加班,按下列公式计发加班费:

(本人月工资 - 浮动工资 25.5 ×200%)×加班天数

2. 法定假日以外平时因工作需要加班,按下列公式计发加班费:

(本人月工资 - 浮动工资 25.5 ×150%)×加班天数

3. 员工加班要从严控制,事前报部门经理批准。加班只限于工程抢修,节假日值班和完成其他紧急生产任务等,但月累计不得超过 48 小时,超过 48 小时报总经理批准。

4. 员工加班后,可以补休而不领加班费,但须办理补休的登记手续。

5. 员工出差期间,如遇法定节假日和超额工作不计加班费。

6. 加班费经人事部审核后,由财务部发放。

(二)夜班费规定。

员工在每日 22 时至次日 6 时之间上班工作,不能睡觉,夜班费每人每夜 8 元。

(三)值班费。

市内员工到特区范围内工作(或反向途径)、不能在公司或家里吃午餐者,由各成本中心负责人签字报误餐费 8 元。报告列明时间、地点、工作内容,由人事部审核,财务部发放。

第五条 外勤津贴规定:

(一)生产人员从事露天、井下、高空施工作业按出勤天数,每人每天津贴 2 元。当天出工在 2~4 小时者,按半天计发,不足 2 小时者不发津贴。

(二)管理人员和工程技术人员跟班作业,可以按生产人员标准领取外勤津贴。

(三)工程管理的基建办及业务部室外勘察人员,基建办 RSU 安装人员、基建管理人员、财务部市内采购员、报关员、行政部食堂采购员等,即按实际天数每人每天津贴 1 元(有勘察设计、安装提成奖领取者则停发该项津贴)。

(四)汽车司机的各类补贴另见专题发文。

第六条 其他福利待遇:

(一)员工医疗费用报销按有关规定执行。但每单 200 元以上必须由财务部经理审核。

(二)室主任、各类师以上人员自用石油气罐,凭据由行政部审签到财务部报销。

(三)本公司工作人员(含合同制员工),每人每月发放洗理费 25 元、书刊费 20 元、水电补贴 35 元、物价补贴 73 元、粮价补贴 20 元、煤气补贴 45 元。

第七条 清凉饮料费规定(发放时间每年 5~10 月)。

(一)发放范围原则上按第六条第三项。

(二)发放标准由人事部和行政部按批准预算确定,人数由人事部提供,具体由行政部安排报销。

第八条 员工计划生育按最新印发的有关规定执行。

第九条 员工服装补贴和发放,参照服装补贴和发放办法,凡是公司正式员工(含合同制员工)每两年发放夏装、冬装各一套。此外管理人员每年发领带一条;生产人员按劳动保护规定时限发放劳动防护用品。

第十条　对于临时去港人员费用开支标准和管理办法按深府（1986）298号文的规定执行。对于临时出国人员费用开支标准和管理办法按（84）财外字第610号文的规定执行。

第十一条　本规定解释权归公司财务部。

三、零用金管理细则

（一）有关零用金之设置划分如下：

1. 公司本部由财务部负责各单位之零星支付。

2. 工地总务组负责设置零用金管理人员，尽可能由原有办理总务人员兼办，必要时再行研讨设置专人办理。

（二）零用金额暂定，工地每月经常保持5万元，将来视实际状况或减或增，再行研办。

（三）零用金借支程序如下：

1. 各单位零星费用开支，如需预备现金，应填具零用金借（还）款通知单，交零用金管理人员，即凭单支给现金。

2. 零用金之暂支，不得超过1 000元，特别事故者应由企业部经理核准。

3. 零用金之借支，经手人应予一周内取得正式发票或收据加盖经手人与主管之费用章后，交零用金管理人冲转借支，如超过一周尚未办理冲转手续时得将该款转入经手人私人借支户，并于当月发薪时一次扣还。

（四）零用金保管及作业程序如下：

1. 零用金之收支应设立零用金账户，并编制收支日报送呈经理核阅。

2. 零用金每周应将收到之发票或收据，编制零用支出传票结报一次，送交财务部。

3. 财务部收到零用金支出传票后，应于当天即行付款，以期保持零用金总额与周转。

4. 财务部收到零用金支付传票，补足零用金后，如发现所附单据有疑问，可直接通知各部经手人办理补正手续，如经手人延搁不办的照有关规定办理。

5. 零用金账户应逐月清结。

（五）零用金应由保管人出具保管收据，存财务部，如有短少概由保管人员负责赔偿。

（六）本细则经批准后实施。

四、借款和各项费用开支标准及审批程序

第一条　为进一步完善财务管理,严格执行财务制度,依据公司的规范化管理实施纲要,特制定本标准及程序。

第二条　借款审批及标准:

(一)出差人员借款,必须先到财务部领取"借款凭证",填写好该凭证后,先经部门经理同意,再由各线主管领导批准,最后经财务经理审核后,方予借支,前次借支出差返回时间超过三天无故未报销者,不得再借款。

(二)外单位、个人因私借款,填写"借款凭证"后,一律报财务总监审批,经财务经理审核后,方予借支。凡职工借用公款者,在原借款未还清前,不得再借。

(三)其他临时借款,如业务费、周转金等,审批程序同第一款。

(四)试用人员借支差旅费或临时借款,须由正式员工出具担保书或签认担保,方能办理,若借款人未能偿还借款,担保人应负有连带责任。

(五)各项借款金额 3 000 元以内按上述程序办理,超过 3 000 元以上的需报请财务总监审批。

(六)借款出差人员回公司后,3 天内应按规定到财务部报账,报账后结欠部分金额或3 天内不办理报销手续的人员欠款,财务部门有权在当月工资中扣回。

第三条　出差开支标准及报销审批:

(一)住宿。公司部门副经理以上人员,平均每天不能超过 80 元,主办业务不能超过60 元,业务员不能超过 45 元。高层领导因工作需要住宿费超过 80 元标准后经财务部总监批准后可予报销。

(二)出差补助。按出差起止时间每天补助 30 元。

(三)市内短途交通费。控制在人均每天 30 元以内,凭票据报销。

(四)其他杂费。如存包裹费、电话费、杂项费用控制在人均每天 10 元内,凭单据报销。

(五)车船票。按出差规定的往返地点、里程,凭票据核准报销。

(六)根据出差人员事先理好的报销单据,先由主管会计对单据全面审核,同时按出差天数填上住勤补助,然后由部门经理签认报有关各线主管领导批准,财务经理审核后,方能报销。

(七)出差乘坐飞机,需由部门经理批准,连续 3 个月亏损,单位人员出差,一律不准乘坐飞机(特殊情况报上一级领导批准)。

第四条　业务招待费标准及审批

(一)总公司本部各业务部的业务招待费,控制在各部门完成的营业收入的 2.5‰之内,由部门经理掌握,总公司本部的各行政职能部门,按总公司分配下达指标使用,由财务部经理掌握,下属公司根据完成的营业收入,控制在 4‰内,由经理掌握开支,超过部分一

律在年终利润分配留成公益金中予以扣除。

（二）属指标内的业务招待费，报销单据必须有税务部门的正式发票，数字分明，先由经手人签名，注明用途，部门经理加签证实，再报财务经理审核，然后由各线主管领导审批，方能付款报销。

（三）超指标外的业务招待费，一般不予开支，如有特殊情况，须经总经理审核加签，董事长批准，方能报销。

第五条　福利费、医药费开支标准及审批

（一）在未实行医疗保险制度以前，员工本人医药费可按公费医疗待遇，凭区级以上医院发票实报实销；临时工凭区级以上医院发票报销50%。

（二）公司职员已办理独生子女证的子（女）凭以上医院证明享受医药费待遇，没有办理独生子女证的，只准一个孩子享受医疗费全报待遇，其余子女享受半费待遇。员工无职业的父母凭以上医院单据报销一半医药费（家属名单由人事部门核定）。

（三）员工子女学杂费，凭有效发票，经人事部经理签认，财务部经理审核，给予报销。

（四）煤气瓶购置费凭有效发票一次性报销200元，夫妻双方在本公司系统工作的，只能报一方。

（五）其他福利及医药费开支，50元以下由财务部经理批准，50~500元由总会计师批准，超过500元的开支一律报财务部总监批准。

第六条　其他费用开支标准及审批

（一）属生产经营性的各项费用，2 000元以内的凭税务部门的正式发票，先由经办人和部门经理签名后，报分管领导批准，然后送财务经理审核报销。超过2 000元以上的须报财务总监批准。

（二）属非生产经营性的各项费用，2 000元以内的按第六条第一款执行，2 000~5 000元的，报财务总监批准，超过5 000元的报董事长批准。

第七条　补充说明

如经费开支审批人出差在外，则应由审批人签署指定代理人，交财务部备案，指定代理人可在期间行使相应的审批权力。

五、资产控制制度原则

第一条　资产的保管与账簿的记载，应由不同人员分别负责。
第二条　资产的保管，应明确指派人员负责，以免责任混淆。
第三条　有形资产应加防护，以免私自或不当使用。
第四条　应随时核对零用金与库存现金，并维持最少额度。
第五条　各项支出的核决与支付，应分责办理。
第六条　应尽可能以支票支付，支票的签发与保管，皆应有严密的控制。
第七条　已签章的付款支票，不得由该支票签章人或核决人领取或寄交。

第八条　有关现金、存货或其他流动资产收发的单据,应事先印妥连续编号。

第九条　负责现金、有价证券及其他贵重资产处理责任的人员,须有充分保证。

第十条　上项人员应采取轮调、轮休,并指派他人暂代其职务。

第十一条　各项付款凭据一经支付,应即加盖支付印戳销案,防止重复请款。

第十二条　存于内部保险箱或银行保管箱的有价证券等贵重物品,应由二人以上共同保管。

第十三条　倘人员编制许可,下列职责应予分立,避免集中于一人。出纳与账务员,财务主管与会计主管,采购与验收,销货与仓储,薪工计算与支付,收款与账务,装运与仓储,订货与仓储,等等。

第十四条　信用授予、折让折扣、客户赠品、招待等,皆应严格管理。

第十五条　定期举行资产的全面盘点,包括原物料、在制品、成品、用品、固定资产等(每年一次为宜)。

第十六条　单据开具尽可能一次复写,并避免涂改。

第十七条　尽可能订立各项工作的书面手册,以避免误会,促进效率。

六、财务分析撰写规定

□　总　　则

第一条　为了规范公司的财务分析内容和格式,全面揭示经济活动及其效果,切实发挥财务分析在企业管理中的作用,特制定本规定。

第二条　本规定适应于本集团的所有核算单位,包括独立核算单位和单独核算单位。

□　主要经济指标完成情况

第三条　各项指标数值的计算填列。

(一)各指标的计算口径和格式按企业财务分析表进行。

(二)表中的计划数指各公司每年度的承包指标数。

(三)工业企业应揭示工业产品销售率及上年同期对比的增减水平。

(四)投资收益率指标只限于年度分析填列。

□　财务状况分析

第四条　生产经营状况分析。

从产量、产值、质量及销售等方面对公司本期的生产经营活动作一简单评价并与上年同期水平作一对比说明。

第五条　成本费用分析:

(一)原材料消耗与上期对比增减变化情况,对变化原因作出分析说明。

（二）管理费用与销售费用的增减变化情况（与上期对比）并分析变化的原因，对业务费、销售佣金单列分析。

（三）以本期各产品产量大小为依据确定本公司主要产品，分析其销售毛利，并根据具体情况分析降低产品单位成本的可行途径。

第六条　利润分析：

（一）分析主要业务利润占利润总额的比例（主要业务利润按工业、贸易和其他行业分为产品销售利润、商品销售利润和营业利润）。

（二）对各项投资收益、汇总损益及其他营业收入作出说明。

（三）分析利润构成情况及其原因。

第七条　资金的筹集与运用状况分析。

（一）存货分析：

1. 根据产品销售率分析本公司产销平衡情况。

2. 分析存货积压的形成原因及库存产品完好程度。

3. 本期处理库存积压产品的分析，包括处理的数量、金额及导致的损失。

（二）应收账款分析：

1. 分析金额较大的应收账款形成原因及处理情况，包括催收或上诉的进度情况。

2. 本期未取得货款的收入占总销售收入的比例，如比例较大的应说明原因。

3. 应收账款中非应收货款部分的数量，包括预付货款、定金及借给外单位的款项等，对于借给外单位和其他用途而挂应收账款科目的款项应单独列出并作出说明。

4. 季度、年度分析应对应收账款进行账龄分析，予以分类说明。

第八条　负债分析：

（一）根据负债比率、流动比率及速动比率分析企业的偿债能力及财务风险的大小。

（二）分析本期增加的借款的去向。

（三）季度分析和年度分析应根据各项借款的利息率与资金利润率的对比，分析各项借款的经济性，以作为调整借款渠道和计划的依据之一。

第九条　其他事项分析：

（一）对发生重大变化的有关资产和负债项目作出分析说明（如长期投资等）。

（二）对数额较大的待摊费用、预提费用超过限度的现金余额作出分析。

（三）对其他影响企业效益和财务状况较大的项目和重大事件作出分析说明。

□　措施与建议

第十条　通过分析对所存在的问题，提出解决措施和途径，包括：

（一）根据分析结合具体情况，对企业生产、经营提出合理化建议。

（二）对现行财务管理制度提出建议。

（三）总结前期工作中的成功经验。

第十一条　财务分析应有公司负责人和填表人签名，并在第一页表上的右上盖上单位公章，如栏目或纸张不够，请另加附页，但要保持整齐、美观。

第十二条　各企业财务分析应在每月 10 日前报财务管理部，一式二份。各项财务指标说明。

（一）应收账款周转天数 = 应收账款平均点用额 × 30 本月销售收入（或营业收入）。

（二）流动资金周转天数 = 全部流动资金平均占用额 × 30 本月销售收入（或营业收

入）。

（三）存货周转天数＝存货平均占用额×30 本月销售收入（或营业收入）。

（四）销售利润率＝销售利润（或营业利润）本月销售收入（或营业收入）×100％。

（五）产品销售率＝本月产品销售收入∑各产品产量×销售单价×100％。

（六）负债比率＝负债总额资产总额×100％。

（七）投资收益率＝税后利润实收资本（或上级拨入资金）×100％。

以上各项指标的平均占用额，指该指示的月初数与月末数的平均数。

年度财务分析则将上述公式中的30改为360，销售收入以全年累计数计算，各项指标的平均点用额则指该指标的年初数与年末数的平均数。

七、费用报销操作流程

第一条　公司计划内费用开支管理流程

（一）费用当事人申请。

（二）部门经理审查确认。

（三）财务部门审核。

（四）授权分管副总或总经理审批。

（五）经办人持相关票据到财务部门报销。

第二条　凡公司计划外开支，一律报总经理审批

第三条　固定资产购置与报销操作流程

（一）购置固定资产，必须先有批准的购置计划，控购商品必须经董事会向有关部门办理专项控制证明单才能购买。

（二）在当日内购置，经领导批准可借用空白支票在计划范围购置，如能事先知道价格、单位名称及账号者，可办理借款手续，经领导批准，由财务部开支票。

（三）固定资产报销时须建立固定资产卡片，并有资产编号，财务才准予报销。

（四）固定资产经财务报销后，财务部列入"内部往来成本费用"科目。

第四条　流动资产购置与报销操作流程

（一）采购部门提出次月原材料及备用品、备件购置的购料计划，经领导批准后报财务部作出次月定额用款计划。

（二）凡购入材料物品，必须填写入库验收单（一式三联，采购、仓库、财务部各一联）后，才予以报销。

（三）材料物品领用时，必须填领料单（一式三联，领用人、仓库、财务部）。

（四）仓库保管员兼材料会计，每月与财务核对账目，发现问题及时找出原因，并更正。

（五）年终物资部应盘点一次，列出材料清单与财务部核对，并作出盈亏表。

（六）采购部门可借支备用金，作为零星购料周转，设备工程部也可以借支备用金，作为急需采购维修物品用，年终备用金全部交财务部，第二年再借。

（七）采购人员经领导批准可借支空白支票（限制一定数额内开支），必须在 3 天内到财务报销。如果取得正式发票，可办理报销手续，不再借支空白支票。

（八）各项预付款先填借款单，经企业主管领导批准，按合同要求付款。

第五条　办公用品及低值易耗品采购与报销操作流程

（一）行政部根据计划统一采购、验收、入库，根据发票、入库单报销。

（二）各部门急需或特殊的办公用品，经批准，可自行购买：

1. 单价在×元以下，或总价在××元以下，行政部长批准；

2. 单价在×元以上，或总价在××元以上，分管副总批准。购买后，提交发票、实物，经行政部查验入库单及入账报销。

（三）原则上不报销办公用品之装卸费用。

第六条　车辆使用费报销操作流程

（一）车辆使用费包括汽油费、维修费、路桥费、泊车费、驾驶员补贴。

（二）行政部在掌握车辆维护、用车、油耗情况基础上，制定当月车辆费用开支计划。

（三）油费报销，需由驾驶员在发票背面注明行车起始路程，由行政部根据里程表、耗油标准、加油时间、数量、用车记录复核，经行政部长签字验核。

（四）路桥费、洗车费由驾驶员每月汇总报销一次，由行政部根据派车记录复核，经行政部长签字验核。

（五）车辆维修前须提出书面报告，说明原因和预计费用，报销时在发票上列明详细费用清单，由行政部根据车辆维修情况复核，经行政部长签字验核。

（六）驾驶员行车补助按加班标准计算，每月在工资中列支发放。

第七条　交通费报销操作流程

（一）交通补贴见公司补贴津贴标准。

（二）交通补贴在员工工资中发放。

（三）员工外勤不能按时返回就餐者可给予误餐补贴。

（四）员工外勤每天交通费标准为×元，经批准可乘坐出租车并报销。凡公司派车或乘坐出租车，均不报销外勤交通费。

第八条　应酬招待开支报销操作流程

（一）根据公司对外接待办法文件中规定的接待标准接待。

（二）应酬应事先申请并得到批准。

（三）原则上不允许先斩后奏，因特殊原因无法事先办理的，事后须及时报告有关领导。

（四）应酬一般在定点酒店、宾馆进行。一般在签单卡签字后按月结算，不得擅自在它处或用现金结算。

第九条　本办法由财务部制定，报总经理办公会议审核，总经理审批后执行

八、销售费用表

表31-1　销售费用表

单位：　　　　　　　　　　　　　　　　　　　　　　　　　　　　　　　　　单位：元

科目别		年实际发生数	年费用额	各月费用拟定数											
				一月	二月	三月	四月	五月	六月	七月	八月	九月	十月	十一月	十二月
变动费用	外销费用														
	内销费用														
	小　计														
内销费用	用人费用														
	间接人工														
	教育训练费														
	服装费														
	设备费用														
	折旧														
	修护费														
	保险费														
	税捐														
	租金支出														
	事务费用														
	交际费														
	邮电费														
	交通费														
	文具印刷														
	什项购置														
	旅费														
	伙食医药费														
	水电什项														
	其他费用														
	广告费														
	呆账损失														
	样品赠送														
	其他														
	小　计														
合　计															

九、管理费用表

表 31－2　管理费用表

单位：　　　　　　　　　　　　　　　　　　　　　　　　　单位:元

科目明细	年实际发生数	年费用额	各月费用拟定数											
			一月	二月	三月	四月	五月	六月	七月	八月	九月	十月	十一月	十二月
用人费用														
间接人工														
训练及服装费														
设备费用														
折旧														
修护费														
保险费														
税捐														
租金支出														
事务费用														
交际费														
邮电费														
交通费														
书报杂志														
什项购置														
旅费														
伙食费														
医药费														
水电费														
运费														
什费														
其他费用														
董监报酬														
劳务报酬														
自由捐赠														
各项摊提														
总管理处分摊费用														
合　　计														

十、财务费用表

表 31-3 财务费用表

单位:元

项 目		单位成本原料用量(kg)	单价(元/kg)	每日金额	周转日数	积 数	利 率	利 息	计算说明
原料库存利息	（品名）	（例）5	80	400	60	800	0.000333	0.27	
制成品利息									
在制品利息									
应收账款利息									
设备利息		（例）		3.000	30	3.000	0.000333	1	
合 计									

核准:　　　　　　　　　　复核:　　　　　　　　制表:

第三十二章

账款管理

《按制度办事》

一、业务员收款规定

□ **账单分发**

第一条　财务部账款组依业务员类别整理账单,定期汇集编制账单清表一式三份,将账单清表二份连同账单寄交业务人员签收。

第二条　业务人员收到账单清表时,一份自行留存,另一份应尽速签还财务部账款组,如发现有不属本身的账单,应立即以挂号寄回。

第三条　客户要求寄存账单时,应填写"寄存账单证明单"一份,详列笔数金额等交由客户签认,收款时才交还客户。如因寄存账单未取得客户签认致不能收款时,由业务人员负责赔偿。

第四条　收到公司寄来的账单后,如未能立即收款,则应取得客户于账单上的签认,若未能取得客户的签认,则应尽速于发货日起 3 个月内,向总务部申请取得邮局包裹追踪执据,执凭收款。逾期不办致无法收取货款时,由业务人员负责赔偿。

□ **收款处理程序**

第五条　业务人员于每日收到货款后,应于当日填写收款日报表一式四份(一份自留,三份寄交公司财务部出纳组)。

第六条　属于本市的直接将现金或支票连同收款日报表第一、二、三联亲交出纳并取得签认。

第七条　外埠地区的应将现金部分填写××银行送款单或邮政划拨储金通知单,存入附近××银行分行或邮局。次日上午将支票,××银行送款单存根或邮政划拨单存根,用回形针别于收款日报表第一、二、三联,以挂号寄交财务部出纳组。业务人员应将挂号收执贴于自存的收款日报表左下角备查。

□ **收款票期规定**

第八条　依客户的区别规定如下:

(一)直接客户:以货到收款为条件者,由送货员收取现金。签收的客户,则为销货日起 1 个月内的支票或现金。

(二)一般商店:自销货日期起 3 个月内的票期。

第九条　收款票期超过公司的规定时,依下列方式计算收款金额:

(一)超过 1~30 天时,扣该票 20% 的金额。

(二)超过 31~60 天时,扣该票 40% 的金额。

(三)超过 61~90 天时,扣该票 60% 的金额。

(四)超过 91~120 天时,扣该票 80% 的金额。

（五）超过 121 天以上时，扣该票 100％的金额。

□　收取票据须知

第十条　法定支票记载的金额、发票人图章、发票年月日、付款地，均应齐全，大写金额绝对不可更改，否则盖章仍属无效，其他有更改之处，务必加盖负责人印章。

第十一条　支票的抬头请写上"××股份有限公司"全衔。

第十二条　跨年度时，日期易生笔误，应特别注意。

第十三条　字迹模糊不清时，应予退回重新开立。

第十四条　收取客票时，应请客户背书，并且写上"背书人××股份有限公司"，千万不可代客户签名背书。

第十五条　"禁止背书转让"字样的客票，一律不予收取。

第十六条　收取客户客票大于应收账款时，不应以现金或其他客户的款项找钱，应依下列方式处理。

（一）支票到期后，由公司以现金找还。

（二）另行订购抵账，或抵交未付账款中的一部分。

第十七条　本公司无销货折让的办法，如因发票金额误开，需将原开统一发票收回，寄交公司更改或重新开立发票。如无法收回而不得已需抵扣时，则于下次向公司订货时，以备忘录说明，经业务经理核准后扣除，不得于收款时，扣除货款或以销货折让方式处理，否则尾数由业务人员负责。

二、应收账款及应收票据管理办法

第一条　为确保公司权益，减少坏账损失，特制定本准则，以资遵行。

第二条　各营业部门应翔实办妥客户征信调查，并随时侦查客户信用的变化（可利用机会通过 A 客户调查 B 客户的信用情况）签注于征信调查表相关栏内。"但政府机关、公营事业、信用良好的民营大企业及风险低的小金额或现金交易客户应不受此限"。

第三条　营业部门，至迟应于出货日起 60 日内收款。如超过上列期限者，财务科就其未收款项详细列表，通知各营业部门主管，转为呆账，并自奖金中扣除。嗣后收回票据时，再行冲回。"但政府机关、公营事业及民营大企业等订有其内部付款程序者，应依其规定"。

第四条　营业部门所收票据，自销售日起算，至票据兑现日止，以 120 天为限。如超过上列期限者，财务科即依查得资料，就其超限部分的票据所编列明细表，通知营业部门加收利息费用，利息概以月息 2 分计算。

第五条　赊售货品收受支票时，应注意下列事项：

（一）注意发票人有无权限签发支票。

（二）非该商号或本人签发的支票，应要求交付支票人背书。

（三）注意查明支票有效的绝对必要记载事项，如文字、金额、到期日、发票人盖章是否齐全。

（四）注意所收支票账号号码愈少表示与该银行往来期愈长，信用较为可靠（可直接向银行查明或请财务科协办）。

（五）注意所收支票账户与银行往来的期间、金额、退票记录情况（可直接向付款银行查明或请财务科协办）。

（六）支票上文字有无涂改、涂销或更改。

（七）注意支票记载何处不能修改（如大写金额），可更改者是否于更改处加盖原印鉴。

（八）注意支票上的文字记载（如禁止背书转让字样）。

（九）注意支票是否已逾到期日1年（逾期1年失效），如有背书人，应注意支票提示日期，是否超过第六条的规定。

（十）尽量利用机会通过A客户注意B客户支票（或客票）信用。

第六条　本公司收受的支票提示付款期限，至迟应于到期日后6日内予以处理。

第七条　所收支票已缴交者，如退票或因客户存款不足，或其他因素，要求退回兑现或换票时，营业单位应填具票据撤回申请书，经部门主管签准后，送财务科办理，营业部门取回原支票后，必须先向客户取得相当于原支票金额的现金或担保品，或新开支票，始将原支票交付，但仍须依上列规定办理。

第八条　应收账款发生折让时，应填具折让证明单，其折让部分，应设销货折让科目表示，不得直接由销货收入项下减除。

第九条　财务科接到银行通知客户退票时，应即转告营业部门，营业部门对于退票，无法换回现金或新票时，应即寄发存证信函，通知发票人及背书人，并迅速拟定善策处理。

第十条　营业部门对退票申诉案件送请财务科办理时，应提供下列资料：

（一）发票人及背书人户籍所在地（先以电话告知财务科）。

（二）发票人及背书人财产（土地应注明所有权人、地段、地号、面积、持分、设定抵押）。建物（土地改良物）应注明所有权人、建号、建坪、持分、设定抵押。其他财产应注明名称、存放地点、现值等。

（三）其他投资事项。

第十一条　上列债权确定无法收回时，应专案列送财务科，并附税捐机关认可的合法凭证（如法院裁定书、或当地派出所证明文件、或邮政信函等）呈总经理核准后，始得冲销应收账款。

第十二条　依法申诉而无法收回债权部分，应取得法院债权凭证，交财务科列册保管，倘事后发现债务人（利益偿还请求权。时效为15年）有偿债能力时，应依上列有关规定申请法院执行。

第十三条　本公司营业人员不依本准则的各项规定办理或有勾结行为，致使本公司权益蒙受损失者，依人事管理规则议处，情节重大者得移送法办。

第十四条　本办法经呈准后公布实施，修订时亦同。

三、问题账款处理办法

第一条　为妥善处理"问题账款"，争取时效，以维护本公司与销货经办人的权益，特制定本办法。

第二条　本办法所称的"问题账款"系指本公司营业人员于销货过程中所发生被骗、被倒账、收回票据无法如期兑现或部分货款未能如期收回等情形的案件。

第三条　因销货而发生的应收账款自发票开立之日起逾两个月尚未收回，亦未按公司规定办理销货退回者，视同"问题账款"。但情形特殊经呈报副总经理特准者不在此限。

第四条　"问题账款"发生后，该单位应于2日内据实填妥"问题账款报告书"（以下简称报告书），并检附有关证据、资料等依序呈请单位主管查证并签注意见后，转请人事部协助处理。

第五条　前条报告书上的基本资料栏由单位会计员填写；经过情形、处理意见及附件明细等栏由销货经办人填写。

第六条　人事部应于收到报告书后2日内与经办人及单位主管会商、了解情况后拟订处理办法，呈请直属副总经理批示，并协助经办人处理之。

第七条　经批示后的报告书，人事部应即复印一份通知财务部备案，如为尚未开立发票的"问题账款"，则应另复印一份通知财务部备案。

第八条　仓库部接到人事部转来的报告书后，应将"问题账款"的商品，专案列账，免受试用日数的限制。

第九条　经办人填写报告书后，应注意：

（一）务必亲自据实填写，不得遗漏。

（二）发生原因栏如勾填"其他"时，应在括弧内注明简略原因。

（三）经过情形栏应从与客户接洽时起，依时间的先后，逐一载明至填报日期止的所有经过情形。本栏空白若不敷填写，可另加粘白纸填写。

（四）处理意见栏乃供经办人自己拟具赔偿意见之用，如有需公司协助者，亦请在本栏内填明。

第十条　报告书未依前条规定填写者，人事部得退回经办人，请其于收到原报告书2天内重新填写提出。

第十一条　"问题账款"发生后，经办人未依规定期限提出报告书，请求协助处理者，人事部应不予受理。逾15天仍未提出者，该"问题账款"应由经办人负全额赔偿责任。

第十二条　会计员未主动填写报告书的基本资料或单位主管疏于督促经办人于规定期限内填妥并提出报告，致经办人应负全额赔偿责任者，该单位主管或会计员应连带受行政处分。

第十三条　"问题账款"处理期间，经办人及其单位主管应与人事部充分合作，必要时，人事部得借阅有关单位的账册、资料，并请求有关单位主管或人员配合查证，该单位主管或人员不得拒绝或借故推脱。

　　第十四条　人事部协助直线单位处理的"问题账款"自该"问题账款"发生之日起40天内,尚未能处理完毕,除情形特殊经报请副总经理核准延期赔偿者外,财务部应依外务人员、营业主任待遇办法中有关倒账赔偿的规定,签拟经办人应赔偿的金额及其偿付方式,呈请执行副总经理核定。

　　第十五条　本办法各条文中所称"问题账款发生之日"如为票据未能兑现,系指第一次收回票据的到期日;如为被骗,则为被骗的当日;此外的原因,则为该笔交易发票开立之日起算第60天。

　　第十六条　经核定由经办人先行赔偿的"问题账款",人事部仍应寻求一切可能的途径继续处理。若事后追回商品或货款时,应通知财务部于追回之日起5天内依比率一次退还原经办人。

　　第十七条　人事部对"问题账款"的受理,以报告书的收受为依据,如情况紧急时,得由经办人先以口头提请人事部处理,但经办人应于次日补具报告书。

　　第十八条　经办人未据实填写报告书,以致妨碍"问题账款"的处理者,除应负全额赔偿责任外,人事部并得视情节轻重签请惩处。

　　第十九条　本办法经总经理核准后公布实施,修正时相同。

四、呆账管理办法

　　第一条　本公司为处理呆账,确保公司在法律上的各项权益,特制订本办法。

　　第二条　各分公司应对所有客户建立"客户信用卡",并由业务代表依照过去半年内的销售实绩及信用的判断,拟定其信用限额(若有设立抵押的客户,以其抵押标的担保值为信用限额),经主管核准后,应转交会计人员善加保管,并填记于该客户的应收账款明细账中。

　　第三条　信用限额系指公司可赊销某客户的最高限额,即指客户的未到期票据及应收账款总和的最高极限。任何客户的未到期票款,不得超过信用限额,否则应由业务代表及业务主管、会计人员负责,并负所发生倒账的赔偿责任。

　　第四条　为适应市场,并配合客户的营业消长,每年分两次,可由业务代表呈请调整客户的信用限额,第一次为6月30日,第二次为12月31日,核定方式如第二条。

　　分公司主管视客户的临时变化,应要求业务代表随时调整各客户的信用限额,但若因主管要求业务代表提高某客户信用限额所招致的倒账,其较原来核定为高的部分全数由主管负责赔偿。

　　第五条　业务代表所收受支票的发票人非客户本人时,应交客户以店章及签名背书,经分公司主管核阅后交出纳,若因疏忽所招致的损失,则应由业务代表及分公司主管各负1/2的赔偿责任。

　　第六条　各种票据应按记载日期提示,不得因客户的要求不为或迟延提示,但经分公司主管核准者不在此限。催讨换延票时,原票尽可能留待新票兑现后始返还票主。

第七条　业务代表不得以其本人的支票或代换其他支票充缴货款,如经发现,除应负责该支票兑现的责任外,以侵占货款依法追究其责任。

第八条　分公司收到退票资料后,倘退票支票为客户本人属发票人时,则分公司主管应即督促业务代表于一周内收回票款。倘退票支票有背书人时,应即填写支票退票通知单,一联送背书人,一联存查,并进行催讨工作,若因违误所造成的损失,概由分公司主管及业务代表共同负责。

第九条　各分公司对催收票款的处理,在一个月内经催告仍无法达到催收目的,其金额在2万元以上者,应即将该案移送法务室依法追诉。

第十条　催收或经诉讼案件,有部分或全部票款未能收回者,应取具警察机关证明、邮局存证信函及债权凭证、法院和解笔录、申请调解的裁决凭证、破产宣告裁定等,其中的任何一种证件,送财务部做冲账准备。

第十一条　没有核定信用限额或超过信用限额的销售而招致倒账,其无信用限额的交易金额,由业务代表负全数赔偿责任。而超过信用限额部分,若经会计或主管阻止者,全数由业务代表负责赔偿,若会计或主管未加阻止者,则业务代表赔偿80％,会计及主管各赔偿10％。若超过信用限额达20％以上的倒账,除由业务代表负责赔偿外,分公司主管则视情节轻重予以惩处。

第十二条　业务代表应防止而未防止或有勾结行为者,以及没有合法营业场所或虚设行号的客户,不论信用限额如何,全数由业务代表负赔偿责任。送货签单因归罪于业务代表的疏忽而遗失,以致货款无法回收者亦同。

第十三条　设立未满半年的客户,其信用限额不得超过人民币2万元,如违反规定而发生呆账,由业务代表负责赔偿全额。

第十四条　各分公司业务主管,业务代表于其所负责的销售区域内,允许呆账率(即实际发生呆账金额除以全年销售净额的比率)设定为全年的5‰。

第十五条　各分公司业务主管,业务代表其每年发生的呆账率超过允许呆账率的惩处如下:

(一)超过5‰,未满6‰者,警告一次,减发年终奖金10％。

(二)超过6‰,未满8‰,申诫一次,减发年终奖金20％。

(三)超过8‰,未满10‰,小过一次,减发年终奖金30％。

(四)超过10‰,未满12‰,小过二次,减发年终奖金40％。

(五)超过12‰,未满15‰,大过一次,减发年终奖金50％。

(六)超过15‰以上,即行调职,不发年终奖金。

若中途离职,于其任期中的呆账率达到上列的各项程度时,减发奖金的比例,以离职金计算。

第十六条　各分公司业务主管,业务代表其每年发生的呆账率低于5‰时的奖励如下:

(一)低于5‰(不包括5‰),高于4‰(包括4‰),嘉奖一次,加发年终奖金10％。

(二)低于4‰,高于3‰,嘉奖二次,加发年终奖金20％。

(三)低于3‰,高于2‰,小功一次,加发年终奖金30％。

(四)低于2‰,高于1‰,小功二次,加发年终奖金40％。

(五)低于1‰,大功一次,加发年终奖金50％。

若中途离职,不予计算奖金。

第十七条　各分公司业务主管,业务代表以外人员的奖励,以该分公司每年所发生的呆账率,低于容许呆账率时实行。内容如下:

（一）低于5‰(不包括5‰),高于4‰(包括4‰),每人加发年终奖金5%。

（二）低于4‰,高于3‰,每人加发年终奖金10%。

（三）低于3‰,高于2‰,每人加发年终奖金15%。

（四）低于2‰,高于1‰,每人加发年终奖金20%。

（五）低于1‰,每人加发年终奖金25%。

第十八条　分公司因倒账催讨回收的票款,可作为其发生呆账金额的减项。

第十九条　法务室依第九条接受办理的呆账,依法催讨收回的票款减除诉讼过程的一切费用的余额,其承办人员可获得如下的奖金:

（一）在受理后6个月内催讨收回者,得20%的奖金。

（二）在受理后1年内催讨收回者,得10%的奖金。

第二十条　依第十一条已提列坏账损失或已从呆账准备冲转的呆账,业务人员及稽核人员仍应视其必要性继续催收,其收回的票款,由催收回者获得30%奖金。

第二十一条　本办法的呆账赔偿款项,均在该负责人员的薪资中,自确定月份开始,逐月扣赔,每月的扣赔金额,由其主管签呈核准的金额为准。

五、应收账款分户明细表

表32-1　应收账款分户明细表

编号：　　　账号：　　　负责人：　　　信用限额：　　　指定：　　　　　　保证人：
客户：　　　地址：　　　　　　　　　电话：　　　　No.　　　　　　　　背书人：

销货		销货单号	摘要	冲转	应收账款	收票		摘要	应收票据	到期日	兑现	冲转	总计
月	日					月	日						

六、问题账款报告书

表 32 - 2　问题账款报告书

年　　月　　日

基本资料栏	客 户 名 称			
	公 司 地 址		电 话	
	工 厂 地 址		电 话	
	负 责 人		经 办 人	
	开始往来日期		交易项目	
	平均每月交易额		授信额度	
	问题账金额			
经过情况	(1)发生原因:□客户倒闭　□拖延付款　□质量不良　□数量不符　□客户要求延后付款 　　　　　　□其他 (2)经过情况:			
处理意见				
附件明细				

核准:　　　　　　　复核:　　　　　　　制表:

七、应收应付票据记录表

表 32 - 3　应收应付票据记录表

兑现日期　　　　月　　日　　星期

收票日期	发票人	银行名称	支票号码	金额	累计金额	转出记录	日期	受款人	银行账户			支票号码	金额	累计金额	备注
合计						合计									

第三十三章

财产管理

《按制度办事》

一、财产管理办法

第一条　所谓财产系指资产负债表上所列属于固定资产科目者,其有关事务处理悉依照本办法规定办理。

第二条　本公司财产管理系由财务部统筹管理并委托使用单位保管,依其性质划分如下:

（一）土地。

（二）房屋及建筑设备:办公室、厂房、酸洗间、仓库、宿舍、护堤、水道、围墙、停车场、道路。

（三）交通及运输设备:小轿车、客货车、推土机、起重机、机车、手推车、台车。

（四）机器设备:连续式铸造钢板设备、钢铁热轧设备、钢铁冷轧及冷压成型设备、金属热处理设备。

（五）电气设备:输电、配电、变电设备、照明设备。

（六）空气调节设备:冷气机、抽送风机、电扇。

（七）事务设备:机具设备（计时机、复印机、打字机、计算机、电话机、对讲机、扩音机、油印机等）、家具设备（写读家具、储放家具、坐息家具）、通讯设备。

（八）供水设备:水塔、储水池、过滤设备、抽水机、马达、给水配管设备。

（九）其他设备:防护设备（消防警卫、医疗）、装潢设备、康乐设备。

第三条　财产保管部门应会同财务部每年定期盘点,但对新置者每月对账一次,其盘盈或盘亏应确实办理增值或减损。

第四条　由购入而取得之不动产,应即办理所有权移转登记,其有关产权之登记与变更登记及税法规定事宜与减损报废之报备均由财务部另行规定办理。

第五条　各项工程修造不论金额多寡均应编列预算表,并送财务部备查复核,其紧急处理者仍应补办手续。

第六条　有关不动产出租或租入,均应事先订立契约书,并会同财务部复核转呈总经理核准后始得办理。

第七条　资本支出与费用支出划分之标准如下:

（一）支出结果能获得其他资产者属资本支出,否则应列为费用支出。

（二）资产因扩充、换置、改良而能增加其价值或效能的属资本支出,否则即为费用支出。

（三）支出结果所获得的固定资产,其耐用年限在 2 年以上,且其金额在 5 万元以上的属资本支出,其耐用年限不及 2 年或其效用仅及本期的属费用支出。

（四）凡为维持财产的原始使用效能,所需的维护费用作为费用支出。

第八条　财产支出核决权限,依内购核决权限表的规定办理。

第九条　固定资产的折旧,采用平均法,并以账面价值为准,其折旧耐用年限依所得税规定。

第十条 使用年限届满的固定资产,仍继续使用者,不得折旧,但主要或重要生产设备得予调整以往旧额,并继续折旧。

第十一条 有关固定资产设账,财务部于总分类设置"土地"、"房屋及建筑"、"机器设备"、"电气设备"、"空气调节设备"、"事务设备"、"供水设备"、"其他设备",机械与各项设备的"备抵折旧"等科目,设置财产目录卡,并于各负责管理部门设置同式财产目录表,详细记录负责保管人及移动情况,并经使用人签认留存。财务部门与管理部门于每年会同盘点时并应互为核对双方登记卡表所载内容是否相符,如有不符应即查明更正。

第十二条 本办法经呈准公布实施,修改时亦同。

二、固定资产管理制度

第一条 凡有关固定资产的分类编号、添置改良、验收、保管、调拨、出售、报废、盘点等手续,悉依本办法处理。

第二条 所称固定资产包括土地、房屋及设备、机器设备、运输设备及其他设备等,其使用年限在两年以上,购价在 500 元以上者。至于小型工具其耐用年限在两年以上,而价值在 500 元以下者,虽不必编号设卡,但必须设簿登记列入管理。

第三条 财务部为本公司固定资产总管理单位,负责统一编号、资产调配,并责成各企业部对其资产做妥当的管理。

第四条 财务部除于总分类账设统驭科目外,并应设置固定资产分类账,记载各项资产的价值,企业部各级主管负责各该部门固定资产的管理工作。

第五条 固定资产编号目录由财务部编印分发各单位,新购的固定资产由财务部编号后填入"固定资产验收单"内。

第六条 固定资产的请购由请购部门填请购单,先送财务部查核无法调配时,再按权责规定呈核后交采购人员实施采购。

第七条 请购单上应详填中英文名称、规格、型别、性能、质量等资料,以备采购及验收的依据。

第八条 各企业部除依年度经营计划编列扩充预算外,因特殊需要的添购,应说明其添购的效益。

第九条 自制应先与制造部门议定价格,按权责规定呈核后制造,制造按成本转账,如有差价则作内部损益处理。

第十条 固定资产使用部门应随时注意保养并善尽保管之责,至于改良其增加资产效能在 2 年以上者,应填"固定资产(改良)验收单"(格式及填单规定另订)并入原固定资产余额内计算。

第十一条 请购的固定资产到厂,或自制完工,由使用单位验收并填"固定资产验收单"一式三联送请财务部将该项固定资产编号后,第一联使用单位存,第二联连同发票及请购核准文件由财务部编制传票付款或转账后存查,第三联则由财务部送资料中心供电脑处理作业。

第十二条 凡经验收合格及财务部编妥号的固定资产,使用单位应即以喷字或其他方式将编号印记于该项固定资产上。

第十三条 各部门指定的固定资产负责人应妥为保管验收单的第三联,并在其背面记载资产的增减及调拨,并随时与财务部核对资料,保持资料的一致。

第十四条 各部门间固定资产的调拨,应填"固定资产调拨单"。

第十五条 非经协理级以上主管的批准,固定资产不得外借。

第十六条 固定资产损耗无法修理,或修理不合经济原则,以及废弃不用的固定资产,应填"固定资产报废出售单",拟具处理意见送财务部,经呈上级核准后,会同各部门指定的负责人及企管部门出售。

第十七条 出售时应开具发票办理发货手续,并在第二联上附记栏注明报废单号,以便核对。

第十八条 出售后的财产,固定资产管理人应将该项固定资产验收单,送财务部存查。

第十九条 报废的资产无法出售时,应将其移交企管部门,由财务部依法说明具文,向税捐机关报备。

第二十条 使用单位应于每月底,依电脑资料定期盘点,并查对编号,如有错误,应即更正。

第二十一条 盘点如有数量差异,应追查责任,并拟具改进意见呈上级核示后改进。

第二十二条 固定资产账卡上金额以购入原价加改良金额为准与财务部核对,至于折旧额则由财务部按规定计算,每半年抄财产目录分送各单位。

第二十三条 单位主管移交时,应会同财务部办理固定资产移交。

第二十四条 本办法经经理会议研讨,并呈总经理批准后实施。

三、固定资产核算管理制度

第一条 固定资产划分标准

(一)使用年限在1年以上,单价金额较高属固定资产范围。

(二)不同时具备以上两个条件的劳动资料均作为低值易耗品。

(三)专用工具或玻璃器皿,由于容易损坏、更换频繁,也列为低值易耗品。

第二条 固定资产分类

(一)一般分:房屋建筑、机器设备、电子设备、运输设备、其他设备。

(二)出租固定资产。

(三)租入固定资产。

第三条 管理规定

（一）公司全部固定资产，包括主楼、综合楼、员工宿舍、其他建筑、机械设备、大小汽车的账务管理和计提折旧等，由财务部负责实物管理，部门设备使用管理落实到岗。

1. 房屋、道路由物业部管理。

2. 电脑财务管理由财务部管理。

3. 电话由总机房管理。

4. 音响设备、电传、电报设备由总办管理。

5. 各种管道、油库、空调、电器系统、机械设备由工程部管理。

6. 消防系统由保安部管理。

7. 大小汽车由总办管理。

8. 依据上述分工，各部门同时应建立固定资产登记表，记录固定资产名称、规格、数量、单价、总值金额、购建日期、规定合理使用年限及放置地段。

（二）土建房屋、道路等的大修理及日常维修制度由物业部负责制定。

（三）机械设备、油库、气库及附属设施以及各部所使用的机械设备、电脑、电话、电传系统、音响设备、空调系统及报警、消防系统等的大修理及日常维修制度由工程部负责制定。

（四）各种汽车的大修理及日常维修制度由车务部负责制定。上述各部制定的大修理及日常维修制度报告总经理审批后下达各部执行。

（五）各部根据维修制度规定，编制本部门使用的固定资产的修理计划，按物业部、工程部、车务部等分管范围报送。

（六）由三个部门审查修理项目后，会同财务部审查修理费并加具意见，报总经理审批。修理计划按年、季编报，经批准后，由各部门按期执行维修。

（七）各部门应指定一名干部负责固定资产的管理工作。固定资产每年年终必须进行一次盘点，做到实物和账表记录相符，核算资料正确，对固定资产遗失部分，要查明原因，明确责任，适当处理。

四、财物盘点制度

□ 目的及依据

第一条 为加强各公司财物管理，依"现金收支规则"第五十一条、"固定资产管理规则"第八条，"材料管理办法"第五十六条及"成品存储管理办法"第三十二条等制定本准则。

□ 范围

第二条 盘点范围包括现金、票据、有价证券、材料、在制品、制成品、外协加工料品、寄存品、代加工料品、寄库品、下脚品及固定资产等。

第三条　固定资产的盘点应依据"固定资产管理规则"办理,其余各项,悉依本准则办理。

□　方式

第四条　年终全面盘点。

第五条　液体及特定项目采按月盘点。

第六条　会计部门每月抽点,抽点百分比以一年一周转为度。

第七条　不定期抽点。

□　人员及职责

第八条　为办理盘点,应设置盘点人、会点人、协点人及监点人。

(一)盘点人由财物经管部门担任,负责点计工作。

(二)会点人由会计部门或指派人员担任,负责盘点纪录。

(三)协点人由仓储保管部门担任,负责盘点时的料品搬运工作。

(四)监点人由各公司(总)经理室,总管理处总经理室视需要派员担任,负责盘点监督。

(五)各厂处、经理室、总经理室应指定专人负责盘点筹划、联络等事宜。

□　准备工作

第九条　经管部门将应盘点财物预先准备妥当,备妥盘点用具,并由会计部门准备盘点表格。

第十条　现金及有价证券应按类分别整理并列清单。

第十一条　存货的堆置,应求整齐集中,并置"标示牌"。

第十二条　各项财物账册应于盘点前登载完毕,如因特殊原因无法完成时,应有会计部门将尚未入账的有关单据,如缴库单、领用单、交运单、收料单等,利用"结存调整表"一式二份,将账面数调整至正确的账面结存数。

第十三条　盘点期间已收料而未办妥手续者,应另行分开。

□　年终全面盘点

第十四条　各公司(总)经理室应于签呈(总)经理核准后,签发"盘点通知"通知各有关部门准备盘点,并于盘点前5天将盘点计划寄送总管理处总经理室,"盘点通知"应包含盘点日期,人员配置及注意事项。

第十五条　盘点日期由各公司视存量及现场公休情况自定。

第十六条　盘点期间除紧急用料外,应暂停收发料,盘点期间所需用料,应于盘点3天前办理完毕。

第十七条　年终盘点,原则上应采用全面盘点方式,如确因事实所限无法采行时,应签呈总管理处总经理核准后始得改变方式进行。

第十八条　盘点应尽量采用精确的计量器,避免用主观的目测方法,每项财物数量由双方确定后,再继续进行下一项,盘点后不得提出遗漏的异议。

第十九条　盘点时由会点人依实际盘点数翔实纪录"盘点统计表"一式二份,以黑色圆珠笔复写,并于盘点工作进行时编列流水号码,由会点人与盘点人共同签注姓名、时间,如有更改,应经双方共同签认。

第二十条　经管部门应依据盘点所得的结存量汇编"盘存单",一式二份,一份自存,一份送会点部门,核算盘点盈亏金额。

□　每月会计部门抽点

第二十一条　每月抽点由会计部门主办,于签呈(总)经理核准后办理。

第二十二条　抽点日期及项目,以不预先通知经管部门为原则。

第二十三条　抽点时应会同经管部门共同办理。

第二十四条　盘点前应由会计部门利用"结存调整表"将账面数先行调整至盘点前正确的账面结存数,再行盘点。

第二十五条　存货纪录采电脑报表控制者,应以收发存月(旬)报表为调整依据,如月(旬)报表不及附送者,应先填列"结存调整表"的调整栏,由抽点人员与经管人员共同签章。

第二十六条　每月抽点仍应填列"盘点统计表"及"盘存单"。

第二十七条　液体及特定项目其范围由各公司自订。

□　不定期抽点

第二十八条　由各公司(总)经理室或总管理处总经理室视实际需要,随时指派人员抽点。

第二十九条　抽点时应会同经管部门及会计部门共同办理。

第三十条　抽点程序与每月抽点相同,但"盘点统计表"及"盘存单"应再复写一份,交抽点人员。

□　盘点报告

第三十一条　会计部门应将"盘存单"的盈亏项目加计金额填列于"盘点盈亏汇总表"及"项目别盘盈亏汇总表"各一式四份,送经管部门填列差异原因的"说明"及"对策"后呈核,其中一份经由最高主管签注后转送总管理处总经理室。每月抽点及不定期抽点,应于盘点后7天内,将"盘点盈亏汇总表"一份送总管理处总经理室。

第三十二条　会计部门应将盘点结果及发现的异常事项及建议,作成"盘点报告"一式三份,经呈核后,一份连同"盘点盈亏汇总表"及"项目别盘盈亏汇总表"于年终盘点后一个月内送总管理处总经理室备查。

第三十三条　盘盈亏金额平时仅列入暂估科目,年终时始以净额转入本期"营业外收入"的"盘点盈余"或"营业外支出"的"盘点亏损"。

□　现金、票据及有价证券

第三十四条　各公司(总)经理室或会计部门,至少每月一次抽点现金、票据及其他出纳项目。

第三十五条　现金及票据的盘点,应于盘点当日上班未行收支前,或当日下午结账后举行。

第三十六条　盘点前应先将现金柜封锁,并核对账册后开启,由会点人员与经管人员共同盘点。

第三十七条　会点人依实际盘点数翔实填列"现金盘点报告表"一式四份,经双方签认后呈核准一份寄送总管理处总经理,寄送期限依前述规定。

□　在制品

第三十八条　在制品的盘点以当月最末 1 日及次月 1 日举行为原则。

第三十九条　在制品原则上采用全面盘点,如因成本计算方式无须全面盘点或实施上有困难者,应签呈(总)经理核准后始得改变方式进行。

第四十条　在制品的完工程度及液态物品的温度、比重的特性,各经管部门应制定盘点细则,以资遵循。

□　其他项目

第四十一条　外协加工料品:由各外协加工料品经办人员会同会计人员,必要时并应会同技术人员,共同赴外盘点,其盘存表一式三份,应由各外协厂商签认。

第四十二条　寄存品:详列品名、规格、数量、金额、寄存厂商、结存数量,由寄存厂商签认。

第四十三条　代加工料品:详列品名、规格、数量、代加工厂商,价值及结存数额,由代加工厂商签认。

第四十四条　寄库的成品:于盘点前全部清理出库,其未能出库者,应列明客户名称、品名、规格、原开统一发票号码、数量及原因呈核。

第四十五条　销货退回的成品,应于盘点前办理退货手续,验收及列账。

第四十六条　营业借出的成品,应于盘点前全部收回,借条一概不予承认,如有特殊情况,应签呈(总经理核准)。

第四十七条　寄存品、代加工料品、寄库品的盘点,适用依据盘点经过编造"盘点报告"。

第四十八条　对外的外协合同应订明随时准予盘点及盘点盈亏的处理等条文。

第四十九条　本准则经总管理处总经理核准后实施,修改时亦同。

五、固定资产增减表

表 33 - 1　固定资产增减表

管理部门

使用部门 　　　　　　　　　　　　　　　　　　　　　　　　月份　　年

No.

会计科目	财产编号	资产名称	规格	增减原因	单位	本月增加				本月减少					备注
						数量	金额	耐用年限	月折旧额	数量	金额	耐用年限	已提折旧	月折旧额	

管理部门：　　　主管：　　　经办：　　　会计部门：　　　主管：　　　经办：

六、固定资产盘存单

表33-2 固定资产盘存单

使用部门: 　　　　　　　　　　　　　　　　　　　年　　月　　日共　　页第　　页

财产编号	固定资产			单位	登记卡数量	盘点数量	盘盈		盘亏		备注
	名称	规格	厂牌				数量	金额	数量	金额	

主管:　　　　　　核对:　　　　　　制表:

七、固定资产增加表

表 33 – 3　固定资产增加表

管理部门：　　　　　　　　　　　　　　　　　　财产编号：

使用部门：　　　　　　　　年　月　日　　　会计科目：

中文名称		取得日期		资产成本记录		
外文名称		数　量		设备名称	数　量	取得成本
规格型号		取得金额				
厂　　牌		耐用年限				
存放地点		月折旧额				
附属设备						
备　注						
会计		管理部门		厂(处)长	科长	经办

八、固定资产转移单

表 33 – 4　固定资产转移单

管理部门(移出)　　　　　　　　(移入)

使用部门(移出)　　　　　　　　(移入)　年　月　日　　　财产编号：

中文名称		数　量		购置日期	
英文名称		附属设备		耐用年限	
规　格				已使用年数	
移前用途	(移出单位)		已折旧金额		
			残余价值		
			月折旧额		
移后用途	(移入单位)		存入地点	移　出	
				移　入	
			备　注		
经理		会计	管理部门	移入	移入部门	移出部门
				移出		

一式四份：(1)管理部门；　(2)会计；　(3)移入部门；　(4)移出部门。

九、固定资产减损单

表33-5 固定资产减损单

管理部门：

使用部门：　　　　　　　年　月　日　　　　　　财产编号：

名称	中文		规格			耐用年限			
	英文		厂牌			已使用年数			
购置日期		数量	取得价值		已提折旧	账面残值			
减损原因						估计废品价值			
						处理费用			
						实际损失额			
拟处理办法			资材仓库			抵押行库			
						保险单号码			
						月折旧额			
总经理		经理		管理部门		会计	厂（处）长	科长	主办

第三十四章

融筹资管理

《按制度办事》

一、公司融筹资管理制度

□ 总则

第一条　为规范公司经营运作中的筹资行为,降低资本成本,减少筹资风险,以提高资金运作效益,依据相关规范,结合公司具体情况,特制定本制度。

第二条　本制度适用于公司总部、各子公司及各分公司的筹资行为。

第三条　本制度所指的筹资,是指权益资本筹资和债务资本筹资。

权益资本筹资是由公司所有者投入以及以发行股票方式筹资;债务资本筹资指公司以负债方式借入并到期偿还的资金,包括短期借款、长期借款、应付债券、长期应付款等方式筹资。

第四条　筹资的原则:

(一)遵守国家法律、法规原则。

(二)统一筹措,分级使用原则。

(三)综合权衡,降低成本原则。

(四)适度负债,防范风险原则。

第五条　资金的筹措、管理、协调和监督工作由公司财务部统一负责。

□ 权益资本筹资

第六条　权益资本筹资通过吸收直接投资和发行股票两种筹资方式取得。

(一)吸收直接投资是指公司以协议等形式吸收其他企业和个人投资的筹资方式。

(二)发行股票筹资是指公司以发行股票筹集资本的方式。

第七条　公司吸收直接投资程序:

(一)吸收直接投资须经公司股东大会或董事会批准。

(二)与投资者签订投资协议,约定投资金额、所占股份、投资日期以及投资收益与风险的分担等。

(三)财务部负责监督所筹集资金的到位情况和实物资产的评估工作,并请会计师事务所办理验资手续,公司据此向投资者签发出资报告。

(四)财务部在收到投资款后应及时建立股东名册。

(五)财务部负责办理工商变更登记和企业章程修改手续。

第八条　吸收投资不得吸收投资者已设有担保物权及租赁资产的出资。

第九条　筹集的资本金,在生产经营期间内,除投资者依法转让外,不得以任何方式抽走。

第十条　投资者实际缴付的出资额超出其资本金的差额(包括公司发行股票的溢价净收入)以及资本汇率折算差额等计入资本公积金。

第十一条　发行股票筹资程序：

（一）发行股票筹资必须经过股东大会批准并拟订发行新股申请报告。

（二）董事会向有关授权部门申请并经批准。

（三）公布公告招股说明书和财务会计报表及附属明细表，与证券经营机构签订承销协议。定向募集时向新股认购人发出认购公告或通知。

（四）招认股份，缴纳股款。

（五）改组董事会、监事会，办理变更登记并向社会公告。

第十二条　公司财务部建立股东名册，其内容包括股东姓名、名称、住所及各股东所持股份、股票编号以及股东取得股票的日期等。

□　债务资本筹资

第十三条　债务资本的筹资工作由公司财务部统一负责。经财务部批准分支机构可以办理短期借款。

第十四条　公司短期借款筹资程序：

（一）根据财务预算和预测，公司财务部应先确定公司短期内所需资金，编制筹资计划表。

（二）按照筹资规模大小，分别由财务部经理、财务总监和总经理审批筹资计划。

（三）财务部负责签订借款合同并监督资金的到位和使用，借款合同内容包括借款人、借款金额、利息率、借款期限、利息及本金的偿还方式以及违约责任等。

（四）双方法人代表或授权人签字。

第十五条　公司短期借款审批权限：

短期借款采取限额审批制，投资限额标准如下（超过限额标准的由公司董事会批准）：

（一）财务部经理审批限额：10万元。

（二）财务总监审批限额：50万元。

（三）总经理审批限额：100万元。

第十六条　在短期借款到位当日，公司财务部应按照借款类别在短期筹资资记簿中登记。

第十七条　公司按照借款计划使用该项资金，不得随意改变资金用途，如有变动须经原审批机构批准。

第十八条　公司财务部及时计提和支付借款利息并实行岗位分离。

第十九条　公司财务部建立资金台账，以详细记录各项资金的筹集、运用和本息归还情况。财务部对于未领取利息单独列示。

第二十条　公司长期债务资本筹资包括长期借款、发行公司债券以及长期应付款等方式。

第二十一条　公司长期借款必须编制长期借款计划使用书，包括项目可行性研究报告、项目批复、公司批准文件、借款金额、用款时间与计划以及还款期限与计划等。

第二十二条　长期借款计划由公司财务部经理、财务总监和总经理依其职权范围进行审批。

第二十三条　公司财务部负责签订长期借款合同，其主要内容包括贷款种类、用途、贷款金额、利息率、贷款期限、利息及本金的偿还方式和资金来源、违约责任等。

第二十四条　长期借款利息的处理：

（一）筹建期间发生的应计利息计入开办费。

（二）生产期间发生的应计利息计入财务费用。

（三）清算期间发生的应计利息计入清算权益。

（四）购建固定资产或无形资产有关的应计利息，在资产尚未交付使用或者虽已交付使用但尚未办理竣工决算之前，计入购建资产的价值。

第二十五条　公司发行债券筹资程序：

（一）发行债券筹资应先由股东大会作出决议。

（二）向国务院证券管理部门提出申请并提交公司登记证明、公司章程、公司债券募集办法以及资产评估报告和验资报告等。

（三）制定公司债券募集办法，其主要内容包括公司名称、债券总额和票面金额、债券利率、还本付息的期限和方式、债券发行的起止日期、公司净资产、已发行尚未到期的债券总额以及公司债券的承销机构等。

（四）同债券承销机构签订债券承销协议或包销合同。

第二十六条　公司发行的债券应载明公司名称、债券票面金额、利率以及偿还期限等事项，并由董事长签名、公司盖章。

第二十七条　公司债券发行价格可以采用溢价、平价、折价三种方式，公司财务部保证债券溢价和折价采用直线法合理分摊。

第二十八条　公司对发行的债券应置备公司债券存根簿予以登记。

（一）发行记名债券的，公司债券存根簿应记明债券持有人的姓名、名称及住所、债券持有人取得债券的日期及债券编号、债券总额、票面金额、利率、还本付息的期限和方式以及债券的发行日期。

（二）发行无记名债券的，应在公司债券存根簿上登记债券的总额、利率、偿还期限和方式以及发行日期和债券的编号等。

第二十九条　公司财务部在取得债券发行收入的当日，即应将款项存入银行。

第三十条　公司财务部指派专人负责保管债券持有人明细账，并组织定期核对。

第三十一条　公司按照债券契约的规定及时支付债券利息。

第三十二条　公司债券的偿还和购回在董事会的授权下由公司财务部办理。

第三十三条　公司未发行债券必须由专人负责管理。

第三十四条　其他长期负债筹资方式还包括补充贸易引进设备价款和融资租入固定资产应付的租赁费等形成的长期应付款。

第三十五条　由公司财务部统一办理长期应付款。

□　公司筹资风险管理

第三十六条　公司应定期召开财务工作会议，并由财务部对公司的筹资风险进行评价。
公司筹资风险的评价准则如下：

（一）以公司固定资产投资和流动资金的需要决定筹资的时机、规模和组合。

（二）筹资时应充分考虑公司的偿还能力，全面衡量收益情况和偿还能力，做到量力而行。

（三）对筹集来的资金、资产、技术具有吸收和消化的能力。

（四）筹资的期限要适当。

（五）负债率和还债率要控制在一定范围内。

（六）筹资要考虑税款减免及社会条件的制约。

第三十七条　公司筹资效益的决定性因素是筹资成本，这对于选择评价公司筹资方式有重要意义。公司财务部采用加权平均资本成本最小的筹资组合评价公司资金成本，以确定合理的资本结构。

第三十八条　筹资风险的评价方法采用财务杠杆系数法。财务杠杆系数越大，公司筹资风险也越大。

第三十九条　公司财务部应依据公司经营状况、现金流量等因素合理安排借款的偿还期以及归还借款的资金来源。

□　企业筹资策略

第四十条　企业筹资要综合考虑：

（一）资金量大小。

（二）资金期限长短。

（三）资金来源。

（四）资金的债权性或股权性质。

（五）对企业权力结构的影响。

（六）融资关系稳定性并使融资成本最小化。

第四十一条　运用财务杠杆，追求最佳企业资产负债比例：

（一）由于债务性质的资金，其利息支出可在企业财务费科目下列支。由于该项成本减少收入而达到合理减税，能提高股东权益投资收益率，所以适度举债是明智的。目前，我国民营企业负债过低，经营过于保守，应加大借债力度。

（二）不论企业经营状况好坏，债务资金偿还是硬性化。过度负债会增加企业经营风险。目前，我国国有企业大多负债过高，应降低负债到合理范围。

第四十二条　企业要根据发展战略规划，投资计划，运营情况预测，制定短、中、长期资金需求计划，依此确定筹资总体方案，选择合理的融资结构。

第四十三条　企业首先应提高内部资金使用效率，以减缓对外融资压力。

第四十四条　企业应考虑资本、劳力、技术等要素之间的协同作用和替代弹性，增加其他要素的投入，以减少资金需求或现金流量，如：

（一）以土地使用权或固定资产投入，减少现金投入。

（二）以融资租赁降低现金投资。

（三）易货贸易（实物交易）。

（四）股权互换。

（五）以政府特殊许可（有含金量）降低项目成本。

（六）无形资产作价。

（七）补偿贸易。

（八）运用特许经营。

第四十五条　增加企业抵押品，放大负债能力。

企业优化现有资产结构，提高资产质量，增大可供抵押、担保的资产规模，尤其以小博大，通过企业较小资本控制社会较大资本，以实质控有许多企业，资产的所有权，支配权，放大负债能力，融通企业发展所需巨量资金。

第四十六条　企业群体统一财务管理：

（一）统一对外筹措资金，统借统还，以获得贷款优惠，便利，降低风险。

（二）统一提供信用担保，信托，租赁，保险。

（三）统一银行开户，有效监控下属企业资金流向。

第四十七条　建立财务顾问（融资顾问）制。按照国际惯例，企业融资都要聘请财务顾问指导。

（一）企业聘请常年融资顾问（财务顾问）单位，该单位主要为企业融资辅助策划，制定方案，代理融资，承销包销证券等。

（二）目前，国内财务顾问可从证券公司，投资银行，信托基金管理公司，投资管理公司，会计师事务所，财务咨询公司等金融服务机构选择。

第四十八条　与金融结合。从国内外企业发展过程和经验看，产业资本和金融资本结合是必然趋势。对大型企业塑造金融功能的方案：

方案1：建立稳固银企关系

——企业对原有融资网络进行优化，以一个主要银行为依托，形成融资主渠道，在此基础上再开拓辅助、新的融资渠道。

——实行主办银行制和贷款额度授信管理，通过银企长期性契约，形成利益共同体。

方案2：引入金融机构入股

企业在建立股份制时，吸纳金融机构投资入股，或者将现有债权转为股权，建立与金融机构的产权关系，以享有金融机构对企业的优先优惠支持。

根据现行商业银行法律，商业银行不能对企业投资参股。非银行性的金融机构可对企业投资参股，诸如信用合作社，保险公司，信托公司，证券公司，基金管理公司，财务公司等。

方案3：对金融机构参股

对银行或非银行性金融机构进行参股，作为金融机构股东通过影响力获得金融机构的优先支持。有实力的企业集团可以通过对金融机构的控股，使之纳于集团范围。

方案4：企业与金融机构互相参股

企业与金融机构相互参股或环状持股，形成最为密切的产权关系。

□　附　则

第四十九条　本制度由财务部编制，解释权、修改权归财务部。

第五十条　本制度由财务部制定，报总经理办公会议审核，经总经理审批后执行。

二、股票事务处理办法

□　总　则

第一条　本公司股票事务的处理，除依据有关法令及本公司与证券交易所股份有限公司所订契约，及本公司章程的规定外，悉依本办法办理。

第二条　本公司股票事务，由本公司财务科办理。

□ 印鉴

第三条 本公司股票应照姓名条例,使用本名,填盖印鉴卡,如属法人,应使用法人全衔,填盖印鉴卡,送本公司存查,嗣后股东向本公司洽办有关股票事务时,即以此印鉴为凭。

第四条 股东申请掉换新印鉴时,应填送"更换印鉴备案书"及"持有股票清单"加盖新旧印鉴,并填盖新印鉴卡,一并交本公司存查,嗣后即以此新印鉴为凭。

第五条 股东原印鉴遗失、毁灭或被盗窃时,应立即通知本公司,同时填送"印鉴挂失更换申请书"及"持有股票清单",并在本公司所在地或股东住所所在地的日报,连续刊登印鉴遗失作废声明3天,将所刊报纸的全份及乡镇区公所发给的"印鉴证明书",填送新印鉴卡交本公司存查。本公司自收到新印鉴卡之日起一个月内无人提出异议,即予换用新印鉴卡,并注销旧卡。

□ 过户及换票

第六条 股票转让过户,应由出让人与受让人分别在股票背面加盖印鉴,并填具"股票转让过户通知书",由受让人送本公司办理过户手续,非经本公司盖章不生效力,受让人如为新股东时,并依第三条的规定填盖印鉴卡。

第七条 股东死亡,继承人申请过户时,应由继承人填送"股票继承过户申请书",并在股票背面受让人栏加盖继承人印鉴,检同身份证,其他继承人同意书,全户户籍誊本(包括原股东死亡除籍及所有法定继承人记载)、印鉴证明书,遗产税缴清证明书,其他有关继承人股权的证明文件等,向本公司办理继承过户手续。如为新股东并依第三条规定填盖印鉴卡。

第八条 掉换股票应由股东填送"换发股票通知书"加盖原印鉴,检同股票送本公司换发。

□ 股票挂失

第九条 股票遗失、毁灭或被窃时,应立即由股东填送"股东挂失申请书",交本公司登记,同时由股东在本公司所在地及遗失损毁地,各刊登通行日报连续公告3天声明作废,随即填送"遗失股票补发申请书"并检同刊登启事的报纸及本人身份证,原印鉴送本公司办理。保证商号的资本额,不得少于担保时挂失股票的市场价格。如由本公司股东担保,则保证人的股权在两个月内,不得少于担保时挂失股票的股数。本公司接受前项申请书,应审认其最后登启事之日起经两个月后,无人提出异议,即予填发新股票。

第十条 股东之股票及印章均遗失者,应申请管辖法院依法裁判确定后,持凭裁判证明文件填送"印鉴挂失更换申请书"及"遗失股票补发申请书"妥保后再向本公司申请补发新股票及更换印鉴。

第十一条 股票挂失后,所有应领未领却已到期的股利,均暂停发给,经本公司核发新股票后,再行补发。

□ 质权设定

第十二条 股票的质权设定,应由出质人与质权人填送"质权设定通知书",由双方于股票背面及通知书上盖章,检同股票交本公司登记,未经本公司登记的股票质权,对本公司不生效力。

第十三条　股票质权消灭时，应由出质人及质权人填送"股票质权撤销登记通知书"由双方于股票背面于通知书上盖章，检同股票送本公司为质权撤销的登记。如质权消灭未经本公司登记者，本公司对该项质权认为继续存在。股票质权所担保的债权已届清偿期，质权人如未受清偿而依法处分股票时，应由质权人及因此而取得股票所有权人，分别在股票背面加盖印鉴，并填具"股票转让通知书"检同股票及合法处分的证明票文件一并送本公司办理过户登记，申请登记股票之质权于过户手续办妥后销毁。

□　发放股利

第十四条　本公司每届发放股利，应将发放股利的日期、地点分别通知各记名股东，并依法在报刊公告。

第十五条　股东领取股利时应在收据上加盖存记印鉴。

第十六条　股东如因故未能前来本公司指定地点领取股利时，得将股利收据填妥，加盖印鉴，径寄本公司，经查验无误后，途中如有遗失，本公司可代查询。

□　附则

第十七条　股东户籍地址，以股东印鉴卡所载为准，如有变更，应随时以书面填具"股东更换住址通知书"通知本公司。

第十八条　股东洽询或办理股票事务，凡以书面提出者，均应加盖原印鉴。

第十九条　本办法经本公司董事会议通过后施行，修正时亦同。

三、借款余额月报表

表 34 - 1　借款余额月报表

年　　月　　日

借款处	长期借款	短 期 借 款				贴现票据	合计
		短期借款	营业额抵押借款	存款抵押	合计		

四、费用支付月报表

表34－2 · 费用支付月报表

年　月　　　　　　　　　　　　　　　　　　　　年　月　日

项目		本月支付额				累　计				备注
		制造费用	销管费用	管理费用	合计	制造费用	销管费用	管理费用	合计	
人事费福利费										
	计									
	计									
邮电交通费										
	计									
交际费										
	计									
消耗品等										
	计									
保险费等										
	计									
动力燃料费										
	计									
其他										
	计									
	合计									

第三十五章

会计核算管理

《按制度办事》

一、会计核算操作规定

第一条　记账规则。

采取借贷记账法记账，采用权责发生制，即凡是收益已经实现，费用已经发生，不论款项是否收付，都应作为本期的收益或费用入账，凡是不属于本期的收益或费用，即使款项已在本期收付，也不应作为本期的收益或费用处理；一个时期内的各项收入与其相关联的成本、费用都必须在同一时期入账，凡是用于增加固定资产而发生的各项支出都应计资本支出，不得计入费用作为收益支出，凡是为了取得收益而发生的各项支出，都应作收益支出，同时计入成本费用。

第二条　会计年度。

采用历年制，自公历每年1月1日起至12月31日止为一个会计年度。

第三条　记账货币单位。

为本位币，凭证、账簿、报表均用法定文字书写。

第四条　会计科目。

执行根据国家行业管理部门及行业协会制定的"企业会计制度"，结合公司具体情况而制定的会计制度中所定的会计科目。

第五条　人员交接。

财会人员调动或离职时，必须办清交接手续，并注明交接日期，由主管人员监交，并由交接双方签章，未按规定办清交接手续的财会人员，不得调动或离职。

第六条　会计报表。

根据国家制定的"企业会计制度"并根据董事会有关规定的会计报表格式和填报时间、份数执行。

第七条　会计凭证。

（一）使用自制原始凭证和外来原始凭证两种。

1. 自制原始凭证指进货验收单、领料单、出库单、差旅费报销单、费用开支证明单、调拨单、收款收据、借款条等。

2. 外来原始凭证指我单位与其他单位或个人发生业务、劳务关系时，由对方开给本单位的凭证、发票、收据等。

（二）公司统一使用借贷复式记账法。

第八条　本规定由财务部制定，经总经理办公会议审核，总经理审批后执行，修改亦同。

二、出纳工作规定细则

第一条　本处理程序包括现金及银行存款收入与支出等作业。

第二条　为便于零星支付起见,可设零用金,采用定额制,其额度由总经理核定,其零用金由出纳经管。

第三条　零用款项的支付由零用金保管员凭支付证明单付款,此项支付证明单是否符合规定,零用金保管员应负责审核。

第四条　零用金的拨补应由零用金保管员填"零用金补充申请单"二份,一份自存,一份检同所有支出凭证并呈会计部门请款。

第五条　除零用金外,本公司一切支付,由会计部门根据原始凭证编制支出传票,办理审核后呈主管及总经理核定后支付。

第六条　本公司出纳根据会计部门编制经总经理核准的支出传票,办理现金、票据的支付、登记及移转。

第七条　除零用金外,所有支出凭证应由会计部门严格审核其内容与金额是否与实际相符,领款人的印鉴是否相符,如有疑问应先查询后始能支付。

第八条　凡一次支付未超过____元者径由零用金支付外,其余一律开抬头划线支票支付。

第九条　出纳人员对各项货款及费用的支付,应将本支票或现金交付受款人或厂商,本公司人员不得代领,如因特殊原因必须由本公司人员代领者,需经总经理核准。

第十条　本公司一切支付,应以处理妥善的传票或凭证为依据,任何要求先行支付后补手续者均应予拒绝。

第十一条　支付款项应在传票上加盖领款人印鉴,付讫后加盖付讫日期及经手人戳记。

第十二条　本公司支付款项的付款程序,悉依照下列步骤办理。

(一)原始凭证的审核:

1. 内购、工程发包款:应根据统一发票、普通凭证,以及收到货物、器材的验收单并附请购单经有关单位签章证明及核准,始得送交会计部门开具传票。

2. 预付、暂付款项:应根据合同或核准文件,由总办单位填具请款单,注明合同文件字号,呈报核准后送交会计部门开具传票。

3. 一般费用:应根据发票、收据或内部凭证,经有关主管签章证明及核准,始得送交会计部门开具传票。

(二)会计凭证的核准:

1. 会计部门应根据原始凭证开具传票。

2. 会计部门开具传票时,应先审核原始凭证是否符合税务法令及公司规定的手续。

3. 传票经主管及总经理核准后,送交会计部门转出纳办理支付工作。

第十三条　有关船务运费及外汇结汇款、栈租及各项费用等支出款,应填具"请款单",检附输入许可证影本,送交会计部门以"预付"或"暂付"方式制票转出纳办理支付。前款项可由经办人员直接向出纳签收,但必须于支付后 7 日内向会计部门办理冲转手续。

第十四条　本公司各项支出的付款日期如下:

(一)国内采购货品的付款,每月 25 日付款一次(星期日及例假日顺延),但以原始凭证经核准后于付款日前 5 日送达会计部门者为限。

(二)一般费用的付款:经常发生的费用,仍以前项期限办理,内部员工费用,每天支付的,以原始凭证齐全并经核准者为限。

(三)薪工资的付款:

1. 职员:每月 10 日。

2. 作业员:分 10 日、25 日两次。

因特殊情况需提前支付者,得由经办部门另行签呈主管转呈总经理批准后,再予支付。

第十五条　会计部门支付款项倘有扣缴情事时,应将代扣款项于次月 10 日前填具政府规定的报缴书向公库缴纳,并以影本一份并附于传票后,凡有扣缴税款及免扣缴应申报情事者,会计部门应于次年元月底前填具政府规定的凭单向稽征机关申报,并将正、副本交各纳税义务人。

第十六条　薪工资的支付,应由人事单位根据考勤表编制"薪工表",于付款期限前一日送交会计部门。

第十七条　业务部门于收到货款后,应将其中所收货款解缴出纳,出纳应将解缴凭证送交会计部门,并据以编制传票。

第十八条　凡依法应扣缴的所得税款及依法应贴用印花税票,若因主办人员的疏忽发生漏扣、漏报、漏贴或短扣、短报、短贴等情事以致遭受处罚者,以及劳工保险费的滞缴情事,其滞纳金及罚金应由主办人员及其直属主管负责赔偿。

第十九条　本规定由财务部制定,经总经理办公会议审核,总经理审批后执行,修改亦同。

三、会计工作规定细则

第一条　为加强会计工作管理,规范财务行为,是保证资金安全和会计核算真实准确的基础。根据管理工作要求,现对有关会计工作做如下规定:

第二条　会计人员和会计岗位:

(一)应当指定会计主管人员并配备必要的会计人员。应按效率和相互制约、相互监督的控制原则,科学合理地设置会计岗位,即总账会计不得同时记载分户账或明细账,保管空白银行支票的只允许固定的保管 1 枚财务印章。

(二)会计人员应当具备必要的专业知识和业务素质,认真执行财经纪律和有关制度,有权对资金使用、财产管理、财务收支等实行会计监督,有权拒绝办理违规业务,并向上级报告。

第三条　会计核算基本要求:

(一)会计科目、会计凭证、会计账簿的设置和使用,必须按统一规定执行。

(二)计算机账务核算系统应具有不同级别的保密设置、监督功能和故障应急处理及数据恢复措施。计算机系统账务信息备份每月不得少于 2 次;未经领导批准,操作人员不得更改账务数据和信息。

(三)月度终了所有账务都要进行核对。银行日记账、明细账要与总账进行核对。银行存款日记账与银行对账单逐笔核对,并编制未达账项调节表。往来账要及时清理,做到账账相符、账证相符、账表相符、账实相符。会计核算制度要求的总账、明细账与会计报表各项目之间的勾稽关系必须平衡;经办人员和会计主管在账务核对全部相符后,应在有关账簿上签章。

(四)错账冲正应经会计主管或其授权人审批后办理。

第四条　财务印章管理。

财务印章应指定专人分别保管和使用,不得由 1 人保管,不得轮流交叉保管。必须严格执行管理制度,设立保管登记簿,严密领用交接手续。严禁超范围使用会计印章,严禁在空白支票、空白凭证、账表上预先留盖印章。

第五条　收入、支出管理。

各项收入、支出应当及时、准确、完整入账,不得截留、挪用或设立小金库,不得经营账外账。

第六条　有价单证、空白支票和收据。

实行“专人管理,入柜保管”办法,即国债券、定期存单、汇票等有固定面值的有价单证、未使用的银行支票、收据必须指定专人管理,工作结束后应当存入保险柜。有条件的可以将有价单证存入银行的保管箱。

第七条　会计档案管理:

(一)会计档案包括会计凭证、会计账簿、会计报告和其他应当保存的会计资料。会计档案可采用纸介质、磁介质、光盘等介质保存。档案保管地应具备防盗、防潮、防尘、防有害生物、防电磁干扰等条件,保证完整无缺。条件具备时应当存放异地保管。

(二)会计人员在工作中应当严守纪律,保守财会秘密,对外提供的会计信息,必须经财务部经理审核批准。

第八条　会计报告管理:

(一)会计报告是会计核算工作的数字总结,是考核计划、分析业务活动的重要依据。会计报告必须认真复核、按时编报,做到真实,完整,及时,准确。部门负责人应在会计报告上签章,对会计报告的真实性、完整性负责。

(二)根据工作需要增加的其他报表按规定填报。

第九条　会计工作交接:

(一)会计人员调动或者因故离职,必须将本人所经管的会计工作全部移交接替人员。没有办清交接手续的,不得办理调动或离职。

(二)办理移交时,移交人必须将未完成的账务处理完毕,整理应该移交的各项资料,对未了事项写出书面材料,并登记会计工作交接登记簿。登记簿由会计主管保管。

(三)一般会计人员工作交接,由会计主管监交。会计主管工作交接,由财务部经理监交。

（四）会计人员临时离职或者因故不能工作，会计主管必须指定有关人员接替或者代理，并办理书面交接手续。

第十条　固定资产管理：

（一）固定资产应当按规定进行管理

（二）购建的固定资产，必须建立固定资产明细账和固定资产卡片。卡片正本作为管理实物的依据，副本交由使用部门保管。应当定期对固定资产进行盘点，做到账账相符、账卡相符、卡实相符。

第十一条　本规定由财务部制定，经总经理办公会议审核，总经理审批后执行，修改亦同。

四、一般会计业务处理流程

（一）一般会计业务范围

1. 本公司会计业务由各级主办会计人员处理。所称主办会计人员，在总公司为财务管理部主管，在所属机构为会计部门主管。

2. 会计业务包括下列各项：

（1）原始凭证的核签。

（2）记账凭证的编制。

（3）会计簿记的登记。

（4）会计报告的编制、分析与解释。

（5）会计用于企业管理各种事项的办理。

（6）内部的审核。

（7）会计档案的整理保管。

（8）其他依照法令及习惯应行办理的会计事项。

各项会计业务应包括预算、决算、成本、出纳及其他各种会计业务。

3. 会计业务的处理程序，应符合本公司的以下规定：

（1）根据合法的原始凭证，造具记账凭证。

（2）根据合法的记账凭证，登记会计簿。

（3）根据符合规定的会计簿记，编制会计报告。

（4）原始凭证的格式及其所记载的事项，具备记账凭证的条件者，得代替为记账凭证。

（5）各种特殊会计事项，依本公司规定处理有滞碍难行时，得参酌一般会计的原理原则方法或习惯，在不违背政府法令范围内处理。

4. 原始凭证关系现金、票据给予证券的出纳者，非经主办会计人员的盖章，不得为出纳执行。

5. 主办会计人员于核对账目时，对于现金、票据、证券及其他各项财务应随时派员盘点。关于财物的核对与盘点事项,每年最少应办理一次。

6. 会计业务的处理发生错误时,应于发现错误时,随时加以更正。

7. 会计人员执行其职务时,须使用本名,不得用别名或别号。

(二)会计凭证处理程序

1. 凡是以证明会计事项发生及其经过的文书单据均为原始凭证,其类别见本制度会计凭证的有关规定。原始凭证经法令规定须具备某种条件者,应依其规定。

2. 原始凭证应先详细审核,如有下列情况者,当视为不合法:

(1)法令明定为不当的支出者。

(2)书据数字计算错误者。

(3)收支数字与规定及事实经过不符者。

(4)与本公司有关规定不合者。

3. 原始凭证的审核。

(1)支出凭证的审核。

✛支付款项应以取得受款人的统一发票为原则。

✛对于营利事业购进物品或支付费用的原始凭证,应盖有该营利事业的印章,并记明下列各项:

该公司或商号名称、地址。

货品名称、规格及数量或费用性质。

单价及总价。

交易日期。

本公司的抬头及地址。

✛对于个人支付费用的原始凭证,应记明下列各项:

该受款人的姓名、住址、身份证统一编号,必要时应检送身份证复印件。

支付款项事由。

实收金额。

收到日期。

本公司的抬头及地址。

✛对于其他机构支出的原始凭证,应记明下列各项,并视法令规定贴足印花。

受款机构名称、地址。

支付款项事由。

实收金额。

收到日期。

本公司的抬头、地址。

(2)对于本公司内部支出的原始凭证,应依本公司有关规定办理。

(3)购进材料的原始凭证,应检附材料验收单(收料单及请购单)。

(4)购进物料及其他消耗品的原始凭证,均应检附物料验收单(收料单及请购单)。

(5)购进固定资产的原始凭证,应检附"固定资产验收单"及请购单。

(6)刊登广告费及印刷费发票或收据均应附具样本或样张。

(7)员工出差旅费应依照本公司"员工出差旅费报支办法"支给,并填具"出差旅费报告表",检附有关单据报销。

(8)支出凭证单据上的实付金额应用大写数字书写,不得涂改或挖补。

（9）非英文的凭证单据应由经办人将其内容摘要译成英文，一并附送。

（10）各部门的费用开支应受部门费用预算的限制者，依各该预算的规定办理。

（11）各项支出凭证应由经办部门主管及经办人签章、会计人员审核及会计主管核准始为有效。

4.收入凭证的审核：

（1）各项收入无论属于营业收入或营业外收入均应取得足资证明收入的凭证。

（2）房屋的销售应以本公司有关规定价格为其审核的依据。

（3）凡属出售资产的收入，应以合同、契约或开标议价的记录，或其他有关书据为其审核的依据。交换资产所得的利益收入，应依交换合同、契约或其他有关的书据为其审核的依据。

（4）各项成品销售及其他资产出售，所开的统一发票，应记明下列事项：

✚销售（或出售）日期。

✚客户名称及地址。

✚销售成品或其他资产名称、数量。

✚单据及总价。

✚本公司名称、地址及印章。

✚其他事项。

（5）收入凭证有下列情况之一者，当视为不合者：

✚收入计算及条件与规定不合者。

✚收入源与事实经过不符者。

✚书据数字计算错误者。

✚形式未具或手续不全者。

✚其他与法令规章不合者。

5.不生效力或不合法的原始凭证不得为造具记账凭证或登账的根据。

6.记账凭证的编制，除整理结算、结账等事项确无原始凭证者外，应根据原始凭证处理。

7.应具备原始凭证而事实上无原始凭证或原始凭证无法取得的会计事项，应由经办人员签报，经其各级主管的核转及主办会计的会签，呈奉部经理的批准，始得据此编制记账凭证，事后取得原始凭证时并应检附。

8.记账凭证内所记载的会计事项及金额，应悉与原始凭证内所表示者相符。原始凭证的金额，其不以分位为止者，应将分位以下的小数四舍五入记入记账凭证。

9.记账凭证有下列情况者，视为不合法的凭证，应予更正：

（1）记账凭证根据不合法的原始凭证造具者。

（2）未依规定程序编制者。

（3）记载内容与原始凭证不符者。

（4）商业会计法规定应行记载的事项未经记明者。

（5）依照规定，应经各级人员签章，而未经其签名盖章者。但各单位主管，已在原始凭证上签章者，记账凭证上可不签章。

（6）有记载缮写计算错误，而未按照规定更正者。

（7）其他与法令、公司规章不合者。

10.凡由一科目转入他一科目时，其借贷双方会计科目虽属相同，而会计事项的内容并不相同,或总分类账科目虽属相同,而明细分类账科目并不相同者,均应造具记账凭证转正。但属成本计算科目另有规定处理方法者,不在此限。

11. 现金、证券、票据及财物的增减、保管、转移,应随时根据合法的原始凭证,造具记账凭证,但有关生产成本已随时根据合法原始凭证,直接记入明细分类账者,可按期分类汇总造具记账凭证。

(三)会计簿记处理程序

1. 会计簿记除本章另有规定者外,均应根据记账凭证登记。

2. 根据记账凭证记入会计簿时,除总分类账应先汇编"日计余额试算表",然后根据该表过入外,其明细分类账应根据记账凭证记入。销货簿、应收票据明细账及材料账得根据原始凭证直接记入。

3. 记账时其账簿内所记载的会计科目、金额及其他事项,应悉与记账凭证内所载者相同。

4. 日计余额试算表的编制及各种账簿的登记,均应以每日为准。

5. 账簿有下列情况者,视为不合法的账簿,应予更正,如不更正,不得据以编制会计报告:

(1)日计试算表及账簿的登记,未具规定的记账凭证或原始凭证者。

(2)过入总分类账未具规定的日计试算表者。

(3)日计试算表及账簿的内容与记账凭证或原始凭证不符,或总分类账的内容与日计试算表不符者。

(4)记载缮写计算等错误,不依规定更正者。

(5)其他与法令不合者。

6. 总分类账及明细账,原则上均应按日结算借贷的余额,如事实上无此必要时,可斟酌实际情况改为以每周为准,但每月终了时必须办理结总一次,计算各账户"本月合计"及"截至本月累计",以利月报的编制。

7. 本公司有下列情况之一时,应办理结账:

(1)会计年度终了时。

(2)公司改组合并时。

(3)公司解散时。

8. 结账前应为下列各项的整理分录。

(1)所有预收、预付、应收、应付各科目及其他权责已发生而尚未入账各事项的整理分录。

(2)折旧坏账及其他应属于本结账期内的费用整理记录。

(3)材料、成品等实际存量与账面存量不符的整理记录。

(4)其他应列为本结账期内的损益及截至本结账期止已发生的债权债务而未入账各事的整理分录。

9. 年终结账时,各账目经整理后,其借贷方余额应依下列规定处理。

(1)收入、支出各科目的余额应结转"本期损益"科目,为损益的计算。

(2)资产负债及净值各科目余额,应转入下年度各该科目。收支各科目的结转应做成分录,资产负债及净值各科目的结转直接在账簿上处理。

10. 账簿及重要备查簿内记载错误而当时发现者,应由原记账人员画双红线注销更正,并于更正处盖章证明,不得挖补、擦刮或用药水涂改。如错误于事后发觉,而其错误不影响结数者,应由察觉人员将情况呈明主办会计加以更正。若其错误影响结数或相对账户的余额者,应另制传票加以更正。数字书写错误,无论写错一位或数位,均应将该错误数额全部用双红线划去,另行书写正确数字,并由记账人员盖章证明。

11. 账簿及重要备查簿内有重揭两页有空白时,应将空白页画斜红线注销,如有误空一行或两行,应将误空的行画红线注销,画线注销的账页空行均应由记账人员盖章证明。

12. 各种账簿的首页,应列启用单,标明公司名称或各厂名称、年度、账簿名称、册次页数、启用日期,并由负责人及主办会计盖章。各种账簿的末页,应列经管人员一览表,填明记账人员的姓名、职别、经管日期。凡经管账簿人员遇有职务更调时,须将各项账簿由原经管人员与接管人员于上述账簿"经管人员一览表"内书明交接年月日并盖章证明。

13. 各种账簿账页的编号,除订本式应按账页顺序编号外,活页式的账簿,应按各账户所用的账页顺序编号,年度终了时应予装订成册。总分类账及明细分类账应各在账簿前加一目录。

14. 各种账簿除已经用尽者外,在决算期前不得更换新账簿,其可长期持续记载者,在决算期后,可毋庸更换。

15. 各种账簿在使用前应检查页数编号,并贴足印花税票,其主要账簿并应送当地税务机关验印。

(四)会计报告处理程序

1. 会计报告的编制,除决算报告应将属于期间内的会计事项全部列入外,至于日报、月报等得就该期间末日办理完毕时,根据已入账的会计事项编列。

2. 会计报告内所表现的事实,应与账簿所记载者相符,但预算及其他比较分析数字可不由会计簿记,直接编制会计报告。

3. 会计报告有下列情况之一者,应予更正:

(1)其内容与会计簿记不符者。

(2)编造不依程序或内容显有错误者。

(3)缮写计算等错误者。

(4)未经应予签署人员签署者。

(5)其他与法令、公司规定不符者。

4. 会计报告应依总公司所订的期限编送。

5. 本公司所属机构所编送的会计报告应为综合报告,必要时并附送所属机构的会计报告。

6. 各种会计报告,均应留存底稿。

7. 会计报告未经总公司的核准,不得随意给予任何机关团体或个人。会计报告表达方式应尽量使非会计人员易于了解,会计报告规格应使大小一致,以便装订。

(五)会计档案处理程序

1. 原始凭证应分别按会计科目,依记账凭证的顺序,分目装订成册,另加封面,详记起讫日期、会计科目种类、起讫号码等。记账凭证应按月编号,并按日装订成册,另加封面,详记日期、起讫号码、记账凭证张数。

2. 下列原始凭证得分别装订保管,只是应于记账凭证注明其保管处所及档案编号,或其他便于查封事项:

(1)各种合同及重要资产凭证应编号独立专卷。

(2)应留待将来使用的现金、票据、证券等凭证。

（3）将来应转送其他机构或应退还的文件书据。

（4）其他事实不能依会计科目装订成册者。

3.本公司及所属机构的会计报告及已记载完毕的会计簿记等档案,均应分年编号,妥为保管。

（六）本规定由财务部制定,经总经理办公会议审核,总经理审批后执行,修改亦同。

五、出纳岗工作流程

（一）现金收付流程

1.收现

根据会计岗开具的（收据）收款→检查收据开具的金额正确、大小写一致、有经手人签名→在收据（发票）上签字并加盖财务结算章→将收据第②联（或发票联）给交款人→凭记账联登记现金流水账→登记票据传递登记本→将记账联连同票据登记本传相应岗位签收制证。

2.付现

（1）费用报销

审核各会计岗传来的现金付款凭证金额与原始凭证一致→检查并督促领款人签名→据记账凭证金额付款→在原始凭证上加盖"现金付讫"图章→登记现金流水账→将记账凭证及时传主管岗复核。

（2）人工费、福利费发放

凭人力资源部开具的支出证明单付款（包括车间工资差额、需以现金形式发放的兑现、奖金等款项）→在支出证明单上加盖"现金付讫"图章→登记现金流水账→登记票据传递登记本→将支出证明单连同票据传递登记本传工资福利岗签收制证。

3.现金存取及保管

每天上午按用款计划开具现金支票（或凭银行存折）提取现金→安全妥善保管现金、准确支付现金→及时盘点现金→下午3:30视库存现金余额送存银行。

4.管理现金日记账,做到日清月结,并及时与微机账核对余额。

（二）银行存款收付流程

1.银收

（1）收货款整理销售会计传来支票、汇票→核查和补填进账单→上午上班时交主管岗背书→送交司机进账及取回单→整理从银行拿回的回款单据→将第一联与回执粘贴在一起→在微机中编制回款登记表并共享→打印→将回款登记表连同回款单传销售会计。

（2）其他项目收款

收到除货款以外项目的支票、汇票→填写进账单→进账→回单→登记票据传递登记本→相关岗位。

（3）贷款

收到银行贷款上账回单→登记票据传递登记本→传管理费用岗位。

2．银付

（1）日常性业务款项

根据付款审批单（计划内费用经相关岗位审核，计划内 10 万元以上或计划外费用经财务部长或财务总监审核）审核调节表中无该部门前期未报账款项→开具支票（汇票、电汇）→登记支票使用登记簿→将支票、汇票存根粘贴到付款审批单上（无存根的注明支票号及银行名称）→加盖"转账"图章→登记单据传递登记本→传相关岗位制证。

（2）打卡工资

根据工资岗位开具的付款审批单（经财务部长签字）开具支票→填写进账单→连同工资盘交司机送开户行→登记支票使用登记本→将支票存根粘贴到付款审批单上→加盖"转账"图章→登记单据传递登记本→工资福利岗。

（3）业务员兑现

凭销售会计传来的付款审批单（经财务部长签字）开具支票→填写进账单→交司机送银行倒进账→登记支票使用登记本→将支票存根粘贴到付款审批单上→加盖"转账"图章→登记单据传递登记本→工资福利岗。

（4）还贷及银行结算

收到银行贷款还款凭证及手续费结算凭证→登记单据传递登记本→传管理费用岗。

（5）交税

✚完税。收到税务岗位传来的税票（附付款审批单）→填写划款行银行账号及进单→交司机送银行进账→凭回单及支票存根登记支票使用登记本→传税务岗位编制凭证。

✚进税卡。凭税务岗填写的付款审批→开具支票→填写进账单→交司机送银行进账→凭回单及支票存根登记支票使用登记本→传税务岗位编制凭证。

✚税卡交税。收到税务岗传来的完税票和税卡划款凭条→登记支票使用登记本→传税务岗位编制凭证。

（6）及时将各银行对账单交内审岗编制银行调节表，对调节表上挂账及时进行清理和查询，责成相关岗位进行下账处理。

3．根据银行收付情况统计各银行资金余额，随时掌握各银行存款余额，避免空头。

4．熟练掌握公司各银行户头（单位名称、开户银行名称、银行账号）。

六、销售费用岗工作流程

（一）部门日常费用

审核原始凭证完整、合法、金额正确→审核并更正原始凭证按规范粘贴和折叠→审核审批手续是否完备→审核部门费用支出进度（如超计划额度，可拒绝报销）→编制记账凭证→涉及现金的凭证传出纳岗，不涉及现金的凭证传主管岗复核。

（二）办事处费用

1. 日常费用

审核原始凭证完整、合法、金额正确→审核原始凭证粘贴规范→审核审批手续是否完备→编制记账凭证→涉及现金的凭证传出纳岗，不涉及现金的凭证传主管岗复核。

2. 购置固定资产

审核是否附申请报告→审核发票合法→审核是否有行政事务部开具的固定资产调拨单→审核审批手续是否完备→编制记账凭证→传出纳岗。

3. 房租、仓租

审核是否附租赁合同→审核是否附合法收据→审核签字手续是否完备→编制记账凭证→传出纳岗。

4. 运费

审核运输发票合法，金额正确→审核无抵扣联、且运费金额超出 100 元以上运输发票附在同一张支出证明单上（以别针或回形针夹住，无需粘贴和复印）→审核审批手续是否完备→编制记账凭证→传出纳岗。

5. 途损

审核途损合法依据、途损报告→审核签字手续完整→编制记账凭证。

6. 高开冲红

审核是否附高开冲红表→审核是否附合法收据→审核是否有销售会计审核签名→审核审批手续是否完备→编制记账付款凭证→传出纳岗。

7. 返利

审核是否附协议→审核是否附合法收据→审核是否有销售会计审核签名→审核审批手续是否完备→编制记账凭证→传出纳岗。

8. 赞助费

审核是否附申请报告→审核是否附合法收据→审核审批手续是否完备→编制记账凭证→传出纳岗。

（三）广告费用

1. 审核月度资金计划

每月 28 日根据预付账款、策划部广告投入付款计划及广告合同的执行情况→ 审核策划部下月资金使用计划→汇总资金计划→报财务部长审批。

2. 审核付款

（1）根据月度资金计划核查付款项目→审核广告合同、发票、照片等→审核"付款审批单"审批手续是否完备→登记资金计划→出纳岗付款。

（2）签收出纳岗传来的"付款审批单"及银行付款凭证等→编制记账凭证→在相应的广告合同上登记付款金额、日期及凭证编号→传主管岗复核。

3. 费用报账

（1）媒体及宣传品。

审核策划部相关岗位传来的发票（媒体广告）→审核策划部相关岗位传来的发票附收料单（宣传单）→审核审批手续是否完备→对照合同进行编制记账凭证 →在合同上登记发票金额、收受日期及凭证编号→分品种登记手工账→传主管岗审核。

（2）宣传品发出。

审核宣传品仓库明细账→审核仓库传来的当月宣传品领用汇总表和领料单→编制记

账凭证→传主管岗复核。

（3）推广会。

审核推广会申请报告及照片等相关材料→审核原始凭证完整、合法性→审核审批手续是否完备→编制记账凭证→分品种登记手工账→涉及现金的凭证传出纳岗，不涉及现金的凭证传主管岗复核。

七、管理费用岗工作流程

（一）部门日常费用

审核原始凭证完整、合法、金额正确→审核并更正原始凭证按规范粘贴和折叠→审核审批手续是否完备→审核部门费用支出进度（如超季度计划除分管领导审批后，还须报总经理审批；如超年度计划额度，可拒绝报销）→编制记账凭证→涉及现金的凭证传出纳岗，不涉及现金的凭证传主管岗复核。

（二）资金付出

1. 审核月度资金计划

每月28日根据年度费用计划、相关往来账及合同→审核管理部门下月资金使用计划→汇总资金计划→报财务部长审批。

2. 审核付款及报账

（1）根据月度资金计划核查付款项目→审核"付款审批单"审批手续是否完备→登记资金计划→出纳岗付款。

（2）签收出纳岗传来的"付款审批单"及银行付款凭证（或附发票）→收受管理部门相关人员交来的发票→审核发票上的审批手续是否完备→审核银行票据存根上是否有领用或收款人签字→编制记账凭证→传主管岗复核。

（三）特殊费用核算

1. 办公用品入库与领用

（1）入库：审核支票存根与发票对应→审核发票金额、数量是否与入库单一致→编制记账凭证→涉及现金的凭证传出纳岗，不涉及现金的凭证传主管岗复核。

（2）领用：月末审核办公用品明细账→审核办公用品库传来的领用汇总表→编制办公用品领用凭证→传主管岗复核。

2. 修理费

（1）汽车维修：审核车队核算员传来的车辆运行费用→审核车队核算员辅助账并签章→编制记账凭证→涉及现金的凭证传出纳岗，不涉及现金的凭证传主管岗复核。

（2）零星维修：根据行政事务部传来的修理发票→审核发票是否注明修理项目及承担部门（如有承担部门，须部门负责人签字认可）→编制记账凭证→涉及现金的凭证传出纳岗，不涉及现金的凭证传主管岗复核。

（3）维修物资：①入库：审核支票存根与发票对应→审核发票金额、数量是否与入库单一致→编制记账凭证→涉及现金的凭证传出纳岗,不涉及现金的凭证传主管岗复核。

②领用:每季度末审核维修物资明细账→审核仓库传来的领用汇总表→编制维修物资领用凭证→传主管岗复核。

3. 研究开发费

审核产品开发中心传来的发票→编制记账凭证→涉及现金的凭证传出纳岗,不涉及现金的凭证传主管岗复核。

4. 无形资产摊销

月末摊销无形资产→编制记账凭证→传主管岗复核。

（四）财务费用

签收出纳岗传递来的利息收入、利息支出、手续费结算单→登记资金计划→编制记账凭证→传主管岗复核。

（五）贷款、还款

签收出纳传来的银行贷款上账凭证或还款凭证→登记贷款期限、还款日期、利率→编制记账凭证。

（六）其他应收款核算及管理

1. 借款

审核是否还清前欠款→审核借款额度→登记还款时间→编制记账凭证。

2. 还款

开具还款收据→传出纳岗收款→根据出纳岗收款签字后的收据第三联编制记账凭证→出纳岗。

3. 清理、催收

（1）直接从借款人报销费用中扣还,并及时将欠款人名单通知其他岗位。

（2）月末倒数第二天清理各部门人员借款情况→编制"部门借款情况明细表"（列明借款人、借款金额、是否逾期）→下发各部门提醒借款人归还→截至 5 日到期仍有未还款者→编制"扣款明细表"（列明应扣款人、本月扣款金额）→通知工资福利岗从借款人工资中扣除（如涉及销售人员扣款,传递给销售会计予以扣款）。

八、固定资产核算岗工作流程

（一）固定资产

1. 购进

审核付款→督促报账→审核发票和固定资产调拨单→查询已付款情况→编制凭证→传主管岗核。

2. 提取折旧

根据固定资产明细账查询上月新增或减少固定资产→对应固定资产原值及公司使用的折旧政策计算增减变动的累计折旧→编制折旧计算表→编制记账凭证→传主管岗复

核。

3. 固定资产清理

（1）盘点

年中、年末组织行政事务部、生产部相关人员进行固定资产盘点→整理固定资产明细表→出具盘点报告。

（2）清理报废

定期组织行政事务部及生产部对固定资产进行核查→督促处置已报废及长期闲置的固定资产→核实报废或长期闲置的固定资产原值、已使用年限及折旧提取情况→审核固定资产清理转出报告→编制记账凭证→传主管岗复核。

（二）在建工程

1. GMP部门日常费用

审核原始凭证完整、合法、金额正确→审核并更正原始凭证按规范粘贴和折叠→审核审批手续是否完备→审核部门费用支出进度（如超计划额度，可拒绝报销）→编制记账凭证→涉及现金的凭证传出纳岗，不涉及现金的凭证传主管岗复核。

2. 在建工程核算

（1）工程立项

凡工程项目确定→向相关部门索取核准后的立项报告及工程预算→设立明细科目。

（2）工程招标

阅读招标文件→开具投标保证金收据并制证→参与议标、评标、定标→参与合同条款的订立→保留合同复印件。

（3）支付工程款

✚审核月度资金计划

每月28日核查工程合同及在建工程款项付出情况→审核GMP等部门报出的工程项目资金月度计划→汇总资金计划→报财务部长审批。

✚款项付出及报账

根据月度资金计划核查付款项目→审核工程合同、进度款收据或发票等→审核"付款审批单"审批手续是否完备→登记资金计划→出纳岗付款。

签收出纳岗传来的"付款审批单"及银行付款凭证等→编制记账凭证→传主管岗复核。

收到工程项目中购置单个设备的全额发票→编制记账凭证→传主管岗复核。

（4）转入固定资产

清查完工工程的各项支出→组织完工工程审计→编制工程明细表→分摊待摊基建费用支出→向相关部门提供竣工决算表→审查固定资产调拨单→编制记账凭证→传主管岗复核。

九、材料审核岗工作流程

（一）材料采购报账

根据应付账款余额及收料单第②联督促采购员报账→审核签收采购员传来的采购发票、运费发票及收料单（④采购报账正联 ④采购报账副联）→编制记账凭证并取下第④联副联留做配单用→将可以抵扣的发票抵扣联注明凭证号后抽出→传主管岗复核。

（二）采购付款

1. 审核月度资金计划

根据下月生产计划、采购计划、客户单位应付账款余额、原材料入库、发票所到时间等相关情况审核生产部下月资金使用计划→汇总资金计划→报财务部长审批。

2. 审核付款

（1）根据月度资金计划审查付款项目→审核"付款审批单"审批手续是否完备→登记资金计划并签字→传出纳岗付款→月末统计本月资金计划使用情况→同下月资金计划一同报财务部长。

（2）签收出纳岗传来的"付款审批单"及银行付款凭证→编制记账凭证→传主管岗复核。

3. 应付账款

不定期督促采购员报账→月末打印应付账款科目余额表传生产部采购员对账→保证应付账款的真实与正确。

（三）审核仓库明细账

1. 收料

（1）入库：定期审核仓库原辅材料明细账→核查所登记入库材料数量、单价、金额→抽出收料单第②联（材料稽核联）→录入微机收入模块→按账本分类以备与采购员传来的第④报账联副联配单。

（2）配单：月末将收料单第②联与第④联副联一一配对→清查货已到但发票未到情况→凭未配上的第②联编制记账凭证→传主管岗复核并督促采购员报账→下月初用红字冲回此凭证→当月末凭未配上的第②联收料单重新挂账。

（3）暂估入库：材料验收合格达到可发放状态，采购员须开具收料单，数量金额须填写完整，经仓库保管员签字后，材料方可发放。在发票未到、价格暂时无法确定时，先由采购员按合同价、最近历史价或市价等估价填写在收料单上，待收到发票后，如暂估价与实际价不一致，采购员按发票金额补填蓝字或红字收料单调整原收料单，经仓库保管员签字，将第②联留仓库记账，第③④联与估价收料单第③④联一并附在发票后报账，保证发票和所附收料单金额之和一致。

2. 计算加权平均价格

材料加权平均单价 $= \dfrac{\text{本期收货金额} + \text{期初结余金额}}{\text{本期收货数量} + \text{期初结余数量}}$，为本期材料发出单价。

3. 发料

审核领料单填写规范,签字手续完备→审核仓库管理员登记发出数量准确→抽出领料单→录入微机发出模块→编制打印分车间部门分品种领料单明细表(附后)→做成本计算得领料单金额(= 发出数量×材料加权平均单价)→在仓库明细账中登记发料金额→分类汇总各车间部门费用→打印车间领料单明细表传车间核算员→核对领料数量,传递发出成本数据→核对无误后,按各车间部门、各发料仓库编制材料发出月汇总表→编制记账凭证→传成本岗审核。

4. 结材料仓库明细账

材料仓库明细账审核登记完毕,结出各材料余额,督促仓库管理员与实物核对,并将账本余额分类汇总与财务账核对。

5. 盘点

每季度组织对原料、包装、低耗仓库实物盘点一次→督促仓库管理员编制实物盘点表→编制存货盘存明细表和汇总表→及时提供盘点结果→协助仓库管理员报告有关问题事项→根据公司处理决定编制记账凭证。

附表见表35 - 1。

表 35 - 1　领料单明细表

领用单位:

账本名称	材料名称规格	单位	数量	单价	金额

十、销售核算岗工作流程

(一)库存商品核算

每月月底审核成本岗传来的"送货单汇总表"的数量及成本→分出调库品种的数量及成本,登记库存商品账借方→计算库存商品账加权平均单价→凭据从业务系统倒出的B类销售单汇总表,登记库存商品账贷方→结库存商品账→月末与销售会计核对库存商品账。

(二)发出商品的核算

每月月底审核成本岗传来的"送货单汇总表"的数量及成本→分出销售品种的数量及成本,登记发出商品账借方→同时,凭据从业务系统倒出的A类销售单汇总表,登记发出商品账借方→计算发出商品账加权平均单价→凭"主营业务收入明细表"登记发出商品账贷方→发出商品账→月末与销售会计核对发出商品账。

（三）退货的核算

每月月底审核成本岗传来的退货销售单→根据销售单备注及单号，分出办事处退货数量和业务单位退货数量→根据库存商品账和发出商品账上月结存单价，算出退货成本，形成退货一览表→凭据退货一览表分品种冲转库存商品账和发出商品账→将退货一览表交于成本岗记账。

（四）主营业务收入核算

1. 正常销售

根据本月销售会计销售核算岗传来的销售发票记账联→将发票分品种、分办事处进行数量、金额汇总→与销售会计销售结算岗核对→编制"主营业务收入明细表"→编制记账凭证。

2. 退货

发生退货时，要求客户单位退回原发票，或向公司开具销售发票。开票岗凭退回发票或客户单位开出的发票开具红字发票（当月开出的发票可做作废处理）。核算收入时以负数做正常核算。

（五）主营业务成本核算

根据"主营业务收入明细表"及中转库加权平均单价计算当月主营业务成本→编制"主营业务成本明细表"→编制记账凭证→传主管岗复核。

（六）回款的核算

1. 开收据

根据业务员提供的交款明细客户和金额开具收款收据→将收据传给出纳岗据此收款→收回出纳收款盖章后的收据存根。

2. 编制回款凭证

收受销售会计核算岗传来的分办事处回款单（现金收据、银行回单）→传主管岗复核。

（七）编制产品销售利润表

各品种销售数量、销售收入、销售成本根据当月"主营业务收入及成本明细表"相关数量、金额进行填列，有加工收入应纳入"其他"中；销售税金、销售费用根据当月"利润及利润分配表"的主营业务税金及附加、营业费用本月发生额进行填列。

十一、工资福利岗位工作流程

（一）工资发放

1. 现金工资性支出

（1）日常零星工资性支出。

收到人力资源部开具的支出证明单→编制记账凭证→传出纳岗付款。

（2）差额工资、兑现、奖金等工资性支出。

签收出纳岗传来的已付款支出证明单→分类→编制记账凭证→传出纳岗登记核对。

2. 在职员工工资发放

（1）整理异动信息。

签收人力资源部、行政事务部、车间核算员及其他会计岗传来的相关异动信息→将异动信息分类→登记备忘录

（2）根据备忘录编制工资表。

打开数据库→清零上月异动信息字段→根据本月异动情况编制工资表→计算应发工资→输入所得税计算公式计算应扣所得税→重新计算应发工资→汇总各部门工资。

（3）验算工资表。

工资计算完毕→验算：上期实发工资±上期异动项+上期所得税±本期异动项－本期所得税＝本期实发数。

（4）打印、拷盘。

打印工资明细表→送人力资源部审核→审核无误后拷盘。

（5）银行代发工资款付出。

每月9日前填写付款审批单→财务部长审批→连同工资软盘交出纳岗划款，保证10日到账。

（6）编制正式工资表。

从数据库中拷出月度工资表→按人力资源部相关要求编制正式工资表→打印工资明细表→传人力资源部做档案保存。

（7）编制记账凭证。

根据正式工资明细表开具扣款收据→凭正式工资表汇总表、出纳传来的银行付款支票存根编制记账凭证→传给主管岗复核。

（8）装订工资信息资料。

工资发放完毕，将各种信息资料分类装订成册，妥善保管。

3. 劳保/内退人员工资及代付款发放

（1）编制工资表程序与在职员工相同。

（2）每月4日前划款，保证5日到账。

（3）编制凭证。

4. 退休人员补贴发放

根据人力资源部退休人员补贴变动通知调整补贴明细表→打印补贴明细表送人力资源部复核→复核无误，拷盘→填写付款审批单→经财务部长签字→将软盘同委托工行珞狮路分理处转账申请表、代扣水电费委托书传出纳岗办理划账手续→收到出纳传来的划款支票存根编制记账凭证→传主管岗复核。

5. 销售兑现

凭销售会计传递的销售兑现汇总表→编制计算表→开具代扣款项收据→根据销售兑现汇总表及收据、银行回执编制凭证→传主管岗复核。

（二）工资分配

1. 分配当月工资

月末打印当月应付工资明细汇总表→编制工资分配明细表，同时按工资总额的14％计提福利费、2％计提工会经费→编制记账凭证→传主管岗复核。

2. 提取产量工资

根据人力资源部提供的车间产量工资并计算福利费→编制记账凭证。

（三）福利性费用支出

审核行政事务部签批的托幼费、学杂费、医药费及党群部签批困难补助等支出→编制记账凭证→传出纳岗。

十二、税务岗工作流程

第一条　抄税

按《发票使用明细表》格式录入当月已开具的发票→与销售核算岗核对收入金额→整理并装订发票存根→打印《发票使用明细表》并按月装订成册→6 日前去税务局抄税。

第二条　抵扣

收受主管岗传来的抵扣联→按发票抵扣联 30 日前将当月收到的增值税票抵扣联送税务局验证→按《发票抵扣联清单格式》录入当月增值税抵扣联→与财务系统核对当月进项税额→装订抵扣联→打印抵扣联清单并装订成册。

第三条　申报税款

每月 10 日前填写各类税款申报表→传主管岗审核→财务部长签章→申报→登记税票→申报表归类保存。

第四条　代办出口退税相关手续

复印开给出口贸易单位发票记账联→填写出口交税申报表→传主管岗审核→财务部长盖章→申报→登记税票。

第五条　税款缴纳

（一）申报月度资金计划

月末根据当月开票及抵扣情况、税款缴纳计划等预计下月税款所需资金→填写月度资金计划表→财务部长审核。

（二）税款缴纳

填写付款审批单→财务部长审批→填写进账单，连同税票和付款审批单交出纳办理银行结算手续→登记资金计划表→签收出纳传来的银行进账回执→在税票登记本中注销相应的税票→编制凭证。

第六条　发票的领购及使用

根据发票和收据需求量及时填写票据领购凭证→财务部长盖章→去税务局购买→登记所购票据→存保险柜→登记发放情况→领用人签名→编制当月票据领用情况表。

十三、主管岗工作流程

（一）月末结转及提取相关税金

1. 结转当月地方小税

查询当月应缴税金各地方小税的明细账→将当月地方小税中存在借方发生额的金额作记录→编制相应的会计分录将其转平。

2. 结转当月增值税

（1）结转当月增值税

查询当月应缴税金中应缴增值税的明细账→将当月应缴增值税的各子科目发生额作记录→编制相应的会计分录将其转出。

（2）转出当月未缴或多缴的增值税

根据当月应缴税金应缴增值税各明细账计算出其贷方余额同借方余额的差额→编制相应的会计分录将差额转出。

3. 计提当月主营业务税金及附加

查询以及计算出当月增值税额的应缴数和主营业务收入→根据国家以及地方税收政策计算出各税费金额→根据计算出的金额编制相应的会计分录。

4. 计提当月所得税

按应付税款法根据本月的利润总额扣除不需要纳税项目计提当月的所得税。

（二）复核会计凭证

将出纳岗传来的涉及现金的凭证以及所有核算岗传来的不涉及现金的凭证统一进行逐个复核→发现有编制会计凭证出现差错的情况→提请各核算岗改正（其中出现的异常差错应先征求副部长意见后才能予以改正）→将凭证中含有需要抵扣的增值税进项税额抵扣联或运输发票抽出并在发票右上角写上该税票的月份及凭证号→传税务岗验票以及编制抵扣联清单→将已复核的会计凭证按凭证号顺序清理整齐。

（三）编制以及出具会计报表

将所有已经过人工复核的会计凭证在微机的账务系统进行逐个复核→将所有账务系统中已经复核的凭证进行电脑记账→通过微机中的账务系统进行所有结转凭证的生存→复核所有已生成的结转凭证看其是否正确→对已核准无误的结转凭证进行电脑记账→出具会计报表→交由副部长审定→审定无误后将其复印若干份→填写用章审批单到档案室请章后盖公司章→再盖上"法定代表人、财务总监、财务部门负责人"三章→将要上传到国资公司财务部和宝安集团财务处的会计报表先予以传真后再寄出→再将会计报表下发给其他各相关部门和单位并要求在发文签收本上签下接收人的姓名和日期。

（四）编制以及出具会计报表附注

将各核算岗提供的相关资料收齐→编制会计报表附注→复印→在财务系统内部下发。

（五）编制快报

按照国资公司财务部下发的快报要求先编制表样→再逐个查询账务系统中当月的各所需科目余额填制报表→交副部长审查→将审定无误的快报打印→再传真到国资公司财务部。

（六）编制财务分析报告

每季末待财务报表出具之后向相关核算岗收集财务分析报告所需资料和信息→编制财务分析报告→交部长审查→将审定后的财务分析报告打印→复印若干份→向部长请示后下发相关人员。

（七）编制现金流量预测表

每季度过后应将上季度编制的现金流量预测表与资金实际发生数予以核对→从微机的账务系统中逐个查询经营活动、投资活动、筹资活动各自的现金流入和现金流出明细→并编制上季度预测数与实际发生数对比分析表→再根据下一季度的资金使用计划和经营规划编制下一季度的现金流量预测表→交部长审查→将审定后的现金流量预测表打印→复印若干份→向部长请示后下发相关人员。

（八）收集员工考核资料

当月月初将员工月度考核表下发给财务部（除部长外）各员工→督促其填写当月的工作计划→当月完后督促其填写当月的工作小结→将小结收齐→交部长考核。

十四、会计科目名称表

表 35-2　会计科目名称表

一、资产类1000	1403	开办费	3205	本期损益	5208	折旧
1100	流动资产	1404	存出保证金	3206	交际费	5209	
1101	现金	1405		四、损益类4000	5210	修缮费
1102	有价证券			4100	收入	5211	税捐
1103	应收票据	二、负债类2000	4101	营业收入	5212	杂费
1104	应收账款	2100	流动负债	4102	销货	5300	已分配制费
1105	备抵呆账	2101	银行透支	4103	加工收入	5400	加工成本
1106	其他应收款	2102	短期借款	4104借方	销货折让	5500	销货费用
1107	原料	2103	应付账款	4105借方	销货退回	5501	薪资
1108	物料	2104	应付票据	4200	营业外收入	5502	佣金

1109	在制品	2105	应付费用	4201	财务收入	5503	文具印刷
1110	制成品	2106	其他应付款	4202	存货盘盈	5504	邮电费
1111	预付款项	2107	预付货款	4203	出售资产盈余	5505	水电费
1200	固定资产	长期负债 2200		4204	前期收入	5506	租金
1201	土地	2201	长期借款	4205	其他收入	5507	旅费
1202	建筑设备	其他负债 2300				5508	招待费
1203	备抵折旧	2301	存入保证金	五、费用类 5000		5509	广告费
1204	机器设备	2302	暂收款	营业费用		5510	坏账损失
1205	运输设备			5100	销货成本	5511	杂项费用
1206	杂项设备	三、净值类 3000		5200	制造费用	5600	管理费用
1300	投资基金	3100	资本	5201	间接人工	5601	薪资
1301	基金	3101	资本	5202	间接材料	5602	文具印刷
1302	长期投资	公积盈亏 3200		5203	文具印刷	5603	邮电费
1303	短期投资	3201	资本公积	5204	邮电费	5604	水电费
1400	其他资产	3202	法定公积	5205	水电费	5605	租金
1401	专利权	3203	特别公积	5206	租金	5607	保险费
1402	商标权	3204	累积盈余	5207	保险费	5608	折旧

十五、会计账册登记表

表 35 - 3　会计账册登记表

	账册名称	使用年度		年度	起用日期	编号	保管人	备注
		单一	跨年					
1								
2								
3								
4								
5								
6								
7								
8								
9								
10								
11								
12								
13								
14								
15								
16								
17								
18								
19								
20								
21								
22								
23								
24								
25								

十六、财务日报表

年　月　日

类　别						
现金、存款		现　金				
		活期存款				
	甲种存款	银行				
		银行				
		银行				
		银行				
		银行				
		银行				
		小　计				
借款		借款处				
应收票据		银行名称				
		小计				
		银行名称				
		小计				
赊购		区　分				
		前日余额				
		采购金额				
		偿付款				
		本日余额				
赊销		前日余额				
		销售金额				
		收　款				
		本日余额				

十七、进账日报表

表 35 – 5　进账日报表

年　　月　　日

地区	进账人	进账明细						款项回收款	销售过于不足		进账不足金额		
		现金	礼券	费用	银行汇入	转账	进账总额		超过	不足	日	日	日
	小计												
	总计												

十八、票据及存款日报表

表 35 - 6　票据及存款日报表

年　　月　　日　　星期

		收　　入					支　　出				
	进账处	类别	进账额	受理日期	受理银行	处理	汇出处	类别	支付金额	支付日期	支付银行
票据支票											
	银行名称	前日余额	本日存入款	催收进账额	本日提款额	本日支票开出额	票据支付额	本日余额	摘要		
存款											

明细	本日收入		特殊事项
	催收进账		
	本日提款		
	支票开出		
	票据支付		

十九、出纳管理日报表

表 35 - 7 出纳管理日报表

年　月　日

摘　要	本日收支额			本月合计	本月预计	备注
	现金	存款	计			
前日余额						
收入 销售进账						
分店汇款						
票据贴现						
抵押借款						
私人借款						
预收保险费						
进账合计						
其出 偿还借款						
材料						
采购品						
费用						
设备						
其他						
材料购入						
采购品支付						
费用支付						
人事费						
广告费						
各项费用						
支付利息						
购买固定资产						
分店小额款项						
工厂小额款项						
支出合计						
现 金 存 款						
存 款 提 款						
本 日 余 额						

二十、资金运用月报表

表35-8 资金运用月报表

年　月　　　　　　　　　　　　　　　　　　　　　　　　　　年　月　日

摘　要		前月累计		本月份			累　计			备注
		预算	实绩	预算	实绩	差额	预算	实绩	差额	
上月转入										
收入	销货收入									
	应收账款回收									
	票据兑现									
	抵押借款									
	票据催收									
	合　计									
支出	借款偿还 长期借款									
	短期借款									
	小　计									
	滞销偿还 材　料									
	采购品									
	费用									
	设备									
	小　计									
	购买材料									
	支付采购品									
	费用									
	小　计									
支付利息										
固定资产购入										
下月转入										

第三十六章

成本控制与管理

《按制度办事》

一、生产成本管理制度

第一条 财务部受总经理和财务总监的直接领导,是生产成本管理的主管部门,其职能是:根据公司的生产经营决策,全面负责本公司的生产成本管理工作。

第二条 根据全面预算管理与定额成本管理的基本内涵,按照归口管理的原则,确立生产管理部门、装配部门、人力资源部门和物资供应部门为生产成本的专业管理部门。

第三条 生产成本管理分工:

(一)财务部:

1. 严格执行国家有关成本管理的方针、政策、法律、法令、法规、条例与制度。根据集团公司下达的预算管理要求,编制年度生产成本预算。

2. 根据集团公司下达的目标成本计划,测算公司目标成本控制指标。

3. 按照公司的机构设置,对各费用项目进行分解承包。对各费用承包部门及责任人进行考核。

4. 参与专业生产成本有关各项费用、消耗定额的制定与完善。

5. 根据国家有关方针、政策、法律、法令、法规条例与制度,及时制定、修订与完善生产成本管理制度,并贯彻执行。

6. 负责生产成本的综合分析,找出生产成本的升降原因,提出降低成本的建议与措施。

7. 负责生产基地的成本核算和管理。

(二)生产管理部门:

1. 根据公司的要求和安排,编制生产计划并组织实施。

2. 负责月度各车间、半成品库的盘点工作。

3. 统计报送有关经济技术指标:

(1)每月生产月报表。

(2)每月盘存资料。

(3)月度生产计划。

(4)生产月度综合统计分析。

4. 负责检修计划的编制与实施,向财务部提交检修用工与检修费用情况。

5. 配合财务部门、原料仓库进行日常消耗材料的管理,各车间、各工序根据日产及材料消耗定额实行定额资金管理和限额领料制度。

(三)人力资源部门:

1. 负责各部门、各车间每月实际用工及工资费用的管理。

2. 负责全司各部门的工时定额测算、计件单价测算。

3. 负责劳动保护费用的管理。

4. 负责劳动保险金、教育经费、福利费等方面费用的管理。

（四）物资供应部门：

1. 负责各种消耗材料的采购。

2. 负责组织内部材料计划价格的制定与调整。

第四条　生产成本的预算编制

（一）生产成本预算编制程序。

各有关部门按照预算编制的要求，在每年的 11 月份，向财务部提供下一年度及每月的成本预算资料，财务部于每年 12 月份编制下一年度成本预算，经总经理审查后，于 12 月底上报董事长，经批准后贯彻执行。

（二）生产成本的预算编制分工。

财务部负责组织全公司生产成本预算的编制。与生产成本有关的各专业管理部门按照职责分工，分别负责生产技术经济指标的制定、分管专业和生产成本的预算编制。

（三）生产成本的预算编制要求。

财务部根据公司预算管理要求，结合上年度的成本实际完成情况，以及公司下达的年度定额成本计划及本公司的实际情况，编制本年度生产成本预算。

（四）生产预算的调整。

造成的生产计划的调整而影响生产技术指标的变动，因集团公司因素而引起的成本增减，财务部按有关程序申请调整预算。月度生产计划、各项生产技术指标的调整文件或资料，专业管理部门应及时提交财务部。

第五条　生产成本的控制

（一）按照全面预算管理的要求，建立定额成本管理体系。

（二）进行归口分级管理，明确各部门的职责与权限。进行生产费用的测算和事后生产费用指标的分解与下达和生产成本预算的调整。

（三）全面预算在生产计划下达后，财务部结合采购计划、材料价格、工资预算、销售计划，水、电、气消耗等另行编制。

第六条　生产成本预算的考核

（一）按照全面预算管理的要求，建立定额成本管理的监督体系。确立总经理为目标成本管理的第一负责人。

（二）确立由生产部长、财务部长，以及与生产成本管理相关的各部门负责人组成目标成本监督小组。

（三）各专业部门按照目标成本管理的要求，对所管理的费用项目要进行事前控制，确保目标的实现。

（四）财务部按照成本习性，对生产基地目标成本管理工作负有业务指导与监督义务。对于出现的一般问题，财务部部长直接解决，解决无效时报总经理解决。

第七条　生产成本核算

（一）产品核算原则以中华人民共和国《企业会计准则》为准。核算方法以《股份制会计制度》为准。

（二）成本核算报告以财务报表形式编制，报表分月报、季报、年报三种。

第八条　生产成本分析

（一）生产成本分析，由财务部组织专业管理部门进行，按分工开展各项工作。

（二）成本分析采取灵活多样的形式，即将全面分析与专题分析、专业分析与群众分析、事前事中与事后分析、定期分析与不定期分析相结合。

（三）事后的生产分析是向总经理进行书面报告的最主要的形式，财务部的成本分析报告应于月度8日、季度8日、年度10日内完成。

（四）各专业管理部门分管指标的分析分别于月度30日内以书面形式提交财务部。

（五）月度主要分析生产成本与经济技术指标的偏差，季度主要进行专题分析，半年或年度分析主要进行成本综合分析，既要与上年同期比，又要与年度目标成本计划比。

（六）分析的目的是：揭示成本管理中存在的薄弱环节，充分暴露矛盾，制定降低成本的具体措施，保证目标成本的实现。

（七）按月、季、年召开成本分析会议，就成本管理中出现的问题制定整改措施，作出相应决议，定人、定事、定日期，并指定有关部门会后检查与总结，成本分析会议可结合经济活动分析会进行。

第九条　本制度由财务部制定，经总经理审批后自颁布之日起执行。

二、成本核算细则

□　总则

第一条　为规范公司成本核算工作，提高成本核算的准确性与及时性，制定本细则。

第二条　公司的控股子公司可自行制定成本核算办法，报公司批准后执行。

□　成本开支范围

第三条　为生产商品和提供劳务而发生的直接材料、直接工资、其他直接支出和制造费用计入制造成本。

（一）直接材料：指生产商品产品和提供劳务过程中所消耗的，直接用于产品生产，构成产品实体的原料及主要材料、外购半成品以及有助于产品形成的辅助材料和其他直接材料。

（二）直接工资：指在生产商品产品和提供劳务过程中，直接参加产品生产的工人工资以及按生产工人工资总额和规定比例计算提取的职工福利费。

（三）燃料及动力：指直接用于产品生产的外购燃料和水、电、气、冷动力费用。

（四）制造费用：指应由产品制造成本负担的，不能直接计入各产品成本的有关费用，主要指各生产车间管理人员的工资、奖金、津贴、补贴，员工福利费，生产车间房屋建筑物、机器设备等的折旧费，租赁费（不包括融资租赁费），修理费、机物料消耗、低值易耗品摊销，取暖费（降温费），水电费，办公费，差旅费，运输费，保险费，设计制图费，试验检验费，劳动保护费，修理期间的停工损失以及其他制造费用。

第四条　下列各项支出不得计入成本：

（一）资本性支出，即购置和建造固定资产和其他资产的支出。

（二）对外投资的支出。

（三）无形资产受让开发支出。

（四）违法经营罚款和被没收财产损失。

（五）税收滞纳金、罚金、罚款。

（六）灾害事故损失赔偿。

（七）各种捐赠支出。

（八）各种赞助支出。

（九）分配给投资者的利润。

（十）国家规定不得列入成本的其他支出。

成本核算的任务、原则

第五条 公司成本核算的任务：

（一）认真执行国家有关成本开支范围和费用开支标准，合理归集与核算生产经营过程中发生的各项费用，正确计算产品成本并根据公司内部经营管理需要和有关部门的要求，及时准确地提供成本报告和有关分析资料。

（二）监督成本费用发生的合规性和合理性。

（三）促进企业改善经营管理，降低生产耗费，提高经济效益。

第六条 成本核算工作的原则：

（一）按照统一领导、分级管理的原则，建立健全适应市场竞争和内部管理需要的成本费用核算体制。

（二）开展成本费用核算工作，加强对二级核算单位以及班组成本核算的组织与管理。

（三）成本费用核算工作必须在不断加强与完善各项基础管理工作的前提下进行，使成本费用的核算具有可依靠的基础。

（四）成本费用计算期应与会计核算期一致，规定为每年 1 月 1 日到 12 月 31 日，每月 1 日至当月末。计入当月成本的费用要素消耗和产品产量的起止日期须与成本计算期保持一致，不得提前和延后。

（五）成本核算必须坚持权责发生制的原则，应真实准确反映特定会计期间的成本水平的经营成果。

（六）成本核算须划清本期成本与下期成本的界限、在产品与产成品的界限、各种产品之间的成本界限。

（七）根据计算期内完工验收入库的产品数量、实际消耗和实际价格，计算产品的实际成本，不得以估计成本、目标成本代替实际成本。按计划成本、定额成本进行核算的，应在月末调整为实际成本。

（八）遵循谁受益谁承担费用的原则确定成本核算对象，对生产和经营过程中发生的各项费用，应设置成本费用账册，以审核无误手续齐备的原始凭证为依据，对成本项目在各成本核算与管理对象间进行分配，做到真实、准确、完整、及时。

（九）公司成本核算中的各项具体方法（包括材料计价、价差调整、费用分配方法、完工产品和在产品成本计算等），前后各期必须一致，不得随意变更。如需变更，应报经主管部门批准，并将变更的原因及其对成本费用和财务状况的影响，在当期的会计报告中加以说明。

生产费用的分类、归集、分配

第七条 生产费用按经济内容（或性质）分类称为生产费用要素：

（一）外购材料：指为进行生产经营而耗用的一切从外部购进的原材料及主要材料、半成品、辅助材料、包装物、修理用备件和低值易耗品等。

（二）外购燃料：指为进行生产经营而耗用的一切外部购进的各种燃料，包括固体、液体和气体燃料。

（三）外购动力：指为进行生产经营而耗用的由外部购进的各种动力。

（四）工资：指应计入生产费用的员工工资。

（五）计提的员工福利费：指按照工货总额的规定比例14%计提的员工福利费。

（六）折旧费：指各生产单位房屋建筑物、机器设备等固定资产按照规定的折旧率计算提取的折旧费用。

（七）修理费：指按照确定并备案的提存率预提的房屋建筑物、机器设备等各类固定资产的大中小修理费用或直接计入生产费用的修理费用。

（八）利息支出：指应计入生产费用的银行借款利息支出减利息收入后的净额。

（九）税金：指应计入生产费用的各种税金，包括房产税、车船使用税、土地使用税、印花税等。

（十）其他支出：指不属于以上各要素的费用支出。如物耗和非物耗等。

第八条　生产费用按经济用途分类称为成本项目。公司成本项目规定：

（一）直接材料：直接用于生产构成产品实体的各种原料、主要材料和外购半成品以及有助于产品形成并具有消耗定额的辅助材料，另外包括包装物。

（二）燃料及动力：指直接用于产品生产的外购和自制的各种燃料和动力。

（三）工资及福利费：直接参加产品生产的员工工资以及按规定比例计提的员工福利费。

（四）制造费用：指各单位为组织和管理生产所发生的各种费用，包括：

1. 工资：指车间生产员工以外的管理人员、辅助员工、勤杂人员的工资。

2. 员工福利费：指按上述人员工资的14%提取的员工福利费。

3. 折旧费：指车间使用的各类固定资产提取的折旧费。

4. 修理费：指车间维修各类固定资产和低值易耗品所发生的修理费用。

5. 办公费：指车间发生的文具、纸张、印刷品等办公费用。

6. 水电费：指车间非工艺过程用水和照明用电的费用。

7. 取暖费用：指车间应分担的采暖费用，不包括支付员工取暖费津贴。

8. 租赁费：指车间从外部租入各种固定资产和工具而支付的租金。

9. 差旅费：指车间因公外出的各种差旅费、市内交通费。

10. 机物料消耗：指车间非直接用于产品、劳务的一般消耗材料，不包括修理费用、劳动保护用品等。

11. 保险费：指车间应负担的财产保险费。

12. 低值易耗品摊销：生产车间耗用的通用工具、生产用具、仪器等。

13. 劳动保护费：车间为保证劳动安全发生的各项费用。包括：应由制造费用开支的各项劳动保护措施费、劳动保护装置维护费、防暑降温费、劳动保护用品等。不包括增加固定资产的劳动安全防护措施支出。

14. 季节性修理期间的停工损失。

15. 运输费：车间内部运输所发生的费用和运输部门为车间提供的劳务费用。

16. 外部加工费：指车间产品零部件委托外公司加工协作的费用。

17. 试验检验费:指不能直接计入为鉴定某种产品质量而发生的产品的试验费、原材料、成品及半成品的检验费用、理化试验、质量监控等费用。

18. 设计制图费:指对产品和工艺进行科研、设计所发生的费用。

19. 其他:指不属于以上项目的其他应计入制造费用的支出。

第九条　生产费用归集与分配的原则:

(一)按产品品种设置成本核算对象,对难以直接计入的间接费用要按合适的标准,在公司包括主营业务、其他所有产品之间分配。企业的产品包括全部的主营业务、其他业务和劳务协作。

(二)凡能直接计入各生产线、各作业、各产品的费用均应直接计入。

(三)凡不能直接计入各生产线、各作业、各产品的费用,应采用与费用形成有直接关系的分配标准进行分配。

(四)分配标准一经确定,不得随意变动。

第十条　购入材料的成本:

(一)生产过程中实际消耗的外购材料的成本包括:买价、外地运杂费、保险费、大宗材料的市内运杂费、运输途中的合理损耗和入库前的挑选整理费用等,但不包括购进材料增值税和购进免税农产品按规定的扣除率计算的进项税额。

(二)购进材料直接用于非应税产品的,应按包括进项增值税在内的全部支付价款全额计入材料成本。

(三)进口材料的采购成本应包括国外进价、进口税金。

第十一条　材料费用的归集与分配:

(一)月终未报账的材料,按计划价办理暂估入库,于材料报账时冲回。

(二)采用公司内计划价格进行材料日常核算,月终将耗用材料的计划价调整为实际价格。材料的实际价格与计划价格的差异,使用当月实际差异率,按材料类别或品种核算。其中主要原材料按品种核算,辅助材料、备品备件、包装物、低值易耗品按材料类别核算。

(三)材料稽核员根据领料单,将属于直接构成产品实体的材料,计入制造部生产成本。不能直接计入产品实体的,计入领用部门制造费用。成本核算员将直接计入产品实体的材料按材料稽核员转来的"材料领用单",以材料核算价分配到各工序、各产品。并将材料成本调整为实际成本。

(四)月末车间材料员负责将已领未用的材料办理"假退库"手续。

第十二条　动力费用的归集与分配:

(一)动力包括水、电、蒸汽、冷、压缩空气等,分外购、自制两种。自制动力以及需经本单位辅助车间处理后使用的外购动力,均应作为辅助生产核算。

(二)动力费用根据计量仪表记录的实际耗用数量进行核算,没有计量仪表的,应由动力部门或有关部门确定的合理的分配标准,作为分配动力费用的依据。

(三)动力费用的核算要划清生产用和非生产用的界限、内供和外供的界限。

第十三条　工资及福利费用的归集与分配:

(一)应当支付给员工的各项工资,应按国家有关规定列入工资总额。各项工资性支出都应按照手续完备的原始凭证进行核算和汇集。

(二)按照规定的工资制度、工资标准和工资等级,依据有关的原始凭证,正确计算应付工资和实发工资。

（三）依据国家有关规定计算、提取和支付员工福利费，不得擅自改变计提比例。每月应付员工的全部工资和提取的员工福利费，按部门、车间进行汇集与分配，分别计入有关科目中。

第十四条　固定资产的折旧费：

（一）固定资产的折旧费根据确定的折旧年限和折旧率，按月提取，分类计入各有关科目。固定资产的折旧率应按集团公司的统一会计政策确定，报集团公司财务部备案，不能随意变动。

（二）公司购置或竣工验收交付试生产的固定资产，都要按经审计确认的资产原值（或估计原值）入账并计提折旧；对长期不用或不需用的资产要及时办理封存手续。对已交付使用，但尚未办理竣工决算的工程要自交付使用之日起，按照工程预算、造价或工程成本等资料，估价转入固定资产，并据以计提折旧。竣工决算办理完毕以后，按决算数调整原固定资产估价和已提折旧，以保证成本水平的真实性与合理性。

第十五条　待摊和预提费用：

（一）待摊费用是指本月发生，但应由本月及以后各月产品成本和期间费用共同负担的费用。待摊费用应按费用的受益期确定分摊期限，但应在 1 年内摊销完毕。摊销期限在 1 年以上的待摊费用应在"递延资产"科目核算。

（二）预提费用是反映预先分月计入成本费用，但由以后各月支付的费用，预提费用的期限也应按受益期确定。为了使各月成本费用水平均衡，应编制各项预提费用预算分月计入产品成本。实际发生的费用与预提的费用的差额应计入费用支付期的有关成本费用项目。

（三）根据公司的实际情况，待摊费用和预提费用应包含如下内容：

1. 新建、扩建企业或车间一次大量领用的低值易耗品。

2. 数额较大的固定资产修理费用。

3. 一次支付的固定资产的租金和租入固定资产的改良支出。

4. 企业发生的数额较大、应分期计入产品成本的用于新产品、新技术、新工艺的研究开发费。

5. 按规定应分期计入产品生产成本的技术转让费。

6. 一次支付的财产保险费。

7. 按季度（或延期）支付的流动资金借款利息支出。

8. 停产检修期间的费用，可以在当年内分月摊销。

9. 其他经营主管部门批准的待摊、预提费用。

第十六条　制造费用：

（一）制造费用按照生产车间和规定的费用项目进行汇集。

（二）应由某一成本核算对象单独负担的制造费用，应直接计入。应由一个以上成本核算对象共同负担的制造费用，按各成本核算对象的定额工时比例分配计入。

（三）各月发生的制造费用，应当全部由当期完工产品负担。

□　成本核算方法

第十七条　产品成本核算的基本程序：

（一）对生产过程中发生的生产费用，按成本核算对象和成本项目分别归集，对直接构成产品成本的直接计入，间接费用按一定的分配标准在产品之间分配。

（二）计算在产品成本。

（三）计算产品的制造成本。

第十八条　辅助生产车间的生产费用按辅助生产车间提供的产品、劳务、作业的种类和成本项目进行汇集和分配。

（一）辅助生产车间的劳务、作业成本，按各车间提供的劳务作业量，以计划单位成本，分配给受益单位。

（二）辅助生产车间按水、电、气、冷及维修等为成本核算对象，并按成本项目归集生产费用。

（三）辅助生产车间为提供劳务而发生的费用，扣除车间自用的部分外，应当全部分配给生产车间和管理部门，不得截留。

（四）辅助生产为各单位提供的产品及劳务，应分别计算实际成本。实际总成本与转给各受益单位的实耗量和计划价格计算的总成本之间的差异，公司财务部门统一分配，计入当期产品成本及管理费用。

第十九条　成本计算方法：

（一）根据产品的生产特点，对产品的直接材料按工序采用逐步结转法进行核算，燃料动力、工资及福利费、制造费用等采用按产品产量及一定的分配标准在各品种之间进行分摊核算。

（二）根据产品的生产特点，采用品种法核算，各生产线分别按配置工序、包装工序核算。直接材料按领用的品种直接计入该产品的生产成本，动力、直接人工、制造费用按品种类别及一定的分配标准分摊核算。

（三）月末在制品只结存原材料，动力、直接人工、制造费用等当月发生的其他费用全部由当期完工产品分摊，不留余额。

第二十条　按照生产产品的品种为成本核算对象并按成本对象设置成本计算表汇集生产费用，每月的生产费用就是该产品的总成本，再除以当月实际产量，就是该产品的单位成本。

第二十一条　在制品成本和产成品成本：

（一）公司制造部门应设置台账，登记在制品的加工数量、完工数量、废品数量，转出数量和结存数量，并定期进行实地盘点。在制品的盘盈、盘亏按规定报批计入管理费用。

（二）根据在制品的实际结存数量和折合成本量正确计算在制品成本。在制品成本月末只留直接材料成本。

（三）制造部门对已完工的产品应及时办理验收交库手续。产成品的收发结存数量，必须在年度内定期与实物进行核对盘点，对产成品的盘盈、盘亏计入管理费用。

（四）产品月末按照在制品的完工程序折合为约当产量，再根据约当产量与完工产量的比例，计算在制品和完工产品的成本。

□　附　则

第二十二条　本办法由公司财务部门负责解释，经公司总经理审批后，从下发之日起执行。

三、成本核算工作流程

（一）生产成本核算总流程

费用核算→费用归集与分配→产品成本核算→产成品入库→产成品发出。

（二）生产部门日常费用报销流程

审核原始凭证完整、合法、金额正确、原始凭证与支出证明单是否一致→审核并更正原始凭证按规范粘贴和折叠→审核审批手续是否完备→审核部门费用支出进度（如超计划额度，可拒绝报销）→编制记账凭证→涉及现金的凭证传出纳岗，不涉及现金的凭证传主管岗复核。

（三）其他核算流程

1. 水（电）费

收受出纳岗传来的水（电）费委托收款凭证→分出非生产用水（电）发票→将生产用水（电）发票传生产部相关岗位换取增值税票→编制记账凭证→传主管岗复核。

2. 审核原辅材料领用

每月 1 日收受材料审核岗传来的当月原材料领料汇总表、记账凭证→对照领料单审核材料发出汇总表→对照汇总表审核记账凭证→传主管岗。

（四）制造费用及辅助生产归集与分配流程

1. 生产质保费用

结账后第三日查询并打印当月制造费用——生产部（含分管领导）/质保部（含分管领导）科目时段余额表→向生产部统计岗取得各车间产量工时→编制生产费用（含分管领导）、质保部费用（含分管领导）分配表→编制记账凭证→传主管岗复核。

2. 车间制造费用

车间制造费用由财务系统自动结转，并生成记账凭证。

3. 辅助生产成本

结账后第三日查询并打印当月辅助生产成本科目时段余额表→传辅助生产车间核算员进行辅助生产分配→根据辅助生产车间核算员编制的辅助生产分配明细表编制记账凭证→传主管岗复核。

（五）生产成本核算流程

1. 基本生产成本的归集

检查制造费用、辅助生产成本是否结转完毕→检查工资分配、原材料领用、产成品发放凭证是否已编制→结账后第三日打印各车间生产成本汇总表及制造费用汇总表→传各车间成本核算员。

2. 产品成本核算

由车间成本核算员根据当月车间生产的产品品种数量、各产品耗用的工时及成本岗提供的生产成本汇总表等，将车间当月生产成本在完工产品、在产品和半成品之间，完工产品、半成品品种之间进行分配,结账后第四日编制产品成本计算表交成本核算岗。

3. 产成品入库

(1)审核产成品明细账

定期审核仓库产成品、自制材料账→核对入库单(第④联)数量与仓库管理员登记的明细账借方数一致→取下入库单(第④联)→分车间分品种暂时保存。

(2)审核成本计算表

检查车间成本核算员编制的成本表→核对完工产品、半成品数量和入库单(第④联)数量一致→根据成本计算表及入库单(第④联)编制记账凭证→传主管岗复核。

(3)编制产成品平均成本表

将每月完工产品成本资料输入《产品平均成本表》,以便动态直观反映各产品成本变动情况。

(4)登记仓库产成品(自制材料)明细账借方金额

根据已审核成本计算表,将入库产成品、自制材料成本金额登记在仓库产成品、自制材料明细账借方。

4. 计算加权平均单价

$$产成品(自制材料)加权平均单价 = \frac{本期收货金额 + 期初结余金额}{本期收货数量 + 期初结余数量},$$ 为本期产成品发出单价。

5. 退货入库

货物退回,根据销售部开具红字销售单,由销售核算岗按中转库上月各品种加权平均单价,及退货数量计算出退货金额,并将品种、数量、单价、金额等资料编表汇总,本岗根据其汇总表,编制记账凭证。

6. 产成品出库

审核仓库产成品明细账登记的发出数量→抽出产成品发出凭证并编制分类汇总→计算发出金额(= 数量 × 产成品加权平均单价)→在仓库明细账中登记发出金额→凭汇总表编制记账凭证→传审核岗审核。

7. 结仓库产成品明细账

仓库明细账审核登记完毕,结出各产品余额,督促仓库管理员与实物核,并将账本余额分类汇总与财务账核对。

8. 盘点

每半年组织对仓库实物盘点一次→督促仓库管理员编制盘存表→及时提供盘点结果→协助仓库管理员报告有关问题事项→根据公司处理决定编制记账凭证。

四、产品生产成本表

表36-1 产品生产成本表

年　月

品名		
规格	收率	
每吨数量	目标批量	

类别		项次	成本项目	单位	单价	理论			现状			目标			成本异						说明
															理论与现状			目标与现状			
						单位用量	金额	%	单位用量	金额	%	单位用量	金额	%	单位用量	金额	%	单位用量	金额	%	
原料成本		1																			
		2																			
		3																			
		4																			
		5																			
		6																			
		7																			
		8																			
		9																			
		10	小　计																		
工缴成本	变动费用	11	电力费																		
		12																			
		13	小　计																		
	固定费用	14	直接人工																		
		15	折　旧																		
		16	修护费																		
		17	他部摊入																		
		18																			
		19	小　计																		
工缴成本合计																					
制造成本合计																					

五、生产成本核算表

表 36 - 2　生产成本核算表

制造号码：

产品名称：　　　　　　规格：　　　　　　出产数量：　　　　　制造完工日期

缴库通知编号：　　　　　　　　　　　　　　　　　　　　　　　单位：

原料名称	规格	领料单号码	单位	数量	单价	金额	原料名称	规格	领料单号码	单位	数量	单价	金额
耗用原料直接原料							耗用材料直接物料						
合　计							合　计						

直接人工				已分配制造费用			成本汇计			单位成本	
制造单位	日期	工时数	工资率	金额	工时数	分摊率	金额	项目	金额	金额	备注
								直接原料			
								直接物料			
								直接人工			
								已分配制造费用			
合　计								合　计			

缴库记录			出货记录				备注
缴库日期	缴库单号	缴库数量	日期	厂商	发票号码	数量	

经理：　　　　　　　　　　　　会计：　　　　　　　　　　制表：

六、成品汇总表

表36-3 成品汇总表

年   月份

日期	生产成本单号数	品名	数量	成品(借)	生产材料(贷)	人工(贷)	生产费用(贷)
	合 计						

七、成本差异汇总表

表36-4 成本差异汇总表

生产通知号码	产品名称	生产数量	原料成本			物料成本		人工成本		生产摊费		售价	毛利	
			估计	实际	差异%	估计	实际	估计	实际	估计	实际		估计	实际
合 计														

八、月份各批号成本分析比较表

表 36－5　月份各批号成本分析比较表

单位:元

| 批号 | 品名规格 | 客户名称 | 数量 | 单位 | 单价 | 运费佣金 | 净价 | 单位成本 | | | | | 毛利 | 销管 | 费用 | 净利润 | 备注 | | 注 |
								原料	物料	工资	制费	合计					超用料	效率	亏损原因

第三十七章

统计管理

《按制度办事》

一、统计管理制度

□ 总则

第一条 为了有效、科学地组织统计工作,保证统计资料的准确性与及时性,发挥统计工作在企业生产经营活动中的重要作用,特制定本制度。

第二条 统计工作的基本任务是对企业的生产经营活动情况进行统计调查,统计分析,提供统计资料,实行统计监督。

第三条 企业实行公司、车间、班组三级统计管理体制和按业务部门归口负责的原则。财务部负责组织领导和协调全厂统计工作。

第四条 根据各职能科室和车间统计工作的需要以及统计业务的繁简程度,配备专职或兼职统计员,班组按照民主管理的要求,推选出兼职统计员。企业统计人员应保持相对的稳定,科室、车间统计人员(包括兼职)调(变)工作时,事前必须征求计划管理科的意见,并要有适合的人员接替其工作。

第五条 统计人员享有所辖范围内的统计调查权、统计报告权及统计监督权。被调查单位和人员应当积极协助统计人员的工作,及时提供真实资料和情况。

□ 统计报表的管理与分工

第六条 凡国家统计局、地方统计局和企业主管部门颁发的一切报表,由××根据公司各职能科室的职责分工,确定编制责任部门。如报表涉及两个以上部门,而又无适当部门负责时,则由××召集有关部门协商编制。

第七条 公司各部门因工作需要,要求有关科室填报的定期统计报表,须经××审查同意,并经分管副总批准后,方能定为正式报表。公司正式定期统计报表,由××制定"报表目录",颁发执行。未经公司批准的报表,各单位可拒绝填报。

第八条 公司统计报表如有个别项目需要修改时,由原制表业务部门直接通知填报单位,并将修改后的式样送××备案,不必再办审批手续。

第九条 各种定期统计报表,由行政部根据业务部门的实际需要统一印刷、保管、发放。

第十条 各科室对外报送的各种专业统计报表,必须先经××会签。上报时,应抄送××。

第十一条 凡上级业务主管部门向所属业务部门直接颁发的有关统计文件和报表,各业务部门应转送××传阅。

第十二条 为确保统计报表数字的正确可靠,各科室、车间主管领导应对上报报表进行认真审查,签字后方能报出。

□ 统计资料的提供

第十三条　各科室、车间向外提供统计资料,公布统计数字,一律以本单位的统计人员所掌握的统计资料为准。

第十四条　各级党政领导所需要的统计数字,应由同级统计部门或统计人员负责提供,以便克服使用统计数字的混乱现象。

第十五条　凡公司以外单位根据上级规定,并持有上级主管部门或统计局介绍信件来公司索取统计资料时,统由××接洽提供,或由××指定有关部门提供。

第十六条　企业各项主要统计资料,由××综合统计员掌管,科室、车间的各项主要统计资料,由本单位统计人员掌管。

□ 统计资料管理

第十七条　所有统计资料均为内部文件性质,某些属于机密性质,均应按公司关于保密工作规定办理;未经批准,不得向无关人员泄漏。

第十八条　对外公开发表统计数字,在总经理批准后由统计人员统一办理;公司各部门向上级机关汇报情况,在重要会议作报告,或公开发表文章中所引用的统计数据,均须由提供资料人员同统计人员进行核对,以保证统计数字的一致性。

第十九条　关于统计资料的装订、整理、保存方法及保存期限,均按档案管理有关规定办理。

第二十条　各科室、车间应将本单位的统计资料,采用卡片或台账形式,按月、季、年进行整理分类,以便使用。

第二十一条　各科室、车间编制的统计台账和加工整理后的统计资料,必须妥善保管,不得损坏和遗失。对已经过时的统计资料,如认为确无保管价值,应呈请本单位主管领导核准,并经××综合统计员会签后,方可销毁。

□ 统计数字差错的订正

第二十二条　统计资料发出后,如发出错误,必须立即订正。受表单位发现数字错误时,应立即通知填报单位订正,填报单位不得推诿或拖延。

第二十三条　企业内部报表如发生数字错误时,可根据不同情况按下列办法订正:

(一)日报表当日发现差错时,应及时用电话或口头查询订正,隔日发现差错时,应当在当日报表上说明。

(二)重大差错必须以书面形式订正,并填报统计数字订正单。各受表单位应将统计数字订正单贴在原报表上,并将原报表数字加以订正,以防误用。

□ 统计工作的交接

第二十四条　统计人员调动工作时必须认真办妥交接手续,在未办妥以前,原任统计人员不得擅离工作岗位,更不得因工作调动而影响统计工作的正常进行。

第二十五条　统计人员调离工作时,必须做好下列工作:

(一)将经办工作情况全面地向接替人员交代清楚。

(二)培训接替人员的业务,使其能独立工作。

(三)所有统计资料(包括原始凭证、统计手册、台账、报表、文件、历史资料等)与统计用具(如计算机、绘图仪、书刊等)应一一造出清单移交。

☐ 文字说明与分析报告

第二十六条 文字说明与分析报告是统计报表的重要组成部分,编制统计报表要做到:月报有文字说明,季报、年报有分析报告。

第二十七条 文字说明是统计分析的基础形式,必须根据统计报表中各项主要指标反映的问题,说明产生的原因、影响及其后果。

第二十八条 分析报告应以报表为基础,以检查计划为重心,测定计划完成程度,分析计划完成与未完成原因,并提出改进意见。

☐ 统计纪律

第二十九条 各车间、科室和从事统计工作的人员,必须严格按照统计制度规定提供统计资料,不准虚报、瞒报、迟报和拒报。

第三十条 属于保密性质的统计资料,必须严格保密,严防丢失,提供时应按公司保密制度的规定执行。

☐ 附 则

第三十一条 本制度由财务部制定并负责修订和解释。

第三十二条 本制度自公布之日起施行。

二、统计工作流程

(一)财务部根据公司统计工作制度制定统计工作计划,向有关部门下达年度、季度、月度、旬、日等统计任务。

(二)各相关部门按规定填写统计报表,部门负责人审核、签字后报财务部,由统计员汇总。

(三)汇总报表经财务部经理审核,部分报表要经财务总监审阅。

(四)根据需要做好统计资料分析,连同统计报表一并报送总经理办公会议和总经理审阅。

(五)经总经理审批后向上级部门或统计主管部门上报相应统计资料。

(六)统计资料归档保管。

第三十八章

审计管理

《按制度办事》

一、内部审计管理制度

第一条　总　则。

为了加强公司内部审计监督,使审计工作制度化,法制化,根据国家审计法规结合实际情况,特制定本制度。

第二条　审计机构和人员。

(一)内部审计机构和人员方案:

1. 设立审计部,配置若干专职人员。

2. 附属财务部,设专职审计人员。

(二)公司根据发展规划,逐步形成多层次,多功能的审计监督体系。

第三条　内审人员应具有一定的政治素质,审计专业职称,专业知识和审计经验。

第四条　内审人员必须依法审计,忠于职守,坚持原则,客观公正,廉洁奉公,不得滥用职权,徇私舞弊,玩忽职守。公司应对审计人员工作进行奖励和处罚。

第五条　内审人员按审计程序开展工作,对审计事项应予保密,未经批准不得公开。

第六条　内审人员依法行使职权,受法律保护,任何部门,个人不得阻挠和打击报复。

第七条　审计对象:

(一)公司各职能部门,员工。

(二)公司全资子公司,分公司,控股公司。

(三)公司参股企业的派驻人员。

(四)总经理认为需要检查的其他事项和人员。

第八条　内部审计范围:

(一)与财务收支有关的经济活动。

(二)财务计划的执行和决算。

(三)公司资产的使用,管理及保值增值情况。

(四)基建工程预决算的真实合法性。

(五)国家财经法律法规执行情况。

(六)公司领导离任的经济责任。

(七)管理活动,行政活动。

(八)其他认定事项。

第九条　内部审计依据:

(一)国家法律、法规、政策。

(二)公司规章制度。

(三)公司经营方针、计划、目标。

(四)其他有关标准。

第十条　审计种类:

公司内部审计包括：

（一）财务收支审计。对被审单位财务收入的合法性、真实性进行监督检查。

（二）专案审计。对被审单位及人员违反公司经济纪律问题进行审计查处。

（三）专项审计。包括：

1. 管理审计。对被审单位管理活动的效率性进行审计。

2. 效益审计。在财务收支审计基础上，对其经济活动效益性、合理性进行审计。

3. 任期审计。对被审单位负责人在任职期间履行职责情况进行审计。

4. 审计调查。对公司普遍存在的问题进行专题调查。

第十一条 公司内部审计方式有：

（一）报送（送达）审计。被审单位接到审计通知书，应在指定时间将有关材料送审计机构接受审计检查。

（二）就地审计。审计人员到被审单位进行审计，后者提供必要的工作、生活条件。

第十二条 内部审计的内容包括：

（一）财务计划及其预算的执行的决算。

（二）固定资产投资项目的立项，资金来源，以及预算、决算、竣工、开工审计。

（三）资产管理情况。

（四）经营成果，财务收支的真实性，合法性，效益性。

（五）内部控制制度的健全，严密，有效性。

（六）重要经济合同，契约的签订。

（七）各部门，下属企业领导离任审计。

（八）联营、合资、合作企业和项目投入投入资金，财产使用及其效果。

（九）配合国家审计机关和审计（会计）师事务所，对公司，有关部门的审计。

（十）其他交办审计事项。

（十一）向总经理室，审计机关报送审计工作计划、报告、统计报表等资料。

第十三条 内部审计的主要职权：

内部审计行使下列职权：

（一）召开本公司、部门、下属企业有关审计工作会议。

（二）参与重大经济决策的可行性论证或可行性报告事前审计。

（三）要求被审单位及时提供计划、预算、决算、合同协议、会计凭证、账簿等文件资料。

（四）检查被查计单位的凭证、账簿、报表、资产。

（五）对有关事项调查，有权要求有关单位和个人提供证明材料。

（六）提出改进管理，提高效益的建议。

（七）对违反财经法规行为提出纠正意见。

（八）对严重违反财经法规，造成严重损失浪费的人员，提出追究责任的建议。

（九）对审计工作中发现的重大问题及时向总经理、董事会、监事会报告。

（十）对阻挠破坏审计工作及拒绝提供资料的，有权向总经理提出建议，采取必要措施，追究有关人员责任。

（十一）参与制定，修订有关规章制度。

第十四条 内部审计工作程序：

（一）制定年度审计工作计划。

审计部在年初应根据上级审计部门的部署，结合公司的具体情况确定年度审计工作计划,报请总经理批准后实施,必要时报送审计机关。

（二）确定审计对象和制定计划。

根据批准的年度审计工作计划,结合具体情况,确定审计对象,并指定项目负责人。项目负责人在对被审计单位的生产经营、财务收支等情况初步了解的基础上,编制项目审计计划,确定具体的审计时间、范围和审计方式。

（三）发出审计通知书。

将审计的范围、内容、方式、时间、要求等事项通知被审计单位,通知被审计单位要求提供必要的工作条件。

（四）实施审计。

审计人员可采取审查凭证、账表、文件、资料、检查现金、实物、向有关单位和人员调查取证等措施。

（五）审计记录。

在审计中必须做好工作底稿,记录审计过程,各种旁证材料齐全,做好调查记录并应有相关人员的签名盖章。

（六）争议处理。

审计中如有争议应如实反映给领导,必须依法有据,实事求是地提出解决办法,切忌主观、武断。

（七）提出审计报告。

审计组在审计结束后,应进行综合分析,在与被审计单位交换意见后,写出审计报告。

1. 其内容包括审计范围、内容和发现的问题、评价和结论、处理意见和建议。

2. 审计报告必须附有证明材料和有关资料。每项审计工作结束最迟不得超过____天提出审计报告。

3. 审计报告的要求

（1）事实清楚。

（2）数据确凿。

（3）依法有据。

（4）建议恰当。

（八）下达审查处理决定。

审计报告报送公司经理审定批示,作出审计结论和处理决定,通知被审计单位执行。

（九）复审。

被审计单位对审计决定和结论如有异议,应在_____天内向公司提出书面复审申请,经总经理批准,组织复审,并指定复审小组的人员构成。复审小组应在_____日内进行复审,在复审中如发现隐瞒或漏审、错审等情况,应重新作出审计结论。复审期间原审计结论和决定照常执行。复审小组的复审结论和决定为终审结论和决定,被审计单位必须执行。

（十）被审计单位对总经理指示的审计报告必须执行,审计部必须在一定时期内向总经理报告执行结果。

（十一）建立审计档案。每一审计事项都必须按规定要求建立审计档案,以备查考,非经批准不得销毁。

第十五条 审计注意事项：

（一）审计前,应向被审计单位出示由总经理签章的审计通知书及授权审计通知书。

（二）审计处理决定由总经理批准下达。

（三）复议期间，原审计结论和决定必须照常执行。

（四）重大事项审计报告报董事会、监事会备案。

（五）审计过程中若发现问题，可随时向公司报告及时制止。

第十六条　审计档案制度。

审计部门应建立健全审计档案管理制度。

第十七条　审计档案管理范围：

（一）审计通知书和审计方案。

（二）审计报告及其附件。

（三）审计记录，审计工作底稿和审计证据。

（四）反映被审单位和个人业务活动的书面文件。

（五）总经理对审计事项或审计报告的指示，批复和意见。

（六）审计处理决定以及执行情况报告。

（七）申诉，申请复审报告。

（八）复审和后续审计的资料。

（九）其他应保存的文档。

第十八条　审计档案管理参考公司档案管理，保密管理等办法执行。

第十九条　奖励。

审计人员对被审计单位的人员之遵纪守法，效益显著行为向总经理提出各类奖励建议。

第二十条　处罚。

审计人员对下列行为之一单位和个人，根据情节轻重，向总经理提出各类处罚建议。

（一）拒绝提供有关文件、凭证、账表、资料和证明材料的。

（二）阻挠审计人员行使职权，抗拒、破坏监督检查的。

（三）弄虚作假，隐瞒事实真相的。

（四）拒不执行审计结论和决定的。

（五）打击报复审计人员或举报人的。

（六）利用职权谋取私利的。

（七）弄虚作假，徇私舞弊的。

（八）玩忽职守，给公司造成重大损失的。

（九）泄露公司秘密的。

第二十一条　对审计过程的以上行为，构成犯罪的，提请司法机关依法追究刑事责任。

第二十二条　附则：

（一）本制度由审计部制定并负责修订和解释。

（二）本制度经总经理审批后自公布之日起施行。

二、内部账务审计细则

第一条　记账凭证的审核或检查时,应注意下列事项

（一）每一交易行为发生,是否按规定填制传票,如有积压或事后补制者,应查明其原因。

（二）会计科目、子目、细目有无误用,摘要是否适当,有无遗漏、错误以及各项数字的计算是否正确。

（三）转账是否合理,借贷方数字是否相符。

（四）应加盖的戳记编号等手续是否完备,有关人员的签章是否齐全。

（五）传票所附原始凭证是否合乎规定、齐全、确实及手续是否完备。

（六）传票编号是否连贯,有无重编、缺号现象,装订是否完整。

（七）传票的保存方法及放置地点是否妥善,是否已登录日记簿或日计表。

（八）传票的调阅及拆阅是否依照规定手续办理。

第二条　账簿检查时,应注意下列事项

（一）各种账簿的记载,是否与传票相符应复核者,是否已复核,每日应记的账,是否当日记载完毕。

（二）现金收付日记账收付总额,是否与库存表当日收付金额相符。

（三）各科目明细分类账各户或子目之和或未销讫各笔之和是否与总分类账各该科目之余额相等,是否按日或定期核对。相对科目之余额是否相符,有无漏转现象。

（四）各种账簿记载错误的纠正划线、结转、地页等手续,是否依照规定办理,误露的空白账页,有否划"×"形红线注销,并由记账员及主办会计人员在"×"处盖章证明。

（五）各种账簿启用、移交及编制明细账目等,是否完备,并送该管税捐稽征机关登记。

（六）各种账簿有无经核准后而自行改订者。

（七）活页账页的编号及保管,是否依照规定手续办理,订本式账簿有无缺号。

（八）旧账簿内未用空白账页,有无加划线或加盖"空白作废"戳记注销。

（九）各种账簿的保存方法及放置地点,是否妥善,已否登记备忘簿,账簿的毁销,是否依照规定期限及手续办理。

第三条　库存检查时,须注意下列事项

（一）检查库存现金或随到随查,如在营业时间之前,应根据前一日库存中所载今日库存数目查点,如在营业时间之后应根据现金簿中今日库存数目现款、银行存款查点,如在营业时间之内应根据前一日现金簿中今日库存数目加减本日收支检点。支票签发数额与银行存款账卡是否相符,空白未使用支票是否齐全,作废部分有无办理注销。

（二）现金是否存放库内,如有另存他处者,应立即查明原因。

（三）库存现金有无以单据抵充现象。

（四）托收未到期票据等有关库存财物,应同时检查核对有关账表、凭证单据。

（五）检查库存除查点数目核对账簿外,并应注意其处理方法及放置区域是否妥善,币券种类是否分清。

（六）金库钥匙及暗锁,密码表的掌握部门及库门的启用与库内的安全,金库放置位置等是否适当,严密办理。

（七）汇出汇款寄回的收据,是否妥为保存,有无汇出多日尚未解讫的汇款。

（八）内部往来账,是否按月填制未达账明细表,查对账单是否依序保管。

（九）内部往来或外县市单位往来账,是否经常核对。

（十）营业日报表的记载是否与银行存款相符。

（十一）检查县市单位各种周转金及准备金时,应注意其限额是否适当。有无零星付款的记录,所存现款与未转账的单据合计数,是否与周转金、准备金相符,有无不当的垫款或已付款,而久未交货的零星支付或请购案件。

第四条　报表检查,应注意下列事项

（一）各种报表是否按规定期限及份数编送,有无缺漏。

（二）各种报表内容是否与账簿上的记载相符。

（三）数字计算是否正确,签章是否齐全。

（四）报表编号、装订是否完整及符合规定。

（五）报表保存方法及放置地点是否妥善。

第五条　附则

（一）本制度由审计部制定并负责修订和解释。

（二）本制度经总经理审批后自公布之日起施行。

三、资产审计流程

（一）货币资金审计

1. 审计目标

证实货币资金余额的存在性、完整性、收付业务的合法性

2. 内部控制系统测试

调查了解货币资金内部控制系统→查验签发支票登记簿与签发支票存根→抽验资金收付款凭证→核实收入货币资金收款收据→检查日记账,抽查银行存款调节表与库存现金盘点表→检查不相容职务划分情况→检查货币资金收付凭证管理→评价货币资金内部控制系统。

3. 实质性审查

（1）库存现金审查

首先出纳员将现金全部放入保险柜暂作封存,要求出纳员将全部凭证入账,结出当日现金日记账余额,填写"现金出纳报告书"。在会计主管人员和内审人员在场的情况下清点现金,并作记录。填制"库存现金清点表",该表由出纳员、会计人员共同签字,作为审计

工作底稿。库存现金清点表应反映实际库存现金清点数,当日现金日记账结余数,账实是否相符,即有无溢缺。

(2)现金收付业务的审查

抽查现金日记账记录,至少抽查1~2个月的现金日记账,审查原始凭证。

(3)银行存款的审查

审核银行存款日记账记录,核证银行存款收支的截止日期,抽查银行存款的账面余额。

(二)存货审计

1. 审计目标

证实存货的存在性、完整性、所有权归属、计价的正确性、采购与销售的合法性、分类的正确性。

2. 内部控制系统测试

调查了解企业存货内部控制系统→抽查部分采购业务文件,追踪其业务系统→抽查部分存货出库业务,追踪其业务处理系统→审查存货管理制度→抽查盘点记录→评价存货内部控制系统。

3. 实质性审查

(1)材料的审查

材料采购的审查:审查订货合同→审查材料的验收入库情况→审查材料采购成本,查看采购成本的构成项目是否正确,采购费用分配比例是否合理,采购成本是否合法、正确。采购成本的计算方法是否正确→审查在途材料→审查材料采购的账务处理。

(2)库存材料审查

盘点库存材料,时间安排在结账日或接近结账日。

(3)材料出库的审查

对生产领用材料应核实生产计划,核查发出材料的计价,揭露弄虚作假的行为。

(三)应收账款审计

1. 审计目标

证实应收款项的存在性、正确性、销售退回、折让与折扣的合法性、截止日期的正确性、坏账损失的真实性。

2. 内部控制系统测试

调查了解并描述应收款项内部控制系统→检查不相容职责的划分→验证期末余额的合理性→抽查客户账龄分析表→审查销货折扣与收款的合理性→审核坏账损失的账簿记录及相应的手续→评价应收款项内部控制系统。

3. 实质性审查

(1)应收账款的审查

取得应收款明细表→发出询证应收账款→分析询证函及应收账款余额→取得或编制应收账款账龄分析表,确定应收账款的可实现价值→审查坏账准备金的提取与使用。

(2)应收票据的审查

取得应收票据分析表→清点库存应收票据→询证应收票据→对应收票据发生和收回的审查→对票据贴现的审查→分析评价应收票据的可兑现程度。

(四)固定资产审计

1. 审计目标

证实固定资产的存在性、完整性、分类的正确性、所有权的归属、计价的正确性、折旧方法的选用及其计算的正确性。

2. 内部控制系统测试

深入了解固定资产的内部控制系统→验证固定资产的新增手续→验证固定资产的退废手续→抽验固定资产验收报告→检查固定资产账、卡的设置情况→评价固定资产内部控制系统。

3. 实质性审查

（1）固定资产入账价值的审查。

（2）固定资产增加与减少的审查。

（3）固定资产折旧的审查。

（4）固定资产结存的审查。

（5）在建工程审查。

四、收入、成本与费用审计流程

（一）主营业务收入审计

1. 审计目标

证实主营业务收入的真实性、分类的合理性、账务处理的正确性。

2. 内部控制系统的测试

了解并描述内部控制系统→测试销售计划→审查销货合同→检查岗位职责的执行→测试销货制度的执行→评价主营业务收入的内部控制系统。

3. 实质性审查

（1）分析检查主营业务收入的变动趋势→将企业的年度主营业务收入与该年度计划数对比了解计划完成程度，与上年度相比了解其变动趋势。根据存在的异常现象进一步确定审查范围，以查明有无故意隐瞒或虚增利润的现象。

（2）验证主营业务收入的真实性→索取产品出库单存根、销货发票副本和有关明细账，相互核对→审阅一定数量的产品发运单、销货发票副本、结算凭证、有关明细账，根据生产经营和结算方式，确定销售收入的实现。

（3）核查主营业务收入会计处理的正确性。发票和销货合同的审查→审查发票和销货合同，采取重点抽查。审查销售收入计算是否正确→审查根据结算方式选用不同的方法与相关账户进行对比，查明收入的入账金额是否正确。核实主营业务收入的截止期→一般可对决算日前后一周有关收入的记录进行检查、核实，核对有关的发票、运单及其他单据，确认收入截止期是否准确无误。

（4）销售退回、折让及折扣的审查

销货退回的审查→销货退回的合理性→退回批准手续的性→退回账务处理的正确性。

折扣和折让的审查→折扣和折让的合理性→折扣和折让冲减当期销售收入,进而影响利润,因此折扣和折让应符合公司有关规定,发现异常情况应重点审查。折扣和折让的真实性→折扣和折让必须经过销售部门负责人的批准,按规定程序例行手续。

（二）产品成本审计

1. 审计目标

证实成本形成的真实性、合规性、成本会计处理的正确性、计算的正确性。

2. 内部控制系统的测试

调查了解并描述产品成本的内部控制系统→审查产品成本计划→审查产品成本管理责任制的执行→审查成本基础工作→评价产品成本内部控制系统。

3. 实质性审查

（1）产品成本开支范围合规性的审查。

（2）直接材料费的审查。

直接材料耗用量的审查→直接材料计价的审查→直接材料费用分配的审查。

（3）直接人工费的审查。

审查直接人工费的真实性→审查工资结算的正确性→审查工资分配的正确性→审查员工福利费计提及分配的正确性→审查直接人工费账务处理的正确性。

（4）制造费用的真实性。

审查制造费用的真实性→审查制造费用项目的合规性→审查制造费用会计处理的正确性。

（5）辅助生产费用的审查。

审查辅助生产费用的归集→审查辅助生产费用的分配。

（6）在产品成本的审查。

审查在产品结存量→审查在产品的计价方法。

（7）产成品成本的审查。

审查产成品数量→审查产品成本的计算。

（三）费用审计

1. 审计目标

证实费用分类的合规性、正确性、开支的合理性、账务处理的正确性。

2. 内部控制系统的测试

了解并描述费用内部控制系统→索取并审查费用计划、预算及执行情况→抽取有关凭证、检查费用审批手续→检查费用账户的设置、登记及凭证保管→评价费用内部控制系统。

3. 实质性审查

分析主要费用的变动趋势→审查费用开支的真实性与合规性→核查期间费用的截止日期→审查费用会计处理的正确性。

五、利润审计流程

（一）审计目标

证实利润形成的真实性、合法性、会计处理的正确性。

（二）内部控制系统的测试

了解描述利润的内部控制系统→审查利润计划→审查岗位责任制的执行→查验会计处理程序→评价利润内部控制系统。

（三）实质性审查

1. 产品销售利润的审查

审查产品销售利润的合规性→产品销售内容应符合企业财务制度规定，严格分清与其他业务利润的界限，计算方法符合规定。

审查产品销售利润组成项目的真实性和账务处理的正确性：

（1）产品销售成本计价是否正确：审阅"产成品明细账"、"发出商品明细账"、"委托代销明细账"等。查核采用的计价方法是否前后一致，应注意采用计划成本核算时，结转成本的同时是否同时结转已售产品应负担产品成本差异，有无为调节利润而人为多转、少转成本的现象。

（2）销售成本的结转是否符合配比原则→审阅"产品销售成本明细账"并与"产成品明细账"、"发出商品明细账"、"委托代销商品明细账"相核对，检查实现销售收入与结转销售成本的产品品种、数量、规格及入账时间的一致性，确认是否遵循了收入与成本、费用相互配比的原则，如发现有多转、少转成本的现象，应扩大审计范围。

2. 其他销售利润的审查

（1）审查材料销售收入：审查材料销售的合法性→审查材料销售手续的合规性→审查材料销售账务处理的正确性。

（2）审查技术转让收入：审查技术转让双方是否签有合同，是否经过公证→审查企业转让的技术商品是否经过国家有关机构的确认→审查技术转让收入是否属实，成本、费用是否真实。

（3）固定资产出租收入的审查：审查固定资产出租业务是否有完备的审批手续、是否订有合同→审查固定资产出租业务是否有专人负责、管理→审查固定资产出租收费是否合理，租金收入是否及时、全部入账→审查固定资产出租合同的执行情况。

（4）审查其他业务支出的真实性。

（5）审查其他业务支出账务处理的正确性。

3. 投资净收益的审查

审查投资收益的真实性→审查投资收益账务处理的正确性。

4. 营业外收支的审查

（1）营业外收入的审查：审查营业外收入的合法性→审查营业外收入数额的正确性→

审核营业外收入账务处理的正确性。

（2）营业外支出的审查：审查营业外支出的合规性→审查营业外支出数额的正确性→审查营业外支出账务处理的正确性。

5. 利润总额的审查

在完成利润形成各组成项目的真实性、合法性和正确性审查的基础上，审查"本年利润"账户并核对其与相关账户记录的一致性、复算利润形成，证实其正确性。

6. 净利润的审查

审查所得税征收范围→审查所得税的计税依据→审查所得税率和税额的计算→审查所得税的减免→审查所得税会计处理。

六、审计通知单

表 38-1　审计通知单

□定期
□不定期 　　　　　　　　　　　　　　　　　　　　　　　月　　　日

审计单位	
审计日期	
审计内容	
配合事项	

　总经理：　　　　　　　　　　　　　　　　制单：

七、审计工作计划

表 38 - 2　审计工作计划

月份

审计类别									
日常	定期	不定期							

八、审计表

表 38 - 3　审计表

编号:

审计事项						
审计部门						
审计记录	单据			金　额	正确性	说　明
评语						

九、审计报告表

表 38 - 4　审计报告表

审计项目	审计类别	审计期间	抽样比率	审计结果	备注
批 示					

董事长：　　　　总经理：　　　　总审计：　　　　制表：

十、财物抽点通知单

表 38 - 5　财物抽点通知单

财　物　抽　点　通　知　单			
抽点日期		抽点人员	
抽点项目		经管部门	
备 注			
总经理：			

十一、稽核工作计划

表 38-6　稽核工作计划

稽核类别			稽核项目	估计数量	抽样数量	稽核时间		稽核人员	会同人员	备　注
日常	定期	不定期				起	讫			

十二、稽核表

表 38-7　稽　核　表

编号：

	稽核事项			
	稽核部门			
稽核记录	单据	金额	正确性	说明
评语				

十三、稽核报告表

表 38 – 8　稽核报告表

稽核人员：

稽核项目	稽核类别	稽核期间	抽样比率	稽核结果	备注
批示					

董事长：　　　　总经理：　　　　总稽核：　　　　制表：

第三十九章

投资管理

《按制度办事》

一、投资管理纲要

（一）投资项目界定

企业投资项目包括：

（1）固定资产（厂房，设备）投资。

（2）新产品中工业性试验。

（3）技术引进。

（4）改建、扩建、技术改造。

（5）科技研发。

（6）对外短期投资（股票，债券）。

（7）对外长期投资（土地、物业、实业、商贸）。

（8）环保投资。

（9）控股性合资，联营。

（10）企业兼并，收购。

（11）资产经营投资。

（12）公关、广告、促销、捐赠计划。

（13）营销网络建设或特许经营。

（14）人力资源培训计划。

（15）其他项目。

（16）以上内容的综合性项目。

（二）组织机构

1. 母公司级

方案1：董事会成立专门投资委员会

负责对全公司投资项目的管理,该机构常设。适用于董事会实体机构,公司权力集中在董事会的场合。

方案2：总经理领导下的投资项目决策会议

定期或不定期对投资项目进行审批。该会议机构是非常设的,适用于公司权力在总经理的场合。

投资管理机构主要负责制定公司投资战略、规划、计划并负责审批。

2. 职能机构

企业内部一般设立投资部。负责整个企业的投资项目考察、开发、遴选,可行性论证,组织评估,报批等日常管理活动。

投资部采用项目小组制。项目经理负责项目管理全过程。项目组应由技术、经济、市场、产品、营销、财务、建筑等有关人员组成。

3．子公司级

视情况可以设立投资部。一般限制子公司的投资权限，以免投资失控，重复投资，重复建设，分散投资，从而不能实现总体战略意图或打乱计划。

为分散投资风险和调动下属公司投资积极性，投资项目可以安排到下属企业，或吸引下属企业共同投资。

（三）投资体制

企业应形成投资项目开发，论证评估，投资决策，监督实施，运作管理的五位一体的管理体制。

1．投资项目开发

由母公司或子公司投资部对收集各类投资项目信息遴选之后，成立专门项目小组负责项目开发。

2．论证评估

（1）投资部门项目小组进行项目可行性论证，设计优化项目方案。

（2）邀请企业内外部专家对投资项目进行评估。

3．投资决策

由企业投资决策会议对备选项目进行决策，决定对投资项目的审查批准意见。

4．监督实施

（1）成立项目实施筹备小组，实际操作投资项目。

（2）企业财务，审计等部门监督投资项目建设过程，提高投资质量，控制投资总额。

5．运作管理

（1）一般投资项目以项目责任制形态运营。

（2）项目建成后，划转其他部门进行正常运作状态下的管理。

（四）投资权限

一般而言，企业总部上收投资决策权，统一投资审批。可能形式有：

方案1：绝对上收投资权

无论投资多大，凡需对外投资，一律经企业一级审批，下属单位一律无权决定投资项目。

方案2：相对上收投资权

企业可以授权下属单位有限额____万人民币以下投资项目的审批自主权，限额以上均由企业总部审批，且下属审批投资项目须报企业总部备案。

（五）投资管理要点

1．关于对外投资比例

根据《公司法》规定，除投资公司，控股型公司外，一般公司对外投资累计不得超过其净资产的50％以上。因此，其策略有：

（1）重要控股，参股子公司收购为全资子公司或分公司。

（2）对非重要的子公司出让股份。

（3）扩大公司注册资本金（或净资产规模）。

（4）企业注册为投资控股型公司。

2．建立企业投资项目库

（1）企业须建立权威的备选投资项目库。

（2）项目库中的投资项目不是原生态的项目，而是经投资部筛选、开发、方案组合，优选加工之后策划好的项目。一经决策,能够马上付诸实施。

（3）企业不能让资金等项目。资金富余时手忙脚乱找项目,会导致项目成功率低;而应该让项目等资金,引导资金,创造资金需求。

3. 确定合理的投资结构

（1）投资在公司分布

✚多少放在全资子公司。

✚多少放在控股子公司。

✚多少放在关联公司。

（2）投资在产业分布

✚多少放在现有主体产业。

✚多少放在潜在主导产业。

✚多少放在风险投资。

（3）投资在区域分布

✚多少放在公司总部。

✚多少放在各地区(总部)。

✚多少放在海外。

4. 投资效益评估

（1）传统的投资项目评估侧重在财务指标上

✚投资收益率＝年平均盈利/投资额。

✚投资回收期＝投资额/年平均盈利。

✚净现值法。

✚折现系数法。

（2）评述

✚常规项目评估可按这些规范化的评估程序进行。

✚对新经济生长点项目,应该容忍其"有前景的近期亏损"。

✚对营销投资,可能要以市场占有最大换取利润最大。

✚对政府行为导向的公益性,基础性项目,以社会效益换经济效益,从而获得政府在项目之外的其他优惠补偿政策。

二、投资项目档案管理规定

为加强本公司系统各投资项目的档案管理,特制定本管理办法。

（一）"投资项目"是指:

1. 因本公司参与投资或合作而产生的盈利性建筑工程。

2. 因本公司参与投资或合作而设立的生产经营性企业。

（二）建筑工程的各种文件资料由房地产开发公司负责建档和保管,生产经营性企业的文件资料由公司总部执委会投资发展室负责建档和保管。以下各条规定均指第二类投资项目文件资料的管理。

（三）全部档案按类、目划分归纳，根据公司档案现状，设以下四类档案，并将各项目本身作为目的。

1. 全资投资项目类。

2. 合资合作投资项目类。

3. 内地投资项目类。

4. 境外投资项目类。

（四）全资投资项目档案包括的必要文件是：

1. 新上项目预报表和可行性分析报告。

2. 给政府的请求报告和政府批文。

3. 企业章程和董事会决议。

4. 总公司的法人营业执照和工商局批复。

5. 资信证明或资金来源证明。

6. 产权变更有关文件、材料。

7. 项目实际投资金额证明材料。

8. 历年经营业绩。

（五）合资合作投资项目档案包括的文件是：

1. 新上项目预报表和合资企业可行性分析报告。

2. 外商投资企业名称使用证和各方股东的政府批文。

3. 给政府的申请报告和政府批文。

4. 合资企业合同书。

5. 合资企业章程和董事会决议。

6. 合资各方企业法人营业执照和各方法定代表人证明书。

7. 合资各方资信证明或资金来源证明。

8. 各方（中方）主管单位意见。

9. 合资各方委派的董事名单。

10. 进口设备、办公用品清单。

11. 工商行政管理局批文和工商行政管理局营业执照。

12. 产权、股权变更有关文件、材料。

13. 项目实际投资金额证明材料。

14. 历年经营业绩。

（六）内地投资项目包括的必要文件是：

1. 给政府经济协作办公室的申请报告。

2. 企业去内地兴办工商企业的章程。

3. 合资、合作的联营合同或合资意向书。

4. 企业成立或变更时的政府批文。

5. 企业法人营业执照副本的复印件。

6. 派出负责人的法人授权委托证明书。

7. 会计师事务所的验资报告。

8. 当年或上一年度的财务决算表复印件。

9. 银行开具的资信证明。

10. 企业已经在内地投资的经营效益情况。

11. 政府主管部门批文。

12. 工商局批文。

13. 外出兴办企业当地政府批文。

14. 外出兴办企业当地工商局批文。

15. 外出兴办企业营业执照复印件。

16. 项目实际投资金额证明材料。

17. 历年经营业绩。

（七）境外投资项目档案包括的必要文件是：

1. 给外汇管理局及经发局的申请报告。

2. 可行性研究报告。

3. 海外公司合同、章程。

4. 投资方的政府批文、营业执照及法定代表人证明书。

5. 投资方资信证明、创汇证明、资产负债表及历年经营业绩。

6. 外派管理局关于项目投资风险及外汇来源的书面审查材料。

7. 政府主管部门征询我驻外使领馆意见的函。

8. 政府主管部门同意成立海外公司的批文。

9. 海外公司在投资国的注册登记证明。

10. 项目实际投资金额证明材料。

（八）项目档案的收集和保管：

1. 投资发展部设建档员负责项目档案的收集整理，总公司各下属公司应认真配合其工作，主动、及时地将项目档案整理上交投资发展部，投资发展部建档后将档案原件移交总经理办公室，并保留两套完整复印件。

2. 各项目负责人将项目文件交给建档员时，建档员应及时登记文件交付日期、名称、原件或复件、交付人，并由文件交付人签字认可。

3. 文件登记后由投资发展部经理或执委会主任签字，按性质进行编号、归档。

4. 项目档案保管期（原件和复印件）一般为永久保存。

（九）项目档案的查阅：

1. 总公司人员因工作需要查阅或借用项目档案时，在投资发展部办理相应的查阅或借用手续。

2. 集团内各单位因公需要查阅项目档案时，须出具本单位领导的批准证明。经执委会主任或投资发展部经理同意后，方能由建档员接待查阅。

3. 外单位人员因公需要查阅项目档案时，应持有单位介绍信，经执委会主任同意后，方能由建档员接待查阅，并由建档员详细登记查阅项目档案人的工作单位、查阅档案名称及查阅理由。

4. 项目档案一般不得带出档案室外，如有特殊情况，需带出室外或复制时，必须经执委主任批准，由建档员详细登记，借用人签名后才可外借，并限期归还。

5. 查阅人违反借阅规定时，建档员有权对其提出批评以至停止其借阅。

（十）所有资料均应放入有锁的柜子里，钥匙由建档员专人保管，建档员因工作失职，使文件丢失或损毁，应追究其责任。

（十一）由于建档员的变动或机构的改变等,项目档案需要移交时,须办理交接手续,并由监交人、移交人、接收人签字或盖章。

三、投资管理流程

（一）投资机会搜索和资料收集。

（二）投资粗略分析和多方案比较(需求、价格、税收、原材料、费用)。

（三）初选出投资项目。

（四）编制投资项目建议书。

（五）编制投资项目可行性研究报告。

（六）项目评估。

（七）不可行时重新论证或放弃,可行时投资项目谈判。

（八）筹资、招标、采购。

（九）投资项目实施。

（十）投资项目试运行。

（十一）投资项目验收。

（十二）投资项目正常运行管理。

（十三）投资项目总结评价。

四、投资专业分析表

表 39 - 1　投资专业分析表

□产品开发 □降低成本
□提高产量 □财务投资

			负责部门		
专案名称及内容说明		根据计划或理由	风险性		

投资金额及支出预计			收益分析估计									
项目	说明	金额	年度说明	年	年	年	年	年	年	年	年	合计
			增加收益									
			投资金额									
			增加人工成本									
			增加折旧									
			增加材料支出									
			增加毛利									
			增加利息费用									
			增加净收益									
			增加周转金									
			累计净收益									
合计			累计投资支出									

五、投资专案管理卡

表39-2　投资专案管理卡

| 投资编号 | | 投资名称 | |

专案进度												
	年　　度	年	年	年	年	年	年	年	年	年	年	合计
收益状况分析	实际增加收益①											
	实际投资金额②											
	净收益③											
	累计净收益④											
	累计净利益⑤											
	预计净利益⑥											
	累计净利益⑦											
	预计投资额⑧											
	累计投资额⑨											
	差额④-⑤-⑦+⑨											

六、重要投资绩效分析

表39-3　重要投资绩效分析

年度

投资名称及说明	投资类别				预计投资金额	已支付金额	完成程序		估计收益状况			
	产品	产量	财务	其他			已完	%	金额	收益期间	回收年限	收益率
合计												

七、重要投资方案绩效核计表

表 39-4　重要投资方案绩效核计表

年度投资编号	投资名称	收回期间	估计投资金额	实际投资金额	预计应回收金额	实际已回收金额	预计回收金额		预计收益率		原因
							预计	修正	预计	修正	
1											
2											
3											
4											
5											
6											
7											
8											
9											
10											
合计											

八、投资经济分析表

表 39－5 投资经济分析表

方案编号：

投资类别	□购置更换设备 □开发产品组件 □提高生产效率 □财务投资	投资方案说明			投资有效期限		
					预计开始日期		
					负责部门		
					计算利息		
投资收益分析	年月	投资收益说明	收益性质或资金来源(利率)	当期收益金额	累积收益总额(利息)	当期投资金额	累积收益总额(利息)	净利益
	合作						
填表说明	填写投资款项及收益性质之说明	填写投资收益名称或资金来源及利息说明	填写预定收益金额	当期收益总额加本期利息及收益	填写预定投资金额	前期投资总额加本期投资、利息	收益总额减投资额	
回收年限		总利益		投资价值		□良好　□尚可 □不佳,但符合公司政策		

第四十章

会计档案管理

《按制度办事》

一、会计档案管理制度

第一条　为加强会计管理,特制定本管理制度。

第二条　企业的会计档案包括:会计凭证、会计账簿、会计报告、查账报告、验资报告、财务会计制度以及与经营管理和投资者权益有关的其他重要文件,如合同、章程等。

第三条　会计档案的保存:

(一)财务部应有专人负责保存会计档案,定期将财务部归档的会计资料,按顺序立卷登记有效。

(二)会计档案的保管期限为永久保存和定期保存两类,具体和保管年限详见附件。

(三)会计档案保管期满需要销毁时,由会计档案管理人员提出销毁意见,经部门经理审查,总经理批准,报上级有关部门批准后执行。由会计档案管理人员编制会计档案销毁清册,销毁时应由审计部和财务部有关人员共同参加,并在销毁单上签名或盖章。

第四条　会计档案的借用:

(一)财务人员因工作需要查阅会计档案时,必须按规定顺序及时归还原处,若要查阅入库档案,必须办理有关借用手续。

(二)集团内各单位若因公需要查阅会计档案时,必须经本单位领导批准证明,经财务经理同意,方能由档案管理人员接待查阅。

(三)外单位人员因公需要查阅会计档案时,应持有单位介绍信,经财务经理同意后,方能由档案管理人员接待查阅,并由档案管理人员详细登记查阅会计档案人的工作单位、查阅日期、会计档案名称及查阅理由。

(四)会计档案一般不得带出室外,如有特殊情况,需带出室外复印时,必须经财务部经理批准,并限期归还。

第五条　由于会计人员的变动或会计机构的改变等,会计档案需要转交时,须办理交接手续,并由监交人、移交人、接收人签字或盖章。

第六条　本办法适用于公司总部、下属全资及控股企业。

附件:会计档案保管期限

档案名称	保管期限
(一)会计凭证类	
1.原始凭证、记账凭证	15 年
其中:涉及外来和对私改造的会计凭证	永久
2.银行存款余额调节表	3 年
(二)会计账簿类	
1.日记账	15 年
其中:现金和银行存款日记账	25 年
2.明细账、总账、辅助账	15 年

3. 涉及外来和对私改造的会计账簿	永久
(三)会计报表类	
1. 主要财务指标报表	3 年
2. 月、季度会报表	15 年
3. 年度会计报表	永久
(四)其他类	
1. 会计档案保管清册及销毁清册	25 年
2. 财务成本计划	3 年
3. 主要财务会计文件、合同、协议	永久

二、会计档案整理工作操作流程

(一)收集会计文件材料

会计文件材料的收集工作是整个整理工作最基础的一项内容,收集范围包括有会计年报、季月报、银行存款账、现金日记账、总账、各类明细账、会计凭证、银行余额调节表、银行对账单、会计移交清册、会计档案保管清册、销毁清册等材料。

(二)分类

先分年度,再把同一年度的会计文件材料分为报表、账簿、凭证三大类,然后把不同保管期限的会计文件材料分别组成单个保管单位(卷)。

(三)组卷

分别按报表、账簿、凭证进行组卷。

(四)编(张)页号

报表、账簿等都要用号码机进行编号,有文字、数字的页面都要编页号,空白页不编号。

(五)抄写卷内目录

报表、账簿要抄写卷内目录。凭证不必抄卷内目录。

(六)装订

要求坚实、整齐、美观。

(七)填写案卷封面

包括本单位全称、案卷标题、案卷号、保管期限、起止日期、张数、备考表。

(八)粘贴封签、盖印

(九)案卷排列

在一个账户一年度的案卷中,按照顺序排列,一卷一个号,一年编一个大流水号。

(十)抄写案卷目录

根据案卷排列的顺序号,将每卷的卷号、案卷名称(标题)等项内容抄在案卷目录上,目录一式二份,一份在会计部门,一份作为档案移交用。

（十一）编写说明

主要内容是：

1. 本单位建立时间。

2. 建立会计核算的时间。

3. 机构撤并变动情况。

4. 历任会计姓名、任职时间。

5. 整理过程中发现的问题及处理情况。

（十二）档案的保管

会计机构按照归档要求，负责整理立卷，装订成册，编制会计档案保管清册。当年形成的会计档案，在会计年度终了后，可暂由会计机构保管一年，期满后由会计机构编制移交清册，移交本单位综合档案室。采用电子计算机进行会计核算的单位，也应当保存打印出的纸质会计档案。

（十三）档案的销毁

保管期满的会计档案，经过鉴定，除未结清的债权债务原始凭证和其他未了事项的原始凭证不得销毁，单独抽出组卷外，其他期满档案可按以下程序销毁：

1. 由本单位档案机构会同会计机构提出销毁意见，编制会计档案销毁清册。

2. 部门负责人在会计档案销毁清册上签署意见，并经总经理审查批准。

3. 销毁时，应当由档案机构和会计机构共同派员监销。

4. 监销人员应对销毁档案清点核对，在销毁清册上签名盖章，并归档作永久保存。

参考文献

1. 罗瑞韧.哈佛管理制度全集[M].北京:中华工商联合出版社,1998.

2. 余凯成,程文文,陈维政.人力资源管理[M].大连:大连理工大学出版社,2004.

3. 许强.公司规范化管理事务[M].长沙:中南大学出版社,2004.

4. 周卫民.企业进阶管理手册[M].上海:上海财经大学出版社,1999.

5. 邱庆剑.人力资源管理工具箱[M].北京:机械工业出版社,2005.

6. 现代企业管理标准化研究中心[M].最新人力资源经历任职资格与工作规范,北京:中国经济出版社,2005.

7. 孙健,纪建悦.人力资源开发与管理[M].北京:企业管理出版社,2004.

8. 王兰会,邵芳.财务管理职位工作手册[M].北京:人民邮电出版社,2005.

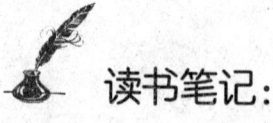

读书笔记:

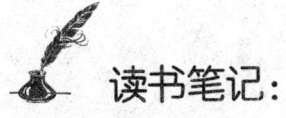 读书笔记：